Samuel P. Huntington und
Lawrence E. Harrison (Hrsg.)
Streit um Werte

EUROPA
VERLAG

Aus dem Englischen von Holger Fliessbach

Samuel P. Huntington und
Lawrence E. Harrison (Hrsg.)

# Streit
# um Werte

*Wie Kulturen
den Fortschritt prägen*

Europa Verlag
Hamburg · Wien

Zur Erinnerung an Edward Banfield,
der so vielen von uns den Weg erhellt hat

Angela Schumitz übersetzte die Beiträge von
Robert B. Edgerton und Thomas S. Weisner.
Gerlinde Schermer-Rauwolf übersetzte die Beiträge von
Barbara Crossette und Mala Htun.
Fee Engemann übersetzte den Beitrag von
Orlando Patterson.
Suzanne Gangloff übersetzte den zweiten Beitrag von
Lawrence E. Harrison.

Die Deutsche Bibliothek – CIP-Einheitsaufnahme
Ein Titelsatz für diese Publikation ist bei
Der Deutschen Bibliothek erhältlich.

Originalausgabe:
»Culture Matters«
© 2000 by Lawrence E. Harrison und Samuel P. Harrison

»Streit um Werte« ist eine Auswahl aus dem Buch »Culture Matters«.
Nicht aufgenommen wurden die Beiträge von David Landes,
Francis Fukuyama, Dwight H. Perkins, Lucian W. Pye, Tu Wei-Ming,
Michael Fairbanks und Stace Lindsay.

Deutsche Erstausgabe
© Europa Verlag GmbH Hamburg, August 2002
Lektorat: Afra Margaretha
Umschlaggestaltung: Kathrin Steigerwald, Hamburg
Innengestaltung: KompetenzCenter, Düsseldorf
Druck und Bindung: Wiener Verlag, Himberg bei Wien
ISBN 3-203-78061-5

Informationen über unser Programm erhalten Sie beim
Europa Verlag, Neuer Wall 10, 20354 Hamburg
oder unter www.europaverlag.de

# INHALTSVERZEICHNIS

## III. Die anthropologische Debatte

## IV. Kultur und Geschlecht

## V. Kultur und amerikanische Minderheiten

## VI. Beförderung des Wandels

# VORWORT

## Samuel P. Huntington

# Kulturen zählen

Anfang der 1990er Jahre stieß ich durch Zufall auf Wirtschaftsdaten für
Ghana und für Südkorea aus den frühen 1960er Jahren und staunte, wie
ähnlich sich die beiden Volkswirtschaften damals waren. Die zwei Länder wiesen eine in etwa vergleichbare Pro-Kopf-Höhe des Bruttosozi-
alprodukts (BSP) und eine ähnliche Gliederung der Wirtschaft in
Grundstoffe, verarbeitendes Gewerbe und Dienstleistungen auf. Und
beide exportierten hauptsächlich Rohstoffe, Südkorea außerdem einige Fertigwaren. Auch erhielten sie etwa gleich viel Wirtschaftshilfe.
Dreißig Jahre später war Südkorea zu einem Industriegiganten mit der
vierzehntgrößten Volkswirtschaft der Welt, multinationalen Unternehmen, bedeutenden Automobil-, Elektronik- und sonstigen Fertig-
warenexporten und einem Pro-Kopf-Einkommen fast von der Höhe
des griechischen geworden. Es bemühte sich um die Konsolidierung
demokratischer Institutionen. In Ghana hatte es keine dieser Veränderungen gegeben; sein Pro-Kopf-BSP betrug jetzt ein Fünfzehntel des
südkoreanischen. Wie war dieser außergewöhnliche Entwicklungsun-
terschied zu erklären? Zweifellos spielten viele Faktoren eine Rolle,
doch schienen mir die kulturellen ein wesentlicher Teil der Erklärung
zu sein. Südkoreaner schätzen Sparsamkeit, Investitionen, harte
Arbeit, Bildung, Organisation und Disziplin. Ghanaer orientieren sich
an anderen Werten. Mit einem Wort: Kultur zählt.
  Andere Forscher kamen Anfang der 1990er Jahre zu denselben
Ergebnissen. Das lag unter anderem daran, dass sich die Sozialwissenschaften wieder sehr für Fragen der Kultur zu interessieren begannen.

In den 1940er und 1950er Jahren hatte man schon einmal der Kultur
große Beachtung geschenkt und in ihr einen entscheidenden Faktor
gesehen, um menschliche Gesellschaften zu verstehen, deren Unterschiedlichkeit zu analysieren und ihre wirtschaftliche und politische
Entwicklung zu erklären. Forscher in dieser Richtung waren Margaret
Mead, Ruth Benedict, David McClelland, Edward Banfield, Alex
Inkeles, Gabriel Almond, Sidney Verba, Lucian Pye und Seymour
Martin Lipset. Sie legten eine reichhaltige Literatur vor, dann aber
ging das wissenschaftliche Interesse an Fragen der Kultur in den 1960er
und 1970er Jahren drastisch zurück. In den 1980er Jahren lebte das
Interesse an der Kultur als einer erklärenden Variable wieder auf. Den
herausragendsten und umstrittensten Beitrag zu dieser Renaissance
leistete damals ein ehemaliger Funktionär des USAID, Lawrence Harrison, mit seinem 1985 vom Harvard Center for International Affairs
veröffentlichten Buch *Underdevelopment Is a State of Mind – The Latin
American Case* (bisher nicht auf Deutsch erschienen). Das Buch arbeitet mit parallelen Fallstudien, um nachzuweisen, dass in den meisten
lateinamerikanischen Ländern deren Kultur ein Haupthindernis für
ihre Entwicklung war. Harrisons Analyse löste bei Nationalökonomen, Lateinamerikaexperten und Intellektuellen Lateinamerikas
einen Sturm der Entrüstung aus. In den folgenden Jahren jedoch räum-
ten Vertreter aller dieser Gruppen der Argumentation Harrisons eine
gewisse Triftigkeit ein.

Zunehmend wandten sich die Sozialwissenschaften kulturellen Faktoren zu, um Modernisierung, Demokratisierung, militärische Strategien, das Verhalten ethnischer Gruppen und die Bündnisse und Konflikte zwischen Ländern zu erklären. Die meisten der im vorliegenden
Buch vertretenen Gelehrten spielten bei dieser Renaissance der Kulturthematik eine wesentliche Rolle. Ihren Erfolg bezeugte das Aufkommen einer Gegenbewegung, die kulturelle Interpretationen klein-
redete. Ihre sichtbare Manifestation fand sie im Dezember 1996 in
einer sehr skeptischen Besprechung neuer Arbeiten von Francis Fukuyama, Lawrence Harrison, Robert Kaplan, Seymour Martin Lipset,
Robert Putnam, Thomas Sowell und mir im *Economist*. In der gelehrten Welt haben sich damit auch jene an der Debatte beteiligt, die in kulturellen Faktoren zwar einen wesentlichen, aber nicht den einzigen
Einfluss auf das soziale, politische und wirtschaftliche Verhalten sehen,
und jene, die pauschalierende Erklärungen bevorzugen, wie etwa die
Verfechter des materiellen Eigennutzes in der Nationalökonomie, der
»rationalen Alternative« in der Politikwissenschaft und des Neorealis-
mus in der Theorie der internationalen Beziehungen. Der Leser wird

einige dieser Auffassungen in unserem Buch wiederfinden, das von seiner Anlage her ganz bewusst auch von der im Titel formulierten These abweichende Meinungen berücksichtigt.

Die vielleicht weisesten Worte zur Bedeutung kultureller Faktoren für das menschliche Zusammenleben stammen von Daniel Patrick Moynihan:»Die zentrale konservative Wahrheit lautet, dass Kultur, nicht Politik, den Erfolg einer Gesellschaft bestimmt. Die zentrale liberale Wahrheit lautet, dass Politik eine Kultur verändern und vor sich selbst retten kann.« Um den Wahrheitsgehalt dieser zwei Wahrheiten Moynihans zu ergründen, hat die Harvard Academy for International and Area Studies unter Leitung von Lawrence Harrison das Projekt organisiert, dessen hauptsächliches, aber nicht einziges Ergebnis das vorliegende Buch ist. Inwieweit prägen kulturelle Faktoren die wirtschaftliche und politische Entwicklung? Und wenn sie es tun: Wie können kulturelle Hindernisse für die wirtschaftliche und politische Entwicklung beseitigt oder verändert werden, um den Fortschritt zu erleichtern?

Um diese Fragen wirksam angehen zu können, ist es zunächst notwendig, die Begriffe zu definieren. Mit dem Ausdruck»menschlicher Fortschritt« im Untertitel des Buches meinen wir den Weg zu wirtschaftlicher Entwicklung und materiellem Wohlergehen, sozioökonomischer Gerechtigkeit und politischer Demokratie. Der Begriff»Kultur« hat natürlich in unterschiedlichen Fächern und Kontexten unterschiedliche Bedeutungen. Er wird oft gebraucht, um die geistigen, musikalischen, künstlerischen und literarischen Leistungen einer Gesellschaft, eben ihre»Hochkultur« zu bezeichnen. Anthropologen, allen voran wohl Clifford Geertz, haben Kultur als »dichte Beschreibung« verstanden und mit diesem Begriff die gesamte Lebensweise einer Gesellschaft bezeichnet: ihre Werte, Praktiken, Symbole, Institutionen und menschlichen Beziehungen. Im vorliegenden Buch interessieren wir uns jedoch dafür, wie die Kultur die gesellschaftliche Entwicklung tangiert; wenn Kultur alles einschließt, erklärt sie nichts. Daher definieren wir»Kultur« rein subjektiv als die Gesamtheit der Werte, Einstellungen, Glaubensüberzeugungen, Orientierungen und Grundvoraussetzungen, die Menschen einer Gesellschaft prägen.

Unser Buch»Streit um Werte« untersucht, wie Kultur in diesem subjektiven Sinn den Umfang und die Art berührt, wie Gesellschaften einen Fortschritt ihrer wirtschaftlichen Entwicklung und politischen Demokratisierung erzielen oder nicht erzielen. Die meisten Beiträge konzentrieren sich daher auf Kultur als unabhängige oder erklärende Variable. Doch obgleich kulturelle Faktoren in der Tat den menschlichen Fortschritt beeinflussen und mitunter behindern, interessieren wir uns auch für Kultur als abhängige Variable, das heißt für Moynihans zweite Wahrheit: Wie kann politisches oder anderes Handeln kulturbedingte Hindernisse für den Fortschritt beseitigen oder verändern? Die wirtschaftliche Entwicklung verändert Kulturen, das wissen wir; aber diese Wahrheit hilft uns nicht weiter, wenn unser Ziel gerade die Beseitigung kultureller Hindernisse für die wirtschaftliche Entwicklung ist. Gesellschaften können ihre Kultur auch als Reaktion auf ein großes Trauma verändern. Durch ihre katastrophalen Erfahrungen im Zweiten Weltkrieg wurden Deutschland und Japan, bis dahin die zwei militaristischsten Länder der Erde, zu zwei der pazifistischsten Länder. In einem ähnlichen Sinne vermutet Mariano Grondona, dass die Fortschritte, die Argentinien Mitte der 1990er Jahre auf dem Weg zu Wirtschaftsreformen, wirtschaftlicher Stabilität und politischer Demokratie machte, zum Teil aus den katastrophalen Erfahrungen des Landes mit brutaler Militärdiktatur, militärischer Niederlage und Super-Hyperinflation resultierten.

Die Schlüsselfrage lautet also, ob es immer Katastrophen sein müssen, die einen kulturellen Wandel in Gang setzen, und ob nicht auch die politische Führung diese Funktion übernehmen kann. Dass die politische Führung dies unter bestimmten Umständen zu leisten vermag, lehrt das Beispiel Singapur. Wie Seymour Martin Lipset und Gabriel Salman Lenz in ihrem Beitrag zu diesem Buch betonen, variiert das Korruptionsniveau der Länder nach kulturellen Gegebenheiten. Zu den korruptesten zählen Indonesien, Russland und verschiedene lateinamerikanische und afrikanische Gesellschaften. Am niedrigsten ist die Korruption in protestantischen Gesellschaften Nordeuropas und ursprünglich britischen Gründungen. Konfuzianische Länder bewegen sich meist in der Mitte. Trotzdem gibt es eine konfuzianische Gesellschaft, nämlich Singapur, die mit Dänemark, Schweden, Finnland und Neuseeland zu den am wenigsten korrupten Ländern der Welt gehört. Die Erklärung für diese Abweichung ist natürlich Lee Kwan Yew, der entschlossen war, Singapur so wenig korrupt wie möglich zu machen, und damit Erfolg hatte. Hier war es »die Politik, die die Kultur veränderte und vor sich selbst rettete«. Die Frage ist natürlich, wie wenig korrupt Singapur bleiben wird, wenn Lee Kwan Yew einmal nicht mehr ist. Kann die Politik eine Gesellschaft auf Dauer vor sich selbst »retten«? Wie politisches und gesellschaftliches Handeln Kulturen fortschrittsgeneigter machen kann, das ist die zentrale Frage, die wir in den folgenden Untersuchungen zu klären hoffen.

Das Projekt »Kulturelle Werte und menschlicher Fortschritt« und das vorliegende Buch verdanken wir überwiegend den Ideen, der Tatkraft und dem Engagement von Lawrence Harrison. Er hat die Veranstaltung konzipiert, die zu behandelnden Themen benannt, die Referenten eingeladen, ihre Vorträge redigiert und die finanziellen Mittel beschafft, die alles erst ermöglichten. Die Harvard Academy for International and Area Studies war gerne bereit, das Projekt zu unterstützen, weil es unmittelbar die Interessenschwerpunkte der Akademie berührt. Seit ihrer Gründung 1986 vergibt die Akademie gut dotierte Zweijahresstipendien an junge Sozialwissenschaftler, die hervorragende Leistungen in ihrem Fach mit Expertenwissen über Sprache, Kultur, Soziologie, Institutionen und Politik eines großen nichtwestlichen Landes beziehungsweise einer Region verbinden. Stipendiaten der Akademie unterrichten heute an führenden US-amerikanischen Hochschulen und Colleges. Überwacht wird die Arbeit der Akademie von einem Komitee aus führenden Harvard-Gelehrten, die anerkannte Experten für bestimmte Regionen sind. Aufbauend auf diesem auslandskundlichen Fachwissen, begann die Akademie vor einigen Jahren ihr Arbeitsgebiet zu erweitern und nicht mehr nur einzelne Gesellschaften und Kulturen zu untersuchen, sondern Ähnlichkeiten, Unterschiede und Wechselwirkungen zwischen allen großen Kulturen und Zivilisationen der Welt zu studieren. 1997 befasste sich eine Tagung mit den Perspektiven der Eliten in den großen Ländern und Regionen im Hinblick auf weltpolitische Tendenzen und die Merkmale einer wünschenswerten Weltordnung. Das vorliegende Buch ist eine weitere, vergleichbare Studie über die Frage, wie unterschiedliche Kulturen die wirtschaftliche und politische Entwicklung beeinflussen.

1992 warf Robert Klitgaard in einer Studie über das Verhältnis zwischen Kultur und Entwicklung die Frage auf:»Wenn Kultur wichtig ist und die Menschen seit gut hundert Jahren Kultur untersuchen, warum gibt es dann keine ausgefeilten Theorien, praktischen Richtlinien und engen beruflichen Kontakte zwischen denen, die Kultur untersuchen, und denen, die Entwicklungspolitik machen und umsetzen?« Hauptzweck unseres Buches und weiterer Arbeiten, die wir zu unternehmen hoffen, ist die Entwicklung der Theorien, die Ausarbeitung der Richtlinien und die Pflege der Beziehungen zwischen Wissenschaftlern und Praktikern zur Förderung jener kulturellen Bedingungen, die den Fortschritt der Menschheit begünstigen.

# Einführung

*Lawrence E. Harrison*

# Warum Kultur wichtig ist

Es ist nunmehr ein halbes Jahrhundert her, dass sich die Aufmerksamkeit der Welt vom Wiederaufbau der im Zweiten Weltkrieg verwüsteten Länder ab- und der Beseitigung von Armut, Unwissenheit und Ungerechtigkeit zuwandte, die die meisten Menschen Afrikas, Asiens und Lateinamerikas damals bedrückten. Nach dem frappierenden Erfolg des Marshall-Plans in Westeuropa und dem Aufstieg Japans aus den Ruinen der Niederlage machte sich Optimismus breit. Entwicklung galt als zwangsläufige Folge des Endes des Kolonialismus. Walt Rostow äußerte 1960 in seinem einflussreichen Buch *The Stages of Economic Growth* (dt. »Stadien wirtschaftlichen Wachstums«, 1960) die Vermutung, dass die treibende Kraft hinter dem menschlichen Fortschritt eine Dialektik sei, die beschleunigt werden könne.

Und in der Tat verschwand das koloniale Joch weltweit. Die Philippinen wurden 1946 unabhängig, Indien und Pakistan 1947. Die nachosmanischen Mandate von Briten und Franzosen im Nahen und Mittleren Osten liefen bald nach dem Kriege aus. Die Dekolonisation in Südostasien, Afrika und der Karibik war Ende der 1960er Jahre im Wesentlichen abgeschlossen.

Ausdruck des herrschenden Optimismus war die »Allianz für den Fortschritt«, John F. Kennedys Antwort auf die Revolution in Kuba. Sie würde, so hoffte man, den Erfolg des Marshall-Plans wiederholen. Binnen zehn Jahren würde Lateinamerika auf gutem Weg zu unumkehrbarer Prosperität und Demokratie sein.

Doch heute, beim Eintritt in das neue Jahrhundert, haben Enttäu-

schung und Pessimismus diesen Optimismus verdrängt. Einige Länder
– Spanien, Portugal, Südkorea, Taiwan und Singapur sowie die ehe-
malige britische Kolonie Hongkong – haben den von Rostow beschriebenen Weg in die Erste Welt eingeschlagen. Aber die übergroße
Mehrheit der Länder liegt noch immer weit zurück, und die Bedingungen haben sich für viele Menschen in diesen Ländern gegenüber der
Zeit vor 50 Jahren nicht verbessert. Von den rund sechs Milliarden
Menschen, die heute auf der Erde leben, findet sich kaum eine Milliarde in den fortgeschrittenen Demokratien. Über vier Milliarden
Menschen leben nach der Klassifikation der Weltbank in Ländern im
»unteren Einkommensbereich« oder im »unteren Mittel des Einkom-
mensbereichs«. Die Lebensqualität in diesen Ländern ist bestürzend,
zumal nach einem halben Jahrhundert Entwicklungshilfe:[1]

• Mindestens die Hälfte der erwachsenen Bevölkerung von 23 Ländern – vor allem afrikanischen – sind Analphabeten. Zu den be-
  troffenen nichtafrikanischen Ländern gehören Afghanistan,
  Bangladesch, Nepal, Pakistan und sogar eines in der westlichen
  Hemisphäre, nämlich Haiti.

• In 35 Ländern sind die Hälfte aller Frauen oder mehr Analphabeten,
  darunter in den eben genannten Ländern und in Ägypten, Algerien,
  Guatemala, Indien, Laos, Marokko, Nigeria und Saudi-Arabien.

• In 45 Ländern liegt die Lebenserwartung unter 60 Jahren – zumeist
  in afrikanischen Ländern, aber auch in Afghanistan, Haiti, Kambodscha, Laos und Papua-Neuguinea. In 18 afrikanischen Ländern liegt
  die Lebenserwartung unter 50 Jahren. Die Lebenserwartung in Sierra Leone beträgt gerade einmal 37 Jahre.

• In mindestens 35 Ländern sterben mehr als 100 von 1000 Kindern
  unter fünf Jahren. Die meisten dieser Länder liegen in Afrika.
  Betroffene nichtafrikanische Länder sind Bangladesch, Bolivien,
  Haiti, der Jemen, Laos, Nepal und Pakistan.

• Das Bevölkerungswachstum in den ärmsten Ländern beträgt 2,1
  Prozent jährlich, dreimal so viel wie in Ländern mit hohen Einkommen. Das Bevölkerungswachstum in manchen islamischen Staaten
  ist erstaunlich hoch: 5 Prozent in Oman, 4,9 Prozent in den Vereinigten Arabischen Emiraten, 4,8 Prozent in Jordanien, 3,4 Prozent in
  Saudi-Arabien und Turkmenistan.

Die ungerechteste Einkommensverteilung in Ländern, die Daten an die Weltbank geben (nicht alle tun dies), findet sich in den ärmeren, besonders in Lateinamerika und Afrika. Auf die reichsten 10 Prozent der brasilianischen Bevölkerung entfallen fast 48 Prozent des Einkommens; Kenia, Südafrika und Simbabwe liegen nur den Bruchteil eines Prozentpunktes darunter. Die oberen 10 Prozent verfügen in Chile, Guatemala, Kolumbien und Paraguay über etwa 46 Prozent des Einkommens, in Guinea-Bissau, Senegal und Sierra Leone etwa 43 Prozent. Zum Vergleich: Auf die oberen 10 Prozent in den USA, wo die Einkommensverteilung eine der ungerechtesten in fortgeschrittenen Demokratien ist, entfallen 28,5 Prozent des Gesamteinkommens.

Demokratische Einrichtungen sind in Afrika sowie in den islamischen Ländern des Nahen und Mittleren Ostens und des übrigen Asiens gewöhnlich schwach ausgebildet bis nicht vorhanden. In Lateinamerika hat die Demokratie in den letzten 15 Jahren prosperiert, doch sind die demokratischen Experimente störanfällig, wie jüngste Ereignisse in Peru, Paraguay, Ecuador, Venezuela, Kolumbien und Mexiko gezeigt haben. Und es bleibt die gewichtige Frage, warum es Lateinamerika, einem Ableger des Westens, nach mehr als 150 Jahren Unabhängigkeit nicht gelungen ist, demokratische Institutionen zu festigen.

Zusammenfassend kann man sagen, dass die Welt am Ende des 20. Jahrhunderts weit ärmer, weit ungerechter und weit autoritärer ist, als die meisten Menschen um die Jahrhundertmitte erwartet hätten.

Auch in den USA besteht die Armut fort, und das wenige Dekaden nach den rauschhaften Jahren der »Großen Gesellschaft« und des »Kriegs gegen die Armut«. Hispanics, von denen 30 Prozent unter der Armutsgrenze leben, haben die Schwarzen als ärmste große Minderheit verdrängt. In einigen Indianerreservaten liegt die Arbeitslosigkeit bei über 70 Prozent. Bei den Schwarzen, besonders den schwarzen Frauen, sind eindrucksvolle Erfolge verzeichnet worden, aber noch immer leben 27 Prozent der Schwarzen unter der Armutsgrenze – zu einer Zeit, da die US-Wirtschaft fast zehn Jahre eines anhaltenden Wachstums und niedriger Arbeitslosigkeit erlebt hat.

Der Optimismus derer, die den Krieg gegen die Armut im Inland wie im Ausland geführt haben, ist der Resignation und sogar dem Pessimismus gewichen.

## Erklärungen für das Scheitern:
## Kolonialismus, Dependenz, Rassismus

Als deutlich wurde, dass die Probleme der Unterentwicklung hartnäckiger waren, als die Entwicklungsexperten erwartet hatten, kamen zwei Erklärungsmuster marxistisch-leninistischen Ursprungs auf, die schließlich die Universitäten und die Politik der armen Länder sowie die Universitäten der reichen Länder beherrschten: die Kolonialismustheorie und die Dependenztheorie.

Lenin hatte den Imperialismus als letztes und unausweichliches Stadium des Kapitalismus benannt, das der von ihm behaupteten Unfähigkeit zunehmend monopolkapitalistischer Länder entsprach, heimische Absatzmärkte für ihre Produkte und ihr Kapital zu finden.

Für jene ehemaligen Kolonien, Besitzungen und Mandatsgebiete, die erst vor kurzem ihre Unabhängigkeit von Großbritannien und Frankreich, den bei weitem prominentesten Kolonialmächten, aber auch von den Niederlanden, Portugal, den USA und Japan erlangt hatten, war der Imperialismus eine Realität, die tiefe Spuren in der nationalen Psyche hinterlassen hatte und eine bequeme Erklärung für die Unterentwicklung bot. Das galt vor allem für Afrika, wo nationale Grenzen oft willkürlich, ohne Rücksicht auf Homogenität der Kultur oder Stammeszusammenhalt, gezogen worden waren.

In jenen Ländern der später so genannten »Dritten Welt«, die – wie die lateinamerikanischen – seit über hundert Jahren unabhängig waren, nahm der Imperialismus die Form der »Dependenz« an. Nach dieser Theorie wurden die armen Länder an der »Peripherie« von den reichen kapitalistischen Ländern des »Zentrums« geprellt, die die Weltmarktpreise von Rohstoffen drückten und die Preise für Fertigwaren in die Höhe trieben und deren multinationale Unternehmen schamlos Profite auf Kosten der armen Länder einstrichen.

Die Kolonialismus- wie die Dependenztheorie genießen heute keine große Glaubwürdigkeit mehr. Für viele, auch für manche Afrikaner, hat der Kolonialismus als theoretische Erklärung für die Unterentwicklung längst ausgedient. Außerdem haben vier ehemalige Kolonien, zwei britische und zwei japanische (Hongkong und Singapur beziehungsweise Südkorea und Taiwan), den Sprung in die Erste Welt geschafft. Wenn heutzutage von der Dependenztheorie kaum mehr gesprochen wird (nicht einmal an amerikanischen Universitäten, wo sie noch vor wenigen Jahren ein gängiger Begriff war, der keinen Widerspruch zuließ), so gibt es dafür verschiedene Gründe; genannt seien etwa der Zusammenbruch des Kommunismus in Osteuropa; die

Transformation des Kommunismus in China zu einem konventionellen, zunehmend auf den freien Markt gerichteten Autoritarismus; der Zusammenbruch der kubanischen Wirtschaft, nachdem Russland die massiven sowjetischen Subventionen stoppte; der Erfolg der ostasiatischen »Tiger« auf dem Weltmarkt; die schwere Schlappe der Sandinisten in Nicaragua bei den Wahlen von 1990; und die Initiative Mexikos, sich Kanada und den USA in der NAFTA anzuschließen. (Eine gelungene Erörterung der Dependenztheorie bietet David Landes). Und so ist im letzten Jahrzehnt des 20. Jahrhunderts ein Erklärungsdefizit entstanden. Im Laufe der Jahre haben die Entwicklungshilfeinstitutionen ein ganzes Arsenal von Lösungen propagiert: Bodenreform, Gemeindeentwicklung, Planung, Konzentration auf die Ärmsten, auf menschliche Grundbedürfnisse, geeignete Technologie, Frauenprojekte, Privatisierung, Dezentralisierung und neuerdings »nachhaltige Entwicklung«. Eine Neuerung der 1970er Jahre war übrigens die Einbindung von Anthropologen in Entwicklungsinstitutionen, um Entwicklungshilfeprojekte an existierende kulturelle Realitäten anzupassen. Alle diese Initiativen, ganz zu schweigen von der Betonung der freien Marktwirtschaft und des politischen Pluralismus, sind in unterschiedlichem Ausmaß nützlich gewesen. Aber sowohl einzeln als auch in ihrer Gesamtheit haben sie es nicht vermocht, auf breiter Grundlage schnelles Wachstum, Demokratie und soziale Gerechtigkeit in der Dritten Welt zu schaffen.

Um die Jahrhundertmitte war das schlechte Abschneiden schwarzer Amerikaner in der US-Gesellschaft leicht zu verstehen. Es war die offenkundige Folge des Mangels an Chancengleichheit – im Bildungswesen, am Arbeitsplatz, an der Wahlurne – für jene Minderheit, die nie in den »Schmelztiegel« einbezogen worden war, die Minderheit, für die die Bill of Rights eigentlich nicht galt. In vieler Hinsicht hat sich in den letzten fünfzig Jahren in puncto Rasse eine Revolution vollzogen, nicht nur durch das Einreißen der Rassenschranken, sondern auch durch umfassende Veränderungen der Einstellungen der Weißen. Diese Revolution bewirkte einen massenhaften Aufstieg von Schwarzen in die Mittelschicht, die weitgehende Schließung der Bildungskluft zwischen Schwarzen und Weißen, einen wesentlichen Vormarsch von Schwarzen in der Politik und immer häufigere Mischehen. Ein Abstand besteht jedoch immer noch im Bereich der höheren Bildung, des Einkommens und der Gesundheit, und wenn 27 Prozent der Schwarzen unter der Armutsgrenze leben und die Mehrheit der schwarzen Kinder von allein stehenden Müttern geboren werden, kann man nicht davon sprechen, dass wir die Probleme des Ghettos überwunden hätten.

Rassismus und Diskriminierung taugen heute, fünfzig Jahre später, nicht mehr als Erklärung für das schlechte Abschneiden von Schwarzen, auch wenn es Rassismus und Diskriminierung gelegentlich noch gibt. Diese Schlussfolgerung wird durch das schlechte Abschneiden der Hispanics unterstrichen, das heute das größere Problem darstellt. 30 Prozent der Hispanics leben unter der Armutsgrenze, und die Rate ihrer Schulabbrecher liegt ebenfalls bei 30 Prozent – mehr als doppelt so hoch als bei den Schwarzen. Hispanic-Einwanderer sind diskriminiert worden, aber gewiss weniger als Schwarze und wohl nicht stärker als chinesische und japanische Einwanderer, die in puncto Bildung, Einkommen und Gesundheit erheblich über dem nationalen Durchschnitt liegen. Wir verweisen nebenbei auf die signifikant höhere Armutsrate von fast 50 Prozent und die hohe Schulabbrecherrate von rund 70 Prozent in Lateinamerika.[2]

## Das kulturelle Paradigma:
## das Symposion der Harvard Academy

Sind nun Kolonialismus und Dependenz keine befriedigenden Erklärungen für Armut und Autoritarismus in Übersee (und Rassismus und Diskriminierung keine befriedigenden Erklärungen für das schlechte Abschneiden von Minderheiten in unserem eigenen Land) und gibt es für geografisch-klimatologische Erklärungen zu viele Ausnahmen (zum Beispiel das tropische Singapur, Hongkong, Barbados und Costa Rica; siehe die Diskussion weiter unten): Wie lässt sich dann die nur sehr schleppende Entwicklung der Menschheit hin zu Prosperität und politischem Pluralismus im vergangenen halben Jahrhundert erklären?

Heute konzentrieren sich immer mehr Wissenschaftler, Journalisten, Politiker und Entwicklungshelfer auf die Rolle von kulturellen Werten und Einstellungen als Beförderer oder Verhinderer des Fortschritts. Sie berufen sich auf Alexis de Tocqueville, der zu dem Ergebnis kam, es sei die der Demokratie kongeniale Kultur, die das politische System Amerikas funktionieren lasse; auf Max Weber, der den Aufstieg des Kapitalismus im Wesentlichen als ein in der Religion wurzelndes, also kulturelles Phänomen erklärte; und auf Edward Banfield, der in einer weltweit übertragbaren Studie die kulturellen Wurzeln von Armut und Autoritarismus in Süditalien aufdeckte.

In den 1940er und 1950er Jahren standen Kulturstudien und die Betonung der Kultur im Mittelpunkt sozialwissenschaftlicher Untersuchungen. Danach versiegte das Interesse. In den vergangenen 15 Jahren hat jedoch eine Renaissance kultureller Studien stattgefunden, die auf die Formulierung eines neuen, kulturzentrierten Paradigmas von Entwicklung und menschlichem Fortschritt zuläuft.

Im Sommer 1998 beschloss die Harvard Academy for International and Area Studies, die Verbindung zwischen Kultur und politischer, wirtschaftlicher und sozialer Entwicklung zu erkunden, und zwar hauptsächlich im Hinblick auf ärmere Länder, aber auch unter Berücksichtigung der Probleme von schlecht gestellten Minderheiten in den USA. Wir hatten das Glück, für das Projekt sowohl einen großen Teil der für die Renaissance kultureller Studien verantwortlichen Forscher als auch Vertreter entgegengesetzter Auffassungen zu interessieren. Das Symposion »Kulturelle Werte und menschlicher Fortschritt« fand – unter Beteiligung einer illustren Zuhörerschaft – vom 23. bis 25. April 1999 in den Räumen der American Academy of Arts and Sciences in Cambridge (Massachusetts) statt.

### Ablauf und Teilnehmer des Symposions

Das Symposion gliederte sich in acht Foren, von denen jeweils vier an den ersten zwei Tagen abgehalten wurden. Danach folgte eine halbtägige Abschlussveranstaltung.

Das erste Forum, moderiert von Jorge Domínguez von der Universität Harvard, behandelte das Verhältnis zwischen politischer Entwicklung und Kultur. Ronald Inglehart, der Koordinator des World Values Survey, vertrat die These, dass eine starke Verbindung zwischen kulturellen Werten und politischer – und wirtschaftlicher – Entwicklung bestehe. Francis Fukuyama erörterte die entscheidende Rolle des Sozialkapitals bei der Förderung demokratischer Institutionen. (Dieser Beitrag wird hier nicht abgedruckt, da er in Fukuyamas auf Deutsch erschienenem Buch *Der große Aufbruch* enthalten ist.)[3] Seymour Martin Lipset ging in seinem Beitrag dem Zusammenhang zwischen Kultur und Korruption nach.

Christopher DeMuth, Präsident des American Enterprise Institute, moderierte das erste von zwei Foren über Kultur und wirtschaftliche Entwicklung. David Landes präzisierte die Schlussfolgerung seines Buches *The Wealth and Poverty of Nations* (dt. »Wohlstand und Armut der Nationen«, 1999): »Kultur macht den entscheidenden Unterschied.«[4] (Auch sein Beitrag wird hier nicht abgedruckt, da er eine Zusammenfassung des genannten, auf Deutsch vorliegenden Buches darstellt.) Michael Porter erkannte zwar an, dass Kultur die wirtschaftliche Entwicklung und Wettbewerbsfähigkeit beeinflusst, betonte aber, dass zur Globalisierung die Weitergabe von kulturellen Elementen gehört, die eine Homogenisierung der Kulturen bewirken und es Ländern erleichtern wird, ihre kulturelle und geografische Benachteiligung zu überwinden. Jeffrey Sachs argumentierte, dass Kultur im Vergleich zu Geografie und Klima ein unwichtiger Faktor sei.

Das zweite Forum über kulturelle und wirtschaftliche Entwicklung wurde von Harriett Babbitt von der US Agency for International Development moderiert. Mariano Grondona stellte seine Typologie von entwicklungsfreundlichen und entwicklungsresistenten Kulturen vor, hauptsächlich basierend auf seiner Einschätzung der resistenten Faktoren, die den Fortschritt Argentiniens gehemmt haben. Carlos Alberto Montaner erläuterte, wie dieselbe lateinamerikanische Kultur das Verhalten von Elitegruppen zum Schaden der Gesellschaft als ganzer beeinflusst. Daniel Etounga-Manguelle erörterte schließlich die kulturellen Hindernisse, die der Entwicklung und Wettbewerbsfähigkeit Afrikas im Wege stehen.

Das letzte Forum des ersten Tages wurde von Howard Gardner von der Universität Harvard moderiert und brachte drei Anthropologen zusammen: einen (Robert Edgerton), der glaubt, dass manche Kulturen besser für die Menschen sind als andere, einen (Richard Shweder), der sich als kulturellen Pluralisten versteht, welcher alle Kulturen toleriert und respektiert, und einen (Thomas Weisner), der sich auf die Weitergabe von Kultur, besonders in der Kindheit, spezialisiert hat.

Roderick MacFarquahar von der Universität Harvard moderierte das Forum über die Krise in Asien, an dem der Nationalökonom Dwight Perkins, der Politikwissenschaftler Lucian Pye und der Sinologe Tu Wei-ming teilnahmen. In den Darlegungen Perkins' und Pyes gab es einige Parallelen; beide betonten die Notwendigkeit einer Abkehr von den traditionell partikularistischen persönlichen Beziehungen, welche die ostasiatischen Volkswirtschaften beherrschen, und von der prominenten Führungsrolle der Regierung auf dem Privatsektor. Tu stellte dem westlichen Entwicklungskonzept das konfuzianische gegenüber. (Diese drei Referate mussten in der deutschen Ausgabe des Buches leider entfallen.)

Das Forum über Gender und Kultur moderierte Phyliss Pomerantz von der Weltbank. Barbara Crossette eröffnete es mit Ausführungen über den Konflikt zwischen kulturellem Relativismus und der UNO-Menschenrechtserklärung. Ihre Schlussfolgerungen standen in krassem Gegensatz zu denen Richard Shweders. Mala Htun erörterte Veränderungen in den Gender-Beziehungen in Lateinamerika sowie die kulturellen und sonstigen Hindernisse für ihre Verwirklichung. Rubie

Watson, die ihren Beitrag leider nicht abdrucken lassen wollte, sprach über die kulturellen Kräfte, die die untergeordnete Stellung der Frau in China prägen.

Das Forum über Kultur und amerikanische Minderheiten moderierte der frühere Gouverneur von Colorado, Richard Lamm. Es wurde von Orlando Patterson eröffnet, der die Verbindung zwischen Kultur und Minderheitenproblemen betonte. Er analysierte hierzu die Auswirkung von Sklaverei und Rassendiskriminierung auf die Institution der Ehe und brachte diese Erfahrungen in Zusammenhang mit dem heute zu verzeichnenden hohen Prozentsatz allein stehender schwarzer Mütter. Richard Estrada konnte dem Symposion aus gesundheitlichen Gründen nicht beiwohnen; kurz danach erfuhren wir zu unserem Bedauern, dass er am 29. Oktober 1999 im Alter von 49 Jahren verstarb. An seiner Stelle referierte Stephen Thernstrom von der Universität Harvard über demografische Tendenzen. Nathan Glazer behandelte neben anderen Fragen die politischen und emotionalen Probleme, die eine kulturelle Analyse der unterschiedlichen Performanz ethnischer Gruppen hervorruft.

Das letzte Forum moderierte Robert Klitgaard von der RAND Corporation; es widmete sich der Beschreibung einiger bereits angelaufener Initiativen zur Förderung positiver Werte und Einstellungen. Ich selbst verwies auf die wachsende, zum großen Teil von Dritte-Welt-Autoren stammende Literatur, die Unterentwicklung mit kulturellen Faktoren in Verbindung bringt, und beschrieb einige lateinamerikanische Initiativen, deren Ziel der kulturelle Wandel ist. Stace Lindsay und Michael Fairbanks (deren Referate in der deutschen Ausgabe entfallen mussten) beschrieben den Ansatz der Monitor Company, einer in Cambridge (Massachusetts) ansässigen Beratungsfirma, hinsichtlich ihrer Bemühungen um die »Veränderung der Geisteshaltung einer ganzen Nation«.

An alle Foren schlossen sich lebhafte Diskussionen an, die in der abschließenden Sitzung in einem Streitgespräch über das Für und Wider der Förderung von kulturellem Wandel gipfelten. Übereinstimmung wurde nicht erzielt und war angesichts der kontroversen Natur der Kulturthematik und der unterschiedlichen Ausrichtung der Teilnehmer auch nicht zu erwarten. Die meisten Referenten glauben aber, dass kulturelle Werte und Einstellungen ein ebenso wichtiger wie vernachlässigter Faktor des menschlichen Fortschritts sind. Außerdem erkannten auch die Skeptiker an, dass ein vertieftes Verständnis verschiedener Fragen nötig ist, die am Ende dieser Einleitung noch angesprochen werden.

## Die wichtigsten Fragenkomplexe

Im Vordergrund der Referate und Diskussionen standen fünf große
Fragenkomplexe, die ich im Folgenden vorstellen und aus meiner Sicht
kommentieren werde:

* der Zusammenhang zwischen Werten und Fortschritt
* die Allgemeingültigkeit von Werten und der »westliche Kulturimpe-
  rialismus«
* Geografie und Kultur
* das Verhältnis zwischen Kultur und Institutionen
* kultureller Wandel

**Der Zusammenhang zwischen Werten und Fortschritt**
Skeptisch beurteilt wird der Zusammenhang zwischen kulturellen
Werten und menschlichem Fortschritt vor allem in zwei Disziplinen:
der Volkswirtschaft und der Anthropologie. Für viele Volkswirtschaft-
ler steht unumstößlich fest, dass eine vernünftige Wirtschaftspolitik,
wirksam umgesetzt, immer dasselbe Resultat erbringen wird, ob mit
oder ohne Rückbezug auf die Kultur. Problematisch ist hier der Fall
jener multikulturellen Länder, in denen bestimmte ethnische Gruppen
besser abschneiden als andere, obwohl alle mit denselben wirtschaftlichen Gegebenheiten arbeiten. Genannt seien beispielsweise die chinesische Minderheit in Thailand, Malaysia, Indonesien, den Philippinen
und den USA, die Basken in Spanien und Lateinamerika[5] und die
Juden, wohin sie auch zogen.

Notenbankpräsident Alan Greenspan gehörte in dieser Frage zu den
traditionalistischen Volkswirtschaftlern – bis er über den postsowje-
tischen Weg Russlands nachdachte. Er war von der Annahme ausgegangen, die Menschen seien von Natur aus Kapitalisten und der Zusammenbruch des Kommunismus werde »automatisch ein Unternehmer-
system der freien Marktwirtschaft herbeiführen«. Er hatte angenommen, der Kapitalismus liege in der »menschlichen Natur«. Doch nach
der russischen Wirtschaftskatastrophe kam er zu dem Schluss, dass der
Kapitalismus »durchaus nicht Natur, sondern Kultur« ist.[6]

Greenspans Worte sind eine nachdrückliche Bekräftigung der Analysen und Schlussfolgerungen, die Landes in *Wohlstand und Armut der
Nationen* liefert, ganz zu schweigen von der langen Reihe von Einsichten hinsichtlich der Wichtigkeit von Kultur und ihren Zusammenhang
mit dem Fortschritt, die wenigstens bis auf Tocqueville zurückgehen.
Das ändert jedoch nichts daran, dass den meisten Volkswirtschaftlern
die Beschäftigung mit Kultur unheimlich ist, zumal sie definitorische

Probleme aufwirft, schwer zu quantifizieren ist und in einem hochkomplexen Interaktionsverhältnis mit psychologischen, institutionellen, politischen, geografischen und anderen Faktoren steht.

Vor dem Hintergrund dieser Probleme möchte ich die Aufmerksamkeit des Lesers auf den Beitrag Mariano Grondonas in diesem Buch lenken. Er bietet eine Typologie von entwicklungsfreudigen und entwicklungsresistenten Kulturen. Zwar entwickelte Grondona diese Typologie vor allem im Hinblick auf Argentinien und Lateinamerika, doch reicht ihre Relevanz meines Erachtens viel weiter. Ebenso wichtig ist der Beitrag von Carlos Alberto Montaner: Er erläutert, wie eine entwicklungsresistente Kultur das Verhalten von Elitegruppen prägt.

Das Hauptproblem vieler Anthropologen und anthropologisch beeinflusster Sozialwissenschaftler ist die Tradition eines kulturellen Relativismus, der das Fach im 20. Jahrhundert dominiert hat und die Evaluierung von Werten und Praktiken einer anderen Gesellschaft ablehnt.

Dies ist einer der Faktoren in dem sehr differenzierten, vorsichtigen Ansatz Nathan Glazers, wenn es um eine kulturelle Erklärung für die starke Leistungsspreizung unter den ethnischen Gruppen der USA geht (s. S. 293 ff.). Zu den zwingendsten Argumenten für eine offensive Auseinandersetzung mit der Kultur gehören die von Glazers Diskussionspartner Orlando Patterson, für den die Kultur ein zentraler Faktor bei der Erklärung der Probleme von Afroamerikanern ist (s. S. 269 ff.).

Schon der Titel unseres Buches mag für jene problematisch sein, die zögern, andere Kulturen zu bewerten. Viele glauben, Kultur sei *per definitionem* harmonisch und anpassungsfähig, und jeder Konflikt, jedes Leiden in der Kultur sei die Folge äußerer Einwirkungen. Manche Anthropologen sehen jedoch Kultur ganz anders, nicht zuletzt der Tagungsteilnehmer Robert Edgerton, der die folgenden, für das Symposion besonders relevanten Ausführungen machte:

»Menschen sind in verschiedensten Gesellschaften – städtischen wie tribalen – zu Mitleid, Freundlichkeit und sogar Liebe fähig und können es mitunter zu einer erstaunlichen Meisterung der Herausforderungen durch ihre Umwelt bringen. Genauso sind sie aber fähig, an Glaubensüberzeugungen, Werten und Einrichtungen festzuhalten, die zu sinnloser Grausamkeit, unnötigem Leiden und kapitalen Dummheiten in ihrem Verhältnis untereinander sowie zu anderen Gesellschaften und ihrer physischen Umwelt führen.«[7]

## Die Allgemeingültigkeit von Werten und der »westliche Kulturimperialismus«

Die Idee des »Fortschritts« ist jenen verdächtig, die dem kulturellen Relativismus verpflichtet sind. Für sie definiert jede Kultur selbst ihre Ziele und ihre Ethik, welche nicht an Zielen und Ethik einer anderen Kultur gemessen werden können. Manche Anthropologen sehen im Fortschritt eine Idee, die der Westen anderen Kulturen aufzuzwingen sucht. Im Extremfall können Kulturrelativisten und Kulturpluralisten den Westlern das Recht absprechen, Bräuche wie weibliche Genitalverstümmelung, Witwenverbrennung oder sogar Sklaverei zu kritisieren.

Doch nach einem halben Jahrhundert Kommunikationsrevolution ist Fortschritt im westlichen Sinne zu einer buchstäblich weltweiten Bestrebung geworden. Die Idee des Fortschritts – eines längeren, gesünderen, weniger mühseligen und erfüllteren Lebens – ist nicht auf den Westen beschränkt; sie ist auch explizit im Konfuzianismus und im Glauben so mancher nichtwestlicher, nichtkonfuzianischer leistungsstarker Minderheiten anzutreffen – zum Beispiel bei den indischen Sikhs. Ich spreche nicht von Fortschritt im Sinne der reichen Konsumgesellschaft, obgleich die Abschaffung der Armut natürlich weltweit eines der Ziele ist und dies zwangsläufig höhere Konsumzahlen bedeutet. Das weltweite Trachten richtet sich auf viel mehr als nur die Abschaffung der Armut, wie verschiedene Klauseln in der Allgemeinen Erklärung der Menschenrechte der UNO zu erkennen geben:

»Jeder Mensch hat das Recht auf Leben, Freiheit und Sicherheit der Person ... Jeder Mensch hat Anspruch auf Gedanken-, Gewissens- und Religionsfreiheit ... Alle Menschen sind vor dem Gesetz gleich und haben ohne Unterschied Anspruch auf den gleichen Schutz durch das Gesetz ... Jeder Mensch hat das Recht, an der Leitung der öffentlichen Angelegenheiten seines Landes unmittelbar oder durch frei gewählte Vertreter teilzunehmen ... Jeder Mensch hat Anspruch auf eine Lebenshaltung, die seine und seiner Familie Gesundheit und Wohlbefinden einschließlich Nahrung, Kleidung, Wohnung, ärztlicher Betreuung und der notwendigen Leistungen der sozialen Fürsorge gewährleistet ... Jeder Mensch hat das Recht auf Bildung.«

An dieser Stelle möchte ich daran erinnern, dass der Vorstand der American Anthropological Association 1947 beschloss, die Erklärung nicht zu unterstützen, mit der Begründung, es handle sich um ein ethnozentrisches Dokument. Ungeachtet dessen bin ich überzeugt, dass die überwältigende Mehrheit aller Menschen auf Erden den folgenden Behauptungen zustimmen würde:

- Leben ist besser als Tod.
- Gesundheit ist besser als Krankheit.
- Freiheit ist besser als Knechtschaft.
- Wohlstand ist besser als Armut.
- Bildung ist besser als Unwissenheit.
- Gerechtigkeit ist besser als Ungerechtigkeit.

Für Richard Shweder, der dem erwähnten Beschluss der American Anthropological Association beipflichtet, war das Symposion (um den Titel seines Beitrags aufzugreifen) eine von den »Neuen Evangelisten« angezettelte »Erste-Welt-Überheblichkeit«. Diese Auffassung wurde von drei anwesenden Referenten aus der Dritten Welt bei dem Symposion in Frage gestellt. Daniel Etounga-Manguelle, Mariano Grondona und Carlos Alberto Montaner glauben, dass traditionelle kulturelle Werte die Wurzel von Armut, Autoritarismus und Ungerechtigkeit in Afrika beziehungsweise Lateinamerika sind. Shweder tut die drei Autoren in einer Fußnote zu seinem Text als nicht wirklich repräsentativ für ihre jeweilige Gesellschaft ab; sie seien »kosmopolitische Intellektuelle«, für die heutzutage »Fahrpläne wichtiger als Herkunft« seien und die »von den USA geistige und moralische Führung und materielle Hilfe erwarten«.

Die Antworten Etounga-Manguelles, Grondonas und Montaners auf Shweders Fußnote sowie eine Replik Shweders sind im Anschluss an Shweders Beitrag zusammengefasst. Nach diesem Schlagabtausch fragt man sich, ob nicht manche Anthropologen einer Art von anthropologischem Imperialismus huldigen, der Kulturen in ewigem Eis konservieren möchte. Shweder mag sich dieser Gefahr bewusst sein, wenn er sagt: »Als ›echte‹ Kultur – eine Kultur, die Wertschätzung verdient – würde ich eine Lebensweise bezeichnen, die gegen Kritik von außen zu verteidigen ist.« (Kritik *von innen* müsste dann umso vernichtender sein.) Wenn es Kulturen gibt, die »Wertschätzung verdienen«, dann gibt es vermutlich auch Kulturen, die *keine* Wertschätzung verdienen, was darauf schließen lässt, dass Shweder den Ansichten Edgertons in Wirklichkeit vielleicht zustimmt.

So ist Shweder wohl doch nicht der große »Ketzer in der Erweckungsversammlung«, als den er sich ausgibt.

### Geografie und Kultur

Jeffrey Sachs betont in seinem Beitrag, dass Geografie und Klima entscheidende Faktoren für eine Erklärung von wirtschaftlichem Wachstum seien. Seine Ansichten erinnern an das jüngste Buch von Jared

Diamond, *Guns, Germs, and Steel* (dt. »Arm und Reich«, 1998), worin der Autor zu dem Schluss kommt: »Die auffälligen Unterschiede zwischen der Geschichte der Völker der verschiedenen Kontinente, in großen Zeiträumen betrachtet, beruhen nicht auf angeborenen Unterschieden zwischen den Völkern, sondern auf der Unterschiedlichkeit ihrer Umwelt.«[8]

Es ist klar, dass Geografie sowie natürliche Ressourcen und Klima wesentliche Faktoren für die Erklärung von Wohlstand und Armut der Nationen sind. Fast alle fortgeschrittenen Demokratien befinden sich in der gemäßigten und die große Mehrheit der armen Länder in der tropischen Zone. Gleichwohl sind die Ausnahmen bemerkenswert: So liegt Russland auf denselben Breitengraden wie das sehr wohlhabende und demokratische Nordeuropa sowie Kanada. (Ergänzend sei angemerkt, dass die nordeuropäischen Länder und Kanada die meisten der zehn von Transparency International ermittelten, am wenigsten korrupten Länder der Erde stellen, während Russland zu den zehn korruptesten gehört, was uns an Alan Greenspans Kommentar erinnert.) Singapur, Hongkong und die Hälfte von Taiwan liegen in den Tropen. Der Erfolg dieser Länder gleicht dem japanischen und deutet darauf hin, dass der Konfuzianismus die Geografie aussticht; dasselbe gilt für den Erfolg Südkoreas, der chinesischen Minderheiten in den Tropenländern Thailand, Indonesien, Malaysia und den Philippinen und der japanischen Minderheit im tropischen Peru und Brasilien.

Die Geografie erklärt nicht ausreichend die frappierenden Kontraste zwischen dem Norden und dem Süden Italiens, vergleichbare Gegensätze zwischen Guatemala, Honduras, El Salvador und Nicaragua auf der einen und Costa Rica auf der anderen Seite, die verzweifelte Lage von Haiti, einst die reichste Kolonie in der Karibik, und den demokratischen Wohlstand der ehemaligen Kolonie Barbados, die beide ursprünglich gleichermaßen vom Zucker- und Sklavenhandel profitiert hatten. Wir könnten auch darauf verweisen, dass sich drei lateinamerikanische Länder der gemäßigten Zone – Argentinien, Uruguay und Chile – noch immer nicht des Wohlstands der Ersten Welt erfreuen und alle drei in den 1970er und 1980er Jahren Militärdiktaturen erlebten.

Im abschließenden Kapitel seines Buches sagt Jared Diamond über die potenzielle Macht der Kultur:

»Kulturelle Faktoren und Einflüsse haben großes Gewicht. Die Vielfalt der kulturellen Besonderheiten der Völker ist überwältigend. Zum Teil ist sie zweifellos das Produkt von Umwelteinflüssen ... Wichtig ist aber auch die Frage nach der Bedeutung lokaler kultureller Faktoren, die nicht mit der Umwelt zusammenhängen. So kommt es vor, dass eher nebensächliche kulturelle Merkmale aus trivialen, zeit- und ortsgebundenen Gründen entstehen, sich dann verfestigen und eine Gesellschaft für kulturelle Entscheidungen von größerer Tragweite prädisponieren ... Welcher Stellenwert ihnen zukommt, ist eine wichtige ungeklärte Frage.«[9]

## Das Verhältnis zwischen Kultur und Institutionen

Um es noch einmal zu wiederholen: Kultur ist keine unabhängige Variable. Zahlreiche Faktoren beeinflussen sie, zum Beispiel Geografie und Klima, Politik, die Wechselfälle der Geschichte. Im Hinblick auf das Verhältnis zwischen Kultur und Institutionen sagt Daniel Erounga-Manguelle:»Kultur ist die Mutter, die Institutionen sind die Kinder.« Das trifft besonders auf lange Sicht gesehen zu. Kurzfristig können institutionelle Veränderungen, wie sie oft von der Politik erzwungen werden, die Kultur beeinflussen, was mit der klugen Beobachtung Daniel Patrick Moynihans übereinstimmt. Das war in einem gewissen Umfang der Fall, als Italien in den 1970er Jahren beschloss, seine öffentliche Verwaltung zu dezentralisieren. Die Chronik dieser Reform hat Robert Putnam mit *Making Democracy Work* geschrieben.[10] Seine zentrale Schlussfolgerung lautet zwar, dass die enormen Unterschiede zwischen dem Norden und dem Süden Italiens in der Kultur wurzeln; er hebt aber auch hervor, dass die Dezentralisierung ein gewisses Maß an Vertrauen, Mäßigung und Kompromissbereitschaft im Süden bewirkt hat, jenem Gebiet also, dessen Sozialpathologie Edward Banfield in *The Moral Basis of a Backward Society* so denkwürdig als kulturelles Phänomen herausgearbeitet hat.

Das Verhältnis zwischen Institutionen und Kultur wird wiederholt von Douglass North in seinem Werk angesprochen. Es wird dabei erkennbar, dass North, dessen Schwerpunkt die Institutionen, nicht die Kultur sind, der Beobachtung Etounga-Manguelles wohl zustimmen würde. In seinem Buch *Institutions, Institutional Change, and Economic Performance* benennt North»formlose Beschränkungen« der Institutionenentwicklung, die aus Information entstehen, welche »in der Gesellschaft weitergegeben wird« und die »Teil jenes Erbes [ist], das wir Kultur nennen ... Kultur bietet ein sprachgebundenes begriffliches Bezugssystem zur Verschlüsselung und Deutung der Information, welche die Sinne dem Gehirn liefern«.[11] North erklärt die divergierende Entwicklung der früheren britischen beziehungsweise spanischen Kolonien in der Neuen Welt auf folgende Weise:

»Im englischen Einflussbereich entwickelte sich ein Institutionensystem, das den komplexen unpersönlichen Tausch erlaubt, der Voraussetzung für politische Stabilität und für die Realisierung der möglichen ökonomischen Vorteile der modernen Technik ist. Im spanischen Einflussbereich sind für den politischen und ökonomischen Tausch zu einem guten Teil immer noch persönliche Beziehungen maßgeblich. Sie ergeben sich aus einer noch in Entwicklung begriffenen Institutionenordnung, die weder politische Stabilität noch die konsequente Nutzung des Potenzials der modernen Technik erlaubt.«[12]

In seinen Bemerkungen im Anschluss an das von ihm moderierte Forum über Kultur und politische Entwicklung bezweifelte Jorge Domínguez die Macht der Kultur, da alle Länder Lateinamerikas mit Ausnahme Kubas in den letzten 15 Jahren Demokratien geworden sind. Wie relevant die Beobachtungen Douglass Norths sind, beweist jedoch die Fragilität der demokratischen Experimente im heutigen Lateinamerika. In Kolumbien ist die demokratische Regierung einer schwerwiegenden Bedrohung durch eine anachronistische linksradikale Revolutionsbewegung ausgesetzt. Im benachbarten Ecuador droht das wirtschaftliche Chaos die demokratischen Institutionen zu Fall zu bringen. Der peruanische Präsident (Fujimori, A. d. Ü.) gebärdet sich oft wie ein *caudillo* alten Stils. Argentiniens Präsident Carlos Saúl Menem ließ wiederholt durchblicken, dass er an einer dritten Amtszeit interessiert wäre, was in klarem Widerspruch zur Verfassung seines Landes stand. Und der jüngst gewählte Präsident von Venezuela (Hugo Chávez, A. d. Ü.), ein ehemaliger Offizier, der zweimal einen Staatsstreich versucht hat, weckt bei Beobachtern Zweifel an seinem Respekt vor demokratischen Normen.

Als ich im Dezember 1999 Guatemala besuchte, um einen Vortrag über das Verhältnis von Kultur und Demokratie zu halten, machte hinterher der guatemaltekische Soziologe Bernardo Arévalo eine treffende Bemerkung:»Wir haben hier die Hardware der Demokratie, aber die Software des Autoritarismus.«[13]

Norths Analyse wirft eine Frage auf, die ich schon früher gestellt habe: Warum hat es mehr als 150 Jahre gedauert, bevor sich Lateinamerika der Demokratie zugewandt hat – zumal Lateinamerika doch ein Ableger des Westens ist? Eine ähnliche Frage hätte man sich bis vor wenigen Jahrzehnten auch hinsichtlich Portugals und Spaniens stellen können.

## Kultureller Wandel

Unter allen Referenten und Zuhörern bestand Einigkeit, dass sich kulturelle Werte – allerdings meist nur langsam – verändern. (Einstellungen ändern sich schneller – ein gutes Beispiel ist der Übergang Spaniens von autoritären zu demokratischen Einstellungen.) Eine der umstrittensten Fragen auf dem Symposion, die auch die abschließende Sitzung beherrschte, war, inwieweit ein kultureller Wandel in die Theorien, Strategien, Planungen und Programme zur politischen und wirtschaftlichen Entwicklung eingebaut werden soll. Die Frage wird besonders kontrovers diskutiert, wenn die Initiative zu solchen Veränderungen vom Westen ausgeht, wie es bei diesem Symposion der Fall war.

In entwicklungspolitisch aktiven Institutionen wie der Weltbank oder USAID arbeiten seit über zwei Jahrzehnten auch Anthropologen mit. Ihre Bemühungen waren jedoch in fast allen Fällen darauf gerichtet, die Entscheidungsträger über die kulturellen Realitäten aufzuklären, die bei Entwurf und Durchführung von Richtlinien und Programmen zu berücksichtigen waren. Nur die wenigsten Interventionen sollten dazu dienen, den kulturellen Wandel zu fördern, wie denn überhaupt die Idee einer Förderung des kulturellen Wandels bisher tabu war.

Mit einem ähnlichen Tabu ist in den USA die auf kulturellen Faktoren basierende Erklärung für die Minderleistung einzelner ethnischer Gruppen belegt. Die oben erwähnte Streitfrage in ihrer innenpolitischen Konstellation wurde von Richard Lamm angesprochen, dem Moderator des Forums über Kultur und amerikanische Minderheiten. Er stellte die Frage: »In Colorado und den meisten anderen westlichen Bundesstaaten gehen fast 50 Prozent der Hispanics, die weiterführende Schulen besuchen, ohne Abschluss von der Schule ab. Inwieweit kann oder muss der Staat Colorado nach kulturellen Faktoren hierfür fragen?«

Wäre es Richard Estrada vergönnt gewesen, an dem Symposion teilzunehmen, hätte er wohl mit Sicherheit ähnliche Besorgnisse geäußert. Er war Mitglied des von Barbara Jordan geleiteten US-Ausschusses für Einwanderungsreform, der eine erhebliche Drosselung der Einwanderungszahlen empfahl. Estrada befürchtete vor allem, dass der gewaltige Immigrantenstrom aus Lateinamerika das Funktionieren des »Schmelztiegels« beeinträchtigen könnte.

Nathan Glazer nennt einen der Gründe für die Aversion gegen eine offensive Auseinandersetzung mit Kulturen: Sie rührt an die heikle Frage der nationalen, ethnischen und persönlichen Selbstachtung, indem sie die Idee vermittelt, dass einige Kulturen besser als andere sind – zumindest insofern, als sie dem Wohlergehen der Menschen förderlicher zu sein scheinen. Glazer unterstellt, dass die Risiken bei der Suche nach kulturellen Erklärungen zumindest in den USA größer sein könnten als die Vorteile, zumal der »Schmelztiegel« dazu tendiert, anfängliche Unterschiede abzuschwächen. Trotzdem dürfte ihn Lamms Frage nachdenklich gestimmt haben.

Die Debatte zwischen Lamm und Glazer unterstreicht die Frage, wohin das Symposion führt – wie es nun weitergehen soll. Wenn manche kulturellen Werte tatsächlich fundamentale Hindernisse für den Fortschritt sind – wenn sie die Hartnäckigkeit der Probleme wie etwa Armut und Ungerechtigkeit in weiten Teilen der Dritten Welt erklären helfen –, dann gibt es zur Förderung des kulturellen Wandels keine Alternative. Er muss, ja er darf dann nicht als westlicher Zwang aufgefasst werden. Daniel Etounga-Manguelle, Mariano Grondona und Carlos Alberto Montaner sind nicht die einzigen Afrikaner und Lateinamerikaner, die den Schluss gezogen haben, dass »Kultur zählt«. Es gibt denn auch, zumindest in Lateinamerika, viele Menschen aus den verschiedensten Lebensbereichen, die für sich zu dem Ergebnis gelangt sind, dass ein kultureller Wandel unentbehrlich ist, und die dabei sind, einen solchen Wandel zu fördern – in den Schulen, in den Kirchen, am Arbeitsplatz, in der Politik. Sie wollen begreifen, welche Aspekte ihrer Kultur es sind, die ihrer Sehnsucht nach einem gerechteren, wohlhabenderen, erfüllteren und würdigeren Leben im Wege stehen – und was sie tun können, um den Wandel zu fördern.

Orlando Patterson schreibt in *The Ordeal of Integration*: »In der Kultur müssen die Antworten zu finden sein, wenn wir die Qualifikationskluft, die Kompetenzkluft, die Lohnkluft und den pathogenen sozialen Sumpf, worin mehrere Millionen von Afroamerikanern versunken sind, erklären wollen.«[14] Sowohl im erwähnten Buch als auch in seiner Fortsetzung, *Rituals of Blood: Consequences of Slavery in Two American Centuries*, verweist Patterson auf die Erfahrung der Sklaverei als Wurzel des kulturellen Problems der Afroamerikaner:

»Die Sklaverei, in der Afroamerikaner zwei Drittel ihrer Existenz in diesem Land verbracht haben, war eine schändliche Ausbeutungsinstitution, die Afroamerikaner schwer benachteiligte, besonders weil sie lebenswichtige soziale Institutionen wie die familiären und ehelichen Beziehungen untergrub und Afroamerikaner von den beherrschenden sozialen Organisationen ausschloss und ihnen damit die Chance nahm, Verhaltensmuster zu lernen, die für das Überleben in der aufkommenden Industriegesellschaft erforderlich waren.«[15]

Können die USA es sich leisten, die Kultur zu ignorieren, wenn sie versuchen, Lösungsmöglichkeiten für die Minderleistung von Schwarzen und Hispanics zu finden?

Eine weitere Streitfrage, die in der abschließenden Sitzung auftauchte, war das Problem der kulturellen Universalien – gibt es Werte, die in jedem geografischen, politischen oder ethnischen Rahmen funktionieren beziehungsweise nicht funktionieren? Einige Symposionsteilnehmer argumentierten gegen einen »Black Box«- oder »Einkaufszettel«-Ansatz in Bezug auf kulturellen Wandel und bevorzugten stattdessen einen sozusagen »ethnografischen Ansatz« – einen Ansatz, der die einzelnen Kulturen betrachtet, ohne anders geartete Erfahrungen umfassend heranzuziehen. Nach meiner Überzeugung gibt es Wertmuster, die über geografische Grenzen hinweg vergleichbare Folgen in ganz unterschiedlichen Situierungen haben. Ein Beispiel sind die in Westeuropa, Nordamerika, Australien und Neuseeland sowie Ostasien verbreiteten Werte Arbeitsethos/Bildung/Verdienst/Genügsamkeit.

Klar wurde jedoch, dass wir noch viel mehr über einige der großen Streitfragen wissen müssen, um das von Robert Klitgaard formulierte Endziel zu erreichen, nämlich »wohl entwickelte Theorien, praktische Richtlinien und enge professionelle Verbindungen zwischen denen, die die Kultur untersuchen, und denen, die Entwicklungspolitik machen und verwalten«.

## Die Integration eines Werte- und Einstellungswandels in die Entwicklungspolitik: ein theoretisches und praktisches Forschungsprogramm

Außer für Ostasiaten, Iberer und Afroamerikaner ist der menschliche Fortschritt seit dem Zweiten Weltkrieg enttäuschend, ja entmutigend verlaufen. Ein Hauptgrund für dieses Scheitern ist meines Erachtens darin zu sehen, dass Regierungen und Entwicklungsinstitutionen es unterlassen haben, die Macht der Kultur als Verhinderin oder Beförderin des Fortschritts in Rechnung zu stellen. So ist es nach meiner Überzeugung hauptsächlich der Gegensatz zwischen Westeuropa und Lateinamerika, der den Erfolg des Marshall-Plans hier und das Scheitern der Allianz für den Fortschritt dort erklärt.

Es *ist* schwierig, sich politisch und emotional mit Kultur zu befassen. Es ist auch schwierig, sich intellektuell mit ihr zu befassen, weil es Definitions- und Quantifizierungsprobleme gibt und weil Kausalbeziehungen zwischen der Kultur und anderen Variablen (politische Strate-

gien, Institutionen, wirtschaftliche Entwicklung) in beiden Richtungen
verlaufen.

Auf dem Symposion wurde breite Übereinstimmung darüber erzielt,
ein umfassendes theoretisches und praktisches Forschungsprogramm
aufzulegen mit dem Ziel, einen Werte- und Einstellungswandel sowohl
in entwicklungspolitischen Strategien, Planungen und Programme in
Dritte-Welt-Ländern als auch in Armutsbekämpfungsprogramme der
USA selbst einzubauen. Das Endergebnis dieses Forschungspro-
gramms wären Richtlinien zur Werte- und Einstellungsänderung samt
praktischen Initiativen, um fortschrittliche Werte und Einstellungen zu
fördern.

Die Forschungsagenda umfasst sechs Hauptpunkte:

1. Eine Typologie von Werten/Einstellungen: Das Ziel ist erstens, Werte und Einstellungen zu benennen, die den Fortschritt fördern, und
   ihre jeweilige Priorität abzuschätzen, sowie jene zu identifizieren,
   die ihn hindern; und zweitens, festzustellen, welche Werte und Einstellungen die Evolution demokratischer politischer Institutionen,
   die wirtschaftliche Entwicklung und die soziale Gerechtigkeit positiv und negativ beeinflussen, und sie in eine Rangfolge zu bringen.
2. Beziehung zwischen Kultur und Entwicklung: Ziel ist erstens, jene
   Kräfte/Akteure zu definieren, die eine positive Entwicklung angesichts von Werten und Einstellungen, welche der Entwicklung nicht
   förderlich sind, in Gang setzen können; zweitens, die Auswirkung
   auf traditionelle Werte und Einstellungen zu verfolgen, wenn die
   Entwicklung infolge dieser Kräfte/Akteure einsetzt; und drittens,
   die Frage zu stellen, ob demokratische Institutionen gefestigt und
   wirtschaftliche Entwicklung und soziale Gerechtigkeit durchgesetzt
   werden können, wenn sich traditionelle Werte und Einstellungen
   nicht signifikant ändern.
3. Beziehungen zwischen Einstellungen/Werten, politischen Strategien und Institutionen: Ziel ist erstens, abzuschätzen, inwieweit
   politische Strategien und Institutionen Werte und Einstellungen
   widerspiegeln, wie Tocqueville und Daniel Etounga-Manguelle
   behaupten; zweitens, besser zu verstehen, was voraussichtlich
   geschehen wird, wenn Werte und Einstellungen den politischen
   Strategien und Institutionen entgegenstehen, und drittens, festzustellen, inwieweit politische Strategien und Institutionen Werte und
   Einstellungen verändern können.
4. Weitergabe von Kultur: Ziel ist, die Hauptinstanzen bei der Weitergabe von Werten/Einstellungen verstehen zu lernen, zum Beispiel
   Praktiken der Kindererziehung, Schulen, Kirchen, Medien, sozial

Gleichgestellte (Peers), Arbeitsplatz und »sozialer Transfer« von Einwanderern in ihre Heimatländer. Wir müssen wissen, erstens, welche dieser Instanzen heute generell, aber auch jeweils in verschiedenen geografischen und kulturellen Weltregionen die machtvollsten sind, zweitens, wie jede von ihnen zu einem fortschrittlichen Werte- und Einstellungswandel beitragen kann, und drittens, welche Rolle die Regierung im Hinblick auf einen Werte- und Einstellungswandel spielen kann.

5. Messung von Werten/Einstellungen: Ziel ist, den Geltungsbereich des internationalen Systems zur Messung des Werte- und Einstellungswandels zu erweitern und dabei die Ergebnisse von Forschungsaufgabe 1 zu integrieren. Hierzu würden gehören: erstens, die Benennung existierender Instrumente zur Messung von Werten und Einstellungen (zum Beispiel World Value Survey) und zweitens, die Anpassung dieser Instrumente an die Unterstützung von Initiativen zum Werte- und Einstellungswandel.

6. Einschätzung bereits bestehender Initiativen zur Kulturveränderung. Zumindest in Lateinamerika existieren bereits mehrere einheimische Initiativen zur Kulturveränderung, zum Beispiel das Institut für menschliche Entwicklung in Peru, das »die zehn Gebote der Entwicklung« im Schulsystem verschiedener lateinamerikanischer Länder fördert. Andere Initiativen, beispielsweise Bodenzuteilungsprogramme, mögen wichtige kulturverändernde Folgen haben, auch wenn dies nicht ihr Zweck ist. Solche Initiativen müssen bewertet und die Resultate zu Richtlinien für Regierungen und Entwicklungsinstitutionen verarbeitet werden.

Die Rolle kultureller Werte und Einstellungen als Verhinderer oder Förderer des Fortschritts ist bisher von Regierungen und Hilfseinrichtungen weithin ignoriert worden. Die Einbeziehung eines Werte- und Einstellungswandels in entwicklungspolitische Strategien, Planungen und Programme ist nach meiner Überzeugung ein vielversprechender Weg, um sicherzustellen, dass die Welt in den kommenden fünfzig Jahren nicht noch einmal die Armut und Ungerechtigkeit erlebt, worin die meisten armen Länder und die schlecht abschneidenden ethnischen Gruppen in den USA im vergangenen halben Jahrhundert versunken sind.

# Anmerkungen

1 Die folgenden Daten stammen aus: World Bank, »Selected World Development Indicators«, *World Development Report 1998/99*, New York 1999.

2 Die Ausgabe des *Social Panorama of Latin America* für 1993, herausgegeben von der Economic Commission for Latin America and the Caribbean, berichtet (S. 35): »Zwei von fünf Stadtbewohnern sind arm, in ländlichen Gegenden beträgt das Verhältnis sogar drei zu fünf.« Das heißt, dass 1990 46 Prozent der lateinamerikanischen Bevölkerung unter der Armutsgrenze lebten; 22 Prozent lebten unter der Mittellosigkeitsgrenze. Die Zahl von 70 Prozent Schulabbrechern ist eine Schätzung anhand von Tabelle 7 im *World Development Report 1997* der Weltbank.

3 Siehe Francis Fukuyama, *Der große Aufbruch. Wie unsere Gesellschaft eine neue Ordnung erfindet*, Wien 2000, S. 31–36 (»Sozialkapital«).

4 David Landes, *Wohlstand und Armut der Nationen. Warum die einen reich und die anderen arm sind*, Berlin 1999, S. 517.

5 Über den Erfolg der Basken im späteren Venezuela berichtet schon 1806 François Depons in seinem *Viaje a la parte oriental de tierra firme en la América meridional*; Nachdruck Caracas 1960.

6 Die Greenspan-Zitate stammen aus: William Pfaff, »Economists Hatch a Disaster«, *Boston Globe* (30. August 1999), S. A17.

7 Siehe das Kapitel von Edgerton in diesem Buch.

8 Jared Diamond, *Arm und Reich*, Frankfurt am Main (1998) 2001, S. 501.

9 Ebd., S. 518–520.

10 Robert D. Putnam, *Making Democracy Work*, Princeton 1993.

11 Douglass C. North, *Institutionen, institutioneller Wandel und Wirtschaftsleistung*, Tübingen (1992) 1998, S. 44.

12 Ebd., S. 139.

13 Zitiert in der guatemaltekischen Zeitung *La Prensa Libre* (14. Dezember 1999).

14 Orlando Patterson, *The Ordeal of Integration: Progress and Resentment in America's »Racial« Crisis*, Washington 1997, S. 213.

15 Ebd., S. 109.

# I.

# Kultur und wirtschaftliche Entwicklung

Michael E. Porter

# Einstellungen, Werte, Überzeugungen und die Mikroökonomie des Wohlstands

Einstellungen, Werte und Überzeugungen – in ihrer Gesamtheit mitunter »Kultur« genannt – spielen für das menschliche Verhalten und den menschlichen Fortschritt zweifellos eine Rolle. Mir selbst ist dies durch meine Tätigkeit in Nationen, Staaten, Regionen, Städten und Unternehmen von sehr unterschiedlichem Entwicklungsgrad klar geworden. Die Frage ist also nicht, *ob* Kultur eine Rolle spielt, sondern wie diese Rolle im Zusammenhang mit den allgemeineren Determinanten des Wohlstands zu *verstehen* ist. Eine umfangreiche Literatur hat die Verbindung zwischen Kultur und menschlichem Fortschritt aus den verschiedensten Perspektiven beleuchtet. Im vorliegenden Kapitel erkunde ich sozusagen einen Ausschnitt dieses Bereichs, und zwar die Bedeutung der »Wirtschaftskultur« für den wirtschaftlichen Fortschritt. Als »Wirtschaftskultur« definiere ich die Summe der Überzeugungen, Einstellungen und Werte, die die wirtschaftlichen Aktivitäten von Individuen, Organisationen und anderen Institutionen lenken.

Obwohl die Rolle der Kultur für den wirtschaftlichen Fortschritt nicht angezweifelt wird, bleiben die Interpretation dieser Rolle im Zusammenspiel mit anderen Einflüssen und das Sichtbarmachen des konkreten Einflusses der Kultur selbst eine Herausforderung. Untersuchungen zur Rolle der Kultur für den wirtschaftlichen Wohlstand legen das Hauptaugenmerk gern auf allgemeine kulturelle Attribute, die als wünschenswert gelten, wie etwa harte Arbeit, Initiative und Glaube an den Wert der Bildung, sowie auf Faktoren aus der Makroökonomie wie die Neigung zum Sparen und Investieren. Diese allge-

meinen Attribute sind zweifellos wohlstandsrelevant, aber keines von
ihnen korreliert eindeutig mit wirtschaftlichem Fortschritt. Harte
Arbeit ist wichtig, aber genauso wichtig ist das, was die Art der getanen
Arbeit anleitet und lenkt. Initiative ist wichtig, aber nicht jede Initiative ist produktiv. Bildung ist entscheidend, aber genauso entscheidend
sind die Art der angestrebten Bildung und das, was mit ihr erreicht werden soll. Sparen ist gut, aber nur dann, wenn die Ersparnisse auf produktive Weise verwendet werden.

So kann denn auch ein und dasselbe kulturelle Attribut in verschiedenen Gesellschaften – oder sogar in derselben Gesellschaft zu verschiedenen Zeiten – enorm unterschiedliche Implikationen für den
wirtschaftlichen Fortschritt haben. Die Japaner sind mit ihrer Sparsamkeit gut gefahren – aber nur bis zur jüngsten Rezession; jetzt ist sie ein
Hindernis für die wirtschaftliche Erholung. Prüft man eine größere
Zahl erfolgreicher Nationen – die USA, Japan, Italien, Hongkong,
Singapur, Chile und Costa Rica –, so zeigt sich, dass erhebliche und
durchaus subtile kulturelle Unterschiede mit sich verbessernden wirtschaftlichen Bedingungen verbunden waren, die einen allzu simplen
Zusammenhang von Kultur und Wohlstand Lügen strafen.

In diesem Kapitel werde ich die komplexen Verbindungen zwischen
Wirtschaftskultur und wirtschaftlichem Fortschritt untersuchen. Das
Hauptaugenmerk gilt dem Wohlstand auf der Ebene geografischer
Einheiten wie Nationen oder Staaten. Ich werde mich zwar oft auf
Nationen beziehen, doch kann die relevante ökonomische Einheit in
vielen Fällen auch kleiner sein. Praktisch in jeder Nation gibt es frappierende Unterschiede hinsichtlich des wirtschaftlichen Wohlstands
zwischen verschiedenen Bundesstaaten oder Regionen, und die Gründe hierfür haben zum Teil mit Einstellungen, Werten und Überzeugungen zu tun. Viele derselben Einflüsse kann man auch zur Erklärung des
wirtschaftlichen Wohlstands von Gruppen heranziehen, die in mehreren geografischen Einheiten ansässig sind, wie beispielsweise ethnische
Chinesen.

Ich beginne mit einer Skizze unseres derzeitigen Erkenntnisstandes
über die Quellen wirtschaftlichen Wohlstands in der modernen globalen Wirtschaft. Sodann versuche ich, die Verbindung herzustellen
zwischen diesen Quellen und den Überzeugungen, Werten und Einstellungen, die den Wohlstand fördern. Dabei stellt sich eine wichtige
Frage: Wie kommt es, dass unproduktive Kulturen entstehen und sich
halten? Diese Frage untersuche ich anhand der herrschenden Wirtschaftstheorie und der wirtschaftlichen Gegebenheiten des letzten
Jahrhunderts. Den Abschluss des Kapitels bilden einige Überlegungen

zur Reichweite von kulturellen Unterschieden in der modernen Wirtschaft und darüber, wie der Einfluss der Kultur sich im Licht der durch die Globalisierung der Märkte ausgelösten Konvergenz der Volkswirtschaften verlagern mag.

## Die Quellen des Wohlstands:
### relativer Vorteil und Wettbewerbsvorteil

Der Wohlstand oder Lebensstandard einer Nation misst sich an der Produktivität, mit der sie ihr Reservoir an Menschen, Kapital und Rohstoffen einsetzt. Produktivität bestimmt die Hauptdeterminanten des nationalen Pro-Kopf-Einkommens, nämlich die Höhe der Löhne und Kapitalerträge. Produktivität ist also die Basis der Wettbewerbsfähigkeit (»Kompetitivität«). Sie hängt von dem Wert der Produkte und Dienstleistungen ab, die von den Firmen in einer Nation hervorgebracht werden, einem Wert, der sich beispielsweise von ihrer Qualität und Einmaligkeit sowie von der Effizienz ihrer Produktionsweise ableitet. Das zentrale Problem der wirschaftlichen Entwicklung ist also, wie die Bedingungen für ein schnelles und nachhaltiges Wachstum der Produktivität geschaffen werden können.

In der modernen globalen Wirtschaft hängt Produktivität weniger davon ab, in welchen Industrien die Firmen einer Nation konkurrieren, als davon, *wie* sie konkurrieren – das heißt von ihren Vorgangsweisen und Strategien. In der heutigen globalen Wirtschaft können Firmen in praktisch jeder Industrie durch überlegtere Strategien und durch Investitionen in moderne Technologien produktiver werden. Moderne Technologien bieten auf unterschiedlichsten Gebieten wesentliche Möglichkeiten der Aufwertung, so in der Landwirtschaft, bei der Briefzustellung oder in der Halbleiterfertigung. Entsprechend gibt es auf fast allen Gebieten Spielraum für bessere Strategien; genannt seien Kundensegmentierung, differenzierte Produkte und Dienstleistungen und maßgeschneiderte Wertschöpfungsketten, um Produkte zum Kunden zu bringen.

Das Konzept der Zielindustrien, wobei die Regierung »gute« Industrien zu begünstigen sucht, ist also fehlerhaft. Es gibt in dem neuen »Produktivitätsparadigma« keine gute oder schlechte Industrie. Die Frage ist vielmehr, ob Firmen fähig sind, die besten Methoden anzuwenden, die besten Qualifikationen zu bündeln und die besten Techniken zu nutzen, um das, was sie tun, auf einem immer höheren Produktionsniveau zu tun. Es spielt keine Rolle, ob sich die Wirtschaft eines

Landes auf den Agrarsektor, den Dienstleistungssektor oder den verarbeitenden Sektor stützt. Wichtig ist die Fähigkeit des Landes, sich effizient um die Prämisse zu organisieren, dass Produktivität den Wohlstand für die Individuen dieses Landes bestimmt.

Im Produktivitätsparadigma verlieren auch traditionelle Unterscheidungen zwischen ausländischen und inländischen Firmen an Bedeutung. Wohlstand in einer Nation ist die Widerspiegelung dessen, was sowohl inländische als auch ausländische Firmen in dieser Nation zu tun beschließen. Inländische Firmen, die mit unausgereiften Methoden Produkte von geringer Qualität erzeugen, hemmen die nationale Produktivität, während ausländische Firmen, die eine neue Technologie und fortgeschrittene Methoden mitbringen, Produktivität und lokale Löhne steigen lassen. Problematisch werden auch traditionelle Unterscheidungen zwischen lokalen und transnationalen Industrien sowie die Tendenz, die politische Aufmerksamkeit nur auf die transnationalen Industrien zu richten. Lokale Industrien berühren die Lebenshaltungskosten der Bürger und die Kosten für Geschäfte mit transnationalen Industrien. Sie zu vernachlässigen, wie es Japan getan hat, schafft schwerwiegende Nachteile.

Das Produktivitätsparadigma als Basis des Wohlstands stellt ein radikales Abgehen von früheren Konzeptionen der Quellen des Reichtums dar. Noch vor 100 oder 50 Jahren war man der Ansicht, der Wohlstand einer Nation resultiere aus dem Besitz natürlicher Ressourcen wie Land oder Bodenschätze oder eines Arbeitskräftepools, wodurch das Land einen *relativen Vorteil* gegenüber anderen Ländern mit weniger günstiger Ausstattung hatte. In der modernen, globalen Wirtschaft jedoch können Firmen von jedem beliebigen Standort aus billig und effizient auf Ressourcen zugreifen, wodurch die Ressourcen selbst an Wert verlieren. Der reale Wert von Ressourcen sinkt, was die stetig sinkenden realen Preise von Waren in den letzten 100 Jahren beweisen. Entsprechend ist billige Arbeitskraft überall zu haben, sodass der Besitz eines Arbeitskräftepools *an sich* noch kein Vorteil ist. Bei rapide sinkenden Transport- und Kommunikationskosten ist heute auch ein günstiger geografischer Standort, was Märkte oder Handelswege betrifft, nicht mehr in dem Maß ein Vorteil wie in der Vergangenheit. Eine Firma in Hongkong oder Chile kann trotz großer Entfernung vom Markt dennoch ein wichtiger Handelspartner der USA beziehungsweise Europas sein.

Der relative Vorteil als Basis des Reichtums ist dem *Wettbewerbsvorteil* gewichen, der auf einer überlegenen Produktivität bei der Zusammenführung von Ressourcen zur Erzeugung wertvoller Produkte und

Dienstleistungen beruht. Länder, die ihren Lebensstandard verbessern, sind Länder, in denen Firmen produktiver werden, weil sie differenziertere Quellen des Wettbewerbsvorteils durch Wissen, Investition, Einsicht und Innovation erschließen.

Paradoxerweise sind es nun in der heutigen globalen Wirtschaft gerade lokale Gegebenheiten, die zunehmend wichtig werden und darüber entscheiden, warum eine bestimmte Firma wettbewerbsfähiger und produktiver ist als eine anderswo ansässige. Das liegt daran, dass rasche Handels-, Kapital- und Informationsflüsse die Vorteile zunichte machen, die eine Firma durch Input von anderswoher erringt. Wenn eine Firma in irgendeinem Land ihre Maschinen in Deutschland kauft, kann das auch ihr Konkurrent. Wenn ein Unternehmen sich um ausländisches Kapital bemüht, kann das auch sein Konkurrent. Wenn eine Firma ihre Rohstoffe aus Australien bezieht, kann das auch ihr Konkurrent. Alle diese Ansätze mögen notwendig sein, aber als Wettbewerbsvorteile sind sie in der heutigen globalen Wirtschaft weitgehend neutralisiert worden. Die verbleibenden Quellen eines Wettbewerbsvorteils sind zunehmend lokaler Art; dazu zählen spezielle Beziehungen zu Zulieferern oder Kunden, besonderes Gespür für Marktbedürfnisse durch den Kontakt zu Kunden oder Partnern vor Ort, spezieller Zugang zu Technologie und Wissen anderer lokaler Institutionen oder Produktionsflexibilität durch Zusammenarbeit mit einem Zulieferer in der Nähe.

## Mikroökonomische Grundlagen des Wohlstands

Da viele externe Quellen des Vorteils für die Unternehmen einer Nation durch die Globalisierung zunichte gemacht wurden, müssen potenzielle interne Quellen des Vorteils kultiviert werden, wenn ein Land seine Wirtschaft aufwerten und Wohlstand für seine Bürger schaffen will. Dabei konzentriert sich die Aufmerksamkeit häufig auf die Wichtigkeit der Aufgabe, ein gesundes makroökonomisches, politisches und rechtliches Umfeld zu schaffen. Doch makroökonomische Bedingungen sind zwar notwendig, aber nicht ausreichend, um eine prosperierende Wirtschaft zu garantieren. Überhaupt gibt es immer weniger Ermessensspielraum bei makroökonomischen Strategien: Sind sie nicht gesund, bestrafen die internationalen Kapitalmärkte die betreffende Nation.

Wohlstand hängt letzten Endes von einer Verbesserung der mikroökonomischen Grundlagen der Wettbewerbsfähigkeit ab. Die mikroökonomischen Grundlagen der Produktivität beruhen auf zwei eng

zusammenhängenden Faktoren: dem Grad der Differenziertheit von
Vorgehensweisen und Strategien der Unternehmen und der Qualität
des mikroökonomischen Geschäftsumfeldes. Solange nicht die in einer
Nation tätigen Unternehmen produktiver werden, kann auch die Wirtschaft selbst nicht produktiver werden. Gleichwohl wird die Differenziertheit, mit der die Unternehmen konkurrieren können, stark von
der Qualität des nationalen Wirtschaftsumfeldes beeinflusst, in dem sie
tätig sind. Das Wirtschaftsumfeld hat große Auswirkungen auf die Art
der möglichen Strategien und die Effizienz, mit der die Firmen tätig
sein können. So ist eine effiziente Unternehmenstätigkeit nicht möglich, wenn bürokratische Reglementierungswut jede Initiative lähmt,
die Logistik unzuverlässig ist oder die Firmen nicht rechtzeitig Nach-
schub an Komponenten oder hochwertigen Service für ihre Produkti-
onsmaschinen bekommen.

Die Natur des Wirtschaftsumfeldes auf mikroökonomischer Ebene
zu bestimmen ist angesichts der unzähligen Standorteinflüsse auf die
Produktivität eine interessante Herausforderung. In meinem Buch *The
Competitive Advantage of Nations* (dt.»Nationale Wettbewerbsvorteile«)[1] habe ich die Auswirkung des Standorts auf den Wettbewerb
anhand von vier wechselseitig aufeinander bezogenen Einflüssen skizziert: Faktorenbedingungen (Input), lokaler Kontext für Strategie und
Konkurrenz, lokale Nachfragesituation und Stärke von verwandten
und Zulieferindustrien. Diese Einflüsse bilden das mikroökonomische
Wirtschaftsumfeld, in dem die Firmen einer Nation miteinander konkurrieren und die Quellen ihres Wettbewerbsvorteils finden. Wirtschaftliche Entwicklung ist der langfristige Prozess, dieses Bündel von
wechselseitig voneinander abhängigen mikroökonomischen Fähigkeiten und Anreizen in die Unterstützung fortgeschrittenerer Formen des
Wettbewerbs umzumünzen.

Faktorenbedingungen beziehen sich auf Natur und Umfang der
Inputs, auf welche Firmen bei der Produktion von Gütern oder Dienstleistungen zurückgreifen können; dazu gehören etwa Arbeitskraft,
Kapital, Straßen, Flughäfen und anderweitige Verkehrs- und Kommunikationsinfrastruktur sowie Rohstoffe. Faktoreninputs reichen von
elementaren (zum Beispiel billige Arbeitskraft, einfachste Straßen) bis
zu fortgeschrittenen (zum Beispiel integrierte Transportsysteme, High-
Speed-Datenfernübertragung, spezialisiertes Personal mit höherem
Abschluss). Die Quantität der Inputs ist nicht annähernd so wichtig wie
ihre Qualität und Spezialisierung. Ist beispielsweise die Infrastruktur
eines Landes für die Sparte maßgeschneidert, in der es konkurriert,
wird die Produktivität steigen. Dementsprechend sind Pools von unge-

lernten Arbeitskräften nicht so wertvoll wie speziell geschulte Arbeitskräfte mit der nötigen Qualifikation, um hochwertige Produkte zu erzeugen und Produktionsprozesse zu tätigen, die moderner und produktiver sind. Generell erfordert eine erfolgreiche wirtschaftliche Entwicklung nachhaltige Verbesserungen bei Qualität und Spezialisierung der Inputs eines Landes.

Die zweite kritische Determinante für die mikroökonomische Wettbewerbsfähigkeit eines Landes ist die Qualität der örtlichen Nachfrage. Ein anspruchsvoller Kunde ist ein starkes Instrument zur Steigerung der Produktivität. Der Druck, den der lokale Kunde auf eine Firma, eine Industrie und die Natur des Wettbewerbs unter lokalen Industrien ausübt, fördert die Produktivität, die Verbesserung der Qualität und die Wertsteigerung der Produkte. Dies wiederum erhöht die Wahrscheinlichkeit, dass diese Produkte auf Exportmärkten erfolgreich sein werden. Anspruchsvolle Kunden erziehen die lokalen Firmen dazu, Produkte und Dienstleistungen zu verbessern, und zwingen sie, diese Produkte und Dienstleistungen auf eine Weise aufzuwerten, die sich direkt in einem höheren Wert für Kunden und in höheren Preisen niederschlägt. Wenn andererseits die örtliche Nachfrage anspruchslos ist und eine Firma einfach Produkte imitiert, die anderswo entwickelt wurden, werden Produktivität und die Preise auf dem internationalen Markt darunter leiden.

Ein gutes Beispiel für die Wichtigkeit anspruchsvoller Kunden ist die italienische Schuhindustrie. Italienische Frauen probieren Dutzende von Schuhen an, bevor sie ihre Wahl treffen. Sorgfältig prüfen sie die Qualität des Leders und der Verarbeitung, Form und Höhe des Absatzes, Sitz, Eleganz und sonstige Eigenschaften. Schuhhersteller, die in einem solchen lokalen Umfeld zu überleben und zu gedeihen vermögen, können sicher sein, dass Schuhe, die in Italien erfolgreich sind, vermutlich auch erfolgreich exportiert werden können.

Der Kontext für Firmenstrategie und Firmenkonkurrenz ergibt sich aus den Regeln, Anreizen und Normen, die über Art und Intensität der lokalen Konkurrenz bestimmen. In minder entwickelten Volkswirtschaften ist der lokale Wettbewerb eher gering. Der Übergang zu einer fortgeschrittenen Wirtschaft erfordert, dass eine kraftvolle lokale Konkurrenz entsteht und ihren Charakter verändert, indem sie von Kostenminimierung und Nachahmung zur Effizienz der Abläufe und letztlich zu Innovation und Differenzierung übergeht. Eine gesunde Konkurrenz unter lokalen Firmen ist Grundvoraussetzung für eine schnelle Steigerung der Produktivität. Wenn eine Firma im heimischen Wettbewerb nicht mithalten kann, kann sie es auch im ausländischen

Wettbewerb nicht.[2] Sie wird nie flexibel genug sein und sich rasch
genug verbessern, wenn sie sich nicht einem intensiven lokalen Wettbewerb mit ortsansässigen Konkurrenten stellt. Antimonopolgesetze
und eine Politik, die Unternehmertum und neue Geschäftsideen fördert, sind Maßnahmen, mit denen eine Nation eine gesunde lokale
Konkurrenz zu fördern vermag.

Die letzte Determinante für die Stärke des mikroökonomischen
Wirtschaftsumfeldes eines Landes sind Umfang und Qualität örtlicher
Zulieferer und verwandter Industrien. Mittlere und fortgeschrittene
Entwicklung hängt von der Bildung von Clustern ab. Ein Cluster ist
eine räumliche Konzentration von industriellen Konkurrenten und
ihren vielen verwandten und zuliefernden Industrien und Institutionen. Beispiele für starke Cluster sind etwa das Silicon Valley, Holly-
wood oder die Wall Street. In Wirklichkeit gibt es Hollywoods und Silicon Valleys auf der ganzen Welt, in praktisch jeder fortgeschrittenen
Wirtschaft und praktisch jeder Art von Industrie. Cluster sind ein alt-
bekanntes Phänomen, das jedoch heute an Bedeutung zu gewinnen
scheint. Die Agglomeration von Wettbewerbern, Zulieferern und verwandten Betrieben und Institutionen an ein und demselben Standort
entsteht und behauptet sich, weil diese Form der Organisation produktiver ist als eine Organisationsform, die versucht, Inputs und Ideen von
Standorten in verschiedenen Teilen der Welt zusammenzuführen;
außerdem begünstigt sie schnellere Verbesserungen und Innovationen.

Im Produktivitätsparadigma kommt der Regierung eine andere,
indirektere Rolle zu als in sonstigen Theorien des Wettbewerbs. Die
Verantwortung der Regierung beginnt bei der Schaffung eines stabilen
und berechenbaren makroökonomischen, politischen und rechtlichen
Umfelds, in dem Firmen die für eine Steigerung der Produktivität
erforderlichen langfristigen strategischen Entscheidungen treffen können. Die Regierung muss darüber hinaus sicherstellen, dass qualitativ
hochwertige Faktoren (Inputs) für die Firmen verfügbar sind (zum Beispiel gut ausgebildete Humanressourcen, effiziente physische Infrastruktur). Sie muss für den Wettbewerb generelle Regeln und Anreize
festlegen, die den Produktivitätszuwachs fördern; sie muss die Entwicklung von Clustern ermöglichen und ermutigen; und sie muss
schließlich für das Land ein positives, ausgefeiltes und langfristiges
Programm der wirtschaftlichen Aufwertung entwickeln und durchsetzen, das die Regierung selbst, Wirtschaft, Institutionen und Bürger
mobilisiert. Regierung und andere Institutionen wie Universitäten,
Standardisierungsbehörden und Industrie müssen zusammenwirken,

um sicherzustellen, dass das Wirtschaftsumfeld einen Produktivitätszuwachs fördert.

Im Produktivitätsparadigma fällt der Regierung und dem Privatsektor die zunehmend wichtige Rolle zu, Clusterentwicklung und Aufwertung zu ermöglichen. Dieser Ansatz unterscheidet sich deutlich von
einem historischen Ansatz in der Industriepolitik, wonach nur
»erwünschte« Industrien oder Sektoren für die Förderung durch die
Regierung ausgewählt wurden. Die Industriepolitik konzentrierte sich
auf heimische Unternehmen und basierte auf Eingriffen der Regierung
in den Wettbewerb durch protektionistische Maßnahmen, Industrieförderung und Subventionen. Entscheidungen fielen auf nationaler
Ebene, was an die zentralistische Planwirtschaft erinnert.

Ganz anders das Clusterkonzept! Es beruht auf der Vorstellung,
dass alle Cluster zum Wohlstand einer Nation beitragen können, dass
inländische wie ausländische Unternehmen die Produktivität fördern
und dass industrieübergreifende Verknüpfungen und Ergänzungen
wesentliche Quellen des Wettbewerbsvorteils sind und ermutigt werden müssen. Während eine gezielte Industrieförderung den Zweck
verfolgt, den Wettbewerb zugunsten einer Nation zu verzerren, sind
clustergestützte Maßnahmen darauf aus, den Wettbewerb durch Pflege
von Außenwirtschaftsbeziehungen und Beseitigung von Hemmnissen
für Produktivität und Produktivitätszuwachs zu fördern. Auch ist der
Clusteransatz dezentralisierter, was die Eigeninitiative auf staatlicher
wie auf lokaler Ebene ermutigt.

## Wirtschaftspolitik und der Prozess der Entwicklung

Wirtschaftlicher Fortschritt ist ein Prozess der sukzessiven Aufwertung, bei dem sich die Elemente des Wirtschaftsumfelds einer Nation
weiterentwickeln, um zunehmend differenzierter und produktiver in
den Wettbewerb einzutreten. Die Vorgaben aus Sicht des Wirtschaftsumfelds variieren in dem Maße, wie die Nation von niedrigem Einkommen über mittleres Einkommen zu hohem Einkommen fortschreitet.
In der Frühphase der Entwicklung konkurrieren Firmen in erster Linie
um billige Arbeitskräfte und Rohstoffe. Die fundamentale Herausforderung besteht darin, aus dieser Situation herauszukommen. Um der
Armut zu entgehen, muss eine Nation ihre Inputs, Institutionen und
Qualifikationen aufwerten, um differenziertere Formen des Wettbewerbs zuzulassen, was in gesteigerter Produktivität resultiert. Das
erfordert zum Beispiel Aufwertung des Humankapitals, Verbesserung
der Infrastruktur, Öffnung für Handel und Auslandsinvestitionen,

Schutz des geistigen Eigentums, Anhebung der Regelstandards zur
Erzwingung von Verbesserungen der Produktqualität und Umweltver-
träglichkeit und Ausweitung der regionalen Integration.
  Um das mittlere Entwicklungsniveau zu erreichen, muss sich ein
Land zunehmend darauf konzentrieren, die Qualität seiner menschlichen Ressourcen zu verbessern, höhere Ansprüche an die heimischen
Produkte zu stellen, seine naturwissenschaftliche Basis auszubauen,
lokale Konkurrenz sicherzustellen und eine fortschrittliche Informa-
tions- und Kommunikationsinfrastruktur zu schaffen. Die Regierung
muss mit dem privaten Sektor, Universitäten und anderen Institutionen zusammenwirken, um starke Cluster aufzubauen. Um das Niveau
einer fortgeschrittenen Wirtschaft zu erreichen, muss das Land innovative Kapazitäten an der internationalen technologischen Front entwickeln. Diese können dann die Firmen dazu nutzen, einzigartige Güter
und Dienstleistungen zu schaffen, die höhere Löhne für die Bürger
ermöglichen. Hierzu gehören Schritte wie zunehmende Investitionen
in Grundlagenforschung, Entwicklung eines wachsenden Pools von
naturwissenschaftlichem und technischem Personal und Ausweitung
der Verfügbarkeit von Risikokapital.

## Wohlstand bilden: Die Bedeutung
## von Überzeugungen, Einstellungen und Verhalten

Diese Erörterung der mikroökonomischen Grundlagen der Wettbewerbsfähigkeit legt einige jener Überzeugungen, Einstellungen und
Werte dar, die Wohlstand unterstützen und fördern. Ganz zentral sind
dabei Vorstellungen über die Grundlage des Wohlstands selbst. Die
Einstellungen von Individuen und Organisationen und ihr wirtschaftliches Verhalten werden stark von dem bestimmt, was sie für den
erfolgversprechendsten Weg halten. Die vielleicht grundlegendste
Überzeugung, die eine erfolgreiche wirtschaftliche Entwicklung
abstützt, ist die Einsicht, dass Wohlstand von Produktivität abhängt,
nicht von Ressourcenkontrolle, Größenordnung, staatlichen Vergüns-
tigungen oder militärischer Macht, und dass das Produktivitätsparadigma gut für die Gesellschaft ist. Ohne derartige Überzeugungen werden
das Streben nach Einkünften oder nach Monopolen das dominierende
Verhalten sein – eine Schwäche, an welcher noch immer viele Entwicklungsländer leiden.
  Eine andere wohlstandsfördernde Grundüberzeugung ist die, dass
das Potenzial für Reichtum unbegrenzt ist, weil es auf Ideen und Einsichten gründet, dass es also nicht aufgrund knapper Ressourcen

begrenzt ist. Durch Verbesserung der Produktivität kann Reichtum auf viele ausgeweitet werden. Diese Überzeugung unterstützt produktivitätsfördernde Schritte in allen Teilen der Gesellschaft, die den zu verteilenden Kuchen vergrößern. Demgegenüber wird die Auffassung, dass Reichtum begrenzt und nicht abhängig von der eigenen Anstrengung ist, verschiedene Gruppen dazu verführen, miteinander um die Verteilung des Kuchens zu ringen – eine Beschäftigung, die fast zwangsläufig die Produktivität schwächt. Diese Nullsummenperspektive steht im Zentrum der Theorie einer universalen Bauernkultur.[3]

Das Produktivitätsparadigma lässt demgegenüber eine ganze Serie von stützenden Einstellungen und Werten entstehen, zum Beispiel: Innovation ist gut, Wettbewerb ist gut, Verantwortlichkeit ist gut, hohe Regulierungsstandards sind gut, die Investition in Fähigkeiten und Technologien ist eine Notwendigkeit, Beschäftigte sind Vermögenswerte, die Zugehörigkeit zu einem Cluster ist ein Wettbewerbsvorteil, die Zusammenarbeit mit Zulieferern und Kunden ist segensreich, Vernetztheit und Netzwerke sind wesentlich, Ausbildung und Qualifikationen sind wesentlich, um mehr produktive Arbeit zu unterstützen, Löhne dürfen nicht steigen, solange die Produktivität nicht steigt, usw. Dem kann man unproduktive Einstellungen und Werte gegenüberstellen: ein Monopol ist gut, Macht bestimmt über Belohnungen, eine starre Hierarchie ist notwendig, um die Kontrolle zu behalten, selbstgenügsame Familienbeziehungen sollten Geschäftsverbindungen bestimmen.

In jedem Land wird es unter Gruppen und Individuen Unterschiede geben, was ihre Überzeugungen und Einstellungen betrifft. Die gesamtwirtschaftliche Entwicklung wird teilweise auch geprägt von dem Tauziehen zwischen produktivitätsfördernden Aspekten der Wirtschaftskultur einer Nation und produktivitätszerstörenden Aspekten der Kultur. Ganz besonders starkes Gewicht wird den Überzeugungen und Einstellungen von hohen Regierungsmitgliedern und Wirtschaftseliten beigemessen. Eine starke Regierung kann zumindest zeitweilig eine produktive Wirtschaftskultur durchsetzen, doch diese muss in Wirtschaftskreisen akzeptiert werden, oder der gesamtwirtschaftliche Fortschritt wird langsam und umkehrbar sein. Nachhaltige Entwicklung verlangt, dass produktive Überzeugungen, Einstellungen und Werte auf Arbeiter, Institutionen wie Kirchen und Universitäten und letztlich auf die Zivilgesellschaft als ganze übergreifen. Andernfalls wird es an der politischen Unterstützung für jene produktivitätsfördernden Maßnahmen fehlen, die angestammte Interessen in Frage stellen.

Meine Arbeit hat gezeigt, dass eine der größten Herausforderungen bei der Förderung der nationalen Wettbewerbsfähigkeit in vielerlei Hinsicht die Veränderung der Wirtschaftskultur ist. Die Strategien und Verhaltensweisen, die Wettbewerbsfähigkeit unterstützen, sind allmählich besser bekannt – jetzt besteht das Problem darin, ihnen wahre Akzeptanz zu verschaffen. Ein großer Teil der Aufgabe einer gesamtwirtschaftlichen Entwicklung besteht also in Erziehungs- oder Aufklärungsarbeit; denn viele Bürger und sogar ihre Führer verfügen über keinen begrifflichen Rahmen, um die moderne Wirtschaft zu verstehen, ihre Rolle in ihr zu sehen oder ihre Abhängigkeit vom Verhalten anderer Gruppen in der Gesellschaft zu erfassen. Mangelndes Verständnis aber ermöglicht es oft Sonderinteressen, Veränderungen zu blockieren, die dem Wohlstand der Nation sehr nützen würden.

## Warum gibt es Nationen mit unproduktiver Kultur?

Es herrscht wachsender Konsens in der Frage, was Wohlstand bestimmt und welche Überzeugungen, Einstellungen und Werte den wirtschaftlichen Fortschritt fördern. Wie kommt es dann, dass wir unproduktive Wirtschaftskulturen haben? Warum behaupten sie sich in bestimmten Gesellschaften? Handeln Individuen und Unternehmen bewusst auf eine Art, die ihrem wirtschaftlichen Eigeninteresse widerspricht?

Die Antworten auf diese Fragen sind komplex und bieten der Forschung wie der Praxis ein fruchtbares Betätigungsfeld. Natürlich können individuelles und gesellschaftliches Interesse divergieren, und kurzfristige Ziele können zu Entscheidungen und Verhaltensweisen führen, die langfristigen Interessen entgegenarbeiten. Lassen Sie mich jedoch eine Reihe von allgemeineren Antworten vorschlagen. Erstens: Die Wirtschaftskultur einer Nation wird stark von den vorherrschenden Ideen, dem Paradigma über die Wirtschaft beeinflusst. Es hat im 20. Jahrhundert viele Theorien des Wohlstands gegeben, von der zentralen Planung über die Importsubstitution bis zur Faktorenakkumulation. Solche Ideen schlagen über das Bildungssystem, den Einfluss von Intellektuellen und Regierungsführern und auf tausenderlei andere Weise tiefe Wurzeln in einer Gesellschaft. Gleichzeitig herrscht selbst bei politischen Führern oft Unwissenheit über die internationale Wirtschaft und ihre Funktionsweise. Unwissenheit aber erzeugt ein Vakuum, in dem sich jene Überzeugungen halten können.

Die Ansichten der Menschen darüber, was für den Wohlstand erforderlich ist, haben große Auswirkung auf ihr Verhalten. Und Überzeugungen spiegeln sich schließlich in Einstellungen und Werten wider. Eine unproduktive Wirtschaftskultur erwächst also häufig nicht so sehr aus tief verwurzelten gesellschaftlichen Charakteristika, sondern vielmehr aus Unwissenheit oder aus dem Pech, sich von fehlerhaften Theorien leiten zu lassen. Die Akzeptanz fehlerhafter Theorien beruht bisweilen auf reiner Ideologie, ist aber manchmal auch eine Frage der Bequemlichkeit, die mit politischer Kontrolle zusammenhängt. So schätzen Militärregimes oft eine Wirtschaftspolitik der Importsubstitution und Autarkie, weil sie ihre Macht und Kontrolle über die Bürger verstärkt. Nationen, die – aus welchen Gründen immer – fehlerhafte Ideen zu meiden wissen, haben in Form von wirtschaftlichem Wohlstand davon profitiert.

Zweitens: Die Wirtschaftskultur scheint stark vom früheren und gegenwärtigen miokroökonomischen Kontext abgeleitet zu werden. Gewiss können Individuen auf eine Weise handeln, die gegen die kollektiven Interessen der Gesellschaft oder das nationale Interesse verstoßen. Nach meiner Erfahrung ist es jedoch selten, dass Individuen wissentlich auf eine unproduktive Weise handeln, die ihrem individuellen oder unternehmerischen Interesse zuwiderläuft. Die Rolle kultureller Attribute lässt sich also schwer vom Einfluss des gesamtwirtschaftlichen Umfelds und der Institutionen einer Gesellschaft abkoppeln. Die Art, wie sich Menschen in einer Gesellschaft verhalten, hat auch viel mit den Signalen und Anreizen zu tun, die das Wirtschaftssystem, worin sie leben, aussendet.

Zum Beispiel kann man oft Klagen über Arbeiter in Entwicklungsländern hören, die ein schlechtes Arbeitsethos hätten. Aber was ist, wenn es keine Belohnung für harte Arbeit gibt? Was ist, wenn es kein Fortkommen gibt, auch wenn man noch so hart arbeitet? Das Arbeitsethos einer Nation ist nicht unabhängig vom Gesamtsystem der Anreize in der Wirtschaft zu verstehen. Dementsprechend verhalten sich Unternehmen in Entwicklungsländern oft opportunistisch und planen nicht langfristig. Tatsächlich kann kurzfristiges Planen in einem Umfeld vernünftig sein, in dem die politischen Verhältnisse instabil und unberechenbar sind. Ertragsorientiertheit von Unternehmen hängt gewöhnlich mit einem politischen System zusammen, das diese Orientierung belohnt.

Nationale Charakteristika, die der Kultur zugeschrieben werden, haben also häufig wirtschaftliche Wurzeln. Gute Beispiele hierfür sind das japanische System der lebenslangen Betriebszugehörigkeit und Japans hohe Sparquote. Die lebenslange Betriebszugehörigkeit war vor dem Zweiten Weltkrieg in Japan keineswegs die Regel. Sie wurde ursprünglich eingeführt, um in der ersten Nachkriegszeit die unruhige Arbeiterschaft zu kontrollieren. Hohe Spareinlagen haben nach allgemeiner Auffassung viel mit der Erinnerung an die Entbehrungen des Krieges und der Nachkriegszeit zu tun, verbunden mit einem relativ frühen Ruhestandsalter, einem schlecht ausgebauten Rentensystem und exorbitanten Kosten für Hausbesitz, die eine erhebliche Kapitalakkumulation verlangen.

So ist es schwierig, kulturell bedingte Verhaltensweisen von solchen zu trennen, die durch das Wirtschaftssystem gefördert oder ermutigt worden sind. In diesem Sinne drückt die Geschichte der Wirtschaftskultur einen starken Stempel auf, nämlich die Erfahrungen aus »guten« wie aus »schlechten« Zeiten. Diese Abhängigkeit der Kultur von den Umständen wird durch den Erfolg von Menschen aus armen Ländern bestätigt, die in ein anderes Wirtschaftssystem wechseln. Ein Beispiel von vielen ist der Fall einiger Salvadoraner in den USA, die bemerkenswert erfolgreich sind.

Drittens: Sozialpolitische Entscheidungen können starken Einfluss auf die Wirtschaftskultur ausüben, weil sie den wirtschaftlichen Kontext beeinflussen. Ein gutes Beispiel sind Maßnahmen zur sozialen Absicherung. Sie berühren unmittelbar die Einstellung zur Arbeit, das persönliche Sparverhalten und die Bereitschaft, in die eigene Weiterbildung zu investieren, und beeinflussen indirekt viele andere Aspekte der wirtschaftspolitischen Maßnahmen eines Landes. Wirtschafts- und Sozialpolitik sind denn auch unlösbar miteinander verflochten.

Ein Gutteil Wirtschaftskultur wird also direkt oder indirekt durch die Wirtschaft selbst vermittelt. Zu den Ausnahmen gehören jene Überzeugungen, Einstellungen und Werte, die sich überhaupt nicht aus dem Eigen- oder dem wirtschaftlichen Interesse speisen, sondern aus rein sozialen oder moralischen Denkungsarten. Gesellschaftliche Einstellungen gegenüber älteren Mitbürgern, Normen der persönlichen Interaktion und religiöse Lehren sind Beispiele für soziale beziehungsweise moralische Einstellungen und Werte, die die Wirtschaftskultur selbständig prägen können. Solche Einstellungen und Werte spielen auch eine wesentliche Rolle bei der Festlegung der sozialpolitischen Prioritäten einer Nation. Doch können auch soziale und moralische Entscheidungen von althergebrachten wirtschaftlichen Gegebenheiten und Lehren geprägt sein. Religion und Philosophie können sehr wohl eine produktive (oder eine unproduktive) Wirtschaftskultur verstärken.

Diese Argumente in ihrer Gesamtheit lassen zu großer Vorsicht raten, wenn es darum geht, die wirtschaftlichen Aussichten einer

Gesellschaft aufgrund ihrer Kultur zu verwerfen:»Das Land X ist nicht
erfolgreich, weil die Arbeiter faul und die Unternehmen korrupt sind.«
Was wäre, wenn die Gesellschaft andere wirtschaftliche Überzeugungen lernte und ein anderes Wirtschaftssystem errichtete? Es ist heute,
in einer globalen Wirtschaft mit Zugang zu fortgeschrittener Technologie und fortgeschrittenem Wissen, gefährlich, sich einzig und allein auf
Pauschalerklärungen für Wohlstand – etwa Geografie, Klima oder
Religion – zu stützen.

Dies alles deutet darauf hin, dass die Wirtschaftskultur zwar zäh und
schwer veränderbar ist, aber vielleicht doch nicht so zäh, wie manchmal
vermutet wird. Besonders jene Überzeugungen, Einstellungen und
Werte, die unproduktiv sind, können verändert werden, wenn sie nicht
mehr durch vorherrschende Überzeugungen oder die Realität, mit der
es Bürger und Unternehmen unmittelbar zu tun haben, verstärkt
werden. Gewiss gilt es, Unwissenheit, Misstrauen und Trägheit zu überwinden, bevor man aufgibt, was man gelernt hat. Doch lassen die
Erfahrungen des letzten Jahrzehnts darauf schließen, dass Nationen
unter den richtigen Umständen ihre Wirtschaftskultur sehr schnell verändern können.[4] Es gibt Gründe zu vermuten – und ich werde auf sie
eingehen –, dass das Tempo des möglichen Wandels sich offenbar
beschleunigt.

## Globale Konvergenz um die Kultur der Produktivität

Geschichtlich gesehen, ließen weltpolitische und wirtschaftliche
Umstände der Wirtschaftskultur einen weiten Spielraum. Wie oben
bemerkt, hat es ganz unterschiedliche Wirtschaftsmodelle gegeben, die
in manchen Fällen von den Nationen über Jahrzehnte hinweg beibehalten wurden. Im Beharrungsvermögen dieser disparaten Modelle
mit ihrer Auswirkung auf die wirtschaftlichen Akteure spiegelten sich
die jeweils vorherrschenden Umstände wider. Die internationale
Wirtschaft war in den letzten siebzig bis achtzig Jahren weit weniger
globalisiert als heute, sodass die einzelnen Volkswirtschaften dem
internationalen Wettbewerb weniger ausgesetzt waren. Viele Länder
schotteten sich durch protektionistische Maßnahmen ab. Die Volkswirtschaften konnten unproduktive Maßnahmen und Verhaltensweisen jahrzehntelang beibehalten, auch wenn sich die Produktivität
dadurch nicht verbesserte. Durch militärische Macht und Geopolitik
wurden Handelsmuster verzerrt und zusätzlich falsche Signale über
den wirtschaftlichen Wohlstand ausgesandt. Aus dem Protektionismus
der sich entwickelnden Welt zogen ärmere Nationen die Lehre, dass sie

Rohstoffe und billige Arbeitskraft nach Europa und in die USA zu verkaufen hätten, was die Aufwertung ihrer Volkswirtschaften hemmte.
Die vom Kalten Krieg geprägte Weltpolitik enthob die Nationen
zusätzlich der Notwendigkeit eines wirtschaftlichen Wandels. Große
Summen an Auslandshilfe flossen in Entwicklungsländer, wo sie nur
dazu dienten, unfähige Führer aufzupäppeln und eine katastrophale
Wirtschaftspolitik zu verschleiern.

Verstärkt wurde das Beharrungsvermögen unproduktiver Wirtschaftskulturen durch die begrenzten Kenntnisse und Fähigkeiten
armer Länder in Bezug auf Verbesserungen. Die Bürger waren oft iso-
liert und kamen nicht mit anderen Verhaltensweisen in Berührung.
Das Tempo des technologischen Wandels war langsam genug, um technologische Rückständigkeit oder verspätete Anpassung nicht so dramatisch erscheinen zu lassen, wie sie es heute sind, was schlechte Wirtschaftspolitik nur zusätzlich festigte. Wirtschaftliches und unternehmerisches Wissen breitete sich nur langsam aus, Auslandsinvestitionen
wurden vernachlässigt. Die internationale Verbreitung von Wirt-
schaftswissen war viel kostspieliger und weniger effektiv als heute.
Länderübergreifende Leistungsmessung und Bewertung war selten.
Alte, fehlerhafte Ideen über Wohlstand, Wirtschaftspolitik und Unternehmensführung behaupteten sich und wurden in einigen Fällen sogar
aktiv propagiert. Da so viele verschiedene Wirtschaftsmodelle imple-
mentiert wurden, konnten kulturelle Faktoren eine bedeutende Rolle
bei der Wahl der Ansätze und für den Erfolg einer Nation spielen.

Heute aber haben wir es mit einem radikal anderen wirtschaftlichen
Kontext zu tun. Statt selbstzufriedener Nachsicht mit langsamer Entwicklung herrscht das überwältigende Gefühl der Dringlichkeit vor,
den Imperativen der globalen Wirtschaft gerecht werden zu müssen.
Entwicklungstheorien, die nicht mit dem Produktivitätsparadigma in
Einklang stehen, sind in Misskredit geraten, weil sie unfähig sind, offenem Wettbewerb standzuhalten oder sich gegen das rasante Tempo der
technologischen und unternehmerischen Verbesserungen zu behaupten. Die Meinungsunterschiede über die Grundlagen wirtschaftlichen
Wohlstands und die angemessenen wirtschaftspolitischen Entscheidungen werden geringer. Das Wissen über die Elemente einer produktiven Wirtschaftskultur breitet sich rapide aus. Die Bürger kommen
mehr als je zuvor mit erfolgreichen Verhaltensweisen anderswo in
Kontakt. Es gibt also rund um den Globus eine zunehmende Konvergenz der Meinungen darüber, was für den Wohlstand nötig ist.

Diese zunehmende Konvergenz um das Produktivitätsparadigma
erzeugt starken Druck auf Länder, die sich weigern, es zu verinner-

lichen. Wirtschaftliche Maßnahmen und Verhaltensweisen werden zunehmend länderübergreifend gemessen und verglichen. Die Finanzmärkte bestrafen Länder ohne gesunde Strategien; Auslandsinvestitionen versiegen, wenn Nationen nicht ein produktives Geschäftsumfeld schaffen; Arbeiter verlieren ihre Stelle, wenn sie keine positive Einstellung zur Arbeit haben. Politische Führer sind in zunehmendem Maße breiteren wirtschaftlichen Kräften, nicht den Bürgern vor Ort rechenschaftspflichtig. Auch der rapide Fortschritt der Technologie erhöht die Kosten für die Abschottung gegen oder die Missachtung von internationalen Praktiken, was diesen Druck noch erhöht.

Das Ergebnis ist, dass viele Nationen unterschiedlich erfolgreich danach trachten, sich diese Produktivitätskultur anzueignen. Nehmen Sie Mittelamerika! Nach Jahrhunderten einer nationalistischen Nabelschaupolitik in den meisten Ländern gibt es dort heute einen Prozess der Öffnung und wirtschaftlichen Integration durch Koordination der Verkehrsinfrastruktur, Harmonisierung von Zollbestimmungen und viele andere Schritte. Alle mittelamerikanischen Länder sind dabei, sich dem Wettbewerb und der Produktivität zu verschreiben. Die Kräfte der Globalisierung haben diese kleinen Länder veranlasst, ihre nationalistischen Interessen hintanzustellen und große Anstrengungen zur Veränderung alter Praktiken zu unternehmen.

Gleichzeitig bewirkt die Globalisierung eine nachhaltige Disziplinierung unproduktiver Verhaltensweisen; sie belohnt produktive Aspekte der Wirtschaftskultur mit einem beispiellosen Zustrom von Kapital, Investitionen, Technologie und wirtschaftlichen Chancen. Dieselbe globale Wirtschaft befähigt auch jene Nationen, die sich ihr öffnen, zu erstaunlichen Fortschrittsraten. Wissen und Technologie sind verfügbar und zugänglich wie nie zuvor. Moderne Technologie erlaubt den effizienten Transport von Gütern über weite Entfernungen und effizienten Handel in verschiedenartigen Klimazonen. Jene Länder, die noch im Denkschema des relativen Vorteils verharren, sind mehr denn je im Nachteil. In einer Welt, in der Produktivität, Initiative und Lernen die Determinanten des Wohlstands sind, haben Entwicklungsländer beispiellose Chancen, Reichtum zu schaffen.

Ja, die Kräfte der neuen Ökonomie sind sogar so stark, dass es keine Übertreibung ist zu behaupten, dass Wirtschaftskultur nicht mehr eine Frage der Wahl ist. Die Frage ist nur noch: Wird sich ein Land *freiwillig* einer produktiven Wirtschaftskultur öffnen, indem es die alten, wohlstandshemmenden Überzeugungen, Einstellungen und Werte ändert, oder wird ihm die Veränderung schließlich *aufgezwungen*? Die Frage ist nicht mehr, *ob* sich die Wirtschaftskultur eines Landes verändert,

sondern _wann_ und _wie_ schnell sie sich ändert. Ältere Bürger, die unter
früheren wirtschaftlichen Gegebenheiten aufgewachsen sind, widersetzen sich zwar oft dem Wandel, aber die Generation der jüngeren
Manager zwischen 20 und 40 ist oft schon in der neuen Wirtschaftskultur geschult worden, nicht selten auf internationalen Business Schools.
Daher gibt es in vielen Entwicklungsländern Förderer der Veränderung in der eigenen Wirtschaftselite.

Hat in der modernen Wirtschaft (die großen Druck auf Gesellschaften ausübt, sich Überzeugungen, Einstellungen und Werte anzueignen,
die mit dem Produktivitätsparadigma verträglich sind) die Kultur heute denselben Einfluss in der Wirtschaftssphäre, den sie in einer anderen
Wirtschaftsordnung hatte? Historische Darstellungen enthalten oft
umfangreiche Erörterungen über die Auswirkung kultureller Attribute auf Gesellschaften und ihren Entwicklungsweg, weil geschichtlich
gesehen diese Attribute beharrend waren und beträchtlichen Einfluss
auf die wirtschaftliche Konfiguration von Gesellschaften ausübten.
Aber die Konvergenz ökonomischer Ideen und die Zwänge des globalen Markts haben vermutlich den Spielraum verengt, in dem kulturelle
Variablen noch den von einer Gesellschaft eingeschlagenen wirtschaftlichen Weg beeinflussen können.

Was wir heute erleben, ist die allmähliche Herausbildung einer internationalen Wirtschaftskultur, die über traditionelle kulturelle Scheidelinien hinweg verläuft und zunehmend Gemeinbesitz werden wird. Ein
System von wirtschaftsrelevanten Überzeugungen, Einstellungen und
Werten wird Allgemeingut werden, und die offenkundig unproduk-
tiven Aspekte der Kultur werden dem Druck (und der Chance) der globalen Wirtschaft weichen. Kultur wird in Zeiten wirtschaftlichen Wohlstands weiterhin eine bedeutende Rolle innehaben, aber es könnte
durchaus eine positivere sein. Jene einzigartigen Züge einer Gesellschaft, die ungewöhnliche Bedürfnisse, Fertigkeiten, Werte und
Arbeitsweisen entstehen lassen, werden die Wirtschaftskultur prägen.
Diese produktiven Aspekte der Kultur, wie Costa Ricas Leidenschaft
für die Ökologie, Amerikas Bequemlichkeitsfimmel und Japans Vorliebe für Cartoons und Spiele werden zu wichtigen Quellen eines
schwer zu imitierenden Wettbewerbsvorteils werden, was in neuen
Mustern internationaler Spezialisierung resultiert, da Nationen zunehmend jene Güter und Dienstleistungen produzieren, bei denen ihre
Kultur ihnen einen einzigartigen Vorteil verschafft.

Während also die globale Konvergenz um das Produktivitätsparadigma zunimmt, wird es kulturelle Unterschiede zweifellos weiter
geben. Die Globalisierung wird Kultur nicht auslöschen, wie manche

befürchtet haben. Doch anstatt manche Völker in ihrer wirtschaftlichen Benachteiligung zu isolieren, können diese kulturellen Unterschiede die besonderen Vorteile werden, die so wichtig sind, um den Wohlstand der Nationen in der globalen Wirtschaft zu verbessern. In einer globalen Wirtschaft, in der so viele Dinge leicht von jedem beliebigen Ort bezogen werden können, sollten jene kulturellen Unterschiede besonders gerühmt werden, die unverwechselbare Produkte und Dienstleistungen entstehen lassen.

## Anmerkungen

Der Autor bedankt sich bei Michael Fairbanks und Kaia Miller für ihre klugen Kommentare, aber auch bei allen anderen Teilnehmern des Symposions.

1  Michael E. Porter, *Nationale Wettbewerbsvorteile: Erfolgreich konkurrieren auf dem Weltmarkt* (1991), Sonderausgabe Wien 1999.

2  Siehe zum Beispiel Michael E. Porter und Mariko Sakakibara, »Competing at Home to Win Abroad: Evidence from Japanese Industry«, *Harvard Business School Working Paper 99–036* (September 1998).

3  Siehe zum Beispiel Jack M. Potter, May N. Diaz und George N. Foster (Hrsg.), *Peasant Society – A Reader*, Boston 1967.

4  Ein gutes Beispiel ist der Fall Chile; siehe Anil Hira, *Ideas in Economic Policy in Latin America: Regional, National, and Organizational Case Studies*, Westport (Connecticut) 1998.

*Jeffrey Sachs*

# Bemerkungen zu einer neuen Soziologie der wirtschaftlichen Entwicklung

## Einleitung: Die Rätselhaftigkeit des Wachstums

Das größte Rätsel im Zusammenhang mit wirtschaftlicher Entwicklung ist die Frage, warum nachhaltiges wirtschaftliches Wachstum so schwer zu erreichen ist. Vor 1820 gab es ein solches praktisch gar nicht. Angus Maddison schätzte 1995, dass in den Jahren von 1500 bis 1820 das Pro-Kopf-Wachstum des BIP weltweit jährlich bei 0,04 Prozent gelegen hat. Westeuropa und seine Kolonien in Nordamerika und Ozeanien hatten zwar spätestens 1820 andere Regionen überholt, doch betrug der Wachstumsabstand zwischen Westeuropa und der ärmsten Region der Welt (dem subsaharischen Afrika) nach Maddisons Schätzungen lediglich drei zu eins.

Alle Regionen der Welt erlebten nach 1820 einen Anstieg des Pro-Kopf-Einkommens, wobei zwischen 1820 und 1992 das Wachstum weltweit auf jährlich 1,21 Prozent stieg. Die zwei Gruppen von Nationen, die schon 1820 vorne lagen, nämlich Westeuropa und das, was Maddison »Ableger des Westens« nennt (die USA, Kanada, Australien und Neuseeland), legten noch weiter zu und bilden heute den größten Teil der entwickelten Welt. Von den dreißig reichsten Ländern der Welt lagen 1990 nicht weniger als 21 in Westeuropa oder waren Ableger des Westens, fünf in Asien: Hongkong, Japan, Korea, Singapur und Taiwan. Die restlichen vier Länder waren zwei kleine Erdölstaaten (Kuwait und die Vereinigten Arabischen Emirate), Israel und Chile. In diesen 30 Ländern leben etwa 16 Prozent der Weltbevölkerung. In den 1990er

Jahren war der Wachstumsabstand zwischen der reichsten Region (die westlichen Ableger) und der ärmsten (dem subsaharischen Afrika) auf zwanzig zu eins gestiegen.

Drei generelle Erklärungen können helfen, dem Wachstumsrätsel auf die Spur zu kommen.

*Geografie*: Bestimmte Teile der Welt sind geografisch begünstigt. Zu geografischen Vorteilen können gehören: wichtige Bodenschätze, Zugang zur Küste und zum Meer beziehungsweise zu schiffbaren Flüssen, Nähe zu anderen erfolgreichen Volkswirtschaften, vorteilhafte Bedingungen für die Landwirtschaft, vorteilhafte Bedingungen für die menschliche Gesundheit.

*Soziale Systeme*: Bestimmte soziale Systeme haben das moderne Wirtschaftswachstum unterstützt, während andere dies nicht getan haben. Vorkapitalistische Systeme, die auf Leibeigenschaft, Sklaverei, unveräußerbarem Grundbesitz und so fort basierten, waren geeignet, ein modernes Wirtschaftswachstum zu vereiteln. Im 20. Jahrhundert erwies sich der Sozialismus überall dort, wo er ausprobiert wurde, als eine Katastrophe für wirtschaftlichen Wohlstand und wirtschaftliches Wachstum. Auch die Kolonialherrschaft im 19. und 20. Jahrhundert war hohen Raten des Wirtschaftswachstums generell abträglich.

*Positive Rückkoppelung*: Positive Rückkoppelungsprozesse vergrößerten die Vorteile einer frühen Industrialisierung und erweiterten damit die Kluft zwischen Reich und Arm. Zum einen beuteten die ersten europäischen Industrialisierer die rückständigen Regionen durch militärische Eroberung und Kolonialherrschaft aus. Viele der rückständigen Gesellschaften kollabierten, als sie militärisch oder wirtschaftlich von den reicheren Nationen unter Druck gesetzt wurden. Zum anderen ist der technologische Abstand zwischen den fortgeschrittenen und den rückständigen Ländern im Laufe der Zeit eher größer als kleiner geworden. Technologische Innovation wirkt wie eine Kettenreaktion, bei der gegenwärtige Innovationen zum Anstoß für künftige Durchbrüche werden.

Die neoklassische Wirtschaftstheorie hat keine Antwort auf das Wachstumsrätsel, weil sie die Rolle der Geografie, der sozialen Institutionen und der positiven Rückkoppelungsmechanismen vernachlässigt. Sogar die Dynamik der Innovation ist bis vor kurzem nur ungenügend untersucht worden. In der neoklassischen Wirtschaftstheorie ist Entwicklung in Wirklichkeit keine besondere Herausforderung. Marktinstitutionen werden als gegeben vorausgesetzt. Von Ländern wird angenommen, dass sie sparen und Kapital akkumulieren, während von Technologie und Kapital angenommen wird, dass sie ungehindert nationale Grenzen überschreiten. Da die Kapitalproduktivität in kapitalknappen Ländern höher ist als in kapitalreichen und die technologisch rückständigen Länder die Technologien der reicheren Länder importieren können, wird erwartet, dass die ärmeren Länder schneller wachsen als die reichen.

Die neoklassische Wirtschaftstheorie kennzeichnet daher ein grundsätzlicher Optimismus, was die Aussichten auf wirtschaftliche *Konvergenz* betrifft, das heißt die Tendenz der Wirtschaft des armen Landes, schneller zu wachsen als die der reichen und so den Abstand zwischen den Einkommensniveaus zu verringern. Natürlich haben auch klassische und neoklassische Ökonomen seit Adam Smith erkannt, dass mangelhafte wirtschaftliche Institutionen das Wachstum behindern können, doch wird der Optimismus der neoklassischen Theorie durch die Auffassung gestützt, dass mangelhafte wirtschaftliche Institutionen durch institutionelle Konkurrenz oder Öffentlichkeitsentscheid hinweggefegt werden.

Die neoklassische Ökonomie trägt gewiss dazu bei, verschiedene wichtige Episoden eines rapiden wirtschaftlichen Wachstums in der Neuzeit zu erklären. So ist der Aufstieg der ostasiatischen Volkswirtschaften in den letzten Jahrzehnten zu einem guten Teil der raschen Akkumulation von Kapital und Technologien in einer marktgestützten, kapitalknappen Region zu verdanken. Auch die in der Nachkriegszeit nach 1945 zu verzeichnende Verringerung der Kluft zwischen Nord- und Südeuropa hängt natürlich mit den von neoklassischen Ökonomen betonten Konvergenzmechanismen zusammen, weil auch hier die neoklassischen Annahmen gut auf die westeuropäischen Gegebenheiten zu übertragen waren. Das Hauptproblem besteht darin, dass diese Konvergenzmechanismen nur unter spezifischen Umständen gelten, nicht aber als allgemeine Prozesse wirken.

Dieses Kapitel skizziert einen umfassenderen soziologischen Rahmen zum Verständnis des ungleichen Weltwirtschaftswachstums. Ich betone, dass eine adäquate Theorie die physische Geografie und die Herausbildung von sozialen Institutionen (sowohl durch internen sozialen Wandel als auch durch die Interaktion von Gesellschaften über nationale Grenzen hinweg) berücksichtigen muss.

## Die Rolle der Geografie

Würden die Sozialwissenschaftler mehr Zeit mit dem Betrachten von Landkarten verbringen, dann würden sie an die machtvollen geografischen Muster der wirtschaftlichen Entwicklung erinnert. Zwei grundlegende Muster stechen hervor. Erstens sind die gemäßigten Regionen der Erde ganz überwiegend besser entwickelt als die tropischen. (Von den 30 reichsten Ländern befinden sich nur zwei, Hongkong und Singapur – mit zusammen weniger als einem Prozent der Gesamtbevölkerung der 30 reichsten Länder –, in der tropischen Zone.) Zweitens sind geografisch abgelegene Regionen – entweder Regionen fern von Meeresküsten oder schiffbaren Flüssen oder aber Gebirgsstaaten mit hohen internen und internationalen Transportkosten – erheblich weniger entwickelt als Gesellschaften in Küstenebenen oder an schiffbaren Flüssen. Vor den schlimmsten Problemen stehen im allgemeinen Binnenstaaten. Sie sind nicht nur küstenfern, sondern müssen auf dem Weg zum internationalen Handel auch wenigstens *eine* politische Grenze überqueren. Zwar kann sich Europa einiger reicher Binnenstaaten rühmen (besonders Österreich, Luxemburg und die Schweiz), doch haben diese Länder den Vorteil, von reichen Volkswirtschaften mit Küstenzugang umgeben zu sein. In anderen Weltregionen sind Binnenstaaten fast ausnahmslos arm.

Die Gründe für die verbreitete Armut in den Tropen sind komplex, aber das Phänomen selbst ist ein generelles und weltweit anzutreffen. Wir haben auf der Erde eigentlich kein Nord-Süd-Gefälle, sondern vielmehr eines zwischen gemäßigten und tropischen Regionen.

Wahrscheinlich gibt es für die anhaltende Armut in den Tropen drei Haupterklärungen: agrarische Faktoren, Gesundheitsfaktoren und Faktoren, die mit der Mobilisierung wissenschaftlicher Ressourcen zu tun haben. Die tropische Landwirtschaft steht vor verschiedenen Problemen, die zu einer verringerten Produktivität von ganzjährigen Pflanzen im Allgemeinen und von Futterpflanzen im Besonderen führen: unergiebige Böden, hohe Bodenerosion und Bodenerschöpfung durch die Gegebenheiten des tropischen Regenwaldes, Schwierigkeiten der Wasserkontrolle und Gefahr von Dürreperioden in den feucht-trockenen Tropen, sehr häufiges Vorkommen von Tier- und Pflanzenseuchen, hohe Verlustquote bei der Lagerung rasch verderblicher Lebensmittel und verringerte Fotosyntheseausbeute in Regionen mit hohen Nachttemperaturen. Hieraus ergibt sich eine eingeschränkte Lebensmittelproduktivität in weiten Teilen der Tropen. Ausnahmen sind Regionen mit Alluvial- und Vulkanböden, etwa das Nildelta und Java, und Gebirgstäler mit niedrigeren Nachttemperaturen. Stark bevölkerte tropische Hochlandregionen sind Mittelamerika, die Anden, die afrikanischen Regionen um die Großen Seen und das Rift Valley sowie die Vorgebirge des Himalaja.

Die Belastung durch Infektionskrankheiten ist ebenfalls in den Tropen höher als in den gemäßigten Zonen. Die meisten Infektionskrankheiten in den gemäßigten Zonen werden direkt von Mensch zu Mensch übertragen (zum Beispiel Tuberkulose, Grippe, Lungenentzündung, Geschlechtskrankheiten). In den Tropen gibt es auch gravierende bakteriell übertragene Krankheiten (Malaria, Gelbfieber, Bilharziose, Schlafkrankheit, Chagas-Krankheit, Filariosen und andere), bei welchen Tiere, die in warmem Klima gedeihen, wie Flöhe, Moskitos und Mollusken, die kritische Rolle des Zwischenwirts spielen.

Die Kombination aus geringer landwirtschaftlicher Produktivität und verstärktem Auftreten von Infektionskrankheiten hat mannigfache ungünstige Folgen gehabt: hoher Bevölkerungsanteil in der Landwirtschaft durch das Fehlen eines landwirtschaftlichen Überschusses, geringes Maß an Urbanisierung, starke Konzentration in abgelegenen Hochgebirgsregionen (zum Beispiel dem Altiplano in den Anden und der Region um die Großen Seen in Afrika), um den Problemen der heißeren tropischen Ebenen zu entgehen, geringere Lebenserwartung und geringere Akkumulation von Humankapital.

Noch eine dritte Benachteiligung ist wohl mit den Tropen verbunden. Gemäßigte Regionen sind seit mindestens 2000 Jahren stärker bevölkert als tropische Regionen. Nach einer sehr groben Berechnung anhand der Daten bei McEvedy und Jones (1978) haben die Tropen in den letzten zwei Jahrtausenden etwa ein Drittel der Weltbevölkerung gestellt. Nimmt man an, dass Produktivitätswachstum mit der Größe der Bevölkerung zusammenhängt und Produktivitätsfortschritte der einen ökologischen Zone nicht ohne weiteres auf eine andere Zone übergreifen, könnte die gemäßigte Zone von ihrem größeren Anteil an der Weltbevölkerung profitiert haben. Beide Annahmen scheinen realistisch zu sein. Produktivitätswachstum wird durch größere Nachfrage angespornt und durch ein größeres Angebot an potenziellen Innovatoren erleichtert. Auch dürften Produktivitätsfortschritte in der gemäßigten Zone auf Gebieten wie Landwirtschaft, Gesundheit und Bauwesen nicht ohne weiteres auf die ganz anderen ökologischen Bedingungen der Tropen übertragbar sein. Daher wird die höhere Quote an Produktivitätsfortschritt in der gemäßigten Zone wohl nicht ohne weiteres auf die Tropen ausstrahlen.

Aus dieser Perspektive ist eine Bemerkung zu Hongkong und Singapur angebracht, zwei kleinen Volkswirtschaften in den geografischen Tropen (wobei nur Singapur auch in den ökologischen Tropen liegt). Hier haben wir in der Tat zwei Ausnahmen vor uns, die die Regel bestätigen. Beide Insel-Stadtstaaten konzentrieren sich auf das verarbeitende Gewerbe und den Dienstleistungssektor. Sie brauchen sich nicht mit niedriger landwirtschaftlicher Produktivität oder bakteriell übertragenen Krankheiten herumzuschlagen.

Eine andere wesentliche Dimension der Geografie ist die Ausstattung mit Bodenschätzen, vor allem mit Energieressourcen und Edelmetallen (zum Beispiel Gold oder Diamanten). Im 19. Jahrhundert, als die Transportkosten verglichen mit heute noch sehr hoch waren, war Steinkohle eine unabdingbare Voraussetzung für den Aufbau von Schwerindustrie. Die nordischen Länder, Südeuropa, Nordafrika und der Nahe Osten waren in puncto Schwerindustrie benachteiligt gegenüber den Ländern an dem Kohlegürtel, der sich von Großbritannien über die Nordsee nach Belgien, Frankreich, Deutschland und Polen bis nach Russland erstreckt. Natürlich konnten sich andere Regionen auf der Basis von Landwirtschaft und Leichtindustrie entwickeln, aber sie konnten keine Metallurgie, kein Transportwesen und keine chemische Industrie entwickeln. Im 20. Jahrhundert haben gesunkene Transportkosten und der Einsatz von Erdöl, Erdgas und Wasserkraft zur Energieerzeugung dieses Hemmnis abgebaut.

Geografie ist zweifellos nur ein Teil des Rätsels. Verschiedene Regionen der gemäßigten Zone haben nicht gut abgeschnitten, jedenfalls nicht so gut wie Westeuropa, Ostasien (Japan, Südkorea, Taiwan) und die Ableger des Westens. Zu den rückständigen Regionen der gemäßigten Zone gehören Nordafrika und der Nahe Osten, Teile der südlichen Hemisphäre (Argentinien, Chile, Uruguay und Südafrika) und große Teile Mittel- und Osteuropas sowie die ehemalige Sowjetunion, die bis vor kurzem unter kommunistischer Herrschaft standen. Um diese Fälle verstehen zu können, müssen wir uns der Sozialtheorie zuwenden.

## Soziale Systeme und wirtschaftliches Wachstum

Empirisch hat man Wirtschaftswachstum auf politische, kulturelle und ökonomische Faktoren bezogen und aufs Engste mit kapitalistischen sozialen Institutionen in Zusammenhang gebracht. Diese sind geprägt durch einen Staat, der sich der Rechtsstaatlichkeit (*rule of law*) unterwirft, eine Kultur, die ein hohes Maß an sozialer Mobilität unterstützt, und Wirtschaftsinstitutionen, die marktorientiert sind und eine extensive und komplexe Arbeitsteilung begünstigen. Nur wenige Gesellschaften haben diese Kombination aus politischen, kulturellen und wirtschaftlichen Institutionen aufzuweisen. Außerdem lässt die Geschichte vermuten, dass es in menschlichen Gesellschaften keine ausgeprägte Tendenz gibt, solche Institutionen von sich aus zu entwickeln.

Im Gegenteil, die Hindernisse, die einem gesellschaftlichen Wandel entgegenstehen, sind so gewaltig, dass ein grundlegender institutioneller Wandel in der Regel erst aus äußeren Anstößen, nicht aus einer inneren Evolution resultiert. Am wichtigsten sind in den vergangenen zweihundert Jahren die heftigen Interaktionen zwischen ökonomisch fortgeschrittenen und ökonomisch rückständigen Gesellschaften gewesen. Diese Interaktionen verursachen in den rückständigen Gesellschaften eine tief greifende soziale Unruhe, die das innere soziale Gleichgewicht stört. Die entstandene Unruhe kann eine Umorientierung der sozialen Institutionen dergestalt herbeiführen, dass wirtschaftliches Wachstum begünstigt wird. Oft war das Resultat jedoch der wirtschaftliche Kollaps, ja der Verlust der Souveränität.

Max Webers monumentale Soziologie war die erste Gesellschaftstheorie, die eine adäquate Beschreibung der sozialen Institutionen des modernen Kapitalismus lieferte. Dabei traf Weber »idealtypische« Unterscheidungen zwischen vorkapitalistischen und kapitalistischen Gesellschaften. In vorkapitalistischen Gesellschaften ist die politische Herrschaft traditionell und willkürlich und nicht behindert durch rechtliche Schranken. Ausgeprägte Hierarchien sind akzeptierte Norm. Große Märkte existieren nicht, und soweit es kleine Märkte gibt, sind sie durch soziale oder rechtliche Barrieren eingeschränkt. In kapitalistischen Gesellschaften ist der Staat durch die Herrschaft des Rechts gebunden (Rechtsstaatlichkeit). Die soziale Mobilität ist hoch, und der wirtschaftliche Austausch wird entscheidend durch Marktinstitutionen vermittelt.

Weber schrieb seine Soziologie Anfang des 20. Jahrhunderts. Er befasste sich mit der Entstehung des Kapitalismus in Westeuropa und die Gründe für sein Fehlen in anderen Teilen der Welt. Zu Beginn des 21. Jahrhunderts ist es an der Zeit, Webers Soziologie zu aktualisieren und die Frage etwas anders zu stellen: Warum verbreitete sich der Kapitalismus so ungleichmäßig auf andere Teile der Welt?

Webers vergleichende Institutionenanalyse liefert einen Teil des Rahmens für eine solche Fragestellung. Auf drei wichtige Fragen ging Weber jedoch nicht angemessen ein. Erstens lieferte er relativ statische Modelle von kapitalistischen und nichtkapitalistischen Gesellschaften und sagte nichts über die Prinzipien, die für ihre soziale Evolution bestimmend sind. Zweitens ging er nicht angemessen auf Interaktionen zwischen den Gesellschaften wie etwa Nachahmung oder Ablehnung von Institutionen, Kolonialherrschaft oder militärische Konflikte ein. Drittens galt sein Augenmerk vorkapitalistischen und kapitalistischen Gesellschaften. Seine soziologischen Schemata wären aber um mindestens drei weitere Typen von sozialer Organisation zu erweitern: Kolonialherrschaft, sozialistische Gesellschaft und kollabierte Gesellschaften. Lassen Sie mich alle drei kurz beschreiben.

In kolonialen Gesellschaften ist das Wesentliche der Politik eine exklusive Herrschaft. Der Staatsapparat wird von der Kolonialmacht kontrolliert, deren oberstes Ziel ist die Aufrechterhaltung der Ordnung. Traditionelle kulturelle Institutionen werden im Interesse des wirtschaftlichen Nutzens systematisch unterminiert. Wirtschaftliche Institutionen sind darauf zugeschnitten, die *terms of trade* des Kolonisators zu garantieren. Die Kolonialherrschaft war keine sehr gute »Schule« des modernen Kapitalismus.

In sozialistischen Gesellschaften wird die Politik von einem repressiven Einparteiensystem dominiert. Die traditionelle Kultur, besonders die Religion, wird ebenso unterdrückt wie jede private Markttätigkeit und die Akkumulation von privatem Vermögen. Hinterher ist man immer klüger, aber wir können heute klar erkennen, dass der Sozialismus fast überall wirtschaftlich destruktiv gewirkt hat, vielleicht mit Ausnahme einiger stark subventionierter abgelegener Gegenden innerhalb des Sowjetimperiums.

Es gibt noch eine weitere, häufig vorkommende soziale Situation, die man »sozialen Kollaps« nennen könnte: Die sozialen Institutionen funktionieren nicht mehr, und die Gesellschaft wird in einen Hobbesschen Krieg aller gegen alle gestoßen. Die Wiederherstellung irgendeiner Form von sozialer Ordnung ist nach einem solchen Kollaps in der Regel sehr schwierig. Da ein großer Teil der sich entwickelnden Welt einen solchen sozialen Kollaps durchgemacht hat, lohnt es sich, seine wesentlichen Merkmale hervorzuheben.

Was die Politik betrifft, so ist die Autorität des Staates nicht existent oder extrem beschränkt – eine Situation, die oft mit Gewalt einhergeht. Kulturelle Mechanismen des sozialen Vertrauens brechen ebenso zusammen wie die Marktmechanismen der Wirtschaft. Schwarzmärkte entstehen, und an die Stelle monetärer Transaktionen kann der Tauschhandel treten.

Eines der Hauptziele einer revidierten Soziologie wäre es, den Wandel der Gesellschaft in diesen Staaten zu erklären (vorkapitalistische, kapitalistische, koloniale, sozialistische und kollabierte Gesellschaft). Warum gelang einigen Teilen der Welt ein relativ glatter Übergang zum Kapitalismus, während andere kolonialisiert wurden und wieder andere kollabierten? Inwiefern konnte die koloniale Erfahrung Gesellschaften auf den Kapitalismus vorbereiten, und inwiefern vereitelte sie diesen Wandel noch nach der kolonialen Periode? Wir sind noch nicht imstande, diese Fragen zu beantworten. Der folgende Abschnitt skizziert lediglich einige Hypothesen.

## Muster der Ausbreitung des Kapitalismus

Marx und Engels schätzten die Dynamik des neuen kapitalistischen Systems in Westeuropa richtig ein. Sie vermuteten, dass sich der Kapitalismus aufgrund der Überlegenheit seiner wirtschaftlichen Produktivität schließlich über die ganze Welt ausbreiten werde.

Das Bürgertum bindet durch die rapide Verbesserung der Produktionsmittel und die ungeheuer erweiterten Kommunikationsmittel alle Nationen in die Zivilisation ein. Die niedrigen Preise für die Waren des Kapitalismus sind die schwere Artillerie, womit es alle Mauern niederkartätscht und die »Barbaren« zur Kapitulation zwingt. Es zwingt alle Nationen, die bürgerliche Produktionsweise anzunehmen, wenn sie nicht vernichtet werden wollen. Es zwingt sie, bei sich die »Zivilisation« einzuführen, das heißt selbst bürgerlich zu werden. Es erschafft eine Welt nach seinem Ebenbild.

Doch dieser Prozess war alles andere als rasch und reibungslos. Wir brauchen eine bessere soziologische Theorie des institutionellen Wandels, wenn wir diesen langwierigen, häufig bitteren und oft gewaltsamen Prozess verstehen wollen. Da wir weder eine allgemeine Theorie der sozialen Evolution noch auch nur eine Studie besitzen, wie sich Kapitalismus von Westeuropa über den Rest der Welt verbreitet oder nicht verbreitet hat, halte ich es für das Zweckmäßigste, einige Hypothesen oder zumindest fundierte Spekulationen vorzustellen.

Kapitalistische Institutionen treffen im Allgemeinen auf den Widerstand der Eliten von nichtkapitalistischen Gesellschaften, weil Kapitalismus verstärkten sozialen, politischen und wirtschaftlichen Wettbewerb bedeutet. Daher versuchen Vertreter der Elite praktisch in jedem Gesellschaftstypus (vorkapitalistisch, sozialistisch, kolonial), die Institutionalisierung der Rechtsstaatlichkeit, die Normen der sozialen Mobilität und die Einführung von Marktinstitutionen zu vereiteln beziehungsweise zu begrenzen.

Die geringsten Aussichten auf Fortschritt haben kapitalistische Reformen in stark geschichteten Gesellschaften (etwa dem Russischen oder dem Osmanischen Reich im 19. Jahrhundert), wo soziale Eliten besser positioniert sind, um dem Wandel Widerstand entgegenzusetzen.

Besonders heftig werden kapitalistische Reformen von politischen Eliten bekämpft, deren Legitimitätsanspruch schwach begründet ist. So hat die Tatsache, dass China im 19. Jahrhundert durch eine ausländische Dynastie von zweifelhafter Legitimität (die Mandschu) beherrscht wurde, zweifellos die Hindernisse, die einem internen institutionellen Wandel entgegenstanden, noch erhöht.

In vielen Regionen wurden interne Reformen durch die Kolonialherrschaft vorzeitig beendet. Die Kolonialmächte führten im Allgemeinen keine Marktreformen in der kolonialisierten Gesellschaft durch, da dies die lokalen Einwohner mit Macht ausgestattet und die Fremdherrschaft untergraben hätte. Die Ausbreitung des Kapitalismus wurde also von den kapitalistischen Mächten Europas selbst verhindert – oft für 100 Jahre oder mehr.

Bedrohte Gesellschaften erlebten anstelle der Reform oft den internen Kollaps, hauptsächlich deshalb, weil die äußere Bedrohung zu einer Finanzkrise und damit zu einem Zusammenbruch der politischen Macht führte oder weil die äußere Bedrohung die internen Machthaber delegitimierte oder aus beiden Gründen.

Interner Kollaps kann eine verwirrende Fülle von Folgen haben, bis hin zum chronischen Chaos à la Haiti. Der soziale Kollaps ist oft Anlass für eine revolutionäre Veränderung. Im Anschluss an den finanziellen und politischen Kollaps des zaristischen Regimes im Jahre 1917 vermochte Lenin die Macht zu ergreifen und zu konsolidieren, obwohl ihm die politische Unterstützung auf breiter Basis fehlte. Danach wurde das Sowjetsystem durch militärische Macht über Ost- und Mitteleuropa ausgeweitet.

Die Übernahme kapitalistischer Institutionen wird durch gewisse geografische Gegebenheiten enorm begünstigt, nämlich:
• Küstenstaat, nicht Hinterlandstaat,
• Nähe zu anderen kapitalistischen Gesellschaften,
• Nähe zu großen internationalen Handelswegen,
• Region mit fruchtbarer Landwirtschaft, die ihrerseits ein hohes Maß an Urbanisierung begünstigt.

Kapitalistische Institutionen werden in Gesellschaften begünstigt, die durch kulturelle Verbindungen (zum Beispiel eine dominante Religion oder eine große Minderheit mit Bezügen zu anderen Ländern) mit Weltmärkten zusammenhängen.

Nach Jahrhunderten einer aktiven Handelstätigkeit und Entwicklung am Mittelmeer nahm der moderne Kapitalismus seinen Ausgang von den nordatlantischen Gesellschaften, vor allem England und Holland. Er wurde natürlich auch in die neuen Siedlungsgebiete in Nordamerika und nach Australien und Neuseeland gebracht. Diese Regionen zeichneten sich durch verschiedene Faktoren aus; die wichtigsten waren, dass sie mit Großbritannien dieselben ökologischen Bedingungen der gemäßigten Zone teilten und dass einheimische Populationen spärlich waren, zumal nach ihrer Dezimierung durch europäische Krankheiten. In Westeuropa selbst breiteten sich kapitalistische Institutionen von Westen nach Osten aus, propagiert durch die napoleonischen Heere, die Revolution von 1848 und das Beispiel der britischen Industrialisierung. Spätestens ab 1850 existierte der moderne Kapitalismus in Westeuropa und in den Ablegern des Westens.

Der Rest des amerikanischen Kontinents verdient ein eigenes Wort. Die karibischen Inseln wurden mit Sklaven besiedelt, die vor allem für die Zuckerwirtschaft herangezogen wurden. Kolonialisiert blieben sie mit der wichtigen Ausnahme Hispaniola (Haiti und Dominikanische Republik) bis Ende des 19. Jahrhunderts (im Falle Kubas) beziehungsweise bis Mitte des 20. Jahrhunderts (im Falle der Kleinen Antillen und Jamaikas). Den größten Teil der Region charakterisierte lange Zeit die Herrschaft von Weißen über eine verarmte Bevölkerung ehemaliger Sklaven sowie die Umweltverschlechterung durch Erschöpfung der tropischen Böden.

Die spanischen Kolonien variierten erheblich. Argentinien, Chile und Uruguay, in der gemäßigten Zone der südlichen Hemisphäre gelegen, ähneln am meisten den neuen Siedlungsgebieten in Nordamerika und Ozeanien. Einheimische Populationen waren spärlich. Das Klima war dem spanischen ähnlich. Zwar waren diese Länder in den ersten Jahrzehnten ihrer Unabhängigkeit (von etwa 1820 bis 1870) politisch instabil, aber spätestens 1870 waren es mehr oder weniger kapitalistische Gesellschaften mit formellen demokratischen Strukturen geworden, allerdings mit extrem ungleicher Landverteilung. Ganz anders war die Lage im tropischen Mittelamerika und in den Andenländern. In den meisten dieser Gesellschaften gab es viel größere indigene Populationen amerindischer Herkunft. Die Gesellschaften entwickelten sich daher mit Ungleichheiten und sozialer Schichtung zwischen Weißen europäischer Abstammung und einheimischen Bewohnern plus importierten Sklaven. Diese Gesellschaften setzten kapitalistischen Institutionen viel länger Widerstand entgegen, was zweifellos an den extremen Klassenunterschieden lag.

Die heftigsten Kämpfe des 19. Jahrhunderts um wirtschaftliche Reformen wurden in der Alten Welt und in den großen Reichen Chinas, Japans, Russlands und der Osmanen ausgetragen. Hier scheinen

die oben genannten allgemeinen Grundprinzipien hilfreich zu sein. In
drei der vier Fälle (d. h. bis auf Japan) erwiesen sich die Gesellschaften
als äußerst resistent gegen eine kapitalistische Reform – sogar angesichts fundamentaler Bedrohung durch den Druck Westeuropas. Nur
Japan erlebte im Anschluss an einen Staatsstreich 1868 eine zügige
»kapitalistische Revolution«. Begünstigt wurde diese Transformation
durch die bereits existierende handelsorientierte Struktur der japanischen Gesellschaft, ihre kulturelle Homogenität, ihre Küstenorien-
tiertheit, welche ein exportbetontes Wachstum erlaubte, und sogar
durch ihre Steinkohlenvorkommen, die eine frühe Industrialisierung
ermöglichten. In den anderen Gesellschaften wurden Reformansätze
durch eine Kombination aus politischen und kulturellen Hindernissen
vereitelt. Politik und Kultur wirkten in dieselbe Richtung: Soziale Eliten widersetzten sich Reformen, die ihre privilegierte Position in einer
alten sozialen Ordnung gefährdeten.

Fast die ganze übrige Welt – im Wesentlichen die tropische Zone der
Alten Welt – geriet unter Kolonialherrschaft. Dies galt ausnahmslos für
Afrika, nachdem die Verbreitung des Chinins der europäischen
Besiedlung und Eroberung des malariaverseuchten subsaharischen
Afrika den Weg geebnet hatte. Nordafrika, der indische Subkontinent
und Südostasien kamen ebenfalls unter europäische Herrschaft. Japan
kolonisierte Korea und Taiwan, während Zentralasien vom russischen
Imperium aufgesogen wurde.

Um 1900 zeichnete sich ungefähr folgendes Bild ab: Der Kapitalismus war in Westeuropa, den Ablegern des Westens und – mit gewissen
Einschränkungen – im südlichen Südamerika (Argentinien, Chile,
Uruguay) vorherrschend. Diese Länder stellten annähernd ein Fünftel
der Weltbevölkerung. Die Tropen der Neuen Welt (Karibik, Mittelamerika und nördliches Südamerika) bestanden im Allgemeinen aus
stark geschichteten, von Weißen beherrschten Gesellschaften, in
denen es einem Großteil der Bevölkerung an Freiheit, Ausbildung und
sozialer Mobilität mangelte. Die Tropen der Alten Welt und der indische Subkontinent waren von europäischen Mächten kolonisiert. Die
drei großen Imperien – die Osmanen, das zaristische Russland und das
Ch'ing-China – kollabierten unter dem Druck der Europäer, ihrer
schwindenden Legitimität in der Heimat und wachsender Fiskallasten
durch die Herausforderungen von außen.

Überspringen wir nun 65 Jahre – die bolschewistische Revolution,
zwei Weltkriege und die große Wirtschaftskrise. Der Sozialismus hat
sich über weite Teile der Welt verbreitet. Die Entkolonialisierung ist in
Afrika im Gange und auf dem indischen Subkontinent sowie in weiten

Teilen Südostasiens abgeschlossen. Ich möchte betonen, dass noch 1965 nur ein kleiner Teil der Welt kapitalistisch orientiert war. Tatsächlich könnte man ungefähr die folgende Bestandsaufnahme machen:

* kapitalistische Welt: Westeuropa, Ableger des Westens, Japan, Korea, Taiwan, Hongkong, Singapur (21 Prozent der Weltbevölkerung);
* sozialistische Welt: Sowjetunion, Mittel- und Osteuropa, Nordkorea, China, Kuba (32 Prozent der Weltbevölkerung);
* stark etatistisches sozialistisches Regime, zum Teil sozialistische Einparteienherrschaft: Argentinien, Chile, Ägypten, Indien, Indonesien, Iran, Mexiko, Türkei (23 Prozent der Weltbevölkerung)
* kapitalistisch-nichtkapitalistische Mischgesellschaften mit extremen inneren Ungleichheiten: tropisches Amerika, Südafrika, Rhodesien (6 Prozent der Weltbevölkerung);
* andere Gesellschaften: noch kolonialisierte, traditionelle usw. (18 Prozent der Weltbevölkerung).

Das Fazit lautet also, dass der größte Teil der Welt in der Neuzeit von nichtkapitalistischen Institutionen regiert worden ist. Der Prozess der sozialen Reform wurde auf viererlei Weise blockiert: durch den Widerstand traditioneller Gesellschaften der Alten Welt (hauptsächlich der großen Imperien – Osmanen, Russland und China), durch eine Periode der Kolonialherrschaft, durch die Einführung des Sozialismus und durch sozialen Kollaps. Noch 1965 war nur ein Fünftel der Welt als nach kapitalistischen sozialen Institutionen verfasst einzustufen.

## Wachsende Renditen als eine weitere Quelle der zunehmenden Ungleichheit

Ein weiterer wahrscheinlicher Grund für die breiter werdende Kluft zwischen Reich und Arm ist der, dass ein großer Teil des wirtschaftlichen Entwicklungsprozesses – die technologische Innovation – durch wachsende Renditen gekennzeichnet ist. In Theorien des endogenen Wachstums werden Innovationen durch den Vorrat an vorhandenen technologischen »Blaupausen« in der Gesellschaft hervorgebracht. Ideen zeugen neue Ideen. Die Dynamik der Innovation könnte durch zunehmende Renditen gekennzeichnet werden, wobei es als Reaktion auf einen ursprünglichen Vorrat an Ideen zu einer Art von Kettenreaktion kommt. Gesellschaften, die über eine kritische Masse an technologischen Ideen verfügen, können den Absprung in ein sich selbst tragendes Wachstum erleben, während Gesellschaften, die von dieser kritischen Masse noch einigermaßen weit entfernt sind, einen anhaltenden Stillstand erleben können. Die Reichen werden reicher, weil existierende Ideen zur Quelle neuer Ideen werden. Diese Sichtweise hat zweifellos manches für sich. Das wissenschaftliche Wissen ist in der Welt noch ungleicher verteilt als das Einkommen. Die einkommensstarken Regionen (Westeuropa, Nordamerika, Japan mit seinen Inseln und Ozeanien) umfassen rund 16 Prozent der Weltbevölkerung und 58 Prozent des Welt-BIP, liefern aber 87 Prozent der wissenschaftlichen Publikationen und frappierende 99 Prozent aller europäischen und US-amerikanischen Patente.

## Ökonometrisches Material über die Quellen der wirtschaftlichen Entwicklung

Es gibt 61 Länder, in denen mindestens die Hälfte der Bevölkerung in gemäßigten und Schneeklimazonen lebt. Von diesen waren 24 Länder über eine längere Periode nach dem Zweiten Weltkrieg sozialistisch. Damit verbleiben 37 nichtsozialistische Länder in gemäßigten und Schneeklimazonen. Hiervon sind sechs Länder Binnenstaaten außerhalb Westeuropas (Lesotho, Malawi, Nepal, Paraguay, Sambia und Simbabwe). Somit haben wir 31 Volkswirtschaften in den gemäßigten Schneeklimazonen, die weder Binnenstaaten sind noch sozialistisch waren.

Von diesen 31 Ländern sind alle bis auf sieben entwickelt, wenn wir den Schwellenwert von 10 000 $ Kaufkraftparität pro Kopf in bereinigten Preisen für 1995 zugrunde legen. Die sieben sind vier Länder in Nordafrika und dem Nahen Osten (Libanon, Marokko, Tunesien, Türkei) und drei Länder der südlichen Hemisphäre (Argentinien, Südafrika und Uruguay). Diese sieben Länder sind aus geografischer Sicht anomal. Warum haben sie den Zustand der wirtschaftlichen Entwicklung nicht erreicht? Was war schuld daran – die Politik, die Kultur oder die wirtschaftlichen Institutionen?

Aus kultureller Sicht besteht die Möglichkeit, dass der Rückstand in der Entwicklung in Nordafrika und dem Nahen Osten eine ausgeprägte kulturelle Komponente aufweist. Gibt es Beweise dafür, dass diese islamischen Länder abgesehen von klimatischen und geografischen Schwierigkeiten vor gravierenderen inneren Barrieren gegen wirtschaftliches Wachstum stehen? Wohlgemerkt, die kulturellen Barrieren könnten interne sein (zum Beispiel Widerstand gegen marktgestützte Institutionen aus der Mitte der Gesellschaft heraus), sie könnten aber auch von außen aufgezwungen sein (zum Beispiel

Diskriminierung der Region durch die europäische Handelspolitik).
Auf makroökonomischer Ebene ist es nicht möglich, diese Interpretationen zu entzerren, vorausgesetzt, dass eine von beiden oder beide tatsächlich korrekt sind.

In den drei anderen Ländern ist das Plädieren auf kulturelle Faktoren problematischer. Argentinien und Uruguay sind im Wesentlichen
Einwanderungsländer, die die kulturellen Normen vornehmlich Südeuropas teilen. Da diese Länder jedoch weit hinter Südeuropa herhinken, muss man vermuten, dass eher Geografie und Politik als die Kultur an sich die ausschlaggebende Erklärung für die Rückständigkeit
sind. Dies wird durch die Tatsache verdeutlicht, dass Argentinien 1929
weit über dem Einkommensniveau Italiens lag (mit 4367 gegenüber
3026 $ Kaufkraftparität pro Kopf in bereinigten Preisen, laut Maddison). Das argentinische Leistungsdefizit kam erst in den letzten fünfzig
Jahren zustande und hängt offenkundig mit Veränderungen der Innenpolitik und der Wirtschaftspolitik unter und nach Perón zusammen.
Die wirtschaftliche Entwicklung Uruguays folgte getreulich derjenigen
seiner viel größeren Nachbarn. Südafrika schließlich ist hauptsächlich
durch die Brille der Kolonial- und Rassenpolitik, nicht durch die der
Kultur zu sehen.

Wie steht es um Erfolgsgeschichten unter den tropischen Ländern?
Leider gibt es deren überaus wenige. Nur ein einziges tropisches Land
(Singapur) und eine einzige ehemalige, jetzt zu China gehörende Kolonie (Hongkong) rangieren unter den 30 führenden Ländern. Richten
wir also unsere Aufmerksamkeit auf die relativen Erfolge: tropische
Länder, die 1995 ein Einkommensniveau von 6000 $ oder mehr pro
Kopf aufwiesen. Es gibt neben Singapur und Hongkong acht solche
Fälle (von insgesamt 46 tropischen Ländern), und zwar – nach Pro-
Kopf-Einkommen geordnet – Malaysia, Mauritius, Gabun, Panama,
Kolumbien, Costa Rica, Thailand sowie Trinidad und Tobago. Zwei
dieser Länder (Gabun und Trinidad und Tobago) schaffen es hauptsächlich wegen ihrer Erdölvorkommen auf diese Liste. Panama profitiert zweifellos mehr von seiner geografischen Einzigartigkeit als von
gutem Regieren oder kulturellen Vorteilen. Die interessantesten
Anomalien sind also Malaysia, Mauritius, Kolumbien, Costa Rica und
Thailand. Wiederum müssen wir uns fragen, ob für den relativ starken
Auftritt dieser Länder die Kultur oder die Politik ausschlaggebend
gewesen ist.

Thailand und Malaysia profitierten in den vergangenen 30 Jahren
stark von einem exportbetonten Wachstum, das überproportional in
den Händen der chinesischen Minderheiten dieser Länder konzent-

riert war, sowie von den Beziehungen dieser Chinesen zu ausländischen Investoren aus den USA, Japan und Europa. Ganz allgemein mögen die Handels- und Finanzverbindungen zwischen den chinesischen Diasporagemeinden Asiens (besonders in Indonesien, Malaysia, Singapur und Thailand) und Groß-China (Hongkong, Taiwan und Festland) einen Fall darstellen, bei dem kulturelle Faktoren zur erfolgreichen Entwicklung beigetragen haben. (Wie immer gibt es hier eine prinzipielle Zweideutigkeit bezüglich der Rolle, die die Kultur spielt. »Kultur« kann intrinsische Faktoren der Verhaltensnormen der Gemeinden selbst beinhalten; sie kann aber auch ein Netz aus vertrauenswürdigen wirtschaftlichen Beziehungen bereitstellen.) Es ist natürlich paradox, dass Webers Soziologie ausgerechnet China als Beispiel einer durch kulturelle Faktoren blockierten Entwicklung betrachtete, im Gegensatz zum Wachstum unter protestantischen Kulturnormen. Das Beweismaterial der letzten 50 Jahre, einschließlich Chinas eigener Öffnung für die Kräfte des Marktes nach 1978, lässt sehr viel eher darauf schließen, dass hinter den vielen Jahrhunderten einer rückständigen Wirtschaftsentwicklung in China nicht dessen Kultur an sich, sondern politische Faktoren und unzulängliche wirtschaftliche Institutionen standen.

Fassen wir zusammen: Die Kluft zwischen reichen und armen Ländern hat auch mit Geografie und Politik zu tun (etwa, ob das Land in der Nachkriegszeit sozialistisch war oder nicht). Wenn auch die Kultur in der Tat eine wichtige länderübergreifende Determinante ist, so scheint sie für diese allgemeinere geografische und politisch-wirtschaftliche Dimension eine untergeordnete Rolle zu spielen. Gleichwohl gibt es gewisse Hinweise auf kulturell vermittelte Phänomene. Zwei sind besonders augenfällig: die Minderleistung islamischer Gesellschaften in Nordafrika und im Nahen Osten und die starke Leistung tropischer Länder Ostasiens mit einer bedeutenden chinesischen Minderheit. In beiden Fällen gibt es eine tief greifende Ambiguität der Interpretation. Geht das kulturelle Signal von Verhaltensnormen der Gemeinde selbst oder von den internationalen Beziehungen (und damit Handelsaussichten) der fraglichen Länder aus?

Platzmangel verhindert an dieser Stelle das ausführliche Eingehen auf eine Regressionsanalyse, die 1999 zur Prüfung dieser Hypothesen vorgenommen wurde. Fazit: Die grundlegenden Variablen lauten wie erwartet – Wirtschaftspolitik beeinflusst Wachstumsraten, Volkswirtschaften der gemäßigten oder Schneeklimazonen wachsen schneller als die der tropischen Länder, Regionen mit tropischer Malaria wachsen weniger schnell als Regionen, in denen diese Krankheit nicht auftritt, und Binnenländer wachsen langsamer als Länder mit Meeres-küste. Die Koeffizienten für hinduistische und muslimische Gesell-schaften sind in diesem Zusammenhang statistisch nicht signifikant. Es gibt, kurz gesagt, keine Beweise dafür, dass hinduistische oder musli-mische Populationen geringere Wachstumsraten zu verzeichnen hät-ten, die nicht von wirtschaftspolitischen oder geografischen Variablen abhängig sind.

Mit Hilfe derselben Methodologie kann nachgewiesen werden, dass ehemalige Kolonien insofern keine Anzeichen widriger Spätfolgen der Kolonialzeit aufweisen, als ihr Wachstum zwischen 1965 und 1990 von ihrem Kolonialstatus vor 1965 nicht besonders beeinflusst wird. Die Kolonialzeit war wahrscheinlich ihrem wirtschaftlichen Wachstum abträglich, aber Beweise für ein längerfristiges negatives Erbe gibt es nicht. Doch muss in dieser wichtigen Frage selbstverständlich noch gründlichere Arbeit geleistet werden.

## Zusammenfassung und Schlussfolgerungen

In diesem Kapitel wurde ein Ansatz in der Soziologie der wirtschaftli-chen Entwicklung diskutiert, der die mögliche Rolle kultureller Insti-tutionen bei der wirtschaftlichen Leistung berücksichtigt. Es wurde argumentiert, dass modernes Wirtschaftswachstum aufs Engste mit kapitalistischen Institutionen und günstiger Geografie verknüpft ist. Es gibt nur geringfügige Beweise dafür, dass religiöse Kategorien neben diesen zwei Faktoren wirtschaftlichen Wachstums signifikantes Gewicht hätten. Es gibt einige Beweise dafür, dass die muslimischen Länder Nordafrikas und des Nahen Ostens langfristig schlecht abge-schnitten haben, verglichen mit ihrer günstigen Geografie (gemäßigte Zone, insbesondere mediterranes Klima und Zugang zu Küsten). Es gibt jedoch keine Beweise, dass diese Minderleistung nach 1965 ange-dauert hätte, und zumindest in den letzten zehn Jahren haben einige muslimische Länder bezogen auf den Weltdurchschnitt eine über-durchschnittliche Leistung erbracht.

Die kulturellen Erklärungen für wirtschaftliche Leistung können unter gewissen Umständen hilfreich sein, besonders um den Wider-stand gegen kapitalistische Reformen im 19. Jahrhundert verständlich zu machen, doch müssen solche Erklärungen in einem Zusammenhang überprüft werden, der auch andere Dimensionen der Gesellschaft (Geografie, Politik, Ökonomie) berücksichtigt. Das Eingehen auf sol-che Variablen reduziert den Spielraum für eine wichtige selbständige Rolle der Kultur erheblich. Generell bleibt noch beträchtliche historische Arbeit zu leisten, um einen vernünftigen Rahmen zu entwickeln, der es erlaubt, die Evolution sozialer Institutionen und die Interaktionen von Politik, Kultur und Ökonomie im Laufe des sozialen Wandels zu messen und zu untersuchen. Wir müssen auch die Rolle grenzüberschreitender Faktoren bei der sozialen Evolution besser verstehen. Internationale Faktoren haben beim sozialen Wandel zumindest der letzten 200 Jahre enorme Bedeutung gehabt. Diese Bedeutung wird sich aufgrund der Zwänge der zunehmenden Globalisierung von Gesellschaft, Politik und Ökonomie noch verstärken.

## Literatur

Kornai, Janos, _The Socialist System_, Princeton 1992.

Landes, David, _Wohlstand und Armut der Nationen. Warum die einen reich und die anderen arm sind_, Berlin 1999.

Maddison, Angus, _Monitoring the World Economy, 1820–1992_, Paris (OECD) 1995.

McEvedy, Colin und Jones, Richard, _Atlas of World Population History_, New York 1978.

Weber, Max, _Wirtschaft und Gesellschaft. Grundriss der verstehenden Soziologie_ (1921), 5. rev. Auflage, hrsg. von Johannes Winckelmann, Tübingen 1972.

Young, Crawford, _The African Colonial State in Comparative Perspective_, New Haven 1995.

Mariano Grondona

# Eine kulturelle Typologie der wirtschaftlichen Entwicklung

Der Prozess der wirtschaftlichen Entwicklung gerät in eine Krise, sobald eine Nation von einer Stufe zur nächsten übergeht. Das ist der Augenblick, wo Versuchungen auftreten. Gelingt es der Nation, diesen Versuchungen zu widerstehen, wird sie die nächste Entwicklungsstufe erreichen; andernfalls wird sie sich nur einer kurzfristigen Bereicherung erfreuen können.

Wenn der Zyklus, an dessen Beginn harte Arbeit und an dessen Ende Reinvestitionen gestanden haben, Früchte getragen hat und die Menschen sich wohlhabender fühlen, können sie geneigt sein, weniger zu arbeiten. Oder der Konsum kann in einem Tempo wachsen, das den Überschuss aufzehrt, sodass aus Entwicklung Bereicherung wird. Außerdem kann eine Nation beim Anfallen hoher Überschüsse beschließen, diese nicht wieder in produktive Investitionen zu stecken. Sie kann sie stattdessen für jene Großprojekte verwenden, zu denen sich Nationen oft haben hinreißen lassen, zum Beispiel riesige Monumente für ihre Führer, Prestigekriege, utopische Wohlfahrtspläne oder nackte Korruption. Nationen können auch versucht sein, die erreichte Entwicklungsstufe durch protektionistische Maßnahmen oder Strategien zu halten, die freies Unternehmertum und Investitionen entmutigen.

Jedes Mal, wenn eine gravierende Versuchung auftaucht, kann das Land ihr erliegen oder ihr widerstehen. So können wir den Prozess der wirtschaftlichen Entwicklung auch definieren als eine unaufhörliche Abfolge von Entscheidungen zugunsten von Investitionen, Wettbewerb und Innovation, die getroffen werden, wann immer die Versuchung auftaucht, vom Entwicklungsweg abzuirren.

Eine Nation muss der Versuchung auf eine Weise widerstehen, die der wirtschaftlichen Entwicklung günstig ist. Sie wird das tun, wenn in ihr bestimmte Werte vorherrschen. Nach Talcott Parsons kann »Wert« als Element in einem konventionellen Symbolsystem aufgefasst werden, das als Auswahlkriterium für in einer Situation gegebenen Alternativen dient.[1] Nur Nationen mit einem Wertesystem, das versuchungsresistente Entscheidungen begünstigt, sind zu nachhaltigem, schnellem Wachstum fähig.

Es gibt zwei Kategorien von Werten: intrinsische und instrumentelle. Intrinsische Werte sind jene, an denen wir ohne Rücksicht auf Nutzen oder Kosten festhalten. Der Patriotismus als Wert verlangt Opfer und ist mitunter »nachteilig«, was das individuelle Wohlergehen betrifft. Trotzdem sind im Laufe der Geschichte Hunderte von Millionen von Menschen für die Verteidigung ihres Vaterlandes gestorben.

Demgegenüber ist ein Wert instrumentell, wenn wir ihn hochhalten, weil er uns unmittelbar nützlich ist. Nehmen wir an, ein Land hat sich dem wirtschaftlichen Wachstum verschrieben und setzt daher auf Arbeit, Produktivität und Investition. Wenn sich entwicklungsfördernde Entscheidungen nur an einem instrumentellen Wert wirtschaftlicher Art, etwa Wachstumssteigerung, orientieren, werden die Anstrengungen des Landes nachlassen, sobald der entsprechende Grad an Wohlstand erreicht ist.

Warum soll eine Nation weiter so tun, als ob sie arm wäre, wenn sie einmal reich ist? Die Revolution der wirtschaftlichen Entwicklung tritt ein, wenn die Menschen an Arbeit, Wettbewerb, Investition und Innovation festhalten, auch wenn sie es nicht länger tun müssten, um reich zu sein. Das ist nur möglich, wenn die den Wohlstand fördernden Werte nicht von der Bildfläche verschwinden, sobald der Wohlstand da ist. Die maßgeblichen Werte im Augenblick einer Entscheidung, die zu wirtschaftlicher Entwicklung führt, müssen also intrinsische, keine instrumentellen sein, da instrumentelle Werte per definitionem vergänglich sind: Nur intrinsische Werte sind unerschöpflich. Kein Instrument überlebt seine Nützlichkeit, doch ein intrinsischer Wert wird uns stets wichtig sein.

Alle wirtschaftlichen Werte sind instrumentell. Wir setzen Geld als Mittel zum Erreichen eines nichtmonetären Ziels wie zum Beispiel Wohlergehen, Glück, Freiheit, Sicherheit, Religion oder Philanthropie ein. Für eine dauerhafte Entwicklung darf daher der Akkumulationsprozess nicht an seinem eigenen Erfolg ersticken. Das bedeutet, dass die Werte, die zu ständiger Investition antreiben, nicht wirtschaftlicher Natur sein können; sonst würden sie verschwinden, sobald der wirtschaftliche Erfolg da ist. Wenn eine Nation reich ist, muss es in ihrem Wertesystem noch etwas anderes als das Streben nach Wohlstand geben, damit es nie zu einem Begnügen mit dem erreichten Wohlstand kommt. Dieses wirtschaftsfremde »Etwas« kann Erlösung, Überleben, Sicherheit, Vortrefflichkeit, Prestige oder auch Imperium heißen: Es ist aber immer ein Wert, dessen man nie überdrüssig wird.

Allerdings dürfen die für nachhaltige Entwicklung unentbehrlichen Werte zwar wirtschaftsfern, aber nicht wirtschaftsfeindlich sein. Sie müssen gleichzeitig wirtschaftsfern und wirtschaftsfördernd sein. Als wirtschaftsferne werden sie durch wirtschaftliche Erfolge nicht obsolet; als wirtschaftsfördernde werden sie den Prozess der Akkumulation ständig vorantreiben.

Das Paradoxon der wirtschaftlichen Entwicklung besteht darin, dass wirtschaftliche Werte allein nicht ausreichen, um sie sicherzustellen: Die wirtschaftliche Entwicklung ist zu wichtig, um sie allein wirtschaftlichen Werten zu überlassen. Die von einer Nation akzeptierten oder vernachlässigten Werte sind Teil von deren Kultur. Insofern können wir sagen, dass wirtschaftliche Entwicklung ein kultureller Prozess ist.

Werte fallen in jenen Bereich der Kultur, den wir »Ethik« nennen. Das Verhalten eines Menschen, der aus Achtung vor einem intrinsischen Wert handelt, welchen er freiwillig akzeptiert und sich zum Leitbild gemacht hat, nennt man »moralisch«. Eine Person ist moralisch, wenn sie intrinsische Werte verinnerlicht. Wenn ein Land seine wirtschaftliche Entwicklung dadurch voranbringt, dass es nach zwar wirtschaftsfernen, aber dennoch wirtschaftsfördernden Werten agiert, kann man den Schluss ziehen, dass seine wirtschaftliche Entwicklung ein moralisches Phänomen ist. Ohne das Vorhandensein von Werten, die wirtschaftliche Entwicklung begünstigen, wird Versuchungen nachgegeben werden. Versuchungen sind die Träger kurzfristiger Erwartungen, während wirtschaftliche Entwicklung ein langfristiger Prozess ist. Im Kampf zwischen Kurzfristigkeit und Langfristigkeit wird die Kurzfristigkeit den Sieg davontragen, sofern nicht ein Wert in den Entscheidungsprozess eingreift. Denn das ist die Aufgabe von Werten: Sie dienen als Brücke zwischen kurzfristigen und langfristigen Erwartungen und bestärken dabei die Fernziele in deren sonst hoffnungslosem Kampf gegen die sofortige Wunschbefriedigung.

In seinem Buch *Underdevelopment Is a State of Mind*[2] betrachtet Lawrence E. Harrison wirtschaftliche Entwicklung aus einem kulturel-

len Blickwinkel. Um seine These zu veranschaulichen, bringt Harrison
Vergleiche von Länderpaaren: Costa Rica und Nicaragua, die Dominikanische Republik und Haiti, Barbados und Haiti, Australien und
Argentinien, die USA und Lateinamerika. Der Entwicklungsabstand
zwischen jedem Länderpaar wird durch kulturelle Faktoren erklärt,
während ein Kapitel über Spanien und das Hispanoamerika das
Augenmerk auf kulturelle Ähnlichkeiten und ihre Folgen richtet.

Die Lektüre von Harrisons Buch regte mich dazu an, über die Zwei-
ländervergleiche hinauszugehen, um eine Kulturtypologie zu entwerfen, die zwei Wertsysteme idealtypisch gegeneinander stellt: eines, das
die wirtschaftliche Entwicklung uneingeschränkt begünstigt, und
eines, das ihr uneingeschränkt Widerstand entgegensetzt. Zur Theorie
dieser zwei Idealtypen böte Harrisons Analyse dann die Fallstudien.

Werte können zu einem in sich stimmigen Muster angeordnet werden, das man »Wertesystem« nennen könnte. Reale Wertesysteme sind
gemischt; reine Wertesysteme existieren nur in unserem Geist, als Idealtypen. Demgemäß kann man zwei ideale Wertsysteme konstruieren:
eines, das nur Werte aufweist, die die wirtschaftliche Entwicklung
begünstigen, und eines, das nur Werte enthält, die sich ihr widersetzen.
Eine Nation ist in dem Maße modern, wie sie sich dem ersteren System
nähert; als traditionell gilt sie, insoweit sie letzterem nahe steht. Keines
dieser Wertsysteme existiert in der Realität, und keine Nation fällt
ganz und gar unter eines dieser Wertsysteme. Doch stehen manche
Länder jenem Extrem näher, das wirtschaftliche Entwicklung begünstigt, während sich andere eher dem entgegengesetzten Extrem annä-
hern.

Reale Wertesysteme sind nicht nur gemischt, sondern auch veränder-
lich. Neigen sie dem wirtschaftsfreundlichen Pol des Wertesystems zu,
verbessern sie die Entwicklungschancen der betreffenden Nation.
Bewegen sie sich in die entgegengesetzte Richtung, mindern sie deren
Entwicklungschancen.

Diese Typologie umfasst 20 Faktoren, die in entwicklungsbegünsti-
genden und in entwicklungsresistenten Kulturen ganz unterschiedlich
gesehen werden. Diese Unterschiede sind aufs Engste mit der wirtschaftlichen Leistung der kontrastierenden Kulturen verbunden.
Indem die Menschen ein Wertsystem wählen, das entweder dem entwicklungsförderlichen oder aber dem entwicklungsresistenten Idealty-
pus zuneigt, geben sie faktisch jener Art von Wirtschaft den Vorzug, die
sich aus dem jeweiligen System ergibt, und diese Wirtschaft bekommen
sie dann auch. Das führt zu einer umstrittenen Schlussfolgerung: Letzten Endes werden Entwicklung oder Unterentwicklung einer Gesell-

schaft nicht von außen aufgezwungen; vielmehr ist es die Gesellschaft selbst, die ihre Entwicklung oder Unterentwicklung gewählt hat.

## Zwanzig kontrastierende kulturelle Faktoren

### Religion

Zu allen Zeiten war die Religion die ergiebigste Quelle von Werten. Bekanntlich war es Max Weber, der im Protestantismus, vor allem im Calvinismus, die Wurzel des Kapitalismus erkannte. Was also die wirtschaftliche Entwicklung in Gang setzte, war eine religiöse Revolution, in der die Behandlung der »Sieger« auf Erden (der Reichen) und der »Verlierer« (der Armen) von zentraler Bedeutung war. Weber nannte die religiöse (im Wesentlichen römisch-katholische) Strömung, die eine Bevorzugung der Armen vor den Reichen zeigte, »publikanisch«, die (im Wesentlichen protestantische) Strömung, die die Reichen und Erfolgreichen bevorzugte, »pharisäisch«.

Wo eine publikanische Religion vorherrscht, wird wirtschaftliche Entwicklung schwierig, weil sich die Armen in ihrer Armut gerechtfertigt sehen und die Reichen ein schlechtes Gewissen haben, da sie sich als Sünder fühlen. In einer pharisäischen Religion hingegen feiern die Reichen ihren Erfolg als Beweis für den Segen Gottes, während die Armen ihre Lage als Strafe Gottes ansehen. Hier gibt es für die Reichen wie für die Armen einen starken Anreiz, ihre Lage durch Akkumulation und Investition zu verbessern.

Im Rahmen dieser Typologie fördern publikanische Religionen Werte, die sich der wirtschaftlichen Entwicklung widersetzen, während pharisäische Religionen Werte fördern, die sie begünstigen.

### Vertrauen in das Individuum

Hauptmotor der wirtschaftlichen Entwicklung sind die Arbeit und die Kreativität von Individuen. Was sie zu Anstrengung und Erfindung anspornt, ist ein Klima der Freiheit, das sie Herren ihres eigenen Geschicks sein lässt. Wenn Individuen das Gefühl haben, dass andere für sie verantwortlich sind, werden ihre Anstrengungen nachlassen. Wenn andere ihnen sagen, was sie zu denken und zu glauben haben, ist die Folge entweder ein Verlust an Motivation und Kreativität oder die Entscheidung zwischen Unterwerfung und Rebellion. Doch weder aus Unterwerfung noch aus Rebellion entsteht Entwicklung. Unterwerfung hinterlässt eine Gesellschaft ohne Innovatoren, Auflehnung zieht

Energien von konstruktiven Bemühungen ab und führt zu Widerstand, Obstruktion und Zerstörung.

Dem Individuum zu vertrauen, an das Individuum zu glauben ist Komponente eines Wertsystems, das Entwicklung begünstigt. Dem Individuum zu misstrauen, es zu gängeln und zu beaufsichtigen ist dagegen typisch für Gesellschaften, die sich der Entwicklung widersetzen. Die vertrauensvolle Gesellschaft ist naturgemäß bereit, auch das Risiko in Kauf zu nehmen, dass das Individuum Entscheidungen trifft, die den Wünschen der Regierung zuwiderlaufen. Wird dieses Risiko nicht in Kauf genommen und das Individuum einem Netz von Kontrollen unterworfen, büßt die Gesellschaft den wesentlichen Motor ihrer wirtschaftlichen Entwicklung ein, nämlich das Bestreben jedes einzelnen, zu leben und zu denken, wie es und was ihm gefällt, der zu sein, der er ist, und aus sich etwas Einzigartiges zu machen. Wo es keine Individuen gibt, sondern nur »Völker« und »Massen«, kommt es zu keiner Entwicklung. Was stattdessen um sich greift, ist entweder Kadavergehorsam oder Auflehnung.

## Der moralische Imperativ

Es gibt grundsätzlich drei Ebenen der Moral. Die höchste ist die des Altruismus und der Selbstverleugnung – die Moral der Heiligen und Märtyrer. Die niedrigste ist die des Verbrechers – Missachtung der Rechte anderer und des Gesetzes. Die Moral dazwischen ist ein »vernünftiger Egoismus«, wie Raymond Aron es nennt – das Individuum obliegt weder einem heiligmäßigen noch einem kriminellen Verhalten, sondern sucht sein Wohlergehen im Rahmen seiner sozialen Verantwortung und des Gesetzes.

Die höchste Moral veranschaulicht zum Beispiel die von Marx formulierte Parole »jeder nach seinen Fähigkeiten, jedem nach seinen Bedürfnissen« oder das Insistieren der römisch-katholischen Kirche auf dem Priesterzölibat. Beides liegt nicht in der Natur des Menschen. In entwicklungsfördernden Kulturen herrscht ein weitgehendes Einverständnis mit Gesetzen und Normen, die nicht absolut rigoros sind und daher eingehalten werden können. Moralisches Gesetz und gesellschaftliche Realität sind praktisch deckungsgleich. Dagegen gibt es in entwicklungsresistenten Kulturen zwei Welten, die nicht in Fühlung miteinander stehen. Das eine ist die abgehobene Welt der höchsten Maßstäbe, das andere die reale Welt der heimlichen Unmoral und allgemeinen Heuchelei. Das Gesetz ist ein fernes, utopisches Ideal, das kaum mehr leistet, als die Präferenzen zu formulieren, die die Menschen theoretisch haben mögen, während die reale Welt, die praktisch mit *keinem* Gesetz in Fühlung steht, nach dem Gesetz des Dschungels funktioniert, dem Gesetz des Schlaueren oder des Stärkeren – eine Welt der als Lämmer getarnten Wölfe und Füchse.

## Zwei Begriffe von Wohlstand

In entwicklungsresistenten Gesellschaften besteht Wohlstand vor allem in dem, *was da ist*; in entwicklungsförderlichen Gesellschaften besteht er vor allem in dem, *was noch nicht da ist*. In der unterentwickelten Welt beruht Wohlstand hauptsächlich auf Grundbesitz und dem, was er abwirft. In der entwickelten Welt beruht er hauptsächlich auf den verheißungsvollen Prozessen der Innovation.[3] In der entwicklungsresistenten Gesellschaft beruht realer Wert beispielsweise auf dem Computer von heute, während die entwicklungsfördernde Gesellschaft ihr Augenmerk auf künftige Computergenerationen richtet.

In den britischen Kolonien Nordamerikas waren unbewohnte Ländereien für alle verfügbar, die bereit waren, sie zu bearbeiten. In den spanischen und portugiesischen Kolonien weiter südlich wurden alle Ländereien von der Krone beansprucht. Von Anfang an lag der Wohlstand bei denen, die die Macht innehatten. Wohlstand floss also nicht aus Arbeit, sondern aus der Fähigkeit, die Gunst des Königs zu erlangen und zu bewahren.

## Zwei Auffassungen von Wettbewerb

Die Notwendigkeit des Wettbewerbs zur Erlangung von Wohlstand und Auszeichnung kennzeichnet die entwicklungsfördernden Gesellschaften, und zwar nicht nur in der Wirtschaft, sondern auch in anderen Bereichen der Gesellschaft. Wettbewerb ist entscheidend für den Erfolg des Unternehmers, des Politikers, des Intellektuellen, des Freiberuflers. In entwicklungsresistenten Gesellschaften wird Wettbewerb als eine Form der Aggression verurteilt. An seine Stelle sollen Solidarität, Loyalität und Kooperation treten. Eine ständische Ordnung ersetzt den Wettbewerb zwischen Unternehmen. Die Politik kreist um den *caudillo*, das geistige Leben hat sich an das etablierte Dogma anzupassen. Nur im Sport wird Wettbewerb geduldet.

In entwicklungsresistenten Gesellschaften werden durch ein negatives Verständnis von Wettbewerb Neid und utopische Gleichheit legitimiert. Obwohl solche Gesellschaften den Wettbewerb verteufeln und die Kooperation feiern, ist letztere in ihnen oft viel seltener anzutreffen als in so genannten »Konkurrenzgesellschaften«. Ja, man kann sogar argumentieren, dass Wettbewerb eine Form der Kooperation ist, insofern Konkurrenten wie im Sport von dem Zwang profitieren, ihr Bestes geben zu müssen. Wettbewerb erzieht zu Demokratie, Kapitalismus und Dissens.

## Zwei Begriffe von Gerechtigkeit

In entwicklungsresistenten Gesellschaften kümmert sich die Verteilungsgerechtigkeit um die Menschen, die heute leben – eine Akzentuierung der Gegenwart, die auch in der Neigung zum Ausdruck kommt, zu konsumieren, anstatt zu sparen. Die entwicklungsfördernde Gesellschaft wird Verteilungsgerechtigkeit eher als eine solche definieren, die auch die Interessen künftiger Generationen berücksichtigt. In solchen Gesellschaften ist oft die Neigung zum Konsum geringer und die Neigung zum Sparen größer.

## Der Wert der Arbeit

In fortschrittsresistenten Gesellschaften steht die Arbeit nicht hoch im Kurs, was einer philosophischen Strömung entspricht, die auf die alten Griechen zurückgeht. Der Unternehmer ist sehr suspekt, der Tagelöhner etwas weniger, weil er arbeiten muss, um zu überleben. Auf der obersten Stufe der Prestigeleiter stehen die Intellektuelle, der Künstler, der Politiker, der religiöse Führer und der Feldherr. Eine ähnliche Prestigeskala war für das Christentum bis zur Reformation kennzeichnend. Wie Max Weber gezeigt hat, kehrte jedoch die Reformation, besonders in ihrer kalvinistischen Ausprägung, diese Prestigeskala um und heiligte die Arbeitsethik. Eben dieses auf den Kopf gestellte Wertesystem liefert eine wichtige Erklärung für den Reichtum Westeuropas und Nordamerikas – und Ostasiens – sowie für die relative Armut Lateinamerikas und anderer Gebiete der Dritten Welt.

## Die Rolle der Häresie

Mit seiner These von der freien Bibelauslegung wurde Martin Luther zum religiösen Wegbereiter des geistigen Pluralismus in einer Zeit, da Dogmatismus das Christentum beherrschte. Das unverzeihliche Verbrechen jener Zeit war nicht die Sünde, sondern die Häresie. Aber der fragende Geist ist es, der Innovationen schafft, und Innovationen sind der Motor der wirtschaftlichen Entwicklung. Orthodoxe Gesellschaften, einschließlich der ehemaligen Sowjetunion, unterdrücken Innovationen. Der Zusammenbruch der Sowjetunion hatte nicht wenig mit dem Beharren auf der marxistisch-leninistischen Orthodoxie zu tun.

## Erziehen heißt nicht Indoktrinieren

Wir haben gesehen, dass entwicklungsförderliche Wertesysteme das Heranwachsen von Neuerern und Ketzern begünstigen. Hauptinstrument dieser Wirkung ist die Erziehung. Doch muss dies eine Form der Erziehung sein, die dem Individuum hilft, für sich selbst die Wahrheit zu entdecken, nicht eine Erziehung, die ihm diktiert, was die Wahrheit ist. In entwicklungsresistenten Wertesystemen ist Erziehung ein Prozess, der das Dogma weitergibt, wodurch Konformismus und Mitläufertum gestärkt werden.

## Die Bedeutung der Nützlichkeit

Die entwickelte Welt scheut nichtverifizierbare Theorien und hält sich vorzugsweise an das, was praktisch verifizierbar und nützlich ist. Die geistigen Traditionen Lateinamerikas befassen sich mehr mit großartigen Weltanschauungen, was einen entwicklungspolitischen Nachteil bedeutet. In seinem 1900 erschienenen, unglaublich populären Buch *Ariel* formulierte der Uruguayer José Enrique Rodé diesen Unterschied am Beispiel von zwei Figuren aus Shakespeares Komödie *Der Sturm*: dem anmutigen Luftgeist Ariel, der für Lateinamerika steht, und dem hässlichen, berechnenden Caliban, der die USA symbolisiert. Indessen waren es die Nordamerikaner, nicht die Lateinamerikaner, die den Weg zur wirtschaftlichen Entwicklung frei machten. Allerdings müssen wir festhalten, dass der Utilitarismus eine bedenkliche Schwachstelle aufweist, für die symbolisch die entsetzlichen Greueltaten NS-Deutschlands und Sowjetrusslands stehen.

## Die sekundären Tugenden

Fortgeschrittene Gesellschaften schätzen eine Reihe von Sekundärtugenden, die in traditionellen Gesellschaften praktisch bedeutungslos sind: Gewissenhaftigkeit bei der Arbeit, Ordentlichkeit, Höflichkeit, Pünktlichkeit. Sie fördern Effizienz und Harmonie in zwischenmenschlichen Beziehungen. In einer entwicklungsresistenten Kultur werden sie für unwichtig gehalten, teils, weil sie die Durchsetzung der Wünsche des Individuums behindern, teils, weil sie im Schatten der großen Tugenden wie Liebe, Gerechtigkeit, Mut und Großherzigkeit stehen. Gleichwohl sind die Sekundärtugenden charakteristisch für Gesellschaften, in denen die Menschen mehr Achtung vor den Bedürfnissen anderer haben.

## Zeitfokus

Es gibt vier Kategorien der Zeit: Vergangenheit, Gegenwart, die unmittelbare Zukunft sowie eine ferne Zukunft, die mit dem Leben nach dem Tode verschmilzt. Zeitfokus der fortgeschrittenen Gesellschaften ist die Zukunft, die in Reichweite liegt; dies ist der einzige Zeitrahmen, der geplant und beherrscht werden kann. Das Kennzeichen traditioneller Kulturen ist demgegenüber die Aufwertung der Vergangenheit. Insofern die traditionelle Kultur ihr Augenmerk auf die Zukunft richtet, gilt es der fernen, eschatologischen Zukunft.

## Rationalität

Die moderne Welt zeichnet sich durch ihre Betonung der Rationalität aus. Der rationale Mensch zieht seine Befriedigung am Ende des Tages aus dem Geleisteten, hier ist Fortschritt die Folge einer großen Zahl kleiner Leistungen. Die vormoderne Kultur bevorzugt Kolossalprojekte – Pyramiden, Assuan-Staudamm, Revolutionen. Fortschrittsresistente Länder sind übersät mit unfertigen Baudenkmälern, Straßen, Industrien und Hotelanlagen. Aber das macht nichts – der nächste Tag wird einen neuen Traum bringen ...

## Autorität

In rationalen Gesellschaften gründet sich Macht auf das Recht. Sobald der Supremat des Rechts errichtet ist, funktioniert die Gesellschaft gemäß der Rationalität, die die Philosophen der Neuzeit (zum Beispiel Locke, Hume, Kant) dem Kosmos zugeschrieben haben (Naturrecht). In entwicklungsresistenten Gesellschaften hat die Autorität des Fürsten, des *caudillo* oder des Staates Ähnlichkeit mit der Autorität eines jähzornigen, unberechenbaren Gottes. Von den Menschen wird nicht erwartet, dass sie sich an die ihnen bekannten, logischen und stabilen Rechtsvorschriften anpassen; vielmehr müssen sie versuchen, die willkürlichen Launen der Machthaber zu erraten; daher die inhärente Instabilität solcher Gesellschaften.

## Weltsicht

In einer entwicklungsförderlichen Kultur wird die Welt als ein Forum der Tat betrachtet. Die Welt wartet auf den Menschen, der etwas tun will, um sie zu verändern. In einer entwicklungsresistenten Kultur wird die Welt als eine riesenhafte Größe aufgefasst, in der unüberwindbare Kräfte walten. Diese Kräfte tragen unterschiedliche Namen: Gott, Teufel, Weltverschwörung, Kapitalismus, Imperialismus, Marxismus, Zionismus. Hauptsorge der Menschen in einer entwicklungsresistenten Kultur ist die eigene Rettung oder Erlösung, oft durch utopische Kreuzzüge. In der entwicklungsresistenten Gesellschaft wird das Individuum daher oft zwischen Fanatismus und Zynismus hin und her gerissen.

## Lebensauffassung

In der fortschrittlichen Kultur ist Leben etwas, das ich selbst geschehen lasse – ich bin der Protagonist. In der entwicklungsresistenten Kultur ist das Leben etwas, das mit mir geschieht – ich muss mich darein ergeben.

## Erlösung von der Welt oder in der Welt

In der entwicklungsresistenten Denkweise ist das Ziel die Erlösung *von* der Welt. Für den traditionellen Katholizismus ist die Erde »ein Tal der Tränen«. Erlösung von der Welt heißt, auf dem Weg nach dem Jenseits, der Welt nach dem Tode, Versuchungen aus dem Wege zu gehen. Für die puritanischen Protestanten jedoch hängt die Erlösung im Jenseits von dem Erfolg der individuellen Anstrengungen ab, *diese* Welt zu verändern. Sinnbild der katholischen Sichtweise ist der Mönch, Sinnbild der protestantischen der Unternehmer.

## Zweierlei Utopie

Fortschrittsfreundlichen wie fortschrittsresistenten Kulturen ist ein gewisser Utopismus eigen. In der fortschrittlichen Kultur geht die Welt durch die Kreativität und Anstrengung von Individuen allmählich einem fernen Utopia entgegen. In der entwicklungsresistenten Kultur trachtet das Individuum nach einem frühen Utopia, das jenseits seiner Reichweite liegt. Die Folge ist wiederum eine Art von Fanatismus – oder Zynismus. Ausdruck eines solchen Utopismus war der Besuch von Papst Johannes Paul II. in Indien, wo dieser betonte, dass alle Inder das Recht auf ein Leben in Würde und ohne Armut hätten, gleichzeitig aber jede Geburtenkontrolle ablehnte.

## Die Natur des Optimismus

In der entwicklungsresistenten Kultur ist derjenige ein Optimist, der darauf vertraut, dass das Glück, die Götter oder ein hochmögender Wille ihn begünstigen werden. In der entwicklungsförderlichen Kultur ist Optimist derjenige, der entschlossen ist, alles Erforderliche zu tun, um sich ein zufrieden stellendes Schicksal zu sichern, in der Überzeugung, dass das eigene Handeln das ausschlaggebende ist.

## Zwei Visionen von Demokratie

Die entwicklungsresistente Kultur ist Erbin der absolutistischen Tradition, selbst wo sie die Form der Rousseauschen Volksdemokratie annimmt, die keine rechtlichen Grenzen oder institutionellen Kontrollen zulässt; bei dieser Vision von Demokratie wächst dem Volk die absolute Macht des Königs zu. Die Vision von Demokratie in der fortschrittlichen Kultur ist dagegen gekennzeichnet durch eine liberale, konstitutionelle Demokratie im Sinne John Lockes, Montesquieus, James Madisons oder des Argentiniers Juan Bautista Alberdi. Die politische Macht ist geteilt, und das Gesetz steht an oberster Stelle.

## Abschließende Überlegungen

Diese Liste von 20 kulturellen Faktoren, die ein entwicklungsförderliches Wertesystem einem entwicklungsresistenten gegenüberstellt, ist nicht definitiv. Sie könnte um weitere Gegensätze ergänzt, sie könnte aber auch reduziert werden, um nur die allerwichtigsten Unterschiede anzuführen. Mein Kriterium war die praktische Anwendbarkeit, und diese 20 Faktoren reichen aus, um eine hinlängliche Vorstellung von den gegensätzlichen Visionen zu vermitteln, aus denen sich die zwei Wertesysteme speisen.

Es ist wichtig, sich vor Augen zu halten, dass weder das »entwicklungsförderliche« noch das »entwicklungsresistente« System in der realen Welt existieren. Vielmehr sind es *Idealtypen*, wie Weber sagen würde, *geistige Konstrukte*, die die Analyse erleichtern, weil sie zwei extreme Bezugspunkte abgeben, die uns helfen, eine gegebene Gesellschaft einzuordnen und zu bewerten. Je näher eine Gesellschaft dem entwicklungsförderlichen Ideal kommt, desto größer ist die Wahrscheinlichkeit, dass sie eine nachhaltige wirtschaftliche Entwicklung erreicht. Umgekehrt ist die Wahrscheinlichkeit gering, dass eine Gesellschaft, die sich dem entwicklungsresistenten Pol nähert, eine nachhaltige wirtschaftliche Entwicklung erreicht. Zwischen dem entwicklungsförderlichen und dem entwicklungsresistenten Pol verläuft eine Linie, auf der die realen Gesellschaften angeordnet werden können. Diese Einordnung ist jedoch keine dauerhafte, weil kein Wertesystem statisch ist. Es gibt eine kontinuierliche, wenn auch langsame Bewegung auf dieser Linie, bald zum einen, bald zum anderen Pol. Wie zwei beleuchtete Häfen, die dem Seemann aus verschiedenen Richtungen winken, erlauben die Idealtypen eine Diagnose, auf welchem Kurs und mit welcher Geschwindigkeit sich eine bestimmte Nation von der wirtschaftlichen Entwicklung entfernt oder sich ihr nähert. Sollte sie den Klippen des entwicklungsresistenten Pols nahe kommen, ist es an der Zeit, zu überlegen, was getan werden muss, um den Kurs zu ändern und das Wertesystem der betreffenden Kultur neu zu orientieren, um die Aussichten auf glückliche Ankunft am entgegengesetzten Pol zu verbessern. Demgemäß sollte es auch möglich sein, jene Werte zu benennen, die zwar der Entwicklung nicht uneingeschränkt förderlich sind, aber bewahrt werden müssen, weil sie die Identität der Gesellschaft erhalten – solange sie den Zugang zur Entwicklung nicht blockieren.

Wirkliche Entwicklung hat es vor dem 17. Jahrhundert weder im Westen noch im Osten gegeben. Das gilt für Europa ebenso wie für China, für das präkolumbische Amerika ebenso wie für Indien. Das Produktivitätsniveau war weltweit niedrig, weil es nur Agrargesellschaften gab. Es gab gute Jahre und schlechte Jahre, zumeist als Folge klimatischer Faktoren, vor allem der Niederschläge, aber es gab keine nachhaltige wirtschaftliche Entwicklung. Der Grund hierfür war ein kultureller: Es existierten keine Werte, die zur Kapitalakkumulation mit Blick auf Produktions- und Produktivitätssteigerungen ermutigt hätten. Die Werte waren wirtschaftsfeindlich, im Vordergrund stand beispielsweise in Ägypten die Rettung der Seele des Pharaos, im alten Griechenland Kunst und Philosophie, in Rom die rechtliche und militärische Organisation des Imperiums, in China die Beherrschung der traditionellen Philosophie und Literatur und im mittelalterlichen Europa Weltentsagung und die – oft in Kriege ausartende – Suche nach dem ewigen Seelenheil.

Erst die protestantische Reformation brachte in Nordeuropa und Nordamerika eine wirtschaftliche Entwicklung hervor. Bis zur Reformation waren Frankreich, Spanien (im Bunde mit dem katholischen

Österreich), Norditalien (die Wiege der Renaissance) und der Vatikan die führenden Mächte Europas gewesen. Die protestantische Kulturrevolution veränderte alles, da nunmehr bisher zweitrangige Nationen wie die Niederlande, die Schweiz, Großbritannien, die skandinavischen Länder, Preußen und die ehemaligen britischen Kolonien in Nordamerika zu führenden Mächten aufstiegen. Wirtschaftliche Entwicklung in Form der industriellen Revolution brachte diesen neuen Führungsmächten Wohlstand, Prestige und militärische Macht. Außerdem mussten die nichtprotestantischen Nationen der Tatsache ins Auge sehen, dass das Versäumnis wirtschaftlicher Entwicklung zu ihrer Beherrschung durch die protestantischen Länder führen würde. Sie mussten sich zwischen protestantischer Hegemonie und ihren traditionellen »entwicklungsresistenten« Werten, das heißt ihrer Identität, entscheiden.

Die Reaktionen fielen in den einzelnen nichtprotestantischen Ländern ganz verschieden aus. Das eine Extrem war Puerto Rico, das seine lateinamerikanische Seele für das Linsengericht der wirtschaftlichen Entwicklung verkaufte. Das andere Extrem bildet der islamische Fundamentalismus des Iran; er lehnt entschieden jede Entwicklung im westlichen Sinne als Bedrohung seiner uralten Identität ab, deren Erhaltung oberstes Ziel der iranischen Machthaber ist.

Andere Nationen steuerten einen Kurs zwischen diesen Extremen. Das kaiserliche China verachtete die Macht des Westens, bis es von ihr unterjocht wurde. Die kommunistische Revolution Maos lässt sich als erste wirkliche Anpassung Chinas an den Westen auffassen, freilich in Gestalt der westlichen Häresie des Marxismus. Deng tat einen weiteren Schritt in Richtung Westen, indem er sein Land – gewiss noch ein autoritäres politisches System – dem Kapitalismus öffnete.

Einen anderen Kurs konzipierte Japans neue Meiji-Führung, als den Japanern nach dem Besuch eines Marinegeschwaders der USA in der Tokioter Bucht 1853 klar wurde, dass sie sich gegen den Westen nicht verteidigen konnten: Man würde die westliche Technologie, nicht aber die westliche Kultur akzeptieren. Japan baute dann eine furchteinflößende Kriegsmaschinerie auf, die China und Russland besiegte, ihrerseits aber im Zweiten Weltkrieg zerstört wurde. Diesem Trauma folgten eine erzwungene Demokratisierung, die seither Wurzeln gefasst hat, und eine Umorientierung japanischer Prioritäten vom Krieg auf Industrie und Handel – mit erstaunlichen Resultaten. Einen ähnlichen Weg haben Südkorea und Taiwan eingeschlagen, zwei ehemalige japanische Kolonien.

Die katholischen Länder Europas haben, zumal nach dem Zweiten

Weltkrieg, die Logik der wirtschaftlichen Entwicklung akzeptiert. Während die Wachstumsrate in protestantischen Ländern zurückgegangen ist – nicht zuletzt aufgrund des Schwindens des einstigen religiösen Elans –, haben Frankreich, Belgien, Italien, Irland und Spanien die Schwelle überschritten, die Unterentwicklung von Entwicklung trennt.

Schlägt das katholische Lateinamerika denselben Weg ein? In den 1980er Jahren – dem »verlorenen Jahrzehnt« – erlebte Lateinamerika eine Wirtschaftskrise, deren Auslöser seine entwicklungsresistenten Werte waren. Ob Lateinamerika wirklich die hehren Höhen von wirtschaftlicher Entwicklung, Demokratisierung und Modernisierung erklimmen wird, bleibt abzuwarten.

## Anmerkungen

1 Talcott Parsons, *The Social System*, New York 1959, 1. Kapitel.

2 Lawrence E. Harrison, *Underdevelopment Is a State of Mind*, Cambridge, Mass., 1985.

3 Diese Definition des Wohlstandsbegriffs in armen Ländern kommt der Nullsummen-Weltsicht nahe, die George Foster und andere als zentrales Merkmal der »universalen Bauernkultur« hervorgehoben haben.

Carlos Alberto Montaner

# Kultur und das Verhalten von Eliten in Lateinamerika

Was sein politisches Wahrnehmungsvermögen betrifft, leidet Lateinamerika seit langem an manisch-depressiven Zyklen. Es gibt Zeiten, in denen die Medien euphorisch verkünden, der Kontinent sei nun endlich erwachsen geworden. Da hören wir dann, dass Kolumbien ein neuer »asiatischer Tiger« ist, dass Costa Rica zum fantastischen Silicon Valley im Herzen Lateinamerikas wurde und dass Brasilien dabei ist, den USA die Hegemonie über die Hemisphäre streitig zu machen. Dann kommen die institutionellen Katastrophen: versuchte Staatsstreiche, Hyperinflation, das Scheitern von Stabilisierungsprogrammen, Kapitalflucht. Wir verfallen in einen Zustand schwärzester Depression, und das Auslandskapital beginnt, sich aus Lateinamerika zurückzuziehen. Aus der Depression wird Verzweiflung, und wir geben auf, weil wir zu dem Schluss kommen:»Es gibt keinen Ausweg!« Vielleicht sollten wir dazu übergehen, von einer zyklothymen Kultur zu sprechen.

Am Ausgang des 20. Jahrhunderts befinden wir uns wieder in einer depressiven Phase des Zyklus. Gewiss sind zum ersten Mal in der Geschichte alle lateinamerikanischen Regierungen (mit Ausnahme der kubanischen) frei gewählt worden. Doch besteht die begründete Befürchtung, dass unsere Demokratie zerbrechlicher ist, als wir gedacht haben. Derselbe autoritäre Oberstleutnant Hugo Chávez, der in Venezuela 1992 gewaltsam die Macht übernehmen wollte und dabei 400 Tote hinterließ, regiert das Land heute mit breiter Unterstützung des Volkes. Ecuador, dessen Parlament sich des Präsidenten Abdala

Bucarám entledigen musste, dem »Wahnsinn« vorgeworfen wurde, befindet sich heute mitten in einer Wirtschaftskrise, von der niemand weiß, wie sie beizulegen ist. Die brasilianische Währung hat innerhalb von drei Wochen die Hälfte ihrer Kaufkraft eingebüßt, und durch diese Abwertung ist auch die Popularität von Präsident Fernando Henrique Cardoso dramatisch gesunken. Mexiko scheint sich manchmal auf die moderne Demokratie zuzubewegen, manchmal von ihr zu entfernen. Kolumbien hat sich in eine Gruppe von urbanen Inseln verwandelt, zwischen denen nur noch Flugzeuge einen gefährdeten Kontakt halten. Mindestens drei Armeen zwingen der Bevölkerung ihr Gesetz auf: die Armee der Zentralregierung, die Armee der kommunistischen Guerilla und die Armee der paramilitärischen Gruppen. Gleichzeitig, aber in unterschiedlichem Ausmaß werden diese drei Armeen von einer vierten Macht infiltriert, nämlich den Rauschgifthändlern, die Gewissen und Waffen kaufen und das Treiben von Hunderten gedungener Mörder kontrollieren. In Paraguay wird der Vizepräsident Luis María Argaña, ein Feind des Präsidenten Raúl Cubas, von seinen Gegnern ermordet; danach wird der Präsident entlassen und entkommt zusammen mit dem Putschistengeneral Oviedo. Aber warum auf diesen Dingen herumreiten? Wir sind eben einfach im depressiven Zyklus ...

## Die endlose Diskussion

Die Debatte über die lateinamerikanischen Fehlschläge, verglichen mit dem Erfolg Kanadas und der USA, hat immer wieder im Blickpunkt der lateinamerikanischen Intellektuellen gestanden, und es werden so viele Erklärungen angeboten, dass für jeden etwas dabei ist. Anfang des 19. Jahrhunderts schoben sie die Schuld auf das iberische Erbe mit seinem intoleranten Katholizismus. Mitte des 19. Jahrhunderts schrieb man die Defizite der demografischen Belastung durch eine angeblich arbeitsscheue und fortschrittsfeindliche einheimische Bevölkerung zu. Zu Beginn des 20. Jahrhunderts und besonders anlässlich der mexikanischen Revolution 1910 hieß es, Armut und Unterentwicklung würden durch eine ungerechte Verteilung des Wohlstands verursacht, vor allem dadurch, dass die Bauern keinen Zugang zu Land hätten. Seit den zwanziger Jahren beschuldigte man immer heftiger den »ausbeuterischen Imperialismus«, namentlich den »Yankee-Imperialismus«. Während der 30er und 40er Jahre vertrat man die Auffassung, die Schwäche Lateinamerikas sei eine Folge der Schwäche seiner Regierungen, und dieser Zustand könne nur dadurch korrigiert werden, dass man Regierungen zu »Wirtschaftslokomotiven« und Staatsdiener zu Unternehmern mache.

Alle diese Diagnosen und Vorschläge erreichten einen kritischen Punkt in den achtziger Jahren – dem »verlorenen Jahrzehnt« –, als die Erfahrung zeigte, dass alle diese Argumente falsch waren, mochten sie jeweils auch ein Körnchen Wahrheit enthalten. Durch die rapide Entwicklung von Ländern, die ärmer waren als der lateinamerikanische Durchschnitt in den fünfziger Jahren (Südkorea, Singapur, Taiwan), wurde bewiesen, dass Lateinamerika die Mechanismen der Prosperität nicht begriffen hatte. Was uns zwangsläufig auf die ewige Frage zurückführte: Wer ist dafür verantwortlich?

Eine mögliche (Teil-)Antwort lautet »die Eliten« – die Gruppen, die die wichtigsten Sektoren einer Gesellschaft lenken und leiten, jene, die im Namen bestimmter Werte, Einstellungen und Ideologien handeln, welche im Falle Lateinamerikas den kollektiven Fortschritt nicht begünstigen. Es gibt keine Einzelperson, die verantwortlich wäre; hauptsächlich verantwortlich für die Perpetuierung der Armut ist vielmehr eine große Zahl, ja die Mehrheit derjenigen, die führende Positionen in öffentlichen und privaten Organisationen und Institutionen innehaben.

Allmählich bricht sich der Gedanke Bahn, dass traditionelle kulturelle Werte und Einstellungen ein Haupthindernis auf dem Weg zum Fortschritt sind. Aber wie spiegeln sich diese Werte und Einstellungen im Verhalten der Menschen wider? In diesem Kapitel werde ich andeuten, wie sie sich im Verhalten von sechs Elitegruppen ausdrücken: bei den Politikern, den Militärs, den Unternehmern, dem Klerus, den Intellektuellen und linken Gruppierungen. Ich möchte gleich betonen, dass es nicht gerecht wäre, die Schuld allein bei den Eliten zu suchen, die weithin nur ein Spiegelbild der Gesellschaft insgesamt sind. Wenn ihr Verhalten radikal von den Normen der Gesellschaft insgesamt abwiche, würden sie auf Ablehnung stoßen. Ferner gibt es in den Eliten selbst Ausnahmen – Menschen, die bestrebt sind, jene traditionellen Verhaltensmuster zu verändern, die uns dorthin gebracht haben, wo wir jetzt stehen.

### Die Politiker

Beginnen wir bei den Politikern, da sie am sichtbarsten sind. Politiker in Lateinamerika sind heute dermaßen diskreditiert, dass sie, um gewählt zu werden, dem Publikum beweisen müssen, dass sie gar keine Politiker sind, sondern irgendetwas anderes: Offizier, Schönheitskönigin, Technokrat – alles, nur nicht Politiker. Warum ist das so? Weil in

der gesamten Region die straflos bleibende Korruption im öffentlichen
Sektor so verbreitet ist. Sie äußert sich in dreierlei Formen:
- der klassischen Form, bei der Regierungsvertreter »Provisionen«
  oder Bestechungsgelder für jede Projektvergabe oder jede Regel-
  widrigkeit zugunsten von irgendjemandem erhalten;
- der indirekten Form, bei der von der Korruption jemand profitiert,
  der einem nahe steht, während man selbst saubere Hände behält.
  Beispiele sind Joaquín Balaguer in der Dominikanischen Republik
  und José María Velasco Ibarra in Ecuador; und
- als Klientelismus – er ist die kostspieligste Form –, bei der öffentliche
  Mittel dazu missbraucht werden, bedeutende Wählergruppen zu
  kaufen.

Es ist fast so, als seien Politiker keine Staatsdiener, die gewählt wurden,
um die Gesetze einzuhalten, sondern Autokraten, die ihr Prestige
danach bemessen, wie viele Gesetze sie ungestraft verletzen können.
Darin beruht die Definition wahrer Macht in Lateinamerika – in der
Fähigkeit, sich mühelos über das Gesetz hinwegsetzen zu können.
    Die Wahrheit ist, dass ein erheblicher Prozentsatz der Lateinameri-
kaner Beziehungen unterhält oder toleriert, in denen persönliche
Loyalität belohnt und Verdienst gründlich ignoriert wird. In der lateinamerikanischen Kultur erstreckt sich Loyalität kaum über den Freun-
des- und Familienkreis hinaus. So wird der öffentliche Sektor mit
tiefem Misstrauen beäugt, und die Vorstellung vom Gemeinwohl ist
sehr schwach ausgeprägt. Infolgedessen ist es unvermeidlich, dass diejenigen Politiker am erfolgreichsten sind, die ihre Verbündeten und
Sympathisanten bezahlen.
    Natürlich sind diese schädlichen Praktiken nicht auf Lateinamerika
beschränkt. Das Alarmierende ist jedoch die Häufigkeit und Intensität, womit sie in der Region auftreten, die Gleichgültigkeit der Bevölkerung ihnen gegenüber und die Häufigkeit, mit der die Missetäter
ungestraft davonkommen. Es ist, als sei den Lateinamerikanern nicht
bewusst, dass sie letzten Endes selbst den Preis für die Korruption
und Ineffizienz bezahlen, die so stark zur Armut der Region beitragen.

## Das Militär

Ebenso mitschuldig an den Problemen Lateinamerikas ist das Militär.
In den fortgeschrittenen Demokratien besteht die Rolle des Militärs
darin, die Nation vor äußeren Bedrohungen zu schützen. In Latein-

amerika hat sich das Militär oft selbst die Aufgabe gestellt, die Nation vor dem Versagen der Politiker zu retten und entweder gewaltsam militärische Visionen von sozialer Gerechtigkeit durchzusetzen oder einfach die Regierung zu übernehmen und die öffentliche Ordnung aufrechtzuerhalten. In beiden Fällen hat es sich wie eine Besatzungsmacht im eigenen Lande aufgeführt.

Man hat gesagt, dass sich im Verhalten des lateinamerikanischen Militärs der Einfluss des spanischen Mutterlandes (*la madre patria*) widerspiegle. Die historische Wahrheit ist jedoch, dass zur Zeit der Errichtung der lateinamerikanischen Republiken, zwischen 1810 und 1821, Staatsstreiche in Spanien die Ausnahme waren und wenig Erfolg hatten. Die Zeit der Erhebungen auf der Iberischen Halbinsel ging ähnlichen Phänomenen in Lateinamerika nicht voraus, sondern fiel mit ihnen zusammen. Vielmehr scheinen die lateinamerikanischen Militär-*caudillos*, die im 19. Jahrhundert unzählige Bürgerkriege entfesselten und im 20. langlebige Diktaturen begründeten, im Grunde ein Phänomen der lateinamerikanischen Geschichte zu sein, das mit einer autoritären Gesinnung ohne Respekt vor dem Gesetz oder vor demokratischen Werten zusammenhing.

Lateinamerika kennt Militärdiktaturen seit den ersten Tagen seiner Unabhängigkeit im 19. Jahrhundert, doch erst in den dreißiger und vierziger Jahren des 20. Jahrhunderts ist das Militär, angeführt von Getúlio Vargas in Brasilien und Juan Domingo Perón in Argentinien, zu dem Schluss gekommen, dass ihm von der Vorsehung ein neuer Auftrag zugedacht sei: die Förderung einer vom Staat betriebenen Wirtschaftsentwicklung, einschließlich der Abordnung hoher Militärs zur Führung staatlicher Unternehmen. Der Grundgedanke, der in der Praxis jedoch nie funktionierte, war, dass in Nationen mit schwachen und chaotischen Institutionen wie in Lateinamerika nur die Streitkräfte über die notwendige Größe, Tradition und Disziplin verfügten, um große moderne Industrien zu schaffen, die in der komplexen Industriewelt des 20. Jahrhunderts wettbewerbsfähig wären.

Diese militärische Beteiligung an staatlichen Unternehmen ist Lateinamerika teuer zu stehen gekommen. Offiziere waren ebenso korrupt wie Politiker. Ihre geschützten Unternehmen verzerrten den Markt, waren oft übermäßig groß und hatten riesige personelle Überkapazitäten. Das Ergebnis waren Ineffizienz und Rückständigkeit der Betriebe.

Es hat zwar unter den *caudillos* auch einige Zivilisten gegeben –zum Beispiel Hipólito Yrigoyen in Argentinien und Arnulfo Árias in Panama –, aber dominiert hat in der *caudillo*-Tradition Lateinamerikas das

Militär. Rafael Leonidas Trujillo, Juan Perón, Anastasio Somoza, Alfredo Stroessner, Manuel Antonio Noriega und Fidel Castro sind gute Beispiele. Der *caudillo* ist mehr als ein einfacher Diktator, der seine Macht mit Gewalt ausübt. Er ist der Führer, an den viele Bürger und praktisch die gesamte Machtstruktur die volle Entscheidungsbefugnis und die Kontrolle über die Instrumente der Repression übertragen. Das Ergebnis ist nicht nur das Gegenteil von demokratischer Entwicklung, es ist auch im wirtschaftlichen Sinne extrem kostspielig und führt zwangsläufig zu einer Vermischung von öffentlichem und privatem Eigentum.

## Die Unternehmer

Zu den größten politischen Ironien Lateinamerikas gehört der oft zu hörende Vorwurf, ein »wild gewordener Kapitalismus« sei schuld an der Armut jener 50 Prozent aller Lateinamerikaner, die jämmerlich arm sind und in elenden Hütten mit schmutzigen Fußböden und Wellblechdächern ihr Leben fristen. Die wirkliche Tragödie Lateinamerikas besteht darin, dass Kapital nur begrenzt vorhanden ist und sich ein erheblicher Teil des vorhandenen Kapitals nicht in den Händen echter Unternehmer befindet, die auf Risiko und Innovation setzen, sondern in den Händen ängstlicher Spekulanten, die ihr Geld in Grundbesitz anlegen und einfach darauf warten, dass das vegetative Wachstum ihres Landes zu einem Wertzuwachs ihres Besitzes führt. Diese Leute sind keine modernen Kapitalisten, sondern Grundbesitzer in guter alter Feudaltradition.

Noch schlimmer ist jedoch der »merkantilistische« Unternehmer, der versucht, sein Glück nicht durch Wettbewerb am Markt, sondern durch politische Einflussnahme zu machen.[1] Der Merkantilist teilt seine Gewinne mit korrupten Politikern, ein *Circulus vitiosus*, der noch mehr Gewinne und noch mehr Korruption erzeugt. Oft kauft er sich Schutzzölle, was für den Verbraucher zu höheren Preisen und niedrigerer Qualität führt. Er kann sich auch eine Monopolstellung kaufen, wobei er das nationale Interesse oder eine Kostendegression vorschiebt. Oder er kauft sich Steuerprivilegien, Subventionen, Vorzugszinssätze, nicht rückzahlbare Darlehen und Vorzugskurse beim Devisenkauf.

Derartige Schmusebeziehungen zwischen merkantilistischen Unternehmern und korrupten Politikern sind besonders schockierend beim Kauf von Devisen zum Vorzugskurs für den Import von Investitionsgütern für lokale Industrien. In Ländern, in denen es vielleicht drei verschiedene Wechselkurse für den Dollar gibt, können Leute mit den richtigen Beziehungen Dollars zum Vorzugskurs kaufen, einen Teil davon heimlich zu einem immer noch sehr vorteilhaften Kurs wieder verkaufen, die importierten Güter zu einem wieder anderen Kurs bezahlen und damit ihre Gewinne wie durch Zauberei sich verdoppeln sehen. Und je reicher sie werden, desto korrupter werden sie.

Solche verderblichen Praktiken sind nicht auf Lateinamerika beschränkt, aber die Häufigkeit und Intensität, mit der diese Art der Korruption in Lateinamerika auftritt, ist ebenso beunruhigend wie die Gleichgültigkeit ihr gegenüber und ihre Straflosigkeit. Die Menschen scheinen sich nicht klar zu machen, dass das Geld, das merkantilistische Unternehmer durch den Kauf und Verkauf von Einfluss verdienen, direkt oder indirekt aus den Taschen der Steuerzahler stammt. Sie berücksichtigen auch nicht, dass solche unzulässigen Aktivitäten die Gesamtkosten aller Transaktionen erhöhen, indem sie die Kosten für Waren und Dienstleistungen ansteigen lassen und die Armen noch ärmer machen.

Tatsache ist, dass Lateinamerika, von wenigen Ausnahmen abgesehen, noch nicht jenen mit politischer Demokratie verbundenen modernen Kapitalismus erlebt hat, der den – in den wohlhabenden Nationen des Westens und zunehmend auch in Ostasien bereits vorhandenen – hohen Lebensstandard mit sich brachte.

## Der Klerus

Es ist schmerzlich, auch den Klerus zu jenen Eliten rechnen zu müssen, die für das Elend der Massen verantwortlich sind. Schmerzlich, weil nicht alle Kleriker verantwortlich sind, sondern nur jene, die gegen die Marktwirtschaft predigen und antidemokratische Aktionen rechtfertigen. Und schmerzlich auch, weil die Kleriker, die sich so verhalten, es aus Altruismus tun. Aber sie betreiben eine Suche nach sozialer Gerechtigkeit, die die Armen zu permanenter Armut verdammt – ein Musterbeispiel für den Weg zur Hölle, der mit guten Vorsätzen gepflastert ist.

Ungefähr seit der zweiten Hälfte des 19. Jahrhunderts hat die katholische Kirche bis auf Schulen, Krankenhäuser und einige Medienbetriebe den größten Teil ihres Besitzes eingebüßt. Einst größter Grundeigentümer der westlichen Welt, hat die Kirche schon lange ihre führende Besitzerrolle in der Wirtschaft ausgespielt. Das bedeutet jedoch nicht, dass ihr Einfluss – besonders in moralischer Hinsicht – geschwunden wäre. Die Kirche kann noch immer Werte und Einstel-

lungen legitimieren oder diskreditieren und damit die Aussichten der
Menschen nachhaltig steuern.

Wenn aber die lateinamerikanische Bischofskonferenz oder die
»Befreiungstheologen« oder die Jesuiten den »wild gewordenen Neoliberalismus« verurteilen, bekämpfen sie einen Popanz.[2] »Neoliberalismus« ist nichts weiter als eine Fülle von Anpassungsmaßnahmen, die
dazu dienen sollen, die Wirtschaftskrise in der Region zu lindern: Verringerung der Staatsausgaben, Verringerung der Besoldungen im
öffentlichen Sektor, Privatisierung von Staatsbetrieben, ausgegliche-
ner Haushalt und sorgfältige Kontrolle der Geldemission – mit einem
Wort, gesunder Menschenverstand als Reaktion auf ein interventionis-
tisches Modell, das es mehr als ein halbes Jahrhundert lang nicht
geschafft hat, den Menschen Lateinamerikas einen umfassenden Fortschritt zu bescheren. Diese vom Klerus so vehement kritisierten Maßnahmen sind keine anderen als die, welche die reichen europäischen
Länder einander abverlangen, wenn sie für den Euro tauglich sein wollen. Es geht einfach darum, eine vernünftige Wirtschaftspolitik durchzusetzen.

Noch destruktiver benehmen sich die Bischöfe und besonders die
Befreiungstheologen, wenn sie Gewinnstreben, Wettbewerb und
Konsumhaltung anprangern. Sie jammern über die Armut der Armen,
fördern aber gleichzeitig die Vorstellung, Besitz sei etwas ebenso Sün-
diges wie das Verhalten von Menschen, die durch harte Arbeit, Sparen
und Kreativität wirtschaftlich erfolgreich sind. Sie predigen Einstellungen, die im Widerspruch zur Psychologie des Erfolgs stehen.

Für einige Befreiungstheologen ist die Armut unvermeidlich, und
sei es aus keinem anderen Grund als dem angeblichen Imperialismus
der reichen Länder, vor allem der USA. Der einzige Ausweg aus der
Armut sei daher bewaffnete Gewalt, wie es der führende Befreiungs-
theologe Gustavo Gutiérrez gefordert und nie öffentlich widerrufen
hat.[3]

## Die Intellektuellen

Es gibt wenige Kulturen, in denen Intellektuelle so sichtbar sind wie in
Lateinamerika. Das mag am starken französischen Einfluss auf lateinamerikanische Intellektuelle liegen; denn in Frankreich verhält es sich
genauso. Sobald ein Schriftsteller oder Künstler berühmt geworden ist,
wird er automatisch zu einem Experten für alles, vom Balkankrieg über
die In-vitro-Fertilisation bis zu der Katastrophe, staatliche Unternehmen zu privatisieren.

Dieses Charakteristikum unserer Kultur wäre nicht weiter bedeutsam, wenn es nicht so destruktive Folgen hätte. Denn diese »*todología* / Totologie« – die Kunst, ohne Bescheidenheit oder Wissen über alles reden zu können –, der unsere Intellektuellen mit großer Begeisterung frönen, hat ihren Preis: Alles, was sie behaupten und wiederholen, wird zu einem wichtigen Element in der Erschaffung einer lateinamerikanischen Weltanschauung. Dieses Merkmal unserer Kultur hat gravierende Konsequenzen, da eine bedeutende Zahl von lateinamerikanischen Intellektuellen antiwestlich, antiamerikanisch und antimarktwirtschaftlich eingestellt ist. Sogar die Tatsache, dass sich ihre Ansichten im Widerspruch zur Erfahrung der zwanzig bestentwickelten und wohlhabendsten Nationen unseres Planeten befinden, ändert nichts daran, dass sie tief greifenden Einfluss auf die lateinamerikanische Weltanschauung ausüben. Ihre Äußerungen schwächen die Demokratie und untergraben die Ausbildung eines vernünftigen Vertrauens in die Zukunft. Wenn die Intellektuellen die Vision eines furchtbaren revolutionären Erwachens propagieren, dürfen wir uns über Kapitalflucht und die Unbeständigkeit unserer politischen und wirtschaftlichen Systeme nicht wundern.

Darüber hinaus wird das, was viele Intellektuelle in Zeitungen, Büchern und Zeitschriften, Rundfunk und Fernsehen verbreiten, an der Mehrheit der lateinamerikanischen Universitäten wiederholt. Die meisten staatlichen und viele private Universitäten Lateinamerikas sind ein archaischer Tummelplatz alter marxistischer Ideen über Wirtschaft und Gesellschaft. Wie in früheren Zeiten betonen sie die Gefahr multinationaler Investitionen, die Schäden durch die Globalisierung und die Ruchlosigkeit eines Wirtschaftsmodells, das die Zuteilung der Ressourcen den Kräften des Markts überlässt. Diese Botschaft erklärt den engen Zusammenhang zwischen dem, was junge Wissenschaftler an den Universitäten lernen, und ihrer Verbindung zu subversiven Gruppen wie dem »Leuchtenden Pfad« in Peru, den Tupamaros in Uruguay, der »Bewegung der revolutionären Linken« in Venezuela, den M-19 in Kolumbien oder den pittoresk bemützten Zapatisten des Subcomandante Marcos in Mexiko. Die Waffen, die diese jungen Männer mit in den Dschungel, in die Berge oder in die Straßen der Städte brachten, waren in den Hörsälen der Universitäten geladen worden.

Die lateinamerikanische Universität hat mit wenigen rühmlichen Ausnahmen als unabhängiges Kreativitätszentrum versagt und stattdessen nur gebetsmühlenartig abgedroschene und verstaubte Ideen wiederholt. Noch erschreckender ist freilich, dass es keinen engen Zusammenhang gibt zwischen dem, was man den Studenten beibringt, und den wirklichen Bedürfnissen der Gesellschaft. Es ist, als ob die Universität verärgert gegen ein ihr verhasstes Gesellschaftsmodell rebellierte, ohne sich um die Ausbildung qualifizierter Akademiker zu kümmern, die zu einem wirklichen Fortschritt beitragen könnten. Das Versagen unserer Universitäten ist besonders schlimm, wenn wir bedenken, dass die Mehrheit der Universitäten Lateinamerikas aus dem öffentlichen Haushalt finanziert wird – aus den Taschen der Steuerzahler also –, ungeachtet der Tatsache, dass 80 bis 90 Prozent der Studenten der Mittel- oder Oberschicht angehören. Das bedeutet eine Umverteilung von Ressourcen von denen, die weniger haben, zu denen, die mehr haben. Und dieses Opfer dient dann zur Pflege absurder Ideen, die nur geeignet sind, das Elend der Ärmsten zu perpetuieren!

## Die Linke

Die letzte Elitegruppe bilden zum einen Gewerkschaften, die gegen Marktwirtschaft und Privateigentum sind, zum anderen die typisch lateinamerikanische Sozialkategorie der Revolutionäre.

Selbstverständlich gibt es eine verantwortungsbewusste Arbeiterbewegung, die den legitimen Interessen und Rechten der Arbeiter verpflichtet ist. Nur ist dies leider oft nicht die dominierende. Eine Belastung für lateinamerikanische Gesellschaften sind Gewerkschaften, die offen die Privatisierung von staatlichen Unternehmen bekämpfen, welche jahrzehntelang rote Zahlen geschrieben und dabei Schund geliefert oder fiktive Güter und Dienstleistungen »produziert« haben, ferner die Lehrergewerkschaften, die streiken, weil sie dagegen sind, dass sich ihre Mitglieder routinemäßigen Eignungs- und Leistungstests unterziehen sollen, und jene korrupten Gewerkschaftsbosse, die zu ihrer persönlichen Bereicherung Pensionsfonds und Gesundheitsprogramme plündern.

Manche Gewerkschaften wollen nicht sehen, dass das moderne, wettbewerbsfähige Unternehmen flexibel sein muss, um sich veränderten Umständen anpassen zu können. Wenn die Gewerkschaften einen Personalabbau erschweren oder verteuern oder rigide Verträge aushandeln, führt dies dazu, dass die Unternehmen an Wettbewerbsfähigkeit einbüßen und die Arbeitslosigkeit wächst, weil die Betriebe unter diesen Umständen zögern, neue Leute einzustellen.

Die Revolutionäre sind Radikale, die überzeugt sind, im Besitz von Freibriefen zu sein, die es ihnen erlauben, im Namen der Gerechtigkeit das Recht zu brechen. Einige beschränken sich darauf, die Revolution zu predigen, ohne die revolutionäre Sache durch weitere Taten zu fördern. Andere, die oft in Che Guevara ihren Schutzheiligen verehren, halten es für legitim, politische Gewalt anzuwenden, ohne die Konsequenzen ihrer Handlungen zu bedenken. Für sie ist der Staat illegitim und muss daher um jeden Preis bekämpft werden. Ihre Waffen sind Studentenstreiks, Straßenkrawalle, Sabotage, Entführungen, Bomben und Guerillaüberfälle.

Was haben die Aktionen dieses Stammes der Unbelehrbaren die lateinamerikanischen Nationen gekostet? Man kann den Betrag nicht berechnen, doch muss die revolutionäre Linke eine der Hauptursachen für die Unterentwicklung der Region sein – nicht nur, weil sie vorhandenes Vermögen vernichtet, sondern auch, weil sie den langen und anfälligen Zyklus aus Ersparnis – Investition – Gewinn zerstört hat, der den Wohlstand der Nationen hervorbringt.

Abschließend sei noch einmal betont, dass mit diesen Eliten natürlich nicht die Liste all jener erschöpft ist, die Lateinamerika in einem Zustand der Armut und Ungerechtigkeit halten. Aber sie spielen dabei eine sehr prominente Rolle. Indem ich beschreibe, wie sich die sie prägenden kulturellen Werte in ihrem Verhalten ausdrücken, dieses Verhalten beleuchte und ihre Argumente widerlege, hoffe ich, zu einem Prozess des Wandels in Lateinamerika beizutragen, bei dem diese Eliten zu Kräften *für* den menschlichen Fortschritt werden, vor allem für jene, die am bedürftigsten sind: einem Lateinamerika, in dem die Besitzlosen die berechtigte Hoffnung auf ein Leben in Freiheit, Würde, Gerechtigkeit und Wohlstand haben können.

## Anmerkungen

1 Den Begriff »merkantilistisch« in dem hier gebrauchten Sinn hat Hernando de Soto in *The Other Path*, Lima 1986, eingeführt.

2 »Neoliberalismus« ist die abwertende Bezeichnung, mit der seine Kritiker (meist ehemalige Anhänger irgendeiner Spielart des Sozialismus) den Kapitalismus des freien Marktes belegen.

3 Gutiérrez' bekanntestes Buch ist *Una Teología de la Liberación*, Lima 1986.

Daniel Etounga-Manguelle

# Benötigt Afrika ein kulturelles Anpassungsprogramm?

Die Indizien für Afrikas Misere sind dramatisch:

- Die Lebenserwartung beträgt in 28 Ländern weniger als 60 Jahre. In 18 Ländern liegt die Lebenserwartung bei unter 50 Jahren. Die Lebenserwartung in Sierra Leone beträgt gerade einmal 37 Jahre.
- Etwa die Hälfte der mehr als 600 Millionen Menschen südlich der Sahara leben in Armut.
- Mindestens die Hälfte aller Erwachsenen in mindestens 13 Ländern können nicht lesen und schreiben.
- In mindestens 18 Ländern sind die Hälfte der Frauen Analphabetinnen.
- Die Sterbeziffer von Kindern unter fünf Jahren liegt in mindestens 28 Ländern bei über 100 auf 1000. In Sierra Leone liegt die Sterbeziffer bei 335 auf 1000.
- Das Bevölkerungswachstum beträgt jährlich 2,7 Prozent, fast viermal so viel wie in den einkommensstarken Ländern.
- Von jenen Ländern, die entsprechende Daten an die Weltbank liefern (nicht alle tun das), liegen einige derjenigen mit disparatester Einkommensverteilung in Afrika. In Kenia, Südafrika und Simbabwe beziehen die wohlhabendsten 10 Prozent der Bevölkerung etwa 47 Prozent des Einkommens, in Guinea-Bissau, Senegal und Sierra Leone etwa 43 Prozent.[1]
- Und natürlich sind demokratische Institutionen in Afrika gemeinhin schwach oder gar nicht ausgebildet.

Trotz all dieses menschlichen Leids kann ich mich nicht enthalten, die Anekdote von dem afrikanischen Minister zu erzählen, der sich zu der Bemerkung hinreißen ließ:»Als wir an die Macht kamen, stand unser Land am Rande des Abgrunds. Seither haben wir einen großen Schritt nach vorne getan!«

Ich erzähle diese Geschichte auch deshalb, weil wir eigentlich nicht länger die Kolonialmächte für unsere Lage verantwortlich machen können. Mehrere Jahrzehnte sind vergangen, in denen wir weitgehend die Kontrolle über unser Schicksal selbst in der Hand hatten. Und doch ist Afrika heute mehr als je zuvor abhängig von reichen Ländern und anfälliger als jeder andere Kontinent für Machenschaften, die darauf abzielen, mit der einen Hand zu geben und mit der anderen zu nehmen. Der Weltbank, sonst ein Füllhorn von Geldmitteln und Ratschlägen, gehen die Ideen aus. Abgesehen von strukturellen Anpassungsprogrammen (deren Wirksamkeit noch nicht bewiesen ist) herrscht Schweigen.

So liegt die Notwendigkeit auf der Hand, unsere Kultur, die afrikanische Kultur, zu hinterfragen. Aber was kennzeichnet die afrikanische Kultur? Ist diese Kultur mit den Anforderungen vereinbar, die an Individuen und Nationen an der Schwelle zum 21. Jahrhundert gestellt werden? Und falls nicht, welche kulturelle Umorientierung brauchen wir, um im Konzert der Nationen nicht länger nur Misstöne zu produzieren? Benötigt Afrika ein kulturelles Anpassungsprogramm?

## Wer wir sind

Es ist nie leicht, über sich selbst zu sprechen, seine Seele zu offenbaren, erst recht nicht, wenn sich dabei, wie im Fall der afrikanischen Seele, viele Facetten zeigen. Hier lauern mindestens drei Gefahren: Die erste besteht in einer Idealisierung und Beschönigung, um mehr zu scheinen, als wir sind. Die zweite besteht darin, nichts zu sagen, was an jener geheimnisvollen Aura kratzen könnte, die Menschen aus allen Kulturen umgibt. Und schließlich: Wer hat die Qualitäten und Qualifikationen, um für uns alle zu sprechen? Das afrikanische Sprichwort hat Recht, das da sagt:»Wer aus dem Brunnen nach oben schaut, sieht nur einen Teil des Himmels.«

Doch so legitim diese Bedenken sind – sie dürfen uns nicht daran hindern, in den Spiegel zu blicken. Haben wir den Mut, uns ins Gesicht zu sehen, auch wenn es schwierig ist, uns zu erkennen?

## Fünfzig Afrikas, aber eine einzige Kultur?

Wir haben uns seit langem angewöhnt, Afrika als etwas Vielgestaltiges anzusehen, und niemand wundert sich angesichts der Balkanisierung des Kontinents über Bücher mit Titeln wie *Les 50 Afriques*[2] oder *Les 56 Afriques*[3]; denn wie J. Ki-Zerbo in der Einführung zu letzterem schreibt:»Afrika ist handfest. Es ist auch profitabel.«

Die Beschreibungen der afrikanischen Vielfalt sind dazu angetan, einen olympischen Eiskunstläufer schwindeln zu machen. Erstens heben wir zur besseren Unterscheidung gern auf das weiße und auf das schwarze Afrika ab, das eine nördlich der Sahara, das andere südlich davon. Aber wo ordnen wir dann die Republik Südafrika oder Simbabwe mit ihren mächtigen weißen Minderheiten ein? Neben der Rasse entdeckt man schnell ein viel wichtigeres Unterscheidungsmerkmal: die Sprache. Es gibt ein arabischsprachiges Afrika, ein englischsprachiges Afrika, ein französischsprachiges Afrika, ein portugiesischsprachiges Afrika, ein spanischsprachiges Afrika – ganz zu schweigen von den Dutzenden von Sprachen, die keine Beziehung zu den europäischen Kolonisatoren haben.

Und was soll man sagen, wenn wir dann noch die Grenzen überschreiten, die aus der kolonialen Zerstückelung von realen Völkerschaften wie Yoruba, Haussa, Peul, Malinke (um nur diese zu nennen) resultieren, die durch wenigstens eine Staatsgrenze geteilt sind? Ein noch weiter gehender Zensus der afrikanischen Vielfalt anhand der Hautfarbe oder der Sprache könnte leicht zu einigen tausend Afrikas führen! Als Nächstes müssen wir uns an die Völkerkundler wenden. Gibt es in Afrika so viele Kulturen, wie es Stämme gibt? Deckt sich deren Zahl mit den von den Kolonialmächten fixierten Staaten? Sind Verallgemeinerungen über »die« afrikanische Kultur als ganze überhaupt sinnvoll?

Ich glaube schon. Gewiss ist die Mannigfaltigkeit – die enorme Zahl von Subkulturen – unbestreitbar. Aber es gibt ein Fundament von gemeinsamen Werten, Einstellungen und Institutionen, das die Nationen südlich der Sahara, und in vieler Hinsicht auch die nördlich von ihr, miteinander verbindet. Die Situation ist mit der in Großbritannien vergleichbar: Ungeachtet der schottischen, der walisischen und der nordirischen Subkultur würde niemand an der Existenz einer britischen Kultur zweifeln.

Das Vorhandensein dieser gemeinsamen Basis ist eine Realität, und zwar so sehr, dass manche Völkerkundler die Frage aufwerfen, ob importierte Religionen wie das Christentum oder der Islam wirklich den afrikanischen Ahnenglauben beeinflusst oder den Afrikanern andere Möglichkeiten des Verständnisses der sie umgebenden modernen Gesellschaften eröffnet haben. Moderne politische Macht nimmt oft die Merkmale traditioneller religiös-ritueller Mächte an; Weissagung und Zauberei haben sogar Einzug in die Justiz gehalten. Überall auf dem Kontinent ist das Band zwischen Religion und Gesellschaft noch immer stark. Félix Houphouët-Boigny, der verstorbene Präsident der Elfenbeinküste, hat einmal gesagt (und als Katholik wusste er, wovon er sprach):»Vom Erzbischof bis zum kleinsten Katholiken, vom großen Medizinmann bis zum kleinsten Muslim, vom Pastor bis zum kleinsten Protestanten haben wir alle eine animistische Vergangenheit.«[4]

Die afrikanische Kultur ist nicht leicht zu erfassen. Sie lässt sich nicht in Kästchen einteilen und entzieht sich allen Systematisierungsversuchen. So ist die folgende Typologie zwar nicht völlig zufriedenstellend, vermittelt aber doch eine gewisse Vorstellung von der kulturellen Wirklichkeit Afrikas.

## Hierarchische Distanz

Laut Bollinger und Hofstede[5] spielt hierarchische Distanz – das Maß an Vertikalität – im Allgemeinen in tropischen und mediterranen Klimazonen eine wesentliche Rolle, wo Überleben und Wachstum der Gruppe weniger vom menschlichen Zutun abhängig sind als in Ländern mit kaltem und gemäßigtem Klima. In Ländern mit ausgeprägten hierarchischen Distanzen ist die Gesellschaft eher statisch und politisch zentralisiert. Soweit es ein geringes Volksvermögen gibt, ist es in den Händen einer Elite konzentriert. Die Generationen folgen einander ohne wesentliche Veränderung ihrer geistigen Ausstattung.

Umgekehrt ist es in Ländern mit geringen hierarchischen Distanzen. Hier kommt es zu technologischen Veränderungen, weil die Gruppe den technischen Fortschritt benötigt; das politische System ist dezentralisiert und beruht auf einem repräsentativen System, das – erhebliche – Volksvermögen ist breit gestreut, und die Kinder lernen Dinge, von denen ihre Eltern noch keine Ahnung hatten.

In den eher horizontalen Kulturen glauben Untergebene, dass ihre Vorgesetzten Menschen wie sie selbst sind, dass alle Menschen gleiche Rechte haben und dass Recht vor Stärke geht. Das führt zu der Überzeugung, dass die beste Methode zur Veränderung eines sozialen Systems die Umverteilung der Macht ist. In den eher vertikalen Gesellschaften, zum Beispiel Afrikas, halten Untergebene ihre Vorgesetzten für etwas Besonderes – sie haben das Recht auf Privilegien. Da Stärke vor Recht geht, ist die beste Methode zur Veränderung eines sozialen Systems der Sturz derer, die an der Macht sind.

Insofern er viele Aspekte einer Gesellschaft abdeckt (zum Beispiel das politische System, religiöse Gepflogenheiten, die Organisation von Unternehmen), würde der Begriff der hierarchischen Distanz eigentlich genügen, um Unterentwicklung zu erklären. Aber wie Bollinger und Hofstede hervorheben, sind auch Frankreich, Italien (besonders der Mezzogiorno) und Japan Länder mit großer hierarchischer Distanz.

## Kontrolle der Ungewissheit

Manche Gesellschaften konditionieren ihre Mitglieder darauf, die Ungewissheit der Zukunft zu akzeptieren und jeden Tag zu nehmen, wie er kommt. Es herrscht wenig Begeisterung für die Arbeit. Verhalten und Meinungen anderer werden toleriert, weil sich die Menschen in ihrem tiefsten Inneren im Status quo relativ geborgen fühlen.

In anderen Gesellschaften lernen die Menschen durch Akkulturation, die Zukunft zu erobern. Das führt zu Angst, Emotionalität und Aggressivität, die ihrerseits Institutionen hervorbringen, die auf Veränderung und auf Begrenzung der Risiken abzielen.

Afrika scheint (mit Ausnahme der Südspitze des Kontinents) zu der Kategorie von Gesellschaften mit schwachen Kontrollen der Ungewissheit zu gehören. Um sichere Gesellschaften zu schaffen, stehen drei Ansatzpunkte zur Verfügung: die Technologie, das Recht und die Religion. Man könnte versucht sein zu sagen, dass die afrikanischen Gesellschaften solche mit starker Kontrolle der Ungewissheit sind; leider wird diese Kontrolle jedoch nur durch die Religion ausgeübt. Wenn sich die Afrikaner in die Gegenwart stürzen und eine mangelnde Sorge um das Morgen an den Tag legen, liegt das letzten Endes weniger an der Sicherheit ihrer sozialen Gemeinschaftsstrukturen als an ihrer Unterwerfung unter einen ubiquitären, unerbittlichen göttlichen Willen.

Auf den Ursprung der Religion zurückgehend, glaubt der Afrikaner, dass nur Gott den Lauf einer Welt verändern kann, die für die Ewigkeit geschaffen ist. Die Welt und unser Verhalten sind etwas unveränderlich Gegebenes, in mythischer Vorzeit unseren Stammeltern vermacht, deren Weisheit bis heute unsere Lebensgrundsätze bestimmt. Der Afrikaner bleibt ein Sklave seiner Umwelt. Die Natur ist seine Herrin und bestimmt sein Schicksal.

Dieses Postulat einer Welt, die gelenkt wird von einer unveränderlichen göttlichen Ordnung in einem grenzenlosen Kosmos, geht einher mit einer spezifisch afrikanischen Auffassung des Begriffs »Raum und Zeit«.

## Die Tyrannis der Zeit

Der Afrikaner sieht Raum und Zeit als Einheit an. Die Nigerianer sagen: »Nicht die Uhr hat den Menschen erfunden.« Afrikaner haben immer ihre eigene Zeit gehabt und sind dafür viel gescholten worden. So schreibt zum Beispiel Jean-Jacques Servan-Schreiber:

> »Die Zeit hat in Afrika einen symbolischen und einen kulturellen Wert, die sehr wichtig sind für die Art, wie die Zeit erlebt und empfunden wird. Das ist, offen gesagt, ein Vorteil, aber auch ein Handicap – ein Vorteil insofern, als es befriedigend für die Individuen ist, in einem Rhythmus zu leben, der ihr eigener ist und den sie nicht aufgeben wollen. Es ist aber auch ein Handicap insofern, als sie im Wettbewerb mit Ländern stehen, die nicht dieselben Arbeitsmethoden haben und für die Wettbewerb, zum Beispiel auf der Produktivitätsebene, über einen rationaleren Gebrauch von der Zeit läuft.«[6]

Servan-Schreiber hat Recht. In der traditionellen afrikanischen Gesellschaft, die in Märchen und Fabeln die ruhmreiche Vergangenheit der Ahnen besingt, wird nichts getan, um die Zukunft zu gestalten. Der Afrikaner, in seinem Ahnenkult verankert, ist so sehr davon überzeugt, dass sich die Vergangenheit lediglich wiederholen kann, dass er sich nur wenig Sorgen um die Zukunft macht. Aber ohne eine dynamische Auffassung von der Zukunft gibt es kein Planen, kein Vorausschauen, kein Entwerfen von Szenarien, mit anderen Worten: keine Strategie, um den Gang der Ereignisse zu beeinflussen. Das Morgen kann nicht besungen werden, solange unsere Kultur uns nicht lehrt, nach der Zukunft zu fragen, sie uns vorzustellen und sie nach unserem Willen zu gestalten. In der modernen Gesellschaft muss jeder vorausschauend handeln. Andernfalls gibt es, wie Servan-Schreiber uns mahnt, keinen Platz in der Eisenbahn mehr, kein Geld am Ende des Monats mehr, nichts mehr zum Mittagessen im Kühlschrank und zwischen den Erntezeiten nichts mehr in den Getreidespeichern.[7] Also das, was den Alltag in Afrika ausmacht!

## Einheit von Macht und Autorität

Im Laufe von mehreren Jahrtausenden haben sich die Gesellschaften des Westens im Wesentlichen außerhalb des Einflusses der Religion entwickelt, was zur Trennung der diesseitigen Dinge von den spirituellen Dingen führte. Diese Entwicklung führte auch zur Stärkung der Macht des Staates, die gewiss noch spirituell war, aber losgelöst von übernatürlichen Mächten, die nicht mehr in die Regierung dieser Welt eingriffen. In Afrika aber lastet die Macht der Religion noch immer auf dem Individuum wie auf dem kollektiven Schicksal. Es ist keine Seltenheit, dass afrikanische Führer sich auf magische Kräfte berufen.

Es ist schwer, die afrikanische Passivität anders zu erklären als durch die Furcht vor jenem Gott, der im Gewand eines jeden afrikanischen Häuptlings verborgen ist. Wenn ein König oder ein Präsident einem Mordanschlag entgeht (und sei es einem fingierten), wird das ganze Volk zu dem Schluss kommen, dass er übernatürliche Kraft besitzt und unbesiegbar ist. Diese Neigung, alle Macht mit der göttlichen Autorität gleichzusetzen, betrifft nicht nur die »Väter der Nation«; sie gilt jedem Bürger – auch dem allergewöhnlichsten –, sobald er irgendeine Autorität erlangt hat. Man nehme einen Afrikaner, statte ihn mit einem Quäntchen Macht aus, und er wird wahrscheinlich aufgeblasen, anmaßend und intolerant werden und eifersüchtig über seine Privilegien wachen. Ständig auf der Hut und ein Feind jeder Kompetenz (die ja auch kein Kriterium bei der Wahl der Götter war), ist er skrupellos, bis ein untunlicher Erlass sein Schicksal besiegelt und ihm einen Nachfolger beschert. Das Ende seiner Karriere sieht ihn dann vollständig dem Kult der Mittelmäßigkeit ergeben. (Es ist eine bekannte Tatsache, dass man in unseren Republiken nur auf die Vorzüglichkeit eines Technokraten oder Politikers zu verweisen braucht, um seiner Karriere den sicheren Garaus zu machen.)

Der Afrikaner akzeptiert keine Veränderungen des sozialen Ranges und Standes: Herrschende und Beherrschte verharren ewig an der ihnen bestimmten Stelle, weshalb Veränderungen der sozialen Schichtung so oft verurteilt werden. Wir klagen über die Schwierigkeit, in unseren Staaten den Privatsektor zu fördern. Diese Schwierigkeiten wurzeln in der neidischen Eifersucht, die alle persönlichen Beziehungen beherrscht und die sich weniger in dem Wunsch äußert, zu besitzen, was ein anderer besitzt, als in dem Bestreben, jede Veränderung des sozialen Status zu verhindern.

In Afrika muss man als Herrscher geboren sein; andernfalls hat man kein anderes Recht auf die Macht als den Staatsstreich. Das gesamte

Gemeinwesen akzeptiert als naturgegeben die Knechtschaft, die der
jeweilige starke Mann errichtet. Man hat argumentiert, dass nicht die
Menschen, sondern ihre Führer rückständig seien. Das ist richtig und
falsch zugleich. Denn warum würden afrikanische Völker rückständige
Führer akzeptieren, wenn sie nicht selbst rückständig (und das heißt
passiv, resigniert und feige) wären? Wir vergessen immer, dass jedes
Volk die Führer verdient, die es bekommt.

## Die Gemeinschaft dominiert das Individuum

Wenn wir ein einziges Merkmal der afrikanischen Kultur herausgreifen
müssten, wäre sicherlich die Unterordnung des Individuums unter die
Gemeinschaft der im Auge zu behaltende Bezugspunkt. Das afrikanische Denken verwirft jede Anschauung des Individuums als eines
autonomen, verantwortlichen Wesens. Der Afrikaner ist vertikal, wo
nicht in Gott, in seiner Familie, seinen wichtigsten Ahnen verwurzelt;
horizontal ist er mit seiner Gruppe, der Gesellschaft und dem Kosmos
verknüpft. Der Afrikaner, die Frucht einer Dynamik zwischen Familie
und Individuum und Gesellschaft und Individuum, kann nur durch ein
Leben in Familie und Gesellschaft blühen und gedeihen.

Wie können wir dem Individuum jenes Maß an Autonomie zurück-
erstatten, das für seine Selbstbehauptung als politisch, wirtschaftlich
und sozial Handelnder notwendig ist, und gleichzeitig diese gesellschaftliche Bindung bewahren, die das Wesen der Existenz des Afrikaners ausmacht? Die Unterdrückung des Individuums, der Königsweg
zur Sicherung der Gleichheit in traditionellen Gesellschaften, zeigt sich
auf allen Gebieten. Sie zeigt sich nicht nur in wirtschaftlichen Angelegenheiten, wo letztlich der Marktpreis eine Funktion der mutmaßli-
chen Kaufkraft des Käufers ist, sondern auch in kulturellen Angelegenheiten, wo die Weitergabe der Kultur durch mündliche Traditionen
monopolisiert worden ist. Man kann sich sogar fragen, ob es nicht mit
Vorbedacht geschah, dass Afrikaner das geschriebene Wort mieden,
um die Unterdrückung des Individualismus zu garantieren. Afrikanisches Denken meidet die Skepsis, einen weiteren Virus, den das Individuum überträgt. Infolgedessen bleibt das bestehende Glaubenssystem
unangetastet: Sobald von den Ahnen überkommene Überzeugungen
bedroht sind, gibt es nur noch die Wahl zwischen der bestehenden Ordnung und dem Chaos.

Der Begriff der individuellen Verantwortung kommt in den über-
zentralisierten traditionellen Strukturen Afrikas nicht vor. In der Sprache Kameruns etwa bedeutet das Wort »verantwortlich« so viel wie

»Häuptling«. Bauern zu erklären, sie seien alle für eine Gruppeninitiative »verantwortlich«, bedeutet also, ihnen zu sagen, dass sie alle Häuptlinge seien – was zwangsläufig zu endlosen zwischenmenschlichen Konflikten führt.

Der Tod des Individuums in unseren afrikanischen Gesellschaften erklärt nicht nur die Kultur des Schweigens, in der Männer wie der Präsident von Ghana, Jerry Rawlings, aufgewachsen sind, sondern auch die Verachtung, die die Menschen für alle jene empfinden, die in der Hierarchie eine mittlere Position einnehmen. So versteht es sich in einem afrikanischen Ministerium von selbst, dass der Minister persönlich der einzige Mensch ist, der irgendein Problem lösen kann, und sei es das banalste. Leitende Beamte, Direktoren und andere Funktionsträger sind nur zur Schau da. Unsere Minister haben daran nichts auszusetzen. Es ist nicht gut, Autorität zu delegieren, wenn dadurch die Gefahr droht, das Aufgehen eines neuen politischen Sterns zu fördern, der sich schließlich als Konkurrent entpuppen könnte.

Wir müssen realistisch sein. Der Tribalismus blüht in unseren Ländern, weil wir das Individuum negieren und weil es in Ermangelung eines operativen Systems individueller Rechte und Verantwortlichkeiten einen schweren Stand hat. Sollen wir nun weiterhin um eines hypothetischen sozialen Konsenses willen singend und tanzend der Hölle entgegentreiben? Oder ist der Augenblick gekommen, dem Individuum alle seine Rechte zurückzuerstatten?

## Exzessive Geselligkeit und Scheu vor offenen Konflikten

Der Afrikaner lebt nicht, um zu arbeiten, er arbeitet, um zu leben. Er zeigt eine Vorliebe für das Feiern, die nahe legt, dass afrikanische Gesellschaften rund um das Vergnügen strukturiert sind. Alles bietet einen Vorwand für ein Fest: Geburt, Taufe, Heirat, Geburtstag, Beförderung, Wahl in ein Amt, Rückkehr von einer kurzen oder langen Reise, ein Trauerfall, Eröffnung oder Beendigung der Parlamentsperiode, traditionelle und religiöse Festtage. Ob man gut oder bescheiden verdient, ob die Scheuern voll oder leer sind, das Fest muss auf jeden Fall schön sein, und es muss die maximale Anzahl von Gästen anziehen.

Wer empfängt, gibt, aber auch wer empfangen wird, gibt, um wirklich Freud und Leid seines Gastgebers zu teilen. Geselligkeit ist die Kardinaltugend aller Menschen, ja, der Afrikaner hält jeden Menschen, dem er begegnet, für einen Freund, bis das Gegenteil bewiesen ist. Freundschaft geht vor Geschäft; es gilt als unhöflich, in einer geschäftlichen Besprechung sofort zur Sache zu kommen. Der Afrikaner hat ein unerschöpfliches Kommunikationsbedürfnis und zieht die warmherzige zwischenmenschliche Beziehung der interessensbedingten vor. Das ist der Hauptgrund für die Ineffizienz afrikanischer Bürokratien. Jeder Bittsteller will, anstatt zu schreiben, den für seinen Vorgang zuständigen Beamten persönlich sprechen, weil er glaubt, dass dadurch die Kälte eines unpersönlichen Briefwechsels vermieden wird. Differenzen, die sonst die Grundlage des sozialen Lebens sind, werden entweder nicht wahrgenommen oder aber ignoriert, um den Schein eines sozialen Zusammenhalts aufrechtzuerhalten. Das Streben nach sozialem Frieden auf der Basis einer brüchigen Einmütigkeit drängt den Afrikaner zur Konfliktscheu – auch wenn es an Konflikten auf dem Kontinent weiß Gott nicht mangelt. In manchen afrikanischen Gesellschaften hat diese Konfliktvermeidung zur Folge, dass bei Tag nicht Recht gesprochen werden kann; so gibt es Dörfer in Bamileke (Westkamerun), in denen die verfassungsmäßigen Sicherheits- und Justizorgane geheim sind und nur nachts zusammentreten. Ihre Mitglieder tragen Masken, um unerkannt zu bleiben.

Konflikte sind allen menschlichen Gruppen inhärent, unabhängig von deren Umfang, aber wir versuchen, sie unter den Teppich zu kehren – was uns bemerkenswert schlecht gelungen ist.

### Ineffizienter Homo oeconomicus

Was den Rang eines Menschen in Afrika ausmacht, sind sein innerer Wert und seine Geburt. Wenn der Afrikaner nicht besonders sparsam ist, dann darum, weil den finanziellen und wirtschaftlichen Belangen des Lebens in seiner Weltsicht wenig – zu wenig – Bedeutung zukommt. Abgesehen von einigen sozialen Gruppen wie den bekannten Bamileke in Kamerun oder den Kamba in Kenia ist der Afrikaner ein schlechter *Homo oeconomicus*. Für ihn bemisst sich der Wert eines Menschen nach dem »Sein«, nicht nach dem »Haben«. Und durch die eigentümliche Beziehung des Afrikaners zur Zeit hat für ihn das Sparen für zukünftige Zwecke geringere Priorität als der sofortige Konsum. Um nur ja nicht in Versuchung zu geraten, Reichtum anzuhäufen, müssen die Bezieher regelmäßiger Einkünfte das Studium von Brüdern, Vettern, Neffen und Nichten finanzieren, Neuankömmlinge unterbringen und für die zahlreichen Festlichkeiten aufkommen, die das soziale Leben prägen.

So wird es nicht überraschen, dass die großstädtischen Eliten diese Tradition der Verschwendung noch dadurch anreichern, dass sie sich wie Neureiche benehmen. Selbstverständlich haben sie Zugriff auf große Summen Geldes, vornehmlich jene aus dem Staatssäckel, und neben Verwandten und Freunden profitieren auch Banken in der Schweiz, in Luxemburg und auf den Bahamas von unserer Freigiebigkeit. Und wie unsere häufigen Wirtschaftskrisen bestätigen, sind die afrikanischen Regierungen ganz augenscheinlich keine besseren Wirtschafter als die einzelnen Afrikaner.

## Die Unkosten des Irrationalismus

Eine Gesellschaft, in der Magie und Hexerei florieren, ist heute eine kranke, von Spannungen, Ängsten und moralischer Verwirrung beherrschte Gesellschaft. Zauberei ist ein kostspieliger Mechanismus, um Konflikte zu regeln und den Status quo zu erhalten – und gerade hierauf kommt es der afrikanischen Kultur vor allem an. Ist daher die Hexerei nicht ein Spiegel, der den Zustand unserer Gesellschaften wiedergibt? In der Tat spricht dafür vieles. Hexerei ist sowohl ein Instrument des sozialen Zwanges (sie trägt dazu bei, die Treue der Individuen zu ihrem Clan zu erhalten und womöglich zu stärken) als auch ein sehr bequemes politisches Instrument zur Eliminierung jeder Opposition, die sich etwa regen könnte. Hexerei ist für uns ein psychologischer Zufluchtsort, wo all unsere Unwissenheit Antwort findet und unsere wildesten Fantasien Wirklichkeit werden.

Im Gegensatz zu dem, was manche glauben mögen, hat die christliche Religion der Hexerei in Afrika keineswegs ein Ende gemacht, sondern sie legitimiert. Die Existenz des Teufels wird in der Bibel und von den Weißen Vätern (den Missionaren) anerkannt, was die Existenz von Zauberern und anderen bösen Personen bekräftigt.

Sekten, gewöhnlich basierend auf der magischen Kraft eines Führers oder Propheten, nehmen in Afrika überhand. In Benin, einem besonders religiösen Land, das die Wiege des brasilianischen wie des haitianischen Wodu ist, entstanden 58 neue Sekten allein zwischen 1981 und 1986, womit die Gesamtzahl der Bekenntnisse in diesem Land auf 92 stieg. In Kenia gibt es möglicherweise bis zu 1200 Sekten; in manchen ländlichen Gegenden gibt es mehr Kirchen als Schulen. Manche Propheten, deren »Tempel« die Straße ist, werden reich, weil sie böse Geister aufzuspüren vermögen. Andere können vor Krankheit schützen. Wieder andere können einem helfen, den Arbeitsplatz zu behalten und das Einkommen zu mehren.

Eines meiner Lieblingsbeispiele ist Kombo, ein Transportunternehmer mit einer Lastwagenflotte, die zwischen der Elfenbeinküste und Burkina Faso verkehrt. Kombo glaubt, dass es notwendig ist, neben

den europäischen Vorsichtsmaßregeln wie dem regelmäßigen Warten
der Fahrzeuge auch afrikanische Vorsichtsmaßregeln zu treffen. Wie
das aussieht? Nun, Kombos Medizinmann gibt ihm etwas Kugelfischpulver, das er in die Reifen streut, um sie vor Löchern zu schützen.
Warum? Weil dieser Korallenfisch die Fähigkeit hat, sich auf das Dop-
pelte seines Volumens aufzublasen, wenn er angegriffen wird. Das
Kugelfischpulver ist also hervorragend geeignet, den Reifendruck aufrechtzuerhalten.
    Das Zauberwesen reicht bis in die Regierung. Afrikanische Präsi-
denten sind von Medizinmännern umgeben, und nichts wirklich
Wichtiges geschieht in der Politik ohne Rückgriff auf Hexerei.
Geheimnisvolle Berater sind dafür verantwortlich, den Amtsinhabern
ihre Macht zu erhalten, indem sie mögliche Widersacher aufspüren
und unschädlich machen. Sie haben eine Macht, um die sie die
einflussreichsten westlichen Berater nur beneiden können. Medizinmänner häufen oft wahre Vermögen an und werden mitunter sogar
offiziell in ihr Amt berufen, sodass sie unmittelbar an der Machtaus-
übung beteiligt sind.
    Was den Einfluss der Zauberei betrifft, kommt nach der Politik
gleich der Fußball, das Opium der Afrikaner. Die Anekdote machte
die Runde, die Abidjaner Elefanten hätten das Endspiel um den Afri-
ka-Pokal gegen Ägypten nur deshalb verpatzt, weil ihr Kapitän kurz
vor der Halbzeit auf dem Spielfeld seinen Talisman verlor. Die gesamte
Mannschaft half suchen, aber ohne Erfolg. Alle waren sich einig, dass
die Ägypter den Talisman gefunden und beiseite geschafft haben mussten. Durch diesen miesen Trick gewannen sie das Spiel mit 2:1.
    Der Umstand, dass Afrika am Beginn des 21. Jahrhunderts mit der
Verherrlichung des Irrationalismus nicht allein dasteht, entschuldigt
nicht unsere Neigung, die Verantwortung für die Lösung unserer Probleme an Zauberer und Medizinmänner zu delegieren. Jean-François
Revel hat die Frage aufgeworfen:»Ist der Mensch vielleicht ein intelli-
gentes Wesen, das nicht von seiner Intelligenz geleitet wird?«[8] Meiner
Ansicht nach ist der Afrikaner das Wesen, das am wenigsten Gebrauch
von seiner Intelligenz macht – jedenfalls so lange, wie er es zufrieden
ist, sein Leben so zu leben, wie es kommt. In einem Afrika, das sich wei-
gert, Wissen und Handeln zu verknüpfen, kommt unsere wahre kulturelle Identität zum Ausdruck, wenn wir uns – wie Revel bemerkt – auf
den Standpunkt stellen:»Gebt uns Entwicklungshilfe in Form von Subventionen, aber verschont uns mit der Anstrengung, einen tragfähigen
Bezug zur Wirklichkeit herstellen zu müssen.«[9] Dieselbe »Kultur«
steht hinter unserem Anspruch, wir hätten ein Recht auf ineffiziente

Produktion, ein Recht auf Korruption, ein Recht auf die Missachtung elementarer Menschenrechte.

## Kannibalistische und totalitäre Gesellschaften

Was Afrikaner einander antun, ist unglaublich. Völkermord, blutige Bürgerkriege und grassierende Gewaltverbrechen legen nahe, dass afrikanische Gesellschaften auf allen sozialen Ebenen in einem gewissen Umfang kannibalistisch sind. Dieselben Leute, die Gesetze verfassen und für ihre Durchsetzung verantwortlich sind, treten sie mit Füßen. So wurden in fast allen afrikanischen Ländern am Tag nach der Unabhängigkeit Verhaltenscodes für Investitionen beschlossen, um ausländische Investoren anzulocken. Trotzdem drängeln sich reiche Afrikaner lieber an den Schaltern von eidgenössischen, französischen, belgischen und englischen Banken und erwecken so den Eindruck, dass sie kein Vertrauen zu sich, zu ihrem Land, zu ihren Produkten haben. Mit ihren eigenen Händen scheinen sie zu zerstören, was sie aufgebaut haben.

Die Wahrheit ist schnell durchschaut. Von innen gesehen, gleichen afrikanische Gesellschaften einer Fußballmannschaft, in der aufgrund von persönlichen Rivalitäten und mangelndem Teamgeist kein Spieler den Ball an einen anderen abgibt, aus Angst, dieser könnte ein Tor schießen. Wie können wir da auf einen Sieg hoffen? In unseren Republiken zeigen die Menschen außerhalb des ethnischen »Zements« (der sich freilich bei näherer Betrachtung als sehr porös erweist) so wenig Identifikation miteinander, dass die schiere Existenz des Staates ein Wunder ist – ein Wunder, das sich zum Teil aus dem Wunsch nach persönlichem Vorteil erklärt. Nur selten einmal gibt es die Vision einer besseren Zukunft für alle. Gleichzeitig werden Initiative und Dynamik als Zeichen persönlicher Bereicherung verurteilt. Der Zauberer will Gleichheit im Elend. Es gibt viele Fälle, in denen jemand, der sich ein Haus gebaut hatte, den Befehl bekam, es nicht zu bewohnen; anderen, die mit dem Bau begonnen hatten, wurde befohlen, die Arbeiten einzustellen, wenn ihnen ihr Leben lieb sei.

Ist der afrikanische Totalitarismus mit der Unabhängigkeit entstanden? Natürlich nicht! Er war schon immer da, eingesenkt in die Fundamente unserer Stammeskulturen. Autoritarismus beherrscht unsere Familien, unsere Dörfer, unsere Schulen, unsere Kirchen. Er ist für uns eine Lebensweise.

Was können wir angesichts einer so machtvollen, unbeweglichen Kultur tun, um das Schicksal Afrikas zu verändern? Wir sind dazu verdammt, uns zu ändern oder unterzugehen.

## Kultur und Wandel

Unser oberstes Ziel ist die Bewahrung der afrikanischen Kultur, eine der humanistischsten Kulturen, die es gibt – vielleicht die humanistischste überhaupt. Aber sie muss durch einen von innen kommenden Prozess regeneriert werden, der es den Afrikanern erlaubt, sie selbst zu bleiben und doch Kinder ihrer Zeit zu sein. Wir müssen diese humanistischen Werte bewahren – die Solidarität jenseits von Altersklasse und sozialem Rang, die soziale Interaktion, die Liebe zum Nächsten, unabhängig von seiner Hautfarbe, den Schutz der Umwelt und vieles andere mehr. Dagegen müssen wir alles in uns zerstören, was unserer Gestaltung der Zukunft entgegensteht, einer Zukunft, die wohlhabend und gerecht sein muss, einer Zukunft, in der die Menschen Afrikas durch Teilhabe am politischen Prozess ihr Schicksal selbst bestimmen.

Dabei müssen wir im Sinn behalten, dass Kultur die Mutter ist, Institutionen ihre Kinder. Effizientere und gerechtere afrikanische Institutionen sind auf Modifikationen unserer Kultur angewiesen.

## Die vier Revolutionen, die wir durchführen müssen

Auf vier Gebieten müssen wir eine friedliche Kulturrevolution durchführen: im Bildungswesen, in der Politik, in der Wirtschaft und im sozialen Leben.

Bildung. Der traditionelle Unterricht des afrikanischen Kindes bereitet Jungen und Mädchen auf die Integration in ihre Stammesgemeinschaft vor. Dem Kind werden nicht nur die seinem Alter und Geschlecht entsprechenden Gepflogenheiten vermittelt, sondern alle Werte und Glaubensüberzeugungen, welche das kulturelle Fundament der Gruppe ausmachen, der das Kind angehört. In einem System, in dem Bildung vor allem als Instrument der Sozialisation aufgefasst wird, wird das traditionelle afrikanische Kind von der gesamten Gemeinschaft unterrichtet. Das Problem besteht darin, dass dieses System den Kindern wenig Anreize bietet, ihre Fähigkeiten auszubauen, innovativ zu sein oder etwas besser zu machen als die Eltern.

Wie können wir nun Bildungssysteme reformieren, die so sehr durch eine konservative Kultur und durch einen Mangel an Infrastruktur und pädogischen Einrichtungen behindert werden? (So sind Klassen mit 125 Schülern keineswegs ungewöhnlich.) Ganz einfach: indem wir die Errichtung von religiösen Gebäuden und sonstigen Palästen auf Kosten von Schulen unterbinden und indem wir den Inhalt der Lehrpläne modifizieren und nicht nur die naturwissenschaftlichen Fächer, sondern besonders auch die notwendigen Veränderungen der afrikanischen Gesellschaft betonen. Das bedeutet kritisches Denken, Bekräftigung der Notwendigkeit der subregionalen wie der kontinentalen Einheit, vernünftige Entwicklung intellektueller wie handwerklicher Arbeitsmethoden und generell jene Eigenschaften, die den Fortschritt fördern: Phantasie, Dissens, Kreativität, Professionalität und Kompetenz, Verantwortungs- und Pflichtgefühl, Freude an gut erledigter Arbeit.

Die afrikanische Schule muss fortan künftige Unternehmer – und damit Arbeitsplatzbeschaffer – hervorbringen, nicht bloß Examensabsolventen, die nur darauf warten, Pfründe angeboten zu bekommen. Von der Grundschule an wird in dem jungen Afrikaner das Bewusstsein für Zeitmanagement geweckt werden müssen, und zwar nicht nur dessen Bedeutung für die Produktion, sondern auch im Sinne von Wartung der Infrastruktur und Ausstattung. Der Unterricht in technischer Wartung ist zweifellos wichtiger als Kurse über die Rolle des Einparteiensystems für die nationale Integration oder die Unfehlbarkeit des »Vaters der Nation«.

Aber damit darf die Veränderung nicht aufhören. Auch die Rolle der afrikanischen Frau – des missachteten Rückgrats unserer Gesellschaften – in der Gesellschaft muss umgestaltet werden. Frauen haben heute keinen Zugang zu Bankkonten, Kredit und Eigentum. Sie haben zu schweigen. Sie produzieren einen großen Teil unserer Nahrung, haben aber trotzdem kaum Zugang zu landwirtschaftlicher Ausbildung, Kredit, technischer Hilfeleistung und so fort.

In Afrika wie überall sonst ist die Emanzipation der Frauen der beste Gradmesser für den politischen und sozialen Fortschritt einer Gesellschaft. Ohne eine afrikanische Frau, die frei und verantwortlich ist, wird der afrikanische Mann nicht fähig sein, auf eigenen Füßen zu stehen.

Politik. Wenn das Bildungswesen einmal reformiert ist, werden sich die politischen Systeme Afrikas buchstäblich von selbst verändern. Eine neue Art des Staatsbürgers wird entstehen. Die Politik wird dem Individuum, seinem Wert als sozialem Akteur, seiner Fähigkeit zur Anpassung an die institutionelle Umwelt und den Anforderungen, die der Fortschritt an seine Gemeinschaft stellt, mehr Raum geben. Die afrikanischen Nationen müssen den Pluralismus, der in der Vielfalt ihrer Völker schon angelegt ist, auf den politischen Bereich übertragen. Sie müssen Toleranz kultivieren und das Verdienst achten. An die Stelle des Nationalismus muss die regionale Integration treten.

Wirtschaft. Um unsere Wirtschaftskultur zu revolutionieren, müssen
wir begreifen, dass wir uns nicht auf einen Weltmarkt verlassen dürfen,
von dem wir praktisch ausgeschlossen sind. Wir müssen vielmehr
zunächst einmal integrierte Märkte unter uns selbst schaffen. Wir müssen das Profitprinzip als Motor der Entwicklung akzeptieren. Wir müssen die unentbehrliche Rolle der individuellen Initiative einsehen und
das unveräußerbare Recht des Individuums anerkennen, die Früchte
seiner Arbeit zu genießen. Wir müssen begreifen, dass es ohne Vollbe-
schäftigung kein wirkliches oder anhaltendes Wirtschaftswachstum
geben kann. Die gesamte afrikanische Bevölkerung muss in Lohn und
Brot gesetzt werden. Es ist niemandem möglich, arbeitslos und gleichzeitig ein guter Staatsbürger zu sein, besonders in Ländern ohne ein
Netz der sozialen Sicherung.

Soziales Leben. Eine afrikanische Zivilgesellschaft wird es ohne
qualitative Veränderungen des Verhaltens nicht geben – zuerst in den
Beziehungen der Afrikaner untereinander und dann im Verhalten zu
Ausländern, denen gegenüber wir uns in der Regel minderwertig fühlen. Wir brauchen mehr Selbstbewusstsein, mehr Vertrauen zueinander und das Engagement für einen Fortschritt, der allen zugute kommt.
Wir brauchen unbedingt mehr Disziplin und ein systematisches Heran-
gehen an die Erarbeitung von Strategien beziehungsweise die Durchsetzung einmal gefällter Entscheidungen.

## Fazit

Wir stehen heute an einem Scheideweg. Die Hartnäckigkeit und
Destruktivität der wirtschaftlichen und politischen Krisen, die Afrika
heimsuchen, erfordern unverzügliches Handeln. Wir müssen bis ins
Innerste unserer Moralvorstellungen und Gebräuche vorstoßen, um
jene Schlammschicht abzutragen, die unseren Gesellschaften den
Weg in die Moderne verlegt. Wir müssen diese Revolution in den
Köpfen – ohne die es keinen Technologietransfer geben kann –
selbst vollbringen. Wir müssen auf unsere Intelligenz setzen; denn
wenn sie fähige Führer haben, sind die Afrikaner sehr wohl fähig,
Abstand zu nehmen von der neidischen Eifersucht, der blinden
Unterwerfung unter das Irrationale und der Lethargie, die unser
Verderben sind. Wenn es Europa, diesem Teilstück der Erde, das nur
einen winzigen Bruchteil der Menschheit verkörpert, gelungen ist,
sich dem Planeten aufzuzwingen, ihn zu dominieren und zum aus-
schließlichen Vorteil Europas zu organisieren, dann nur darum, weil
Europa eine siegreiche Kultur der Disziplin und Arbeit entwickelt

hat, die dem Einfluss unsichtbarer Kräfte entzogen ist. Dasselbe müssen wir tun.

## Anmerkungen

1 Alle Daten aus dem *World Development Report 1998/99* der Weltbank, Oxford 1999.

2 Hervé Bourges und Claude Wauthier, *Les 50 Afriques*, Paris 1979.

3 Frank Tenaille, *Les 56 Afriques*, Paris 1979.

4 Zitiert in Alassane Ndaw, *La Pensée africaine – recherches sur les fondements de la pensée négro-africaine*, Paris 1983, S. 233.

5 D. Bollinger und G. Hofstede, *Les Différences culturelles dans le management*, Paris 1987.

6 Jean-Jacques Servan-Schreiber, *L'Art du temps*, Paris 1985.

7 Ebd.

8 Jean-François Revel, *La connaissance inutile*, Paris 1988, S. 99.

9 Ebd.

# II.

# Kultur und politische Entwicklung

*Ronald Inglehart*

# Kultur und Demokratie

Im Anschluss an die Webersche Tradition vertreten Francis Fukuyama (1995), Lawrence Harrison (1985, 1992, 1997), Samuel Huntington (1996) und Robert Putnam (1993) den Standpunkt, dass
kulturelle Traditionen bemerkenswert dauerhaft sind und dass sie
das politische und wirtschaftliche Verhalten ihrer jeweiligen Gesellschaft heute prägen. Demgegenüber vertreten Modernisierungstheoretiker von Karl Marx bis zu Daniel Bell (1975, 1991) und dem
Verfasser des vorliegenden Kapitels (1977, 1990, 1998) den Standpunkt, dass der Aufstieg der Industriegesellschaft mit in sich kohä-
renten kulturellen Verschiebungen verknüpft ist, die von traditionellen Wertsystemen wegführen. Mein Beitrag belegt, dass beide
Behauptungen richtig sind:

- Entwicklung ist verknüpft mit einem Bündel vorhersagbarer Veränderungen, die von absoluten sozialen Normen weg und zu zunehmend rationalen, toleranten, vertrauensvollen und postmodernen
  Werten hinführen.

- Kultur ist jedoch pfadabhängig. Der Umstand, dass eine Gesellschaft eine protestantische oder orthodoxe, islamische oder konfuzianische Geschichte hat, lässt kulturelle Zonen mit stark ausgeprägten Wertesystemen entstehen, die sich auch dann behaupten,
  wenn wir von den Folgen der wirtschaftlichen Entwicklung abstrahieren.

Es existieren verschiedene kulturelle Zonen, was wesentliche soziale
und politische Konsequenzen für die Ausprägung wichtiger Sachverhalte hat, von der Fruchtbarkeitsrate über das wirtschaftliche Verhalten bis hin zu demokratischen Institutionen (wie unser Kapitel nach-
weisen wird). Es gibt eine Dimension kulturvergleichender Varianz,
die für die Demokratie besonders wichtig ist. Wie wir sehen werden,
unterscheiden sich Gesellschaften enorm in dem Ausmaß, in dem sie
»Überlebenswerte« oder aber »Selbstartikulationswerte« betonen.
Gesellschaften, die Selbstartikulationswerte betonen, sind mit weit
größerer Wahrscheinlichkeit demokratisch als Gesellschaften, die
Überlebenswerte betonen.
      Wirtschaftliche Entwicklung scheint eine allmähliche Verlagerung
von den Überlebens- zu den Selbstartikulationswerten mit sich zu bringen, was mit erklärt, warum reichere Gesellschaften eher Demokratien
sind als arme. Wie wir weiter unten sehen werden, ist die Korrelation
zwischen Überlebens- beziehungsweise Selbstartikulationswerten und
Grad der Demokratisierung auffallend stark. Gehen sie zusammen,
weil Selbstartikulationswerte (zu denen zwischenmenschliches Vertrauen, Toleranz und Teilhabe an Entscheidungsprozessen gehören) zu
Demokratie führen? Oder sind es die demokratischen Institutionen,
die das Entstehen dieser Werte bewirken? Es ist immer schwierig,
Kausalbeziehungen nachzuweisen, aber das Beweismaterial spricht
dafür, dass es eher die Kultur ist, die die Demokratie prägt, als anders
herum.

## Kulturzonen und Modernisierung

Nach Huntington (1993, 1996) zerfällt die Erde in acht oder neun große
Kulturkreise auf der Grundlage dauerhafter kultureller Unterschiede,
die sich seit Jahrhunderten halten; die Konflikte der Zukunft werden
sich Huntington zufolge an den kulturellen Bruchlinien zwischen diesen Kulturkreisen abspielen.
      Diese Kulturkreise wurden im Wesentlichen durch religiöse Tradi-
tionen geprägt, die trotz aller Kräfte der Modernisierung noch heute
mächtig sind. Die großen Kulturkreise nach Huntington sind das westliche Christentum, die orthodoxe Welt, die islamische Welt und die
konfuzianische, die japanische, die hinduistische, die buddhistische, die
afrikanische und die lateinamerikanische Region. Nach dem Ende des
Kalten Kriegs werden sich politische Konflikte, so Huntington, hauptsächlich an diesen kulturellen Scheidelinien ereignen, nicht aber entlang ideologischen oder wirtschaftlichen Grenzziehungen.

Ähnlich argumentiert Putnam (1993), der die These vertritt, dass die Regionen Italiens, in denen heute demokratische Institutionen am besten funktionieren, jene sind, in denen schon Jahrhunderte zuvor die Zivilgesellschaft relativ gut entwickelt war. Harrison (1985, 1992, 1997) argumentiert, dass Entwicklung stark von den elementaren kulturellen Werten einer Gesellschaft beeinflusst wird. Und Fukuyama (1995) argumentiert, dass die Wettbewerbsfähigkeit einer Gesellschaft auf den Weltmärkten vom sozialen Vertrauen abhängt: »Vertrauensschwache« Gesellschaften sind im Nachteil, weil sie bei der Entwicklung großer, komplexer sozialer Institutionen weniger effektiv sind. Alle diese Analysen gehen von der Annahme aus, dass sich zeitgenössische Gesellschaften durch markante kulturelle Merkmale unterscheiden, die sich über lange Zeitspannen hinweg gehalten haben. Und diese Merkmale wirken sich offenbar nachhaltig auf die politische und wirtschaftliche Performanz von Gesellschaften aus.

## Wie zutreffend ist diese Annahme?

Ein anderer, wichtiger Teil der Literatur vertritt eine hiermit scheinbar unvereinbare Auffassung. Modernisierungstheoretiker, zu denen auch der Verfasser dieses Kapitels gehört, argumentieren, dass sich die Welt auf eine Weise verändert, die traditionelle Werte aushöhlt. Wirtschaftliche Entwicklung bringt fast zwangsläufig den Niedergang von Religion, Provinzialismus und kulturellen Unterschieden mit sich.

Anhand von Daten aus drei Abschnitten des World Values Survey (WVS), der mittlerweile 65 Gesellschaften mit 75 Prozent der Weltbevölkerung beobachtet, legt dieser Beitrag Beweise dafür vor, dass beide Behauptungen zutreffen. Wirtschaftliche Entwicklung scheint verknüpft zu sein mit einem Bündel vorhersagbarer Veränderungen, die von absoluten sozialen Normen weg und zu zunehmend rationalen, toleranten, vertrauensvollen und postmodernen Werten hinführen. Doch ist Kultur pfadabhängig. Der Umstand, dass eine Gesellschaft in ihrer früheren Geschichte protestantisch oder orthodox, islamisch oder konfuzianisch war, lässt kulturelle Zonen mit stark ausgeprägten Wertsystemen entstehen, die auch dann fortbestehen, wenn wir von den Folgen der wirtschaftlichen Entwicklung abstrahieren.

Diese kulturellen Unterschiede sind eng mit einer Reihe von wichtigen sozialen Phänomenen verknüpft, von denen wir eines herausgreifen wollen: Sie hängen stark mit dem Ausmaß zusammen, in dem eine Gesellschaft über demokratische Institutionen verfügt, was durch die Wertungen auf der seit 1972 jährlich erstellten Freedom-House-

Ratingliste der politischen Rechte und bürgerlichen Freiheiten gemessen wird. Bevor ich hierauf eingehe, wollen wir die Anhaltspunkte dafür prüfen, dass dauerhafte kulturelle Unterschiede existieren, auch wenn wirtschaftliche Entwicklung dazu tendiert, systematische kulturelle Veränderungen herbeizuführen.

## Traditionelle Werte contra rational-legale Werte, Überlebenswerte contra Selbstartikulationswerte: zwei Schlüsseldimensionen des Kulturvergleichs

Kulturen in knapper Form zu vergleichen erfordert ein intensives Bemühen um Datenreduktion. Bei den Hunderten von Werten, die in den World Values Survey gemessen werden (und den Tausenden, die theoretisch gemessen werden könnten), wäre es ein uferloses Unterfangen, jede der acht oder neun Kulturkreise auf eine Variable hin vergleichen zu wollen. Eine sinnvolle Datenreduktion erfordert jedoch eine relativ einfache Grundstruktur der kulturvergleichenden Varianz – die wir nicht selbstverständlich voraussetzen können. Zum Glück scheint es jedoch eine solche Struktur zu geben.

Im Rahmen früherer Forschungen (Inglehart 1997, 3. Kapitel) analysierte der Verfasser des vorliegenden Kapitels aggregierte nationale Daten aus den 43 Gesellschaften des World Values Survey von 1991/92 und entdeckte dabei gravierende kulturelle Unterschiede. In einem breiten Spektrum politischer, sozialer und religiöser Normen und Überzeugungen unterscheidet sich die Weltsicht der Völker reicher Gesellschaften systematisch von der Weltsicht der Völker einkommensschwacher Gesellschaften. Eine Faktorenanalyse ergab vor allem zwei Dimensionen, die Dutzende von Variablen erschlossen und mehr als die Hälfte der kulturvergleichenden Varianz erklärten. Diese zwei Dimensionen entsprechen einer übernationalen Polarisierung zwischen (a) traditioneller und weltlich-rationaler Orientierung gegenüber der Autorität und (b) Überlebenswerten und Selbstartikulationswerten. Sie ermöglichen die Verortung jeder Gesellschaft auf einer kulturellen Weltkarte.

Der vorliegende Beitrag baut auf diesem Befunden auf, indem er vergleichbare Maßstäbe der kulturellen Varianz konstruiert, die auf alle drei Abschnitte des World Values Survey auf individueller wie auf nationaler Ebene angewendet werden können. So sind wir in der Lage, Veränderungen innerhalb eines gewissen Zeitraums entlang diesen Dimensionen zu untersuchen. Die frühere Analyse (Inglehart 1997) verwendete Faktorenwertungen auf der Basis von 22 Variablen aus den

Erhebungen von 1990 und 1991. Daraus wählten wir eine Untermenge von zehn Variablen aus, die nicht nur hohe Werte bei diesen Dimensionen erreichten, sondern auch in demselben Format bei allen drei Abschnitten des World Values Survey verwendet worden waren. Diese Untermenge wurde herangezogen, um das Problem fehlender Daten zu minimieren (wenn eine einzige Variable fehlt, fällt eine ganze Nation aus der Analyse heraus).

Die durch diesen reduzierten Stichworte-Pool gewonnenen Faktorenwertungen korrelieren stark mit Faktorenwertungen, die durch die 22 früher verwendeten Stichworte generiert wurden (Inglehart 1997, S. 334 f., 388). Die Dimension »traditionell/weltlich-rational« korreliert fast völlig mit den Faktorenwertungen der vergleichbaren, auf elf Variablen beruhenden Dimension; dasselbe gilt für die Dimension »Überleben/Selbstartikulation«. Wir erschließen also einen wichtigen Aspekt der kulturvergleichenden Varianz.

Jede dieser zwei Dimensionen erschließt eine Achse der kulturvergleichenden Varianz mit Dutzenden von Grundwerten und Orientierungen. Die Dimension »traditionell/weltlich-rational« entspricht vor allem dem Gegensatz zwischen Gesellschaften, in denen die Religion sehr wichtig ist, und solchen, in denen sie es nicht ist; sie erschließt aber auch eine Fülle anderer Belange. Wesentliche Themen sind etwa die Bedeutung von Familienbanden und des Respekts vor der Autorität (einschließlich einer relativen Akzeptanz von Militärherrschaft) sowie die Vermeidung von politischem Konflikt und der Hang zu Konsens anstelle von Konfrontation. Gesellschaften am traditionellen Pol der Skala betonen Religion, absolute Maßstäbe und konservative Familienwerte, befürworten Großfamilien und lehnen Scheidung, Abtreibung, Euthanasie und Selbstmord ab. Sie betonen sozialen Konformismus anstelle von individueller Leistung, ziehen Konsens offenem politischem Konflikt vor, unterstützen Respekt vor der Autorität und zeigen ein hohes Maß an Nationalstolz und nationalistischer Perspektive. Gesellschaften mit weltlich-rationalen Werten vertreten bei allen diesen Themen die entgegengesetzte Position.

Diese Orientierungen waren in den über 60 hier untersuchten Gesellschaften klar auszumachen, obwohl wir bewusst Stichworte ausgewählt haben, die ein breites Spektrum an Themen abdecken. Wir hätten fünf auf Religion bezogene Stichworte auswählen und damit ein noch stärker korreliertes Cluster erhalten können, doch war es unser Ziel, die großen Linien der kulturvergleichenden Varianz darzustellen.

Das Festhalten an diesen Werten scheint wichtige Konsequenzen in der objektiven Welt zu haben. So weisen Gesellschaften, die traditio-

nelle Werte betonen, eine viel höhere Fruchtbarkeitsrate auf als
Gesellschaften, die sich an rational-legalen Werten orientieren.

## Überlebenswerte contra Selbstartikulationswerte

Die Dimension »Überleben/Selbstartikulation« bezieht sich auf jene
Themen, die die postindustrielle Gesellschaft charakterisieren. Eine
ihrer zentralen Komponenten ist die Polarisierung zwischen materialis-
tischen und postmaterialistischen Werten. Umfangreiches Material
deutet darauf hin, dass diese Werte eine generationenübergreifende
Verlagerung erschließen: von der Betonung wirtschaftlicher und physi-
scher Sicherheit zu einer zunehmenden Betonung von Selbstartikulation, subjektivem Wohlbefinden und Lebensqualität (Inglehart 1977,
1990, 1997). Diese kulturelle Verschiebung ist in allen fortgeschrittenen Industriegesellschaften zu finden; sie scheint bei Geburtskohorten
zu entstehen, die unter Bedingungen eines als selbstverständlich gel-
tenden Überlebens aufgewachsen sind. Verknüpft sind diese Werte mit
einer zunehmenden Betonung von Umweltschutz und Fraueninter-
essen und zunehmenden Forderungen nach Mitsprache an Entscheidungsprozessen im wirtschaftlichen und politischen Leben. In den
vergangenen 25 Jahren haben diese Werte Verbreitung in fast allen
fortgeschrittenen Industriegesellschaften gefunden, für die ausgiebiges
Zeitreihenmaterial vorliegt. Doch ist dies nur eine Komponente einer
viel breiteren Dimension kulturvergleichender Varianz.

In Gesellschaften, die Überlebenswerte betonen, findet man relativ
niedrige Standards subjektiven Wohlbefindens, relativ schlechte
Gesundheitsstandards, geringes zwischenmenschliches Vertrauen,
relativ häufige Intoleranz gegenüber Fremdgruppen, geringes Interesse an der Gleichstellung der Geschlechter, Betonung materialistischer
Werte, ein relativ hohes Maß an Vertrauen in Wissenschaft und Technik, ein relativ geringes Umweltengagement und eine relativ breite
Akzeptanz autoritärer Regierungen. Gesellschaften, die Selbstartikulationswerte betonen, nehmen bei all diesen Themen eher den entgegengesetzten Standpunkt ein. Ob eine Gesellschaft Überlebenswerte
oder Selbstartikulationswerte betont, hat wichtige objektive Konsequenzen. Wie wir sehen werden, sind Gesellschaften, die Selbstartikulationswerte betonen, mit viel größerer Wahrscheinlichkeit stabile
Demokratien als jene, die Überlebenswerte betonen.

## Eine kulturelle Weltkarte: 1995–1998

Untersuchen wir nun die Lokalisierung jeder einzelnen unserer 65 Gesellschaften in den zwei Dimensionen, die die eben untersuchte Faktorenanalyse generiert hat. Die vertikale Achse auf unserer kulturellen Weltkarte (siehe Diagramm 1) entspricht der Polarisierung zwischen traditioneller Autorität und weltlich-rationaler Autorität. Die horizontale Achse zeigt die Polarisierung zwischen Überlebenswerten und Wohlbefinden. Die Grenzziehungen um die Ländergruppen in Diagramm 1 wurden nach Maßgabe von Huntingtons (1993, 1996) Kulturkreisen eingetragen.

Diese Weltkarte weist eine bemerkenswerte Ähnlichkeit mit der Karte auf, die aufgrund der Erhebungen 1990/91 (Inglehart 1998) erstellt wurde. Wir finden charakteristische, kohärente Kulturkreise: einen protestantischen, einen katholischen, einen lateinamerikanischen, einen konfuzianischen, einen afrikanischen und einen orthodoxen. Das entspricht der Tatsache, dass die Gesellschaften in den jeweiligen Clusters relativ ähnliche Werte haben. Die Erhebungen berücksichtigen zwar nur wenige islamische Gesellschaften, doch drängen sich diese tendenziell in der südwestlichen Ecke der Karte zusammen.

Religiöse Traditionen scheinen also – wie Weber, Huntington und andere argumentiert haben – eine dauerhafte Auswirkung auf die zeitgenössischen Wertsysteme von 65 Gesellschaften zu haben. Aber Religion ist nicht der einzige Faktor, der Kulturkreise prägt. Vielmehr spiegelt die Kultur einer Gesellschaft ihr gesamtes historisches Erbe wider. Eines der wichtigsten historischen Ereignisse des 20. Jahrhunderts war der Aufstieg und Niedergang eines kommunistischen Imperiums, das einst ein Drittel der Weltbevölkerung beherrschte. Der Kommunismus hat eine deutliche Spur in den Wertsystemen der Menschen hinterlassen, die unter ihm lebten. Trotz vier Jahrzehnten kommunistischer Herrschaft steht die ehemalige DDR kulturell der ehemaligen Bundesrepublik sehr nahe, aber ihr Wertesystem hat sich dem kommunistischen Kulturkreis angenähert. Auch China, das eigentlich zum sinischen Kulturkreis gehört, fällt in den kommunistisch beeinflussten Bereich. Ähnlich ist es mit Aserbaidschan, das zwar Teil des islamischen Clusters ist, jedoch ebenfalls in den kommunistischen Bereich fällt, der das Land jahrzehntelang dominiert hat.

Der Einfluss kolonialer Bindungen wird an der Existenz eines lateinamerikanischen Kulturkreises deutlich, der an Spanien und Portugal grenzt. Frühere Kolonialbindungen erklären teilweise auch die Existenz eines englischsprachigen Bereichs mit Großbritannien und den

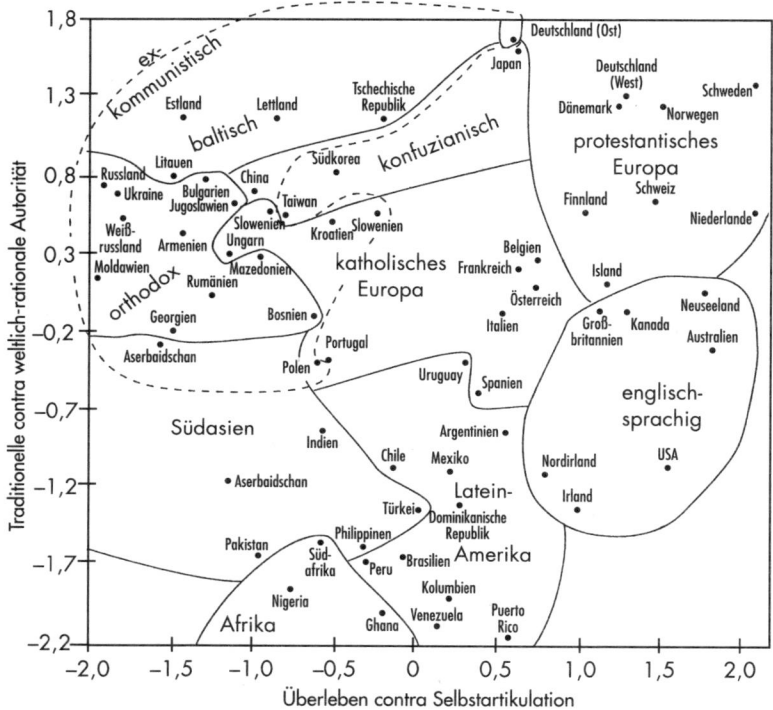

Diagramm 1: Lokalisierung der 65 Gesellschaften auf zwei Dimensionen der kulturvergleichenden Varianz
*Hinweis:* Die Skalierung auf jeder Achse entspricht den Faktorenwertungen für jedes
Land in der entsprechenden Dimension.
*Quelle:* Die Daten für die folgenden 50 Gesellschaften stammen aus dem World Va-
lues Survey 1995–1998: USA, Australien, Neuseeland, China, Japan, Taiwan, Südkorea, Türkei, Bangladesch, Indien, Pakistan, Philippinen, Armenien, Aserbaid-
schan, Georgien, Großbritannien, Deutschland (Ost), Deutschland (West), Schweiz,
Norwegen, Schweden, Finnland, Spanien, Russland, Ukraine, Weißrussland, Est-
land, Lettland, Litauen, Moldawien, Polen, Bulgarien, Bosnien, Slowenien, Kroatien,
Jugoslawien, Mazedonien, Nigeria, Südafrika, Ghana, Argentinien, Brasilien, Chile,
Kolumbien, Dominikanische Republik, Mexiko, Peru, Puerto Rico, Uruguay, Venezuela. Die Daten für Kanada, Frankreich, Italien, Portugal, die Niederlande, Belgien,
Dänemark, Island, Nordirland, Österreich, Ungarn, die Tschechische Republik, die
Slowakei und Rumänien stammen aus dem World Values Survey von 1990. Die Loka-
lisierung Kolumbiens und Pakistans beruht auf unvollständigen Daten.

anderen englischsprachigen Gesellschaften. Alle sieben in dieser Studie enthaltenen englischsprachigen Gesellschaften haben relativ ähnliche kulturelle Merkmale. Für Australien und Neuseeland wurden erst 1995 bis 1998 Erhebungen vorgenommen, doch fallen beide Länder in den englischsprachigen Kulturbereich, die der Verfasser dieses Kapitels mit den Daten von 1990/91 ausmachte. Geografisch liegen sie auf der anderen Seite des Globus, aber kulturell sind Australien und Neuseeland Nachbarn Großbritanniens und Kanadas.

Die Kolonisierung scheint eine besonders starke Auswirkung dann zu haben, wenn sie durch eine massive Einwanderung aus der kolonisierenden Gesellschaft verstärkt wird. Die Tatsache, dass Spanien, Italien, Uruguay und Argentinien relativ nahe beieinander an der Grenze zwischen katholischem Europa und Lateinamerika liegen, verweist darauf, dass trotz der geografischen Entfernung die Bevölkerungen Uruguays und Argentiniens großteils Nachfahren von Einwanderern aus Spanien und Italien sind. Analog dazu sehen Tom Rice und Jan Feldman (1997) starke Korrelationen zwischen den staatsbürgerlichen Werten verschiedener ethnischer Gruppen in den USA und den in ihrem Herkunftsland herrschenden Werten – sogar noch zwei oder drei Generationen nach der Migration ihrer Familien.

## Wie real sind die Kulturkreise?

Die Einordnung jeder Gesellschaft in Diagramm 1 ist objektiv, da sie durch eine Faktorenanalyse aus Erhebungsdaten für jedes Land bestimmt wird. Die Grenzziehungen um diese Gesellschaften sind subjektiv – sie folgen Huntingtons Einteilung der Welt in mehrere Kulturkreise. Aber wie »real« sind diese Kreise? Die Grenzziehungen hätten auf verschiedene Weise erfolgen können, weil diese Gesellschaften durch eine Vielfalt von Faktoren beeinflusst worden sind. Daher überschneiden sich die Grenzziehungen teilweise – so überlagert der ehemalige kommunistische Bereich den protestantischen, den katholischen, den konfuzianischen, den orthodoxen und den islamischen Kulturkreis. Entsprechend ist Großbritannien am Schnittpunkt des englischsprachigen Bereichs mit dem protestantischen Europa lokalisiert. Empirisch liegt Großbritannien in der Nähe aller fünf englischsprachigen Gesellschaften, und wir haben es in diesen Bereich aufgenommen. Aber mit einer geringfügigen Modifikation der Grenzziehung hätten wir Großbritannien auch dem protestantischen Europa zuordnen können, da es kulturell auch diesen Gesellschaften nahe steht. Die Realität ist eben komplex. Großbritannien ist gleichzeitig protestantisch und

englischsprachig, und seine empirische Position auf dem Diagramm
spiegelt beide Aspekte dieser Realität wider.

Entsprechend haben wir eine Grenzlinie um die lateinamerikanischen Gesellschaften gezogen, die Huntington als eigenen Kulturkreis
postuliert: Alle zehn zeigen in der Tat aus globaler Perspektive relativ
ähnliche Werte. Durch kleinere Veränderungen der Grenzziehung hätten wir aber auch einen iberischen Kulturbereich unter Einschluss Spaniens und Portugals definieren können, die ja empirisch den lateinamerikanischen Gesellschaften relativ nahe stehen. Oder wir hätten eine
Grenze ziehen können, die Lateinamerika, das katholische Europa
sowie die Philippinen und Irland zu einem großen römisch-katholischen Kulturbereich zusammenfasst. Alle diese Bereiche sind sowohl
begrifflich als auch empirisch vertretbar.

Diese zweidimensionale Karte basiert zwar auf Ähnlichkeiten bei
Grundwerten, dokumentiert aber auch die relative Distanz dieser
Gesellschaften voneinander in vielen anderen Dimensionen – denken
wir nur an die Religion, die kolonialen Einflüsse, den Einfluss der kommunistischen Herrschaft und das wirtschaftliche Niveau. Zwar können
die zwei Kulturdimensionen, auf denen diese Karte beruht, den
Einfluss vieler verschiedener historischer Faktoren erstaunlich gut
darlegen. Da sich diese diversen Faktoren aber nicht in allen Fällen
säuberlich decken, gibt es auf unserer Karte einige offenkundige
Anomalien. So kommen zum Beispiel Japan und die ehemalige DDR
nebeneinander zu liegen. Das ist insofern angemessen, als beide
Gesellschaften stark weltlich orientiert und relativ wohlhabend sind
und einen hohen Prozentsatz an Industriearbeitern aufweisen; unange-
messen ist es, weil Japan von einem konfuzianischen Erbe geprägt ist,
während die DDR vom Protestantismus geprägt wurde. (Allerdings
hat Harrison [1992] argumentiert, dass es wichtige Parallelen zwischen
der konfuzianischen und der protestantischen Kultur gibt.)

Trotz solcher auffälligen Anomalien fallen generell Gesellschaften
mit gemeinsamem kulturellen Erbe in ein gemeinsames Cluster. Ihre
Position auf dem Diagramm entspricht aber auch dem Niveau ihrer
wirtschaftlichen Entwicklung, ihrer Berufsstruktur, ihrer Religion und
anderen wesentlichen historischen Einflüssen. Ihrer Position auf dieser
zweidimensionalen Ebene entspricht eine mehrdimensionale Realität.
Die bemerkenswerte Kohärenz zwischen diesen verschiedenartigen
Dimensionen scheint darzulegen, dass die Kultur einer Gesellschaft
von ihrem gesamten wirtschaftlichen und historischen Erbe geprägt
wird, das wiederum jene Dimensionen prägt.

Wirtschaftliche Entwicklung scheint eine mächtige Auswirkung auf

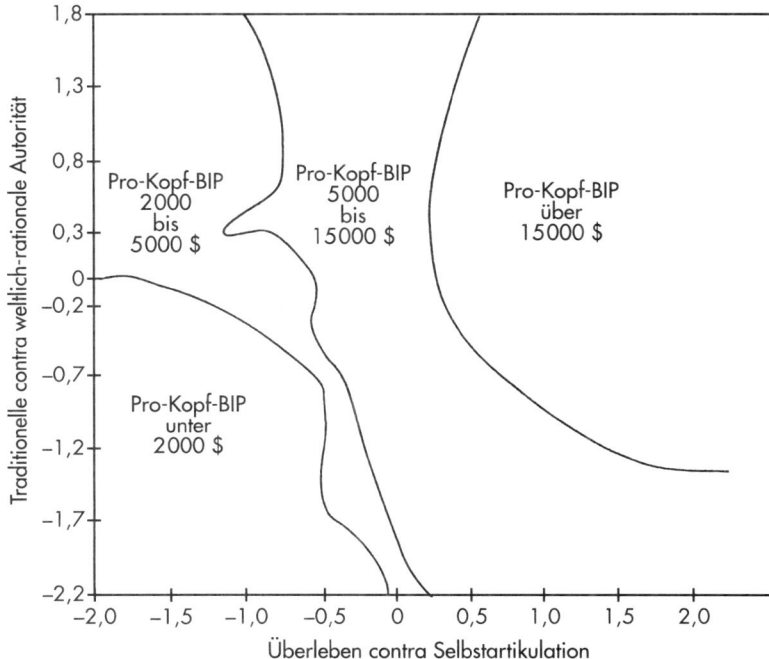

Diagramm 2:  Das wirtschaftliche Niveau von 65 Gesellschaften, eingetragen in zwei
Dimensionen kulturvergleichender Varianz
*Hinweis:* Mit einer Ausnahme fügen sich alle 65 Gesellschaften des Diagramms 1 in
die hier angedeuteten Wirtschaftszonen. Der Ausreißer ist die Dominikanische
Republik.
*Quelle:* Die Angaben über das wirtschaftliche Niveau basieren auf den Weltbank-
Schätzungen der Kaufkraftparität 1995; siehe *World Development Report*, 1997,
S. 214 f.

kulturelle Werte zu haben. Die Wertsysteme reicherer Länder unterscheiden sich systematisch von denen ärmerer Länder. Die Gesamt-
struktur von Diagramm 1 spiegelt das Gefälle von reichen Gesellschaften (lokalisiert im oberen rechten Eck) zu einkommensschwachen
(unten links).

Diagramm 2 veranschaulicht diesen Punkt. Es ist eine umgearbeitete
Version des Diagramms 1 und zeigt, in welche Wirtschaftszonen diese
65 Gesellschaften fallen. Alle 19 Gesellschaften mit einem jährlichen
Pro-Kopf-BIP von über 15 000 $ rangieren in beiden Dimensionen
relativ weit oben und fallen in eine Zone in der oberen rechten Ecke
des Diagramms. Diese Wirtschaftszone überschneidet die Grenzen des

protestantischen, des exkommunistischen, des konfuzianischen, des
katholischen und des englischsprachigen Kulturbereichs. Umgekehrt
fallen alle Gesellschaften mit einem Pro-Kopf-BIP von unter 2000 $ in
ein Cluster in der unteren linken Ecke von Diagramm 2; diese Wirtschaftszone überschneidet die afrikanische, die südasiatische, die
exkommunistische und die orthodoxe Kulturzone. Das Material lässt
vermuten, dass wirtschaftliche Entwicklung alle Gesellschaften tendenziell in dieselbe Richtung zieht, unabhängig von ihrem kulturellen
Erbe. Gleichwohl behaupten sich auch zweihundert Jahre nach
Beginn der industriellen Revolution noch immer ausgeprägte Kulturkreise.

Das Pro-Kopf-BIP ist nur *ein* Indiz für das Niveau der wirtschaftlichen Entwicklung einer Gesellschaft. Wie Marx argumentierte, war
der Aufstieg der Industriearbeiterklasse ein Schlüsselereignis der
neueren Geschichte. Darüber hinaus unterstreicht die Art der
Beschäftigung der Mehrheit vor allem drei Phasen der wirtschaftlichen
Entwicklung: die Agrargesellschaft, die Industriegesellschaft und die
postindustrielle Gesellschaft (Bell 1975, 1991). So könnte man um die
Gesellschaften der Diagramme 1 und 2 noch einmal andere Grenzen ziehen. Die Gesellschaften mit einem hohen Prozentsatz von
Arbeitskräften in der Landwirtschaft sind am unteren Rand der Karte
lokalisiert, die Gesellschaften mit einem hohen Prozentsatz von
Industriearbeitern am oberen Rand, die Gesellschaften mit einem
hohen Prozentsatz von Arbeitskräften auf dem Dienstleistungssektor
an der rechten Seite der Karte.

Die Modernisierungstheorie besagt, dass in dem Maße, wie sich
Gesellschaften wirtschaftlich entwickeln, ihre Kulturen sich tendenziell in eine prognostizierbare Richtung verändern werden, und unsere
Daten passen zu dieser Schlussfolgerung. Wirtschaftliche Unterschiede sind mit bedeutenden und tief greifenden kulturellen Unterschieden verbunden. Gleichwohl finden wir auch klare Beweise für die
Beharrungskraft alter Kulturbereiche. Unter Zuhilfenahme der Daten
aus der jeweils neuesten Erhebung zu jeder Gesellschaft entwickelten
wir vorläufige Variablen, um für jedes der in Diagramm 1 skizzierten
Cluster anzuzeigen, ob eine gegebene Gesellschaft vorherrschend englischsprachig war oder nicht, exkommunistisch oder nicht usw. Eine
empirische Überprüfung dieser Variablen zeigt, dass die kulturelle
Einordnung gegebener Gesellschaften keineswegs Zufall ist. Acht der
neun auf Diagramm 1 eingetragenen Zonen zeigen eine statistisch
signifikante Verbindung mit mindestens einer der zwei Hauptdimen-
sionen der kulturvergleichenden Varianz (die einzige Ausnahme ist das

Cluster des katholischen Europas; es ist ziemlich kohärent, belegt aber in beiden Dimensionen eine neutrale Position).

Spiegeln diese kulturellen Cluster einfach wirtschaftliche Unterschiede wider? Haben beispielsweise die Gesellschaften des protestantischen Europas ähnliche Werte einfach deshalb, weil sie reich sind? Die Antwort lautet: nein. Die Auswirkung des geschichtlich-kulturellen Erbes einer Gesellschaft behauptet sich, wenn man in mehrfachen Regressionsanalysen vom Pro-Kopf-BIP und der Beschäftigungsstruktur abstrahiert (Inglehart und Baker 2000).

Um zu veranschaulichen, wie kohärent diese Cluster sind, wollen wir eine der Schlüsselvariablen in der Literatur über Kulturvergleiche untersuchen: das zwischenmenschliche Vertrauen (eine Komponente der Dimension »Überleben contra Selbstartikulation«). James Coleman (1988, 1991), Gabriel Almond und Sidney Verba (1963), Putnam (1993) und Fukuyama (1995) argumentieren, dass zwischenmenschliches Vertrauen wesentlich ist, um die sozialen Strukturen zu schaffen, auf die eine Demokratie angewiesen ist, und die komplexen sozialen Organisationen aufzubauen, auf denen große Wirtschaftsunternehmen beruhen. Wie Diagramm 3 zeigt, rangieren praktisch alle historisch protestantischen Gesellschaften beim zwischenmenschlichen Vertrauen höher als praktisch alle historisch katholischen Gesellschaften. Das gilt sogar dann, wenn wir vom Niveau der Wirtschaftsentwicklung abstrahieren: Zwischenmenschliches Vertrauen weist zwar eine signifikante Korrelation zum Niveau des Pro-Kopf-BIP der Gesellschaft auf, doch rangieren sogar reiche katholische Gesellschaften niedriger als gleichermaßen wohlhabende, aber historisch protestantische Gesellschaften.

Das Erbe der kommunistischen Herrschaft scheint sich auch auf diese Variable auszuwirken, da praktisch alle exkommunistischen Gesellschaften beim zwischenmenschlichen Vertrauen relativ schwach abschneiden. Dementsprechend weisen auch historisch protestantische Länder, die eine kommunistische Herrschaft erlebt haben, wie etwa die DDR oder Lettland, beim zwischenmenschlichen Vertrauen relativ niedrige Werte auf. Von den 19 Gesellschaften, in denen mehr als 35 Prozent der Öffentlichkeit glauben, dass man den meisten Menschen trauen kann, sind 14 historisch protestantisch, drei sind konfuzianisch beeinflusst, eine ist vorwiegend hinduistisch, und nur eine (Irland) ist historisch katholisch. Von den zehn Gesellschaften in Diagramm 3 mit den niedrigsten Werten sind acht historisch katholisch; keine einzige ist historisch protestantisch.

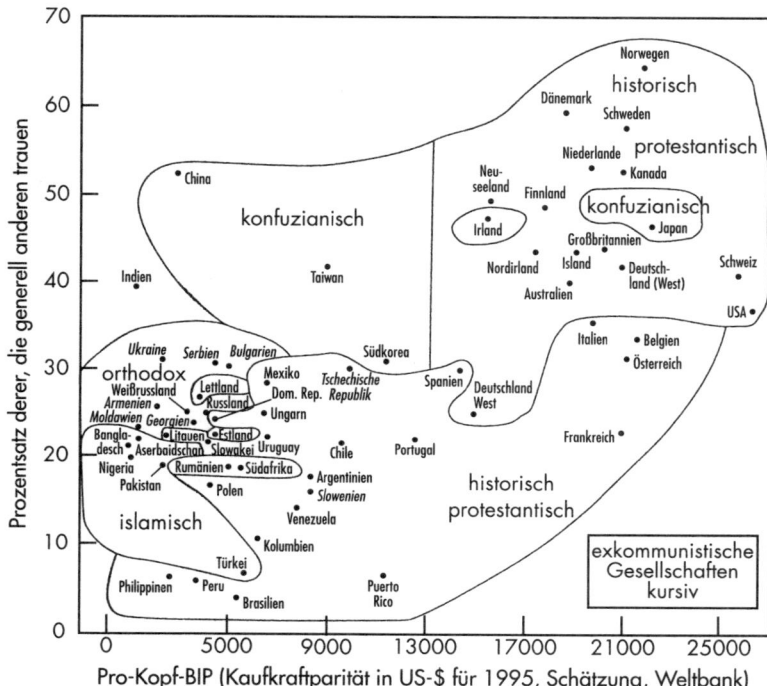

Diagramm 3: Zwischenmenschliches Vertrauen, nach kultureller Tradition und dem
Niveau von Wirtschaftsentwicklung und religiöser Tradition
Vertrauen: Pro-Kopf-BIP (r = 0,60 p < 0,000)

Ganz nebenbei weisen wir auf die frappierende Korrelation dieser
Daten mit dem Korruptionsindex von Transparency International hin,
auf den Seymour Martin Lipset und Gabriel Salman Lenz in Kapitel 9
eingehen werden.

Innerhalb einer gegebenen Gesellschaft rangieren Katholiken beim
zwischenmenschlichen Vertrauen etwa genauso hoch wie Protestanten. Ausschlaggebend ist also nicht die individuelle Persönlichkeit,
sondern die gemeinsame historische Erfahrung einer Nation. Wie Putnam (1993) argumentiert hat, sind horizontale, lokal kontrollierte
Institutionen dem zwischenmenschlichen Vertrauen förderlich; die
Herrschaft großer, hierarchischer, zentralisierter Bürokratien scheint
das zwischenmenschliche Vertrauen zu untergraben. Historisch gesehen war die römisch-katholische Kirche der Prototyp einer hierarchi-

schen, zentral kontrollierten Institution; protestantische Kirchen waren relativ dezentralisiert und eher lokaler Kontrolle unterworfen. Der Gegensatz zwischen lokaler Kontrolle und Herrschaft durch eine ferne Hierarchie scheint wichtige Langzeitfolgen für das zwischenmenschliche Vertrauen zu haben. Natürlich spiegeln diese kulturellen Unterschiede nicht den zeitgenössischen Einfluss der jeweiligen Kirche wider. Die katholische Kirche hat sich in den letzten Jahrzehnten sehr verändert. Darüber hinaus ist der Kirchenbesuch in vielen Ländern, zumal in den protestantischen, so sehr zurückgegangen, dass nur mehr eine kleine Minderheit der Bevölkerung regelmäßig in die Kirche geht. Die Mehrheit hat heute wenig oder gar keinen Kontakt zur Kirche, aber die Auswirkung der Tatsache, dass man in einer Gesellschaft lebt, die historisch durch einst mächtige katholische beziehungsweise protestantische Institutionen geprägt worden ist, bleibt bis heute bestehen und prägt jeden – ob Protestant, Katholik oder was immer –, der in der Kultur eines entsprechenden Landes sozialisiert worden ist.

Protestantische und katholische Gesellschaften zeigen heute charakteristische Werte wohl hauptsächlich aufgrund der historischen Auswirkung, die ihre jeweilige Kirche auf die Gesellschaft als ganze gehabt hat, nicht aufgrund des zeitgenössischen Einflusses der Kirchen. Das ist der Grund, weshalb wir Deutschland, die Schweiz und die Niederlande als historisch protestantische Gesellschaften einordnen – historisch hat sie der Protestantismus geprägt, auch wenn sie heute (aufgrund von Einwanderung, relativ niedrigen protestantischen Geburtenraten und höheren protestantischen Säkularisierungsraten) mehr praktizierende Katholiken als Protestanten aufweisen mögen.

## Kultur und Demokratie

Die Idee, dass »politische Kultur« mit Demokratie verknüpft ist, machte im Anschluss an *The Civic Culture* (Almond und Verba 1963) großen Eindruck, kam aber in den 1970er Jahren aus verschiedenen Gründen aus der Mode. Der Ansatz der politischen Kultur warf eine wichtige empirische Frage auf: Wiesen gegebene Gesellschaften eine politische Kultur auf, die relativ förderlich für die Demokratie war? Einige Kritiker behaupteten, dieser Ansatz sei »elitär«, wenn er feststelle, dass manche Kulturen der Demokratie förderlicher seien als andere. Jede anständige Theorie müsse den Standpunkt vertreten, dass alle Gesellschaften im Grunde demokratiefähig seien. Das Problem besteht darin, dass das Zurechtstutzen einer Theorie auf eine Ideologie eine Theorie hervorbringen kann, die der Realität nicht entspricht und infolgedessen letztlich falsche Prognosen liefert: Die Theorie wird denen falsche Richtwerte liefern, die versuchen, mit der Demokratisierung in der realen Welt zu Rande zu kommen.

Spätestens in den 1990er Jahren kamen Beobachter auf der ganzen Welt, von Lateinamerika über Osteuropa bis nach Ostasien, zu dem Schluss, dass kulturelle Faktoren eine wichtige Rolle bei den Problemen spielten, mit denen sie bei der Demokratisierung konfrontiert wurden. Es genügte nicht, einfach eine demokratische Verfassung zu übernehmen.

Kulturelle Faktoren sind aus den meisten empirischen Analysen der Demokratie teilweise deswegen weggelassen worden, weil wir bis jetzt zuverlässige Daten zu solchen Faktoren nur von einigen wenigen Ländern hatten. Werden kulturelle Faktoren berücksichtigt, wie dies in den Arbeiten des Verfassers (Inglehart 1990, 1998) und Putnams (1993) geschieht, scheinen sie eine wichtige Rolle zu spielen.

Wirtschaftliche Entwicklung führt zu zwei Arten der Veränderung, die der Demokratie förderlich sind:

- Sie verändert die Sozialstruktur einer Gesellschaft, indem sie Urbanisierung, Bildung der breiten Masse, berufliche Spezialisierung, wachsende organisatorische Netze, größere Einkommensgleichheit und eine Vielzahl verwandter Entwicklungen mit sich bringt, die weite Teile der Bevölkerung zur Teilhabe an der Politik mobilisieren. Zunehmende berufliche Spezialisierung und zunehmende Bildung führen zu einem Arbeitskräfteheer, das selbständig denkt und über besondere Qualifikationen verfügt, die seine Verhandlungsposition gegenüber Eliten stärken.

- Wirtschaftliche Entwicklung ist auch kulturellen Veränderungen förderlich, die zu einer Stabilisierung der Demokratie beitragen. Sie ist geeignet, zwischenmenschliches Vertrauen und Toleranz zu entwickeln, und führt zur Verbreitung postmaterialistischer Werte, die der Selbstartikulation und der Teilhabe am Entscheidungsprozess hohe Priorität einräumen. Wenn dadurch das Niveau des Wohlstands steigt, legitimiert sie das Regime, was dazu beitragen kann, demokratische Institutionen auch in schwierigen Zeiten zu unterstützen. Legitimität ist ein Trumpf für jedes Regime, aber für Demokratien ist sie entscheidend. Repressive autoritäre Regime können ihre Macht auch dann behaupten, wenn ihnen die Unterstützung der Massen fehlt, während Demokratien eine breite Unterstützung haben müssen, weil sie abgewählt werden können.

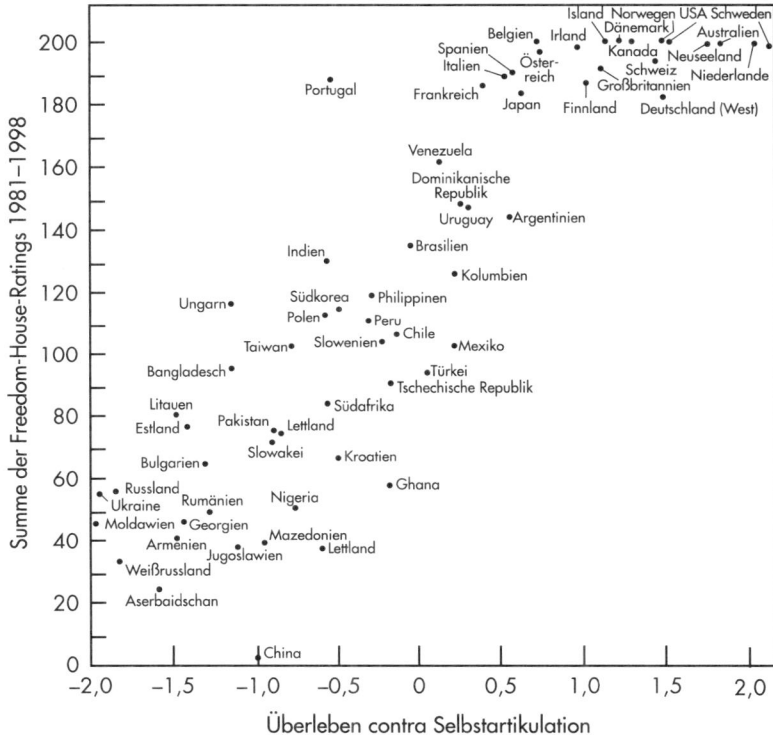

Diagramm 4: Selbstartikulationswerte und demokratische Institutionen
*Hinweis:* Die vertikale Achse zeigt die Summe der Freedom-House-Bewertungen der staatsbürgerlichen Freiheiten und politischen Rechte von 1981 bis 1998. Da diese Bewertungen hohe Punktzahlen für niedrige Demokratieniveaus vergeben, haben wir die Polarität umgedreht, indem wir diese Bewertungen von der Zahl 236 abzogen (China, das mit 235 die höchste Bewertung hatte, hat nach dieser Transformation den Wert 1). Die horizontale Achse entspricht der mittleren Faktorenwertung jedes Landes in der Dimension »Überleben/Selbstausdruck«: Sie erschließt das Niveau von postmaterialistischen Werten, Vertrauen, Toleranz, politischem Aktivismus und subjektivem Wohlbefinden in der jeweiligen Öffentlichkeit.
*Quelle:* Freedom-House-Erhebungen, mitgeteilt in aufeinander folgenden Ausgaben von *Freedom in the World*; Erhebungsdaten der World Values Surveys von 1990 und 1995.

Positive Outputs eines politischen Systems können breite Unterstützung für politische Amtsinhaber generieren. Kurzfristig wird sich diese
Unterstützung anhand der Antwort auf die Frage:»Was hast du in letzter Zeit für mich getan?« ergeben. Werden aber die Outputs eines
Regimes über einen langen Zeitraum als positiv angesehen, kann dem
Regime eine »diffuse Unterstützung« (Easton 1963) zuwachsen – die
verallgemeinerte Auffassung, dass das politische System in sich gut ist,
ganz unabhängig von seinen derzeitigen Outputs. Diese Art von Unterstützung kann auch schwierige Zeiten überdauern.

Die Daten des World Values Survey ermöglichen eine Überprüfung
dieser These in globalem Maßstab. Wie Diagramm 4 zeigt, korreliert
die Position einer Gesellschaft auf der Achse »Überleben-Selbstarti-
kulation« stark mit ihrem Maß an Demokratie. Zugrunde gelegt wurde
das Abschneiden bei den Freedom-House-Bewertungen von politischen Rechten und staatsbürgerlichen Freiheiten zwischen 1972 und
1998. Dieser Zusammenhang ist sehr stark. Es handelt sich eindeutig
nicht um ein methodologisches Konstrukt oder lediglich eine Korrelation; denn die zwei Variablen wurden auf unterschiedlichen Ebenen
gemessen und stammen aus ganz unterschiedlichen Quellen. Praktisch
alle Gesellschaften, die bei den Selbstartikulationswerten weit oben
rangieren, sind stabile Demokratien; praktisch alle Gesellschaften, die
weit unten rangieren, werden autoritär regiert. Wir wollen in diesem
Kapitel nicht versuchen, die komplexen Kausalzusammenhänge aufzu-
dröseln. Fürs Erste wollen wir einfach festhalten, dass die aus Diagramm 4 ersichtliche starke Verknüpfung auch dann besteht, wenn wir
vom Pro-Kopf-BIP abstrahieren, und die wichtigsten möglichen Interpretationen darlegen.

Eine Interpretation wäre, dass demokratische Institutionen jene
Selbstartikulationswerte entstehen lassen, die mit ihnen verknüpft
sind. Mit anderen Worten: Demokratie macht die Menschen gesund,
glücklich, tolerant und vertrauensvoll und fördert postmaterialistische
Werte (zumindest in der jüngeren Generation). Diese Interpretation
ist äußerst verlockend. Sie liefert ein starkes Argument für die Demokratie und impliziert, dass wir ein Patentrezept für die meisten Probleme der Welt haben: Übernehmt demokratische Institutionen, und ihr
werdet glücklich bis ans Ende eurer Tage!

Leider wird diese Interpretation durch die Erfahrungen der Menschen in der ehemaligen Sowjetunion nicht bestätigt. Seit sie 1991 ihren
dramatischen Weg zur Demokratie beschritten, sind sie nicht gesünder,
glücklicher, vertrauensvoller, toleranter oder postmaterialistischer
geworden. Vielmehr sind sie im Großen und Ganzen in die entgegen-

gesetzte Richtung gegangen. Ein anderes Beispiel ist Lateinamerika mit seiner Geschichte der eingefleischten Instabilität.

Eine andere Interpretation wäre, dass wirtschaftliche Entwicklung allmählich zu sozialen und kulturellen Veränderungen führt, die das Bestehen und Florieren demokratischer Institutionen zunehmend wahrscheinlicher machen. Das würde erklären helfen, warum eine auf breiter Basis beruhende Demokratie erst vor relativ kurzer Zeit entstanden und noch heute am ehesten in wirtschaftlich entwickelteren Ländern zu finden ist – insbesondere jenen, die nicht Überlebenswerte, sondern Selbstartikulationswerte betonen.

Diese Interpretation hat sowohl ermutigende als auch entmutigende Implikationen. Die schlechte Nachricht ist, dass Demokratie nichts ist, was leicht zu haben wäre, indem man einfach die richtigen Gesetze erlässt. Am ehesten gedeiht sie in ganz bestimmten sozialen und kulturellen Kontexten, während sie in anderen nicht floriert, und in Russland, Weißrussland, der Ukraine, Armenien und Moldawien sind die gegenwärtigen kulturellen Bedingungen der Demokratie nicht gerade förderlich.

Die gute Nachricht ist, dass der langfristige Trend der letzten paar Jahrhunderte in Richtung wirtschaftlicher Entwicklung tendiert, ein Prozess, der sich in den letzten Jahrzehnten noch beschleunigt und über die ganze Welt verbreitet hat. Ferner ist wirtschaftliche Entwicklung geeignet, soziale und kulturelle Bedingungen zu schaffen, zu denen ein Entstehen und Überleben der Demokratie zunehmend wahrscheinlich wird. Während die Aussichten für weite Teile der früheren Sowjetunion entmutigend sind, geht doch aus Diagramm 4 auch hervor, dass etliche Gesellschaften der Demokratie vielleicht näher sind als allgemein angenommen. So scheint Mexiko reif für den Übergang zur Demokratie zu sein, da seine Position auf der postmodernen Werteachse in etwa der von Argentinien, Spanien oder Italien entspricht. Auch einige andere Gesellschaften befinden sich in dieser Übergangszone, nämlich die Türkei, die Philippinen, Slowenien, Südkorea, Polen, Peru, Südafrika und Kroatien.

China fällt im Vergleich hierzu weit zurück, aber das Land erlebt ein kräftiges Wirtschaftswachstum, das, wie wir gesehen haben, eine Verlagerung hin zu Selbstartikulationswerten nach sich zu ziehen scheint. Die herrschende kommunistische Elite Chinas ist natürlich daran interessiert, die Einparteienherrschaft aufrechtzuerhalten, und solange sie die Kontrolle über das Militär behält, sollte sie dazu auch imstande sein. Doch zeigen die Chinesen eine Disposition zur Demokratie, die nicht zu dem sehr schlechten Abschneiden Chinas bei den Freedom-House-Bewertungen passt.

Langfristig ist Modernisierung geeignet, die Ausbreitung demokratischer Institutionen zu begünstigen. Autoritäre Herrscher einiger asiatischer Gesellschaften haben zwar argumentiert, dass die charakteristischen »asiatischen Werte« dieser Gesellschaften sie für die Demokratie ungeeignet machen (Lee 1994). Aber das Material aus den World Values Surveys – ganz zu schweigen von der Fortentwicklung Japans, Südkoreas und Taiwans zur Demokratie – bestätigt diese Interpretation nicht. Es lässt vielmehr darauf schließen, dass konfuzianische Gesellschaften demokratiebereiter sind, als allgemein angenommen wird.

## Resümee

Wirtschaftliche Entwicklung scheint kulturelle Veränderungen mit sich zu bringen, die es zunehmend wahrscheinlich machen, dass die breite Masse demokratische Institutionen wünscht und sie unterstützt, sobald diese geschaffen sind. Dieser Wandel ist nicht einfach und erfolgt nicht automatisch. Entschlossene Eliten, die Armee und Polizei kontrollieren, können dem Drang nach Demokratisierung Widerstand leisten. Aber wirtschaftliche Entwicklung ist geeignet, die breite Masse vertrauensvoller und toleranter zu machen. Sie bringt die Menschen dazu, der Autonomie und der Selbstartikulation in allen Bereichen des Lebens, auch in der Politik, eine zunehmend hohe Priorität einzuräumen, sodass es schwierig und kostspielig wird, Forderungen nach politischer Liberalisierung zu unterdrücken. Mit zunehmender wirtschaftlicher Entwicklung entstehen kulturelle Muster, die der Demokatie förderlich sind. Sie bewirken, dass die breite Masse sich der Demokratie zuwendet und die Mittel und Wege findet, sie zu erringen.

Zwar sind reiche Gesellschaften viel eher demokratisch als arme, doch bringt Reichtum allein nicht automatisch Demokratie. Wenn dem so wäre, müssten Kuwait und Libyen Musterdemokratien sein. Aber der Prozess der Modernisierung ist geeignet, der Demokratie förderliche kulturelle Veränderungen mit sich zu bringen. Langfristig scheint die Ablehnung der Industrialisierung der einzige Weg, zunehmenden Forderungen der breiten Masse nach Demokratisierung zu begegnen. Dazu sind die wenigsten herrschenden Eliten bereit. Jene Gesellschaften aber, die sich auf den Weg in die Industriegesellschaft machen, werden sich einem wachsenden Drängen auf Demokratisierung ausgesetzt sehen.

Unsere Quellen sprechen dafür, dass Kultur eine viel entscheidendere Rolle in Bezug auf Demokratie spielt, als die Literatur der letzten

20 Jahre erkennen lässt. Entscheidend scheint das durch die Dimension »Überleben/Selbstartikulation« erschlossene Syndrom von Vertrauen, Toleranz, Wohlbefinden und partizipatorischen Werten zu sein. Langfristig wird Demokratie nicht einfach durch die Einführung institutioneller Veränderungen oder durch Machenschaften auf Eliteebene erreicht. Ihr Überleben hängt auch von den Werten und Überzeugungen normaler Bürger ab.

## Literatur

Almond, Gabriel und Verba, Sidney, *The Civic Culture*, Princeton 1963.

Ders., *The Civic Culture Revisited*, Boston 1990.

Bell, Daniel, *Die nachindustrielle Gesellschaft*, Frankfurt am Main 1975.

Ders., *Die kulturellen Widersprüche des Kapitalismus*, Frankfurt am Main 1991.

Coleman, James S., »Social Capital in the Creation of Human Capital«, *American Journal of Sociology* 94 (1988), S. 95–121 (dt.: *Grundlagen der Sozialtheorie*, München 1991).

Diamond, Larry (Hrsg.), *Political Culture and Democracy in Developing Countries*, Boulder 1993.

Diamond, Larry, mit Linz, Juan und Lipset, Seymour Martin, *Politics in Developing Countries*, Boulder 1995.

Easton, Davis, *The Political System*, New York 1963.

Fukuyama, Francis, *Konfuzius und Marktwirtschaft: Der Konflikt der Kulturen*, München 1995 (Taschenbuchausgabe: *Der Konflikt der Kulturen: Wer gewinnt den Kampf um die wirtschaftliche Zukunft?*, München 1997).

Gibson, James L. und Duch, Raymond M., »The Origins of a Democratic Culture in the Soviet Union: The Acquisition of Democratic Values«, Referat bei der Jahrestagung 1992 der Midwest Political Science Association, Chicago.

Gibson, James L. und Duch, Raymond M., »Postmaterialism and the Emerging Soviet Democracy«, *Political Research Quarterly* 47, Nr. 1 (1994), S. 5–39.

Harrison, Lawrence, *Underdevelopment Is a State of Mind: The Latin American Case*, Cambridge, Mass., 1985.

Ders., *Who Prospers? How Cultural Values Shape Economic and Political Success*, New York 1992.

Ders., *The Pan-American Dream: Do Latin-America's Cultural Values Discourage True Partnership?*, New York 1997.

Huntington, Samuel P., »The Clash of Civilizations?« *Foreign Affairs* 72, Nr. 3 (1993) (vgl.: *Kampf der Kulturen: Die Neugestaltung der Weltpolitik im 21. Jahrhundert*, München 1996).

Inglehart, Ronald, *The Silent Revolution: Changing Values and Political Styles in Advanced Industrial Society*, Princeton 1977 (dt. *Kultureller Umbruch: Wertewandel in der westlichen Welt*, Frankfurt am Main 1989).

Ders., *Culture Shift in Advanced Industrial Society*, Princeton 1990 (dt.: *Modernisierung und Postmodernisierung: Kultureller, wirtschaftlicher und politischer Wandel in 43 Gesellschaften*, Frankfurt am Main 1998).

Inglehart, Ronald und Baker, Wayne, »Modernization, Cultural Change, and the Persistence of Traditional Values«, *American Sociological Review* (Februar 2000).

Lipset, Seymour Martin, »American Exceptionalism Reaffirmed«, *Tocqueville Review* 10 (1990).

Ders., *American Exceptionalism*, New York 1996.

Putnam, Robert, *Making Democracy Work: Civic Traditions in Modern Italy*, Princeton 1993.

Rice, Tom W. und Feldman, Jan L., »Civic Culture and Democracy from Europe to America«, *Journal of Politics* 59, Nr. 4 (1997), S. 1143–1172.

U. S. Bureau of the Census, *World Population Profile: 1996*, Washington, D. C.

Weber, Max, *Die protestantische Ethik und der »Geist« des Kapitalismus*, Textausgabe auf der Grundlage der ersten Fassung von 1904/05, hrsg. von Klaus Lichtblau, Weinheim 1996.

Welzel, Christian und Inglehart, Ronald, »Analyzing Democratic Change and Stability: A Human Development Theory of Democracy« (angekündigt).

Yew, Lee Kuan und Zakaria, Fareed »Culture Is Destiny: A Conversation with Lee Kuan Yew«, *Foreign Affairs* 73, Nr. 2 (1994), S. 109–126.

*Seymour Martin Lipset und Gabriel Salman Lenz*

# Korruption, Kultur, Märkte

Das große Interesse an den Voraussetzungen für Demokratie und wirtschaftliche Entwicklung hat eine Menge Literatur über Umfang, Quellen und Konsequenzen der Korruption angeregt. Das vorliegende Kapitel versucht, theoretische und empirische Analysen der Korruption zu integrieren. Nach einer kulturvergleichenden, überhistorischen Erörterung der Korruption berichtet es über einige empirische Befunde aus der wissenschaftlichen Literatur. Danach versucht es, diese Befunde und einige originäre Forschungsergebnisse zu zwei theoretischen Rahmen zu integrieren: dem Mittel-Zweck-Schema aus Robert Mertons Forschungen und partikularistischen Annahmen, die wir Edward Banfield verdanken.

Was ist Korruption? Erforscher des Themas bieten verschiedene Definitionen an. Arnold Heidenheimer schreibt in *Political Corruption*, das Wort Korruption habe »in seiner Geschichte ganz unterschiedliche Bedeutungen und Konnotationen gehabt«.[1] Politikwissenschaftler und Philosophen betonen das Auftreten von Korruption in Politik und Staat: das Bemühen, sich Reichtum oder Macht mit illegalen Mitteln zu sichern – privater Vorteil auf öffentliche Kosten.

Korruption war und ist in komplexen Gesellschaften allgegenwärtig, vom alten Ägypten über Israel, Griechenland und Rom bis in die Gegenwart. Diktatorische und demokratische Gemeinwesen, feudale, kapitalistische und sozialistische Volkswirtschaften, christliche, muslimische, hinduistische und buddhistische Kulturen und religiöse Institutionen haben Korruption erfahren, aber natürlich nicht alle in demselben Ausmaß. Allgegenwärtigkeit, Dauerhaftigkeit und Wiederholungscharakter von Korruption lassen vermuten, dass sie nicht als eine Dysfunktion behandelt werden kann, die sich durch gezieltes menschliches Handeln reduzieren ließe. Forschungen und Untersuchungen müssen zu erklären versuchen, warum es zu einer Zeit, an einem Ort, in einer Kultur mehr Korruption gibt als anderswo. Bis vor kurzem bestand die Erforschung dieses Gebiets in erster Linie aus Fallstudien. Im Hinblick auf die wachsenden Bedürfnisse multinationaler Unternehmen haben jedoch Consultingfirmen diverse Korruptionsindizes entwickelt, was die Untersuchung der Korruption verändert und es Sozialwissenschaftlern erlaubt, eine Reihe von Hypothesen über Ursachen und Konsequenzen der Korruption zu überprüfen.

Ein gemeinhin verwendeter Indikator politischer Korruption ist der Korruptionswahrnehmungsindex (»Corruption Perceptions Index«, CPI) von Transparency International. Tabelle 1 zeigt das Listing für 1998 von 89 Ländern, von dem am wenigsten korrupten bis zum korruptesten. Dieser Index ist »eine ›Umfrage der Umfragen‹, basierend auf zahlreichen Einzelerhebungen von öffentlichen und Experteneinschätzungen über das Ausmaß der Korruption in vielen Ländern der Welt«[2]. Der CPI legt glaubwürdige Korruptionsindizes für Länder zugrunde, in denen es ein Minimum von drei Umfragen gibt; in manchen Fällen ermittelt er den Durchschnitt von nicht weniger als zwölf Umfragen. Alle Quellen verwenden eine ähnliche Definition von Korruption, die den Missbrauch öffentlicher Macht zu privatem Vorteil beinhaltet. Der CPI ermittelt den Durchschnitt aus Umfrageresultaten, die zwischen politischer und administrativer Korruption zu differenzieren suchen. Er erhebt daher den Anspruch, die allgemeine Korruptionswahrnehmung zu repräsentieren. Der CPI befasst sich nicht mit Problemen der Kommensurabilität – Korruptionsunterschieden zwischen verschiedenen Gesellschaften und innerhalb einer Kultur. Er beschäftigt sich auch nicht mit Korruption in Privatorganisationen, etwa Insidergeschäften.

Die Methodologie des CPI ist umstritten; manche Autoren gehen davon aus, dass er nur mit Erhebungen von (subjektiven) Einstellungen internationaler Manager zur Korruption arbeitet. In Wirklichkeit beinhaltet er jedoch auch Stichproben aus der jeweiligen Bevölkerung. Der CPI berücksichtigt in seinem Index nur Länder, für die mindestens eine derartige Erhebung aus der Bevölkerung vorliegt. Auf jeden Fall korrelieren die Umfragen bei Managern und Experten sehr stark mit den Erhebungen in der Bevölkerung. Der CPI ist skaliert von 0 (am

Tabelle 1: Korruptionswahrnehmungsindex (CPI) 1998

| 1. Dänemark | 22. Portugal | 43. Südkorea | 64. Thailand |
|---|---|---|---|
| 2. Finnland | 23. Botswana | 44. Simbabwe | 65. Jugoslawien |
| 3. Schweden | 24. Spanien | 45. Malawi | 66. Bulgarien |
| 4. Neuseeland | 25. Japan | 46. Brasilien | 67. Ägypten |
| 5. Island | 26. Estland | 47. Weißrussland | 68. Indien |
| 6. Kanada | 27. Costa Rica | 48. Slowakische | 69. Bolivien |
| 7. Singapur | 28. Belgien | Republik | 70. Ukraine |
| 8. Niederlande | 29. Malaysia | 49. Jamaica | 71. Lettland |
| 9. Norwegen | 30. Namibia | 50. Marokko | 72. Pakistan |
| 10. Schweiz | 31. Taiwan | 51. El Salvador | 73. Uganda |
| 11. Australien | 32. Südafrika | 52. China | 74. Kenia |
| 12. Luxemburg | 33. Ungarn | 53. Sambia | 75. Vietnam |
| 13. Vereinigtes | 34. Mauritius | 54. Türkei | 76. Russland |
| Königreich | 35. Tunesien | 55. Ghana | 77. Ecuador |
| 14. Irland | 36. Griechenland | 56. Mexiko | 78. Venezuela |
| 15. Deutschland | 37. Tschechische | 57. Philippinen | 79. Kolumbien |
| 16. Hongkong | Republik | 58. Senegal | 80. Indonesien |
| 17. Österreich | 38. Jordanien | 59. Elfenbeinküste | 81. Nigeria |
| 18. USA | 39. Italien | 60. Guatemala | 82. Tansania |
| 19. Israel | 40. Polen | 61. Argentinien | 83. Honduras |
| 20. Chile | 41. Peru | 62. Nicaragua | 84. Paraguay |
| 21. Frankreich | 42. Uruguay | 63. Rumänien | 85. Kamerun |

wenigsten korrupt) bis 10 (höchst korrupt). Wie Ronald Inglehart aus dem World Values Survey für 1995 berichtet, korrelieren die Antworten auf eine Frage nach dem Ausmaß der Korruption in den Ländern der Befragten sehr stark mit den CPI-Rankings.

Das Hauptaugenmerk dieses Kapitels gilt dem Verhältnis zwischen Werten und Korruption. Das Fehlen länderübergreifender quantitativer Daten über Werte und Einstellungen hat vergleichende Untersuchungen auf diesem Gebiet lange behindert. Indessen liefern die World Values Surveys, durchgeführt 1981/82, 1990/93 und 1995/96, dem Sozialwissenschaftler umfangreiche Informationen zu einem breiten Spektrum von Einstellungen und Werten. Die Erhebung von 1995/96 basierte auf einer Stichprobe von mehr als 60 Ländern; die Datenmenge steht leider für Analysen noch nicht zur Verfügung, was aber bald der Fall sein wird. Die Analyse in diesem Kapitel verwendet die Erhebung von 1990/93, durchgeführt in 43 Ländern mit 70 Prozent der Weltbevölkerung. Unter diesen finden sich Länder mit einem Pro-Kopf-Einkommen von nur 399 US-$ pro Jahr bis zu solchen mit 30 000 US-$ pro Jahr. Die Qualität der Stichproben variiert stark. Die Erhebungen in einigen weniger entwickelten und ehemals sowjetischen Ländern stützen sich überproportional auf alphabetisierte Stadtbevölkerungen, deren Orientierungen denen in Industriegesellschaften eher relativ ähnlich sind.[3] Die Befunde unterschätzen daher wahrscheinlich das Ausmaß länderübergreifender Unterschiede zwischen Nationen der Ersten, Zweiten und Dritten Welt.

## Wirtschaft und Korruption

Hartes Zahlenmaterial belegt, welch schädliche Wirkung Korruption auf viele Aspekte der wirtschaftlichen Entwicklung hat. Forschungen weisen darauf hin, dass ein höheres Korruptionsniveau die Wachstumsrate des BSP signifikant reduziert. Paolo Mauros Regressionsanalyse hat ergeben, dass ein Rückgang des Korruptionsindex um 2,4 Punkte (auf einer Skala von 1 bis 10) mit einer Zunahme der Pro-Kopf-Wachstumsrate um vier Prozentpunkte einhergeht.[4] Die Folge der Korruption für das Wachstum scheint zum Teil aus verminderten Investitionsniveaus zu resultieren. Die negative Auswirkung auf die Investitionstätigkeit kann auch von dem erhöhten Risiko herrühren, das Korruption für die Kalkulation der Investoren mit sich bringt. Korruption kann das wirtschaftliche Wachstum auch durch eine Reduktion der öffentlichen Bildungsausgaben reduzieren. Ein Rückgang des Korruptionsindex um eine Standardabweichung (2,38) soll mit einer Steigerung der Regierungsausgaben für Bildung um ein halbes Prozent des BIP verbunden sein.[5]

Wieso beeinflusst Korruption das Bildungswesen? Untersuchungen lassen vermuten, dass korruptionsgeplagte Regierungen mehr Geld für Dinge ausgeben, die das Fordern von Schmiergeldern erleichtern.[6] Korrupte Beamte können Regierungsausgaben in Bereiche verlagern, wo sie Bestechungsgelder effizienter entgegennehmen können. Schwer überschaubare Großprojekte wie Flughäfen oder Autobahnen erleichtern Betrug. Auf Gebieten wie dem Bildungswesen sind Ausgaben und deren Ergebnisse sichtbarer, sie sollten daher der Korruption weniger zugänglich sein.

Andere Forschungen verknüpfen Korruption mit Einkommensunterschieden. Länderübergreifende Untersuchungen haben einen starken Zusammenhang zwischen Korruption, Einkommensunterschieden und Armut festgestellt. Je schlechter ein Land beim Korruptionsindex abschneidet, desto eher hat es einen hohen Gini-Koeffizienten, was größere Einkommensunterschiede bedeutet. Eine Steigerung der Wachstumsrate von Korruption um 0,78 ist mit einem drastischen

Rückgang der Rate des Einkommenswachstums bei den Armen um 7,8 Prozentpunkte jährlich verknüpft.[7] Die Variable, die in internationalen Vergleichen am robustesten mit Korruption verbunden ist, ist das Pro-Kopf-Einkommen.[8] Die reichen und wirtschaftlich am meisten entwickelten Länder sind die mit der geringsten politischen Korruption. Die obersten 20, gemessen nach dem Korruptionswahrnehmungsindex von Transparency International, haben ein Pro-Kopf-Einkommen von 17 000 US-$ Kaufkraft oder mehr (siehe die Korruptionsskala in Tabelle 9.1), die 20 korruptesten haben ein Pro-Kopf-Einkommen von 4000 US-$ oder weniger. Letztere rekrutieren sich großenteils aus den Reihen der weniger entwickelten und ehemals kommunistischen Länder. Nur sechs westeuropäische Staaten fallen nicht unter die obersten 20.

Mehrere Annahmen können den Zusammenhang zwischen Korruption und Einkommen erklären. Höhere Einkommen können Korruption reduzieren, indem sie die Anreizstrukturen von Beamten verändern: Höherer Wohlstand dürfte den Randnutzen von erwartetem finanziellen Vorteil aus Korruption verringern. Gleichzeitig steigt mit dem Einkommen wahrscheinlich das Ausmaß einer Bestrafung – Haft, Vorstrafe, Peinlichkeit, Verlust künftiger Berufsperspektiven.

Auch wirtschaftliche Entwicklung kann Korruption reduzieren, und zwar durch ihre wichtige, positive Auswirkung auf die Demokratie, die, wie das Material nahe legt, Korruption reduziert.[9] Außerdem steigert Entwicklung das Bildungsniveau, was die Chancen erhöht, Fehlverhalten aufzudecken.[10] Das Ausmaß, in dem ein Land, gemessen an seinem Außenhandel, in die Weltwirtschaft integriert ist, sollte ebenfalls einen negativen Zusammenhang mit Korruption haben. Eingliederung in die Weltgemeinschaft setzt Nationen und Bürger den Normen wirtschaftlich entwickelterer Gesellschaften im Hinblick auf persönliches und Marktverhalten aus, und Gruppen wie EU und NAFTA knüpfen eine Mitgliedschaft an die Bedingung, diese Normen zu übernehmen.

## Kultur und Institutionen

Die systematische, länderübergreifende Erforschung der Art und Weise, wie kulturelle und politische Variablen die Korruptionspotenziale beeinflussen, ist großenteils jüngeren Datums. Quantitatives Material verweist auf eine Verknüpfung zwischen Korruption und sozialen Unterschieden, ethnischer und sprachlicher Fragmentierung und den prozentualen Anteilen der Population eines Landes mit unterschiedlichen religiösen Traditionen. In einer scharfsinnigen Untersuchung

entdeckte Treisman starke Beweise dafür, dass eine Reihe kultureller
und institutioneller Faktoren die Korruptionsniveaus reduziert haben.
Im Einklang mit Untersuchungen über demokratisierungsbezogene
Faktoren legt seine Analyse nahe, dass ein größerer Prozentsatz von
Protestanten und eine britische Kolonialvergangenheit zwei der wichtigsten Faktoren im Zusammenhang mit niedrigen Niveaus nationaler
Korruption sind – übertroffen nur vom BSP.
Mögliche Mechanismen, durch die der Protestantismus dieses Verhalten beeinflusst, werden weiter unten erörtert. Bezüglich der britischen Kolonialvergangenheit argumentiert Treisman, dass diese die
nachhaltige Betonung von Verfahren anstelle von Autorität eingeübt
habe. Um Harry Eckstein zu zitieren:»Verfahren sind für sie [die Bri-
ten] nicht einfach Verfahren, sondern geheiligte Rituale.«[11] Die Bereitschaft von Richtern und Beamten, sich an die Regeln zu halten, auch
wenn dies die Autorität bedroht, dürfte die Chancen erhöhen, Korruption aufzudecken. Auch kann britisches Erbe durch seine positive
Beziehung zur Demokratie Korruption verringern.
Zwei soziologische Ansätze können helfen, die Beziehungen zwischen Kultur und Korruption zu beleuchten. Der erste stammt aus dem
Werk des Gründungsvaters der Soziologie, Émile Durkheim, in seiner
Umformulierung durch Robert K. Merton. In *Social Theory and Social
Structure* (1957) legt Merton ein Mittel-Zweck-Schema vor, das Vari-
anten der Normverletzung Rechnung tragen kann.[12] Der zweite
bezieht sich auf die Familie. Der Politikwissenschaftler Edward Ban-
field entwickelte in einer faszinierenden Analyse, auf welche Art und
Weise eine starke Familienorientierung wie etwa in Süditalien und Sizi-
lien ein hohes Korruptionsniveau erklären hilft.[13] Die zugrunde liegende Theorie stammt von Platon, der darauf hinwies, dass die inhärenten
Beziehungen zwischen Familienmitgliedern, besonders zwischen
Eltern und Kindern, sie zu partikularistischen Präferenzen (Nepotismus) drängen. Wie Banfield hervorhob, hängt Korruption von der
Stärke der Familienwerte, darunter starker Verpflichtungsgefühle, ab.

## Das Mittel-Zweck-Schema

Mertons Theorie impliziert, dass Korruption motiviertes Verhalten ist
und aus sozialen Zwängen entsteht, die zu Normverletzungen führen.
Wie er betont, liefern alle sozialen Systeme sowohl kulturimmanente
Ziele, welche die menschlichen Akteure zu erreichen trachten, als auch
approbierte Mittel zu deren Erlangung (also institutionalisierte Normen). Menschen, die die Ziele durch gesellschaftlich approbierte Mit-

tel zu erlangen suchen, sind (in Mertons Formulierung) Konformisten. Soziale Systeme drängen aber auch viele Menschen, die geringe Chancen haben – aufgrund ihrer Rasse beziehungsweise Ethnizität oder aus Mangel an Qualifikation, Kapital, materiellen und anderen Ressourcen –, die vorherrschenden Ziele, von hohem Einkommen bis zu sozialer Anerkennung, anzustreben. Viele »Leistungsmärkte« sind von vornherein so angelegt, dass sie eine große Kluft zwischen Nachfrage (Ziele und Werte) und Angebot (Mittel) erzeugen. Infolgedessen werden viele, die erkennen, dass sie wenig Chancen haben, die Spielregeln verwerfen und versuchen, durch unkonventionelle (innovative oder kriminelle) Mittel zum Erfolg zu kommen. Merton betont, dass dieser analytische Rahmen Varianten des abweichenden Verhaltens zwischen höheren und niederen Schichten und zwischen verschiedenen ethnischen Gruppen in Amerika erklären hilft – Verallgemeinerungen, die schon Daniel Bell dokumentiert hat.[14]

Mertons Theorie impliziert, dass Kulturen, die zwar wirtschaftlichen Erfolg als wichtiges Ziel betonen, gleichwohl aber den Zugang zu Chancen stark einschränken, ein höheres Korruptionsniveau aufweisen werden. Unterstützung findet diese These in Daten aus dem länderübergreifenden World Values Survey von 1990/93, die Beweise für die von Merton abgeleiteten Hypothesen über den Zusammenhang zwischen Leistungsmotivation (nach Maßgabe einer Skala von WVS-Punkten) und Korruption liefern. Die extremen Fälle bestätigen den analytischen Rahmen. Die minder wohlhabenden Länder mit hoher Leistungsmotivation sind die korruptesten. So haben beispielsweise Russland, Südkorea und die Türkei nach der Skala das höchste Niveau von Leistungsorientiertheit. Diese Länder gehören zugleich zu den korrupteren.

Umgekehrt sollten, wie von Mertons Hypothese vorausgesehen, Länder mit relativ schwacher Leistungsmotivation, aber gutem Zugang zu angemessenen Mitteln ein relativ niedriges Korruptionsniveau aufweisen. Dänemark, Schweden und Norwegen entsprechen dieser Bedingung am besten. Überraschenderweise sind sie die am wenigsten leistungsorientierten auf unserer Skala und zugleich die am wenigsten korrupten. Vermutlich ist die Mittel-Zweck-Spannung bei ihnen schwach.

Das skandinavische Muster wird durch den Zusammenhang zwischen Leistungsmotivation und strukturell differenziertem Zugang zu Chancen hervorgebracht. Überraschenderweise korreliert die Leistungsskala stark, aber negativ mit dem Pro-Kopf-Einkommen. Das führt zu einer erstaunlichen Vermutung: Je reicher das Land, desto niedriger das Niveau seiner Leistungsmotivation. Diese Ergebnisse scheinen im Widerspruch zu Webers Kulturtheorie zu stehen. Doch als Weber die Auswirkung religiöser Werte auf die wirtschaftliche Entwicklung untersuchte, sah er voraus, dass der positive Zusammenhang mit dem Protestantismus nachlassen würde, sobald eine hohe Produktivität institutionalisiert wäre. Man darf unterstellen, dass zwar die reichen Nationen von heute einst (das heißt vor ihrer wirtschaftlichen Entwicklung) zu den am meisten leistungsmotivierten gehörten, dass aber ihre nunmehr wohlhabenden Bürger dazu neigen (wie John Adams voraussah), nichtarbeitsbezogene Ziele wie Musik, Kunst, Literatur zu verfolgen und (in Ronald Ingleharts Terminologie) Postmaterialisten zu werden.[15] Andererseits könnten die Eliten und Mittelschichten einiger weniger entwickelter Länder im Bewusstsein ihres unterlegenen wirtschaftlichen Status zu einem höheren Niveau der Leistungsmotivation angeregt werden.

Um die Hypothese zu überprüfen, wurde eine mehrfache Regressionsanalyse vorgenommen, bei der die Daten des World Values Survey von 1990 auf den Korruptionswahrnehmungsindex als abhängige Variable bezogen wurden. Wie gerade erwähnt, impliziert Mertons theoretische Analyse, dass gravierende Korruption Länder mit einem hohen Niveau der Leistungsmotivation und geringem Zugang zu Mitteln heimsuchen wird. Der tatsächliche Zusammenhang ist auf konventionellen Ebenen ziemlich stark und statistisch signifikant. Eine Veränderung um 1,1 Punkt im Leistungsindex eines Landes (das ist auf einer Skala von 1 bis 5 eine Standardabweichung) entspricht fast einem halben Punkt beim Korruptionsindex des Landes. Das Modell ist äußerst kongruent und erklärt zu einem guten Teil die Korruptionsvarianz. Der Zusammenhang zwischen diesen zwei Variablen bleibt auch hoch, wenn man von anderen Schlüsselfaktoren abstrahiert.

Für die Verfügbarkeit von wirtschaftlichen Ressourcen und wirtschaftlicher Freiheit sind viele Indizes entwickelt worden. Wir verwenden in erster Linie den vom *Wall Street Journal* und der Heritage Foundation entwickelten Index für wirtschaftliche Freiheit (IEF) für 1997. Der Index mit seiner Skala von 1 (keine Freiheit) bis 5 (völlig frei) möchte darstellen, inwieweit eine Regierung den freien Markt unterstützt. Er beinhaltet mehrere Faktoren: die Freiheit, Eigentum zu besitzen, die Freiheit, seinen Lebensunterhalt zu verdienen, die Freiheit, ein Geschäft zu betreiben, die Freiheit, seine Einkünfte zu investieren, die Freiheit, Außenhandel zu treiben, und die Freiheit, an der Marktwirtschaft teilzunehmen. Bei einer Regressionsanalyse ist eine Veränderung um 0,75 Punkte (eine Standardabweichung) auf dem Index für wirtschaftliche Freiheit mit fast 1,5 Punkten Veränderung beim Korruptionswert des Landes verbunden.

Wie der IEF kann auch das Pro-Kopf-Einkommen ein Indikator für die Verfügbarkeit wirtschaftlicher Ressourcen und sogar für den Grad der wirtschaftlichen Zufriedenheit der breiten Masse der Bevölkerung sein. So wird durch die Tatsache, dass das Pro-Kopf-Einkommen so stark mit Korruption in Verbindung steht, zusätzlich die Idee gestützt, dass die Verfügbarkeit von institutionalisierten Mitteln zur Erreichung erwünschter Ziele das Korruptionsniveau senkt, was Mertons Annahmen bestätigt. Dieses Modell, das den Index der wirtschaftlichen Freiheit von 1997 und das Pro-Kopf-Einkommen kombiniert, erklärt zum guten Teil die Korruptionsvarianz. Der Zusammenhang zwischen Leistung und Korruption bleibt auch bestehen, wenn man von korruptionsbezogenen Variablen wie dem Pro-Kopf-Einkommen und dem Prozentsatz von Protestanten und Menschen britischer Herkunft absieht, was nahe legt, dass diese Skala einen wichtigen Faktor erschließt.

## Amoralischer Familismus

Der zweite bedeutende kulturelle Rahmen, von Banfield (auf Platon gestützt) entwickelt, geht davon aus, dass Korruption zu einem wesentlichen Teil Ausdruck von Partikularismus ist – das Gefühl der Verpflichtung, Personen, denen man persönlich verpflichtet ist, vor allem der Familie, aber auch Freunden und Gruppierungen, denen man angehört, zu helfen und Ressourcen zukommen zu lassen. Sichtbarster Ausdruck hiervon ist der Nepotismus. Treue ist eine partikularistische Verpflichtung, die in vorkapitalistisch-feudalen Gesellschaften sehr stark war. Treue und Markt sind Antithesen, wie schon Weber implizierte. Das Gegenteil von Partikularismus ist Universalismus, die Verpflichtung, andere nach einem ähnlichen Maßstab zu behandeln. Marktnormen drücken Universalismus aus; daher weist der reine Kapitalismus solche Werte auf und wird durch sie unterstützt.

Platon behauptete vor 2500 Jahren, dass Familienbande, besonders die zwischen Eltern und Kindern, die Hauptkräfte seien, die institutionalisierten Gesellschaftsklassen und sozialer Zuschreibung zugrunde lägen.[16] Er argumentierte, dass zur Schaffung einer egalitären, kommunistischen Gesellschaft solche Bande, ja die Familie selbst abgeschafft werden müssten. Kinder müssten von Geburt an in öffentlichen Institutionen erzogen werden und sollten ihre Eltern nicht kennen. Platon kann natürlich nicht geglaubt haben, dass eine Gesellschaft ohne elterliche Bande gangbar wäre, aber seine Erörterung verweist auf die soziale Kraft, die er der Familie beimisst.

Weber betonte in seinem Versuch, den ursprünglichen Aufstieg des Kapitalismus in protestantischen Kulturen zu verstehen, dass die vorindustriellen Normen in katholischen Gesellschaften kommunitarische waren. Diese verlangten vor allem, dass die Gesellschaft, die Familie und die herrschenden Schichten den weniger Glücklichen halfen. Nach seiner Überzeugung wirkten diese Werte dem Entstehen einer rational betriebenen Marktwirtschaft entgegen. Umgekehrt sind Betonung des Individualismus und Sorge um sich selbst der kapitalistischen Akkumulation eher dienlich. Calvinismus und protestantisches Sektierertum förderten solches Verhalten. Sektierer glauben, dass Gott denen hilft, die sich selbst helfen. »Die große Leistung der ethischen Religionen«, schreibt Weber, »vor allem der ethischen und asketischen Sekten des Protestantismus, war die *Durchbrechung* des Sippenbandes [damit meint Weber die Großfamilie].«[17] »Es gibt«, wie Lawrence E. Harrison betont, »Beweise dafür, dass die Großfamilie eine wirksame Institution für das Überleben, aber ein Hindernis für die Entwicklung ist.«[18] Solidarität mit der Großfamilie und Feindschaft gegen den Außenseiter, der nicht Mitglied der Familie, des Dorfes oder auch des Stammes ist, kann eine eigennützige Kultur hervorbringen.

Edward Banfield trieb bei der Untersuchung Süditaliens die Analyse mit dem Begriff »amoralischer Familismus« weiter: eine Kultur, der es an kommunitarischen Werten mangelt, die aber Familienbande pflegt. Er schreibt: »In einer Gesellschaft von amoralischen Familisten wird niemand die Interessen der Gruppe oder Gemeinschaft fördern, es sei denn, dies ist zu seinem privaten Vorteil.«[19] Es gibt wenig Treue zur größeren Gemeinschaft oder Akzeptanz von Verhaltensnormen, die die Unterstützung anderer erfordern. Daher ist Familismus amoralisch, lässt Korruption gedeihen und fördert das Abweichen von universalistischen und verdienstorientierten Normen. »Alles geht«, was die eigenen und die Interessen der Familie voranbringt. Ein Extrembeispiel für amoralischen Familismus ist die Mafia. Banfield argumentiert nämlich, dass Korruption in Süditalien und vergleichbaren traditionellen Gesellschaften der Ausdruck von Kräften ist, wie sie ähnlich hinter der Mafia stehen.

Der World Values Survey 1990 in Verbindung mit aggregierten Statistiken der Weltbank liefert Daten, die wir zum Entwurf einer Familismusskala verwenden. Der erste Punkt auf der Skala betrifft die uneingeschränkte Achtung vor den Eltern, gemessen am Prozentsatz der Menschen, die der Aussage zustimmen, dass ein Mensch seine

Eltern stets lieben und achten muss, ungeachtet ihrer Eigenschaften und Fehler. Der zweite Punkt ist der Prozentsatz der Menschen, die meinen, dass Ehescheidung unvertretbar ist. Der dritte Punkt – von der Weltbank – ist die mittlere Anzahl der Kinder pro Frau. Nationen, die auf dieser Skala hoch abschneiden, gehören eher zu den korrupteren. Die meisten asiatischen Nationen, bekannt für ihre starken Familienbande, gehören zu den korrupteren. Skandinavier schneiden auf der Familismusskala bei weitem am niedrigsten ab – wie bemerkt, werden diese Länder als die am wenigsten korrupten gesehen. Die Regressionsanalyse bestätigt diese Verbindung. Familismusskala und CPI weisen einen starken Zusammenhang auf. Der Zusammenhang bleibt auch signifikant, wenn man vom Pro-Kopf-Einkommen absieht. Ein Modell, das die Familismusskala, die Leistungsskala und die Kaufkraftparität beinhaltet, erklärt zu einem großen Teil die CPI-Schwankungen.

Mit einem Wort, diese Analyse bestätigt die These vom amoralischen Familismus. In einem anderen Modell fügten wir eine Variable für den Prozentsatz an Protestanten ein. Wie Treisman gezeigt hat, ist dieser Faktor stark mit Korruptionswahrnehmungen verknüpft. Das Resultat legt nahe, dass Familismus eine mittlere Variable zwischen Religion und Korruption ist. Mit anderen Worten: Protestantismus reduziert Korruption, teilweise durch seine Verknüpfung mit individualistischen, nichtfamilistischen Beziehungen.

## Religion, Kultur, Korruption

In der vorangegangenen Erörterung haben wir gezeigt, dass kulturelle Variablen helfen können, das Korruptionsniveau zu erklären und vorauszusagen. Aber was erklärt Kultur? Das Eingehen auf diese komplexe Frage ginge weit über die Grenzen dieses Kapitels hinaus. Einige hilfreiche Anregungen bietet jedoch der sozialwissenschaftliche Konsens, dass Religion ein wichtiger Grund für die Unterschiede in größeren säkularen Gesellschaften ist. Vorwiegend protestantische Länder sind weniger korrupt als andere. Das religiöse Ethos des Protestantismus ist normentreuem Verhalten förderlicher. Protestanten, besonders Sektierer, glauben, dass der Einzelne persönlich verantwortlich für das Vermeiden der Sünde ist; andere christliche Bekenntnisse, besonders die katholische Kirche, legen den Nachdruck mehr auf die inhärente Schwäche der Menschen, ihre Unfähigkeit, der Sünde und dem Irrtum zu entgehen, und die Notwendigkeit der Vergebung und des Schutzes durch die Kirche. Die katholische, die anglikanische und die orthodoxe Kirche neigen eher dazu, menschliche Schwäche zu akzeptieren, weil der Klerus die Befugnis hat, den Einzelnen von seiner Verantwortlichkeit teilweise freizusprechen. Bei einer toleranteren Einstellung gegenüber der Möglichkeit, zu »sündigen«, sind das Hinnehmen der menschlichen Schwäche und die Annahme, dass niemand ein Heiliger sein kann, die natürliche Konsequenz. Das sektiererische und das evangelikale Ethos hingegen fördern eher den Glauben an absolute Werte, besonders im Hinblick auf die Moral. Sie ermutigen ihre Anhänger, die Tugend mit allen Kräften anzustreben und zu institutionalisieren und den Einfluss böser Menschen und verderblicher Institutionen und Praktiken einzudämmen, wo nicht zu zerstören. Politisch tendieren sie dazu, soziale und politische Dramen als Moralitätenspiele – Schlachten zwischen Gott und dem Teufel – aufzufassen, wobei Kompromisse buchstäblich undenkbar sind.

Protestanten haben wichtige Elemente ihrer evangelikalen Ursprünge beibehalten. Die meisten Bekenntnisse erwarten den Beitritt der Kinder von Gläubigen aufgrund einer bewussten, freiwilligen Entscheidung beim Eintritt ins Erwachsenenalter. Einige verlangen eine Konversionserfahrung (Wiedergeburt) als Zeichen aufrichtigen Glaubens. Ein gutes Ansehen in diesen Gemeinden ist abhängig von einem rechtschaffenen Leben im Einklang mit teilweise sehr konkreten Vorschriften. In mehreren Ländern haben die strengeren protestantischen Gruppierungen Maßnahmen zur Unterdrückung oder Beschränkung alkoholischer Getränke und zum Verbot des Glücksspiels unterstützt.

Der Protestantismus ist stark mit Korruptionswahrnehmung verknüpft. Der Zusammenhang bleibt (freilich etwas weniger) signifikant, wenn man vom Pro-Kopf-Einkommen absieht. Dies lässt darauf schließen, dass bis zu einem Viertel des Zusammenhangs zwischen Protestantismus und CPI an höhere Einkünfte oder fortgeschrittenere Ebenen der wirtschaftlichen Entwicklung bei Protestanten geknüpft ist. Andererseits impliziert dieser Befund auch, dass offenbar bis zu 75 Prozent der Verbindung des Protestantismus zur Korruption aus kulturellen Faktoren resultieren mögen.

Eine Analyse des Zusammenhangs zwischen unserer Leistungsskala und dem Prozentsatz von Protestanten in einem Land stimmt mit der Annahme überein, dass Protestanten weniger leistungsorientiert geworden sind. Während Weber noch betonte, dass Protestanten tendenziell leistungsorientierter seien als Katholiken oder andere Traditionalisten, mag dies heute nicht mehr der Fall sein. Heute, da die meisten protestantischen Nationen wohlhabend sind, lässt das Beweismaterial darauf schließen, dass sich ihre Wertfokusse verlagert haben. Die Leistungsskala korreliert negativ mit dem Prozentsatz von Protestanten in einem Land, das heißt je mehr Protestanten, desto niedriger das Niveau der Leistungsorientierung. Dies liefert uns einen weiteren Grund, bei protestantischen Nationen, verglichen mit katholischen, ein niedrigeres Korruptionsniveau zu erwarten.

Die Verfügbarkeit institutionalisierter Mittel in reicheren Gesellschaften (in diesem Fall der Zugang zu wirtschaftlichen Ressourcen) impliziert nach Mertons Logik auch niedrigere Korruptionswerte in protestantischen Ländern, die im Durchschnitt wohlhabender sind. Katholische Regierungen tendieren auch dazu, interventionistischer zu sein, indem sie die wirtschaftliche Freiheit beschränken, während protestantische Länder – mit partiellen Ausnahmen wie etwa die skandinavischen – marktorientierter sind. Wie zu erwarten, korreliert der Index der wirtschaftlichen Freiheit positiv mit dem Protestantismus, das heißt je höher der Prozentsatz an Protestanten, desto größer die Freiheit.

Schließlich bietet Banfields These vom amoralischen Familismus eine noch elementarere Erklärung dafür, warum katholische Länder korrupter sein mögen als protestantische. Nach landläufiger Meinung sind katholische Länder kommunitarischer und familistischer, während Protestanten Individualismus und Vertrauen in die eigene Kraft betonen. Die Daten des World Values Survey unterstützen diese Ideen. Die Familismusskala korreliert mit dem Protestantismus in der erwarteten Richtung. Wie oben erörtert, legt die Analyse nahe, dass Familismus beziehungsweise dessen Fehlen für das Verhältnis zwischen Protestantismus und Korruption wesentliche Faktoren sind.

## Demokratie und Korruption

Was kann man tun, um Korruption zu reduzieren – außer die Produktivität zu erhöhen und »moderner« zu werden? Auf der Suche nach Antworten werfen wir einen Blick auf Webers Erörterung der Auswirkung einer politisch offenen Gesellschaft auf die Begrenzung der staatlichen Macht – mehr Demokratie, individuelle Freiheit und Rechtsstaatlichkeit. Demokratie – die politische Opposition, Pressefreiheit und eine unabhängige Justiz erheischt – erzeugt potenziell machtvolle korruptionsmindernde Mechanismen. Oppositionsparteien haben ein Interesse daran, Korruption in der Regierung aufzudecken, um Wahlen zu gewinnen. In einer Demokratie kann eine reformunwillige herrschen-

158 Seymour Martin Lipset und Gabriel Salman Lenz

de Partei oder Regierung Wahlen verlieren. In Einparteienstaaten hingegen mangelt es an solchen Anreizen. Als Michail Gorbatschow noch reformwilliger Kommunist war, äußerte er bei mindestens zwei Gelegenheiten seine Bedenken in Bezug auf das einem Einparteiensystem inhärente Missbrauchspotenzial. Als Kommunist trat er natürlich nicht für ein Mehrparteiensystem ein. Stattdessen drängte er die sowjetische Presse und die Intellektuellen, durch Aufdeckung von Normverletzungen die Rolle der Opposition zu übernehmen.

Der Rücktritt der EU-Kommissare 1999 wegen des Vorwurfs des Betrugs, der Vetternwirtschaft und des Missmanagements beleuchtet einige der potenziell reinigenden Wirkungen der Demokratie. Das demokratisch gewählte Europäische Parlament – eine explosive Mischung aus Parteien und nationalen, regionalen und sektoralen Interessen – ritt eine Attacke gegen die nicht gewählte Kommission und ihre »mediterranen [korrupten], aus dem mehrheitlich katholischen Südeuropa stammenden Gepflogenheiten«[20]. Der Sieg dieser Institution »markiert[e] eine radikale Verschiebung der Macht von der nicht gewählten Bürokratie – der Kommission – zum gewählten Europäischen Parlament«[21].

Eine Analyse des Zusammenhangs zwischen Korruption und Demokratie bestätigt generell beide Hypothesen. Die Daten zur Demokratie stammen von Freedom House und seiner jährlichen Erhebung der politischen Rechte und bürgerlichen Freiheiten.[22] Der Index mit einer Skala von 1 (am meisten frei) bis 7 (am wenigsten frei) besteht aus zwei Teilen. Der erste, politische Rechte, enthält die Antworten auf folgende Fragen: Werden Staatsoberhaupt und parlamentarische Vertreter durch freie und faire Wahlen gewählt? Haben die Bürger das Recht, konkurrierende Parteien oder andere Organisationen zu gründen? Gibt es einen signifikanten oppositionellen Wähleranteil oder eine realistische Chance für die Opposition, für Unterstützung zu werben? Der zweite Index, bürgerliche Freiheitsrechte, beinhaltet einen Maßstab für Freiheit und Unabhängigkeit der Medien, Rede- und Versammlungsfreiheit, Gleichheit vor dem Gesetz, Zugang zu einer unabhängigen, nicht diskriminierenden Justiz und Schutz vor politischem Terror, ungerechtfertigter Haft und so fort.

Der kombinierte Demokratieindex von Freedom House (ein Durchschnittswert aus beiden Indizes) korreliert stark, aber umgekehrt proportional mit dem CPI 1998. In der Regressionsanalyse bleibt dieser kombinierte Demokratieindex signifikant, wenn man von der Pro-Kopf-Kaufkraftparität abstrahiert. Der nichtstandardisierte Koeffizient verliert jedoch etwa die Hälfte seines Wertes. Wenn weitere Faktoren in die Gleichung aufgenommen werden, wird er bedeutungslos. Dies legt nahe, dass etwa die Hälfte der negativen Korrelation zwischen Demokratie und Korruption aus der Tatsache resultiert, dass Demokratien tendenziell wohlhabender sind (das heißt mehr Chancenzugang anbieten). Der durchschnittliche Freedom-House-Wert mag nicht unmittelbar mit Korruption zusammenhängen. Doch Treisman stellte fest, dass die Zahl von aufeinander folgenden Jahren, in denen ein Land eine Demokratie war, mit Korruptionswahrnehmungen verbunden blieb, selbst wenn man von Schlüsselfaktoren abstrahierte. Demokratie ist also ein wichtiger Faktor in der Prognose des nationalen Korruptionsniveaus. Es gibt gewiss Indizien, dass der Indikator der bürgerlichen Freiheitsrechte, besonders Rechtsstaatlichkeit, getragen von einer unabhängigen Justiz, wichtiger ist als politische Rechte.

## Resümee

Maßgebend für das Entstehen entwickelter Wirtschaften waren Punkte wie Rationalität, Kleinfamilie, Leistung, soziale Mobilität und Universalismus – Elemente, die die Moderne im Unterschied zum Traditionalismus charakterisieren. Im Idealfall waren sie durch den Niedergang des Familismus geprägt, also von Werten, die partikularistische Systeme gegenseitiger Hilfe unterstützen und den für eine Marktwirtschaft funktionalen Systemen zuwiderlaufen. Auf den Zusammenbruch von Schichtungssystemen feudalen Typs, die Verpflichtung und Treue betonten, folgten Werte, die die Logik des Marktes stützten.

Das Beharren asiatischer Länder auf Gruppenverpflichtung, besonders gegenüber der Familie, die in dem am längsten feudalen Land – Japan – viel stärker ist als in Amerika oder Europa, impliziert ein hohes Korruptionsniveau. Die Transparency-Schätzungen weisen darauf hin, dass die meisten großen Länder Ostasiens hinsichtlich Korruption weit über dem Durchschnitt liegen. Japan scheint allerdings in gewisser Hinsicht eine Ausnahme zu sein. Es hat eine extrem niedrige Kriminalitätsrate. Es wird vermutet, dass in Japan Regeln und das Gesetz weniger oft verletzt werden, weil dies der Familie des Übeltäters oder einer anderen In-group zur Unehre gereicht und dem Täter selbst Schande bringt. Doch dringen immer wieder Berichte über Korruption auf hohem Niveau in Wirtschaft und Politik nach außen. In Transparencys Korruptionswahrnehmungsindex für 1998 rangiert Japan an 25. Stelle, hinter Chile, Portugal, Botswana und Spanien, und nur geringfügig vor Costa Rica, Belgien, Malaysia, Namibia, Taiwan und Tunesien.

Die ehemaligen kommunistischen Länder rangieren mit Ausnahme Ungarns und der Tschechischen Republik alle unter dem Median. Sie leiden in unterschiedlichem Ausmaß an einer Mischung aus Familismus, etatistischem Kommunitarismus, hierarchisch-religiöser Kultur (Katholizismus und Orthodoxie) und Parteipartikularismus, was unter dem Kommunismus ein hohes Korruptionsniveau hervorbrachte. Auch sind sie größtenteils arm.

Wir haben uns auf zwei Erklärungen für Korruption konzentriert, das Mertonsche Mittel-Zweck-Schema und Banfields These vom Familismus. Die Probleme, die Merton und Banfield benannten – unzulängliche Mittel zur Erreichung vorgegebener Ziele beziehungsweise in der Familie inhärente partikularistische Normen –, werden das Verhalten von Nationen auch weiterhin beeinflussen. Wenn sich rational orientierte wirtschaftliche Werte und Rechtsstaatlichkeit in weniger entwickelten und ehemaligen kommunistischen Ländern durchsetzen und wenn sie die Entwicklung fördern, sollte deren Korruptionsniveau sinken, wie es in den drei nunmehr wohlhabenden, stark marktorientierten und relativ rechtsstaatlichen chinesischen Gesellschaften Hongkong, Taiwan und Singapur der Fall war.

## Anmerkungen

Vielen Dank an Yang Zjang und Meredith Rucker für die Recherchen. Wir stehen tief in der Schuld Robert K. Mertons, der dieses Kapitel angeregt und konkrete Ratschläge gegeben hat.

1 Arnold J. Heidenheimer, *Political Corruption: Readings in Comparative Analysis*, New Brunswick, N. J., 1978, S. 3.

2 Transparency International, »TI Press Release: 1998 Corruption Perceptions Index«, Berlin, 22. September 1998.

3 World Values Study Group, »World Values Survey Code Book«, ICPSR 6160, Ann Arbor, Mich., August 1994.

4 Paolo Mauro, »The Effects of Corruption on Growth, Investment, and Government Expenditure: A Cross-Country Analysis«, in: Kimberly Ann Elliott {SIC}, (Hrsg.), *Corruption and the Global Economy*, Washington, D. C., 1997, S. 91. Siehe auch Paolo Mauro, »Corruption and Growth«, *Quarterly Journal of Economics* 110, Nr. 3 (1995). Einen umfassenderen Überblick über die Literatur bieten Alberto Ades und Rafael Di Tella, »The Causes and Consequences of Corruption«, *IDS Bulletin* 27, Nr. 22 (1996), S. 6–10.

5 Mauro, »Effects«, S. 94.

6 Andrei Shleifer und Robert W. Vishny, »Corruption«, *Quarterly Journal of Economics* 109, Nr. 3 (1993), S. 599–617.

7 Sanjeev Gupta, Hamid Davoodi, Rosa Alonso-Terme, »Does Corruption Affect Income Inequality and Poverty?«, *IMF Working Papers 98/76*, Washington, D. C., 1998.

8 Daniel Treisman, *The Causes of Corruption: A Cross-National Study*, Stockholm 1999 {SIC}, S. 22 f.

9 Beweise für den Zusammenhang zwischen Demokratie und wirtschaftlicher Entwicklung liefern Seymour Martin Lipset, *Soziologie der Demokratie*, Neuwied 1962, und Treisman, *Causes of Corruption*.

10 Treisman, *Causes of Corruption*, S. 6.

11 Harry Eckstein, *Division and Cohesion in Democracy: Study of Norway*, Princeton 1966, S. 265.

12 Robert K. Merton, *Soziologische Theorie und soziale Struktur*, Berlin 1995.

13 Edward Banfield, *The Moral Basis of a Backward Society*, Chicago 1958.

14 Daniel Bell, »Crime As an American Way of Life«, *Antioch Review* (Sommer 1953), S. 131–154.

15 Ronald Inglehart, *The Silent Revolution: Changing Values and Political Styles Among Western Publics*, Princeton 1977; *Modernisierung und Postmodernisierung: Kultureller, wirtschaftlicher und politischer Wandel in 43 Gesellschaften*, Frankfurt am Main 1998.

16 Platon, *Sämtliche Dialoge*, Bd. V: *Der Staat*, hrsg. von Otto Apelt (Leipzig 1923), Hamburg 1988, Fünftes Buch.

17 Max Weber, »Die Wirtschaftsethik der Weltreligionen« (1920), in: ders., *Gesammelte Aufsätze zur Religionssoziologie*, Bd. I, Tübingen 1978, S. 523.

18 Lawrence E. Harrison, *Underdevelopment Is a State of Mind: The Latin-American Case*, Cambridge, Mass., 1985, S. 7.

19 Banfield, *Moral Basis*, S. 85.

20 »A Message for Europe«, *Economist* (20. März 1999), S. 15. Der *Economist* gab der Hoffnung Ausdruck, die Europäische Union werde sich bei einer Reform »das eher nordeuropäische Gleichgewicht und Gebaren der Union zunutze machen«.

21 »Earthquake in Europe«, *Financial Times* (20. März 1999), S. 10.

22 Freedom House, *Freedom in the World: The Annual Survey of Political Rights and Civil Liberties, 1996/1997*, New York 1997.

# III.

# Die anthropologische Debatte

*Robert B. Edgerton*

# Traditionelle Überzeugungen und Praktiken: Gibt es bessere und schlechtere?

Diejenigen von uns, die sich Tag für Tag von Schlagzeilen und Fernsehberichten über Bandengewalt, die gefährdete Umwelt, Obdachlosigkeit, Kindesmissbrauch, die Bedrohung durch Drogen, Aids und die zänkische politische Parteienwirtschaft bedrängt fühlen, werden wohl kaum der Behauptung widersprechen, dass manches, was die Menschen tun, für sie persönlich und für andere schädlich sein kann. In einer wachsenden Zahl von Studien werden die verschiedenen amerikanischen Großstädte nach ihrer relativen Lebensqualität bewertet, und dasselbe gilt für andere Länder.

Politische Systeme werden ebenfalls bewertet. Es würde viele Menschen gewiss beunruhigen, wenn man relativistisch darauf beharrte, dass die politischen Systeme des Irak, Hitler-Deutschlands oder der Roten Khmer in Kambodscha ebenso gut für die Menschen waren oder sind, die in diesen Systemen oder in deren Nähe lebten, wie beispielsweise die Systeme in Norwegen, Kanada oder der Schweiz. Wahrscheinlich würden die meisten Menschen ebenso ungläubig auf die anthropologische Feststellung reagieren, dass es keine wissenschaftliche Basis dafür gibt, die in einer anderen Gesellschaft geübte Praxis zum Beispiel des Menschenopfers, des Völkermords oder der Folter zu bewerten, abgesehen von der, wie die Menschen in der jeweiligen Gesellschaft diese Praktiken beurteilen. Dennoch behaupten viele Vertreter des kulturellen Relativismus und Adaptivismus genau dies, und vor allem in der Anthropologie werden diese Prinzipien nach wie vor stark vertreten.

Dies wurzelt in dem Glauben, dass »primitive« Gesellschaften viel harmonischer waren als »moderne«. Elend, Angst, Einsamkeit, Schmerz, Krankheit und frühzeitiger Tod sind in Amerikas urbanen Ghettos und unter den amerikanischen Obdachlosen ebenso weit verbreitet wie in den schwarzen Townships Südafrikas, den hungernden Dörfern im Sudan, den Slums von Brasilien und den »ethnisch gesäuberten« Regionen des Balkans. Die Menschen dort gelten als die unseligen Opfer verschiedener Arten sozialen, kulturellen und umweltbedingten Druckes, was auch die Vernachlässigung seitens der Regierung, Rassismus, Korruption, ethnische, religiöse, politische Kämpfe und wirtschaftliche Ausbeutung beinhaltet.

Viele prominente Anthropologen und Gelehrte anderer Fachrichtungen glauben jedoch, dass dieses Elend der Conditio humana nicht notwendigerweise innewohnt. Sie glauben, dass Menschen in kleineren, homogeneren »folk societies«, in sich geschlossenen, traditionellen dörflichen Gesellschaften, historisch gesehen weitaus harmonischer und glücklicher lebten und dass dies Menschen in vielen kleinen Gesellschaften auch heute noch tun. Der Glaube, dass primitive Gesellschaften harmonischer sind als moderne, dass »die Wilden edel« waren, dass das Leben früher idyllischer war als heute und dass die Menschen früher ein Gemeinschaftsgefühl hatten, das ihnen verloren ging, spiegelt sich nicht nur in Filmen und Romanen unserer populären Kultur, sondern ist auch im Gelehrtendiskurs tief verankert.

## Der glückliche Wilde

Dieser Auffassung zufolge ist menschliches Elend die Folge des Zerfalls der Gesellschaft, ethnischer oder religiöser Verschiedenheit, von Klassenkämpfen oder konkurrierenden Interessen, die große Gesellschaften, insbesondere Nationalstaaten, plagen. Kleinere oder einfachere Gesellschaften hingegen entwickelten ihre Kulturen, indem sie auf die Forderungen einer stabilen Umwelt reagierten, weshalb ihre Lebensweise zu weitaus größerer Harmonie, weitaus größerem Glück für ihre Populationen geführt haben müsse. So schilderte der Anthropologe Robin Fox lebhaft die paläolithische Umwelt der Großwildjäger als eine, in der »sich unsere Eigenschaften, die wir als Spezies entwickelt hatten – unsere Intelligenz, unsere Phantasie, unsere Gewalttätigkeit und unsere Vernunft und Leidenschaft –, im Einklang miteinander befanden; eine Harmonie, die verloren gegangen ist«[1]. Stößt man auf eine kleine Gesellschaft, in der es diese Art von Harmonie nicht gibt, folgern die Sozialwissenschaftler oft, dass dies das

Ergebnis der destabilisierenden Wirkung des Kontakts mit anderen Kulturen sein müsse, insbesondere der wirtschaftlichen Veränderung und der Urbanisierung. Wie der kulturelle Relativismus wurde auch diese Idee jahrhundertelang im westlichen Gedankengut tradiert.[2] Als Robert Redfield 1947 sein bekanntes »folk-urbanes Kontinuum«-Modell veröffentlichte, verlieh er dieser alten Unterscheidung die Autorität der wissenschaftlichen Disziplin Anthropologie.[3] Die Vorstellung, dass die Städte von Verbrechen, Chaos und allem möglichen menschlichen Leid heimgesucht seien, während *folk societies* harmonische Gemeinschaften seien, geht zurück auf Aristophanes, Tacitus und das Alte Testament. Im Gedankengut des 19. Jahrhunderts wurde diese Überzeugung durch einflussreiche Persönlichkeiten wie Ferdinand Tönnies, Henry Maine, Fustel de Coulanges, Émile Durkheim und Max Weber unterstützt. Sie gelangten mit einigen anderen zu dem Schluss, dass moralisches und emotionales Engagement, persönliche Vertrautheit, gesellschaftlicher Zusammenhalt und die zeitliche Kontinuität, die die *folk societies* charakterisierten, den Übergang in das urbane Leben, das geprägt sei von gesellschaftlichem Zerfall und persönlicher Pathologie, nicht überlebten.

Im 20. Jahrhundert wurde der Kontrast zwischen der »kleinen, dörflich geprägten Gemeinschaft« und der urbanen »Gesellschaft« zu einer der grundlegenden Vorstellungen des westlichen Denkens und fand Anhänger unter Sozialphilosophen, Politikwissenschaftlern, Soziologen, Psychiatern, Theologen, Schriftstellern, Dichtern und der gebildeten Öffentlichkeit. So beharrte Kirkpatrick Sale in einer Reaktion auf Kritik an seinem Buch *Das verlorene Paradies*, das die europäische Unterwerfung der eingeborenen Völker Amerikas untersucht, darauf, dass die »Urgemeinschaften« im präkolumbischen Amerika im Gegensatz zu den europäischen Kulturen beträchtlich »harmonischer, friedlicher, gutartiger und zufriedener« gewesen wären.[4]

Manche *folk societies* waren harmonisch, andere waren es nicht. Unter Anthropologen herrscht häufig die Ansicht, dass die traditionellen Überzeugungen und Praktiken einer Population – ihre Kultur und ihre gesellschaftlichen Institutionen – in ihrem Leben eine positive Rolle spielen müssen, weil sie sonst einfach nicht überdauert hätten. So wurde oft geschrieben, dass Kannibalismus, Folter, Kindsmord, Fehden, Hexerei, Verstümmelung der weiblichen Genitalien, zeremonielle Vergewaltigung, Kopfjägerei und andere Praktiken, die Außenstehenden schrecklich erscheinen mögen, in den Gesellschaften, in denen sie traditionell praktiziert werden, eine nützliche Funktion haben müssten. Beeindruckt von der Weisheit der biologischen Evolution, die

adaptive Wunder wie eine schützende Färbung oder Federn für das
Flugvermögen der Vögel hervorgebracht hat, gehen die meisten
Gelehrten davon aus, dass auch die kulturelle Evolution von einem
Prozess natürlicher Selektion geleitet würde, in dem jene traditionellen
Glaubensüberzeugungen und Praktiken beibehalten würden, die den
Bedürfnissen der Menschen entsprächen. Stieß man auf eine Gesell-
schaft, die offenbar kein positiv wirkendes System von Glaubensüber-
zeugungen oder Institutionen hatte, so wurde meist angenommen, dass
dies auf den verderblichen Einfluss von Vertretern anderer Völker –
Kolonialbeamten, Soldaten, Missionaren oder Händlern – zurückzuführen sei, die nahezu immer schon vor den Anthropologen da gewesen waren.

Wie häufig maladaptive kulturelle Züge in kleineren Gesellschaften
auftraten, ist schlichtweg nicht bekannt, weil ethnografische Berichte
höchst selten die Möglichkeit in Betracht ziehen, dass manche der
Überzeugungen oder Praktiken des von ihnen beschriebenen Volkes
nicht adaptiv sein könnten. Wählt man mehr oder weniger zufällig eine
gewisse Zahl ethnografischer Monografien aus, dann würde man wie
ich wahrscheinlich feststellen, dass nur sehr wenige eine Analyse mala-
daptiver Folgen eines bestimmten Glaubens oder einer bestimmten
Praktik enthalten. Wenn einmal offensichtlich groteske, irrationale,
ineffiziente oder gefährliche Überzeugungen oder Praktiken beschrieben werden, wird gewöhnlich davon ausgegangen, dass sie adaptiv
sind, und sie werden behandelt, als wären sie mit Sicherheit sinnvoll.
So werden selbst die extremsten Formen der Penisverstümmelung –
das Aufschlitzen des Harnleiters, das Auspeitschen mit scharfen Grä-
sern oder anderen Pflanzen, das Verstümmeln oder Durchbohren
der Eichel – in der ethnografischen (wenn auch nicht in der psychiat-
rischen) Literatur typischerweise nicht als irrationale, nonadaptive
oder maladaptive Praktiken beschrieben, sondern im Zusammenhang mit ihren positiven sozialen, kulturellen oder psychologischen
Folgen.[5]

## Wie die Adaptivität begründet wird

Die kumulative Wirkung relativistischer und adaptivistischer Annahmen hat Generationen von Ethnografen zur Annahme verleitet, dass
es einfach einen guten gesellschaftlichen oder kulturellen Grund dafür
geben müsse, dass bestimmte Überzeugungen oder Praktiken eine lange Zeit überdauern. Wenn denn eine Praxis eine gewisse Zeit Bestand
gehabt habe, müsse sie zur Anpassung beitragen. Zumindest gingen die

meisten Forscher, von denen wir unser Wissen über das Leben der Menschen in kleinen traditionellen Gesellschaften haben, entweder implizit oder explizit davon aus. Allerdings kamen nicht alle zu diesem Schluss. Einige ökologisch orientierte Ethnografen zum Beispiel lieferten sehr sorgfältige Beschreibungen, um zu erfassen, wie adaptiv die Überzeugungen oder Institutionen einer bestimmten Population wohl wären. Walter Goldschmidts Ethnografie der Sebei in Uganda ist dafür ein guter Beleg: Nach einer Analyse der relativ gelungenen sozialen und kulturellen Anpassung der jüngsten Geschichte der Sebei beschrieb er das, was er als »Ungleichgewicht und Fehlanpassung« bezeichnete, vor allem »das Unvermögen der Sebei, eine Gesellschaftsordnung zu etablieren, mit der sie ihre Grenzen sichern können, und das Unvermögen, sich einem anwendbaren Satz moralischer Prinzipien verpflichtet zu fühlen«.[6] Im weiteren Verlauf seiner Analyse ging er näher auf die sich wandelnden sozioökonomischen Umstände ein, die zu diesem »Unvermögen« führten.

Zu einem ähnlichen Schluss kam Klaus-Friedrich Koch, der die damals nicht akkulturierten Jalé beschrieb, die Mitte der 1960er Jahre in den abgelegenen östlichen Snow Mountains Neu-Guineas lebten, bevor externe Einflüsse ihr Leben veränderten. Die bei ihnen verbreiteten und zerstörerisch wirkenden Streitigkeiten und Morde stammten Koch zufolge daher, dass die Jalé »nur sehr wenige und sehr ineffiziente« Konfliktbewältigungsstrategien hätten.[7] Andere, vor allem C. R. Hallpike, wiesen auf ähnlich maladaptive Praktiken in anderen Gesellschaften hin.[8] Doch selbst ökologisch orientierte Ethnografen sind meist nicht näher auf die Fehlanpassung eingegangen. Stattdessen wird vorrangig immer wieder geschildert, wie gut verschiedene ökonomische Aktivitäten an die Umwelt angepasst wären.

Wenn denn die Vor- und Nachteile eines bestimmten Glaubenssystems oder einer institutionalisierten Praxis in ethnografischen Werken erörtert werden, kommt es meist zu Schlussfolgerungen à la Dr. Pangloss. Wird zum Beispiel anerkannt, dass ein bestimmtes Glaubenssystem, etwa die Hexerei, für die Population Nachteile haben kann, wird sogleich behauptet, dass es auch Vorteile birgt, die die Nachteile bei weitem überwiegen. In ihrer klassischen Ethnographie *The Navaho* folgerten Clyde Kluckhohn und Dorothea Leighton, dass der traditionelle Glaube der Navajo an die Existenz von Hexen unter ihnen Angst erzeuge, zu Gewalt führe und manchmal auch dazu, dass unschuldige Menschen »tragisch« litten. Dennoch argumentierten sie, dass der Hexenglaube »den Kern der Gesellschaft stabilisiert«, indem er den

Navajo erlaube, all die Feindseligkeit, die sie gegenüber Freunden und
Verwandten verspürten, auf Hexen zu lenken. Außerdem verhindere
der Hexenglaube qua Amt, dass die Reichen und zeremoniell Mächtigen zu mächtig würden, und diene ganz allgemein dazu, gesellschaftlich abträgliche Handlungen zu verhindern.[9] Kluckhohn und Leighton
überlegten sich nicht, warum die Navajo ausgerechnet den Hexenglau-
ben mit all seiner Angst, Gewalt und tragischem Leid für viele Menschen brauchten, um diese Ziele zu erreichen, andere Gesellschaften
hingegen für dieselben Fragen weniger problematische Lösungen
gefunden hatten.

Sie waren nicht die Einzigen. Die meisten Ethnografen scheinen die
Meinung des Psychologen Donald T. Campbell zu teilen, der sich dafür
aussprach, von der Adaptivität auszugehen; denn egal wie »grotesk«
eine traditionelle Glaubensüberzeugung oder Praxis erscheinen möge,
sobald man sie verstanden habe, ergebe sie einen »adaptiven Sinn«.[10]
Andere stimmten Marvin Harris' Feststellung zu, dass es nicht notwendig sei, *anzunehmen*, dass Glaubenssysteme oder Praktiken adaptiv
seien, denn es sei bereits bewiesen worden, dass soziokulturelle Systeme »größtenteils, wenn nicht ausschließlich« aus adaptiven Zügen
bestünden.[11] Sowohl die Annahme, Kultur müsse stets adaptiv sein, als
auch die Behauptung, es sei bereits bewiesen worden, dass Kulturen
größtenteils oder ausschließlich aus adaptiven Zügen bestünden, sind
angesichts drastischer Gegenbeweise nicht haltbar. Einige wirtschaftliche Praktiken ausgenommen, gibt es keinen Beweis für eine solch weitgehende Adaptivität.[12]

Diese Streitfrage sollte nicht nur für Anthropologen von Interesse
sein – das wäre ein Sturm, der sich nur auf ein exotisches, »primitives«
Wasserglas beschränkte. Ethnografische Beobachtungen sind für alle
wichtig, die verstehen wollen, warum menschliche Gesellschaften einschließlich unserer eigenen manchmal nicht so gut funktionieren, wie
sie könnten. Zweifellos sind einige *folk societies* relativ harmonisch
gewesen, und manche sind es noch heute, doch das Leben in kleineren
und einfacheren Gesellschaften war kaum frei von menschlicher Unzu-
friedenheit und Leid. Auch wenn der Platz hier nicht ausreicht, um
meine Behauptung zu untermauern: Einige kleinere Populationen sind
nicht in der Lage gewesen, den Erfordernissen ihrer Umwelt gerecht zu
werden, und manche lebten in Apathie, Konflikt, Angst, Hunger und
Verzweiflung. Andere verfolgten Praktiken wie die Fehde, was zu ihrer
Zerstörung führte. Dennoch hält sich die Annahme, dass kleinere
Gesellschaften besser an ihr ökologisches Umfeld angepasst seien als
wir. Manche mögen es sein, andere sind es sicher nicht.

In den verschiedensten Gesellschaften, ob städtisch oder dörflich, gibt es Menschen, die fähig sind zu Empathie, Freundlichkeit und Liebe; und manchmal meistern sie die Herausforderungen ihrer Umwelt auf ganz erstaunliche Weise. Doch manchmal können sie auch an Glaubenssystemen, Werten und sozialen Institutionen festhalten, die zu sinnloser Grausamkeit, unnötigem Leid und grenzenloser Torheit in ihren Beziehungen untereinander, zu anderen Gesellschaften und zu ihrer physischen Umwelt führen. Die Menschen sind nicht immer weise, und die Gesellschaften und Kulturen, die sie schaffen, sind keine idealen adaptiven Mechanismen, perfekt auf die Erfüllung menschlicher Bedürfnisse abgestimmt. Es ist falsch, davon auszugehen, wie es viele Gelehrte tun, dass ein traditioneller Glaube oder eine Praxis, an der eine Bevölkerung viele Jahre lang festgehalten hat, in ihrem Leben zwangsläufig eine nützliche Rolle spielen müsse. Traditionelle Glaubenssysteme und Praktiken können nützlich sein, sie können sogar als wichtige adaptive Mechanismen dienen, doch sie können auch ineffizient, schädlich und manchmal sogar tödlich sein.

## Sinn und Unsinn des kulturellen Relativismus

Das Prinzip des kulturellen Relativismus ist nicht ohne historischen Wert. Es hat dazu beigetragen, dem Ethnozentrismus, ja sogar dem Rassismus entgegenzutreten. Mit diesem Prinzip konnte auch die Vorstellung korrigiert werden, dass es eine unilineare Entwicklung gäbe, in der alle Gesellschaften dieselben Stadien des »Fortschritts« durchlaufen müssten, bis sie schließlich den nahezu vollkommenen Zustand der einen oder anderen Version einer westeuropäischen »Zivilisation« erreicht hätten. Daneben bewirkte das Beharren der Relativisten auf dem Respekt den Werten anderer Menschen gegenüber wahrscheinlich mehr Gutes für die Menschenwürde und die Menschenrechte, als dass es der Wissenschaft Schaden zugefügt hätte. Selbst die überhitzten Annahmen der so genannten epistemologischen Relativisten waren nützlich. Sie erinnerten alle, die es wagten, die Zulänglichkeit von Kulturen zu beurteilen, daran, dass jedes soziokulturelle System ein komplexes Netzwerk von Bedeutungen ist, das in seinem Kontext verstanden werden muss und zwar weitestgehend so, wie es die Mitglieder verstehen.[13] Vielleicht trifft sogar ihre Feststellung zu, dass manche Einsichten und Emotionen nur in ganz bestimmten Kulturen vorkommen und dass außen stehende Beobachter die Bedeutung und Funktion mancher ihrer Praktiken möglicherweise nie richtig begreifen können.

Doch die epistemologischen Relativisten behaupten nicht nur, dass
jede dieser Welten ganz und gar einzigartig ist – unvergleichlich und
größtenteils unverständlich –, sie sagen auch, dass die darin lebenden
Menschen unterschiedliche kognitive Fähigkeiten haben. Mit dem,
was Dan Sperber »kognitive Apartheid« oder Ernest Gellner »kognitive Anarchie« genannt hat, gehen diverse postmoderne Relativisten
und Interpretivisten davon aus, dass es zwischen verschiedenen Kulturen fundamentale Unterschiede auf der Ebene der kognitiven Prozesse
gibt, Prozessen wie logischem, kausalem Schlussfolgern und dem Verarbeiten von Informationen.[14] Ob es solche grundlegenden kognitiven
Unterschiede tatsächlich gibt, muss erst noch bewiesen werden, und
wenn man die Geschichte der Erforschung der menschlichen Kogni-
tion und Intersubjektivität als Leitfaden nimmt, wird dies wohl nicht
geschehen.

Die Geschichte des kulturellen Relativismus oder Adaptivismus ist
umso bemerkenswerter, als einige der weltweit bedeutendsten Anthropologen, die zuvor das Prinzip des kulturellen Relativismus vertreten hatten, schließlich antirelativistische Einschätzungen von *folk
societies* veröffentlichten. So lehnte 1948 Alfred Kroeber, der damalige
Doyen der amerikanischen Anthropologie, den Relativismus nicht nur
ab, sondern erklärte auch, dass Gesellschaften in ihrem »Fortschritt«
von einfach zu komplex »humaner« würden. In einer Sprache, bei der
zeitgenössischen Anthropologen die Haare zu Berge stünden, behauptete er, dass »man die geistig Unpässlichen moderner fortgeschrittener
Kulturen tendenziell mit den Gesunden und Einflussreichen in alten
und zurückgebliebenen Kulturen vergleichen könne«[15]. Außerdem,
fuhr Kroeber fort, beinhalte der »Fortschritt«, wie er die kulturelle
Evolution bezeichnete, nicht nur technologische und wissenschaftliche
Weiterentwicklungen, sondern auch das Aufgeben von Praktiken wie
rituelle Prostitution, das Ausgrenzen von gebärenden oder menstru-
ierenden Frauen, Folter, Opfer und den Glauben an Magie oder
Übernatürliches. Zwei Jahre später schrieb ein anderer führender
Anthropologe, Ralph Linton, der möglicherweise über die umfassendsten weltethnografischen Kenntnisse der damaligen Gelehrten-
kreise verfügte, dass es vielleicht universelle ethische Normen gebe.
Diese Position unterstützte dann auch Clyde Kluckhohn, zu der Zeit
kein überzeugter Relativist mehr, drei Jahre später.[16]

Robert Redfield, berühmt für seine vergleichenden Untersuchungen kleiner dörflicher Gemeinschaften und urbaner Gesellschaft,
pflichtete Kroeber bei, indem er 1953 erklärte, dass primitive Gesellschaften weniger »anständig« und »human« seien als »fortgeschritte-

nere Zivilisationen«:»Im Großen und Ganzen hat die menschliche Rasse einen anständigeren und humaneren Maßstab für Tugend entwickelt. Das ethische Urteil hat sich gewandelt; jetzt betrachten wir nichtzivilisierte Menschen nicht mehr als gleichgestellt, sondern als Menschen auf einem anderen Niveau menschlicher Erfahrung«[17].

1965 schrieb George Peter Murdock, damals weltweit führend im Bereich der vergleichenden kulturellen Studien, Benedicts relativistische Idee, dass eine kulturelle Überzeugung einzig und allein in ihrem Kontext Bedeutung habe, sei »Unsinn«, und Melville Herskovits' Forderung, allen Kulturen dieselbe Würde und Achtung zuzugestehen, sei »nicht nur Unsinn, sondern sentimentaler Unsinn«.[18] Er fügte hinzu, es sei »absurd«, dem Kannibalismus, der Sklaverei, der magischen Heilung und dem Töten der Alten dieselbe »Würde« oder »Validität« zuzugestehen wie der Rentenversicherung, der wissenschaftlichen Medizin oder der Metallherstellung. Alle Menschen, beharrte Murdock, würden die westliche Technologie bevorzugen und lieber in der Lage sein, ihre Kinder und Alten zu füttern, als sie umzubringen.[19] Indes machten sich die Anthropologen mit wenigen Ausnahmen diesen antirelativistischen Standpunkt nicht nur nicht zu Eigen, sondern hielten umso stärker an der Überzeugung fest, dass Kultur adaptiv sei und sein müsse.

## Fehlanpassung

Es gibt viele Gründe, warum manche der traditionellen Überzeugungen und Praktiken möglicherweise zu einer Fehlanpassung führen, so zum Beispiel veränderte Umweltbedingungen. Andere Gründe sind komplexerer Natur und haben mit den verschiedenen Aspekten der menschlichen Problemlösung zu tun. So zeigt sich in vielen Gesellschaften, dass die Menschen keinen rationalen Grund nennen können, warum sie an bestimmten Überzeugungen oder Praktiken festhalten, und dass einige der wichtigsten Entscheidungen – wo jagen, wann einen Feind überfallen, wann fischen, was pflanzen – aufgrund von Prophezeiungen, Träumen, Traumdeutungen und anderen übernatürlichen Phänomenen getroffen wurden. Ein südafrikanisches Königreich ging zugrunde, als die Propheten, die in hohem Ansehen standen, darauf drängten, das gesamte Vieh zu töten und nichts mehr anzubauen. Die Propheten sagten ein tausendjähriges Reich voraus, doch stattdessen endete das Ganze in einer Hungersnot, wie sie ein rationaleres Glaubenssystem vorausgesagt haben würde.[20] Selbst wenn die Menschen versuchen, rationale Entscheidungen zu

treffen, misslingt das oft. Zum einen kann keine Bevölkerung, vor
allem keine kleine Dorfgemeinschaft, jemals alles nötige Wissen besitzen, um eine ihre Umwelt, die Nachbarn oder sogar ihre eigenen gesellschaftlichen Institutionen betreffende vollständig begründete Entscheidung zu fällen. Zum anderen belegen zahlreiche Untersuchungen
des Entscheidungsverhaltens, sowohl unter experimentellen Bedingungen als auch in natürlichen Settings, dass Individuen häufig ziemlich schlechte Entscheidungen treffen, vor allem wenn es darum geht,
neuartige Probleme zu lösen oder solche, bei denen Wahrscheinlichkeiten kalkuliert werden müssen, also genau solche Probleme, die die
menschliche Anpassungsfähigkeit vor die größte Herausforderung
stellen.

Die meisten Menschen können Risiken schlecht einschätzen, vor
allem wenn die Bedrohung neuartig ist. Sie neigen dazu, die weiter in
der Zukunft liegenden Folgen von Kriegen und technologischen oder
wirtschaftlichen Veränderungen zu unterschätzen. Selbst wenn Natur-
katastrophen wie Dürreperioden, Überschwemmungen, Stürme oder
Vulkanausbrüche periodisch auftreten, beurteilen die Menschen die
Folgen immer wieder falsch.[21] Ebenso wenig sind sie bereit, neue Techniken zu entwickeln, selbst wenn Probleme in ihrer Umwelt technische
Veränderungen dringend erforderlich machen würden.[22] Westliche
Wirtschaftswissenschaftler beziehen sich mit dem Konzept der
»begrenzten Rationalität« auf die beschränkte Fähigkeit der Menschen, Informationen aufzunehmen, zu speichern, auf sie zuzugreifen
und sie zu verarbeiten; die Theorie ökonomischer Entscheidungen
trägt dieser Begrenztheit Rechnung. Aufgrund ihrer kognitiven
Beschränkungen wie auch des unvollständigen Wissens über ihre
Umwelt fällen die Menschen unweigerlich manchmal schlechte Entscheidungen.[23]

Die Menschen verhalten sich oft nicht rational. Diesen Punkt hob
Dan Sperber lebhaft hervor, als er feststellte, dass »kulturelle Überzeugungen offenbar ziemlich bemerkenswert sind: Sie erscheinen nicht
irrational, weil sie leicht vom gesunden Menschenverstand abweichen
oder zaghaft das überschreiten, was die Beweislage erlaubt. Sie
erscheinen vielmehr als richtig gehende Provokation der Rationalität
des gesunden Menschenverstandes«[24]. Wie Sperber und auch andere
feststellten, sind die Menschen in vielen *folk societies* davon überzeugt,
dass Menschen oder Tiere an zwei Orten gleichzeitig sein können, sich
in eine andere Kreatur verwandeln oder unsichtbar machen können
und die physische Welt durch ihre eigenen Überzeugungen auf unter-
schiedlichste Weise verändern können. Außerdem denken sie zumin-

dest gelegentlich magisch; wahrscheinlich sind die Prinzipien sympathetischer Magie sogar universell, denn der menschliche Geist hat diese Denkweise entwickelt.[25] Darüber hinaus weist vieles darauf hin, dass vor allem die Menschen, die in *folk societies* leben, sich bei ihren Entscheidungen auf Heuristiken stützen, die sie darin bestärken, starre Meinungen zu entwickeln, auch wenn diese Meinungen auf inadäquaten oder falschen Informationen beruhen. Dieselben Heuristiken bestärken die Menschen auch darin, selbst dann an ihren Meinungen festzuhalten, wenn einiges dagegen spricht. R. A. Shweder kam zu dem Schluss, dass der menschliche Geist »sich auf seine wissenschaftlichen Prozeduren beschränkt, dass er nicht besonders gut abstrakt denken kann und in gewisser Weise für Erfahrungswissen unzugänglich ist«[26].

## Rationalität und Irrationalität

Dies alles sollte eigentlich kaum überraschen: Sogar ein so rationaler Denker wie Aristoteles war davon überzeugt, dass männliche Kinder nur bei starkem Nordwind gezeugt würden, und obwohl in den USA seit vielen Generationen eine nichtkirchliche Erziehung vorherrscht, sind auch die modernen Amerikaner nach wie vor nicht durch und durch rational. In verschiedenen Studien wurde festgestellt, dass 80 Prozent der Amerikaner noch heute glauben, dass Gott Wunder bewirkt; 50 Prozent glauben an Engel, und mehr als ein Drittel glaubt an einen personifizierten Teufel.[27] Außerdem verfügen die Amerikaner, wie bereits gesagt, nur über eine begrenzte Fähigkeit, Umweltrisiken zu erkennen. Mary Douglas und Aaron Wildavsky fanden heraus, dass sich die Menschen weltweit nur auf ein paar Gefahren konzentrieren und die übrigen, einschließlich solcher, die ganz offensichtlich sind, ignorieren. So waren die Lele aus Zaire einigen ernsten Gefahren ausgesetzt, unter anderem einer ganzen Reihe lebensbedrohlicher Krankheiten. Dennoch konzentrierten sie sich nur auf drei: Bronchitis, die weniger gefährlich ist als Lungenentzündung, unter der sie ebenfalls litten, Unfruchtbarkeit und Tod durch Blitzschlag, eine Gefährdung, die weitaus seltener ist als Tuberkulose, an der sie oft leiden, die sie jedoch größtenteils ignorieren.[28] Dem Science Advisory Board der Environmental Protection Agency (Wissenschaftlicher Beirat der amerikanischen Umweltschutzbehörde) zufolge machen es die Amerikaner nicht anders: Sie haben Angst vor relativ unbedeutenden Umweltbedrohungen, während sie potenziell viel größere Risiken mehr oder weniger ignorieren.

.as Gilovich hat die kognitiven Prozesse beschrieben, die dafür
wortlich sind, dass selbst gebildete Amerikaner eisern an offen-
.ch falschen Überzeugungen festhalten. Er führt Umfragen unter
rikanischen College-Studenten an, die zeigen, dass 58 Prozent von
.en glauben, dass astrologische Vorhersagen einträfen; 50 Prozent
auben, dass die ägyptischen Pyramiden mit außerirdischer Hilfe
errichtet worden sind. Gilovich beschreibt, auf wie vielfältige Weise
moderne Amerikaner die Realität verzerren durch ihre Neigung, zufällige Phänomene mit Bedeutung und Ordnung zu versehen, wobei nur
das im Gedächtnis haften bleibt, was die gewachsene Überzeugung
bestätigt, während jenes vergessen wird, was dagegenspricht.[29]

Wenn schon moderne Amerikaner nicht sehr rational denken – und
die angeführten Beispiele schöpfen kaum den Katalog von Dummheiten aus, zu dem auch diejenigen unter uns beitragen, die für äußerst
rational gehalten werden, also unsere Ingenieure, Ärzte, Wissenschaftler und Lehrer –, wie kann man dann erwarten, dass Menschen, deren
Kulturen viel weniger säkular sind als die amerikanische, Probleme
effizienter lösen könnten als Amerikaner? Damit will ich jedoch nicht
sagen, dass Menschen in *folk societies* deshalb weniger rational entscheiden oder an maladaptiven Überzeugungen festhalten würden,
weil sie kognitiv weniger kompetent wären als die Menschen in gebildeten, industrialisierten Gesellschaften.

C. R. Hallpike wie auch andere haben behauptet, dass die Menschen
in kleinen, dörflichen Gemeinschaften mit ihren Denkprozessen gar
nicht in der Lage seien, Konzepte wie Kausalität, Zeit, Realismus,
Raum, Introspektion und Abstraktion, wie sie die westliche Wissenschaft verwendet, zu begreifen.[30] Ob das so genannte primitive Denken weniger abstrakt, eher magisch oder weniger fähig ist, marginale
Wahrscheinlichkeiten einzuschätzen, ist ein Thema, das man weiter
diskutieren könnte. Die Ergebnisse einer solchen Diskussion aber sind
mehr oder weniger irrelevant für das, worum es mir eigentlich geht. Ich
behaupte, dass die meisten Menschen, egal in welcher Gesellschaft,
also auch die, die durchaus vertraut sind mit der westlichen Wissenschaft, manchmal Fehler machen, die ihnen schaden können, und dass
sie dazu neigen, an diesen festzuhalten. Möglicherweise machen Menschen in kleinen traditionellen Gesellschaften häufiger solche Fehler,
doch Entscheidungen, die zu Fehlanpassung führen, werden in allen
Gesellschaften getroffen.

## Probleme erkennen

Um den Anpassungswert von Überzeugungen und Praktiken zu optimieren, muss man nicht nur rational denken, sondern auch in der Lage sein, Probleme überhaupt als solche zu erkennen. Dies ist oft schwierig. Manche Probleme, etwa klimatische Veränderungen oder Bodenerosion, entwickeln sich so langsam, dass man kaum mehr effektiv darauf reagieren kann, wenn man sie schließlich erkannt hat. Andere, wie das Fortschreiten einer Krankheit oder die Gefahren einer Ernährungsumstellung, werden vielleicht gar nicht als Probleme wahrgenommen. Mit der tödlichen Gefahr der Malaria lebten die Menschen über Jahrtausende, bevor endlich gegen Ende des 19. Jahrhunderts erkannt wurde, dass die Malaria von Stechmücken übertragen wird. Viele Populationen kennen die Ursachen der sie bedrohenden tödlichen Krankheiten auch heute noch nicht. Andere Phänomene werden vielleicht als Problem erkannt, doch erweist sich dieses als unlösbar, weil die Gesellschaft von widersprüchlichen Werten oder Interessengruppen zerrissen ist. Wie viel Energie sind die Menschen bereit aufzuwenden, um ihre Nahrungsversorgung zu steigern? Werden die Menschen eine wohlschmeckende, jedoch ungesunde Diät aufgeben zugunsten einer gehaltvolleren, geschmacklich jedoch weniger ansprechenden? Werden Führer bereit sein, einige ihrer Privilegien aufzugeben, wenn die Gesellschaft als ganze davon profitiert? Werden Männer dies zugunsten von Frauen tun? Werden die Älteren einiges von ihrer Autorität und ihren Rechten an jüngere Männer abtreten? Werden Männer Rechte an Frauen abtreten?

Das soll nicht heißen, dass die Menschen der verschiedenen Gesellschaften sich nicht weiter um das kümmern, was sie als Probleme wahrnehmen. Gesellschaften mit anerkannten Führern, Ratsversammlungen oder Bürokratien fällen oft Entscheidungen, die als Problemlösung gedacht sind: Mitglieder der hawaiischen Priesterschaft und Aristokratie gaben ihr System auf, bestimmte Nahrungsmittel zu tabuisieren, um das zu lösen, was sie als ein Problem erkannt hatten, und ein Häuptling der Pawnee versuchte, Menschenopfer abzuschaffen. Bei den Sebei in Uganda führte ein Prophet namens Matui ein neues Ritual ein, das übersetzt so viel heißt wie »Gesetzesverabschiedung«, bei dem sich alle Männer einer Gemeinschaft versammelten und schworen, eine Reihe von Handlungen zu unterlassen.[31] Matuis Neuerung war wahrscheinlich förderlich für die Sebei, weil sich dadurch die Gewalt zwischen den Clans verringerte. Eine solche weitsichtige Führung ist jedoch in der Geschichte der Menschheit eher unüblich. Wie weise die

Entscheidungen der verschiedenen Führer im Gesamtverlauf der menschlichen Evolution waren, ist nicht bekannt, doch wenn uns die geschriebene Geschichte als Orientierung dient, führten nur wenige zu optimalen Ergebnissen. Eher im Gegenteil – eine Vielzahl dieser Entscheidungen waren, wie Barbara Tuchman in *The March of Folly* feststellte, entsetzlich kontraproduktiv.[32] Marvin Harris, der lange ein führender Verteidiger der Ansicht war, dass nahezu alle traditionellen Überzeugungen und Praktiken adaptiv seien, kam vor kurzem zu dem überraschenden Schluss, dass »alle wichtigen Schritte in der kulturellen Evolution stattfanden, ohne dass irgendjemand bewusst verstanden hätte, was da eigentlich passiert«. Und, so fügt er hinzu, »das 20. Jahrhundert scheint ein wahres Füllhorn an unbeabsichtigten, unerwünschten und unvorhergesehenen Veränderungen« zu sein.[33]

In kleinen Gesellschaften kommen rationale, kalkulierte Entscheidungen, die die Probleme einer Volksgruppe lösen sollen, nur selten vor. Meist ist die Art und Weise, wie die Menschen jagen, fischen, ihren Boden bestellen, Rituale durchführen, ihre Kinder erziehen und ihre Freizeit genießen, überhaupt kein Gesprächsthema. Zumindest wird nicht darüber gesprochen, wie man diese Aktivitäten effizienter oder genussreicher gestalten könnte. Die Menschen beschweren sich ständig über irgendwelche Dinge in ihrem Leben. Vielleicht probieren sie gelegentlich etwas Neues aus, doch nur selten versuchen sie es mit einer grundlegenden Änderung ihrer traditionellen Überzeugungen oder Praktiken. Wenn große Veränderungen überhaupt stattfinden, sind sie meist durch ein äußeres Ereignis oder äußere Umstände erzwungen – eine Invasion, eine Epidemie, eine Dürre. Ohne solche Ereignisse neigen die Menschen dazu, sich recht und schlecht durchzuwursteln, indem sie auf traditionelle Lösungen vertrauen, die als Antwort auf frühere Umstände entstanden sind. Die meisten Populationen schaffen es zu überleben, ohne auf der Suche nach optimalen Lösungen rational zu kalkulieren. Offensichtlich wenden zum Beispiel die meisten traditionell lebenden Dorfgemeinschaften Strategien zur Nahrungserzeugung an, die gerade ausreichen, um ihr Überleben zu sichern, jedoch nie einen maximalen Ertrag zur Folge haben, und widersetzen sich Veränderungen, die ihrer Meinung nach mit Risiken behaftet sind, obwohl ihnen die neuen Praktiken der Nahrungsproduktion mehr Nahrung liefern könnten.

Die Abneigung der Menschen gegenüber Veränderungen hat einige Anthropologen dazu gebracht, deren wirtschaftliche Strategien mit Begriffen wie »minimales Risiko« und »geringster Aufwand« zu beschreiben. Überzeugungen und Praktiken überdauern nicht deshalb, weil sie optimal nützlich sind, sondern weil sie normalerweise gerade so gut funktionieren, dass Veränderungen nicht offensichtlich notwendig werden. Angesichts all dessen, was wir über das manchmal erstaunlich schlechte Urteil »rationaler« Planer in modernen Ländern wissen, ist es unwahrscheinlich, dass Menschen in kleineren und einfacher organisierten Gesellschaften, die nicht über unser wissenschaftliches und technologisches Wissen verfügen, stets optimal entscheiden, selbst wenn sie es versuchten. Außerdem ist es unwahrscheinlich, dass eine Population selbst dann, wenn sie es irgendwie geschafft hat, sich nahezu perfekt an ihre Umwelt anzupassen, diese Anpassung über längere Zeit hinweg aufrechterhalten kann.

Ich behaupte nicht, dass traditionelle Überzeugungen und Praktiken nie zur Anpassung oder zum Wohl einer Population beitragen, und ich behaupte auch nicht, dass die Menschen nie rational genug denken, um effiziente Entscheidungen zu treffen, wie sie mit den Herausforderungen ihrer Umgebung umgehen sollen. Ich vertrete auch nicht die Ansicht, dass das menschliche Verhalten ausschließlich durch sozial störende Aspekte der biologischen Anlagen, etwa paranoider Ideenbildung oder Selbstsucht, bestimmt wird. Zwar werden die Menschen oft von Gier, Lust, Neid und anderen Eigenschaften bewegt, die dem Gemeinwohl abträglich sind, aber sie besitzen auch die Anlagen, um miteinander zu kooperieren, freundlich miteinander umzugehen und ihre Interessen manchmal sogar dem Wohl anderer unterzuordnen.[34]

Doch wenn Überzeugungen und Praktiken, die zu Fehlanpassung führen, tatsächlich so verbreitet sind, wie es den Anschein hat, ist ihre Existenz für das vorherrschende adaptivistische Paradigma eine Herausforderung. Die die Subsistenz sichernden Aktivitäten müssen so effizient sein, dass eine Population überleben kann, aber sie müssen nicht optimal sein (in dem Sinne, dass sie die bestmögliche Ernährung bei geringstmöglichem Aufwand an Zeit und Energie liefern). Wahrscheinlich ist keine Population jemals optimal wirtschaftlich angepasst; tatsächlich ist nicht einmal klar, ob irgendeine Population überhaupt jemals versucht hat, dies zu tun. Die soziale Organisation und die Kultur einer Population werden von ihrer Technologie und von ihren ökonomischen Aktivitäten beeinflusst, aber weder soziale Institutionen noch kulturelle Glaubenssysteme haben gewöhnlich zu etwas geführt, was man als optimale Nutzung der Umwelt bezeichnen könnte. Und sie haben es auch nicht geschafft, unbedingt das Wohlergehen all ihrer Mitglieder zu fördern.

Bislang ist noch keine Population auf die optimale Art und Weise gekommen, ihre Umwelt auszunutzen, und ebenso unwahrscheinlich ist es, dass alle ihre Mitglieder sich darauf geeinigt hätten, wie eine solche optimale Nutzung überhaupt aussehen sollte. Darüber hinaus ist es bislang auch noch keiner Population gelungen, die Bedürfnisse all ihrer Mitglieder zu deren Zufriedenheit zu stillen. Alle Gesellschaften, auch die, deren Mitglieder äußerst gesund, glücklich und langlebig sind, könnten es noch besser machen; alle könnten Gesundheit und Sicherheit verbessern; alle könnten das Leben noch zufriedenstellender gestalten. Bislang hat es noch keine perfekte Gesellschaft und keine ideale Anpassung gegeben – nur unterschiedliche Stufen der Unvollkommenheit. Manchmal bewusst, manchmal unbewusst verändern Populationen ihre Lebensweise, um ihr Leben zu verbessern, doch bislang hat noch keine die optimale Gesellschaft geschaffen. Die Menschen neigen nicht nur zu Irrtümern und einer falschen Einschätzung der ökologischen Bedingungen, mit denen sie sich auseinander setzen müssen, sie neigen auch dazu, ihre eigenen Interessen auf Kosten anderer zu verfolgen und lieber an alten Bräuchen festzuhalten, als neue zu entwickeln. Die Kultur mag vielleicht adaptiv sein, aber sie ist es nie ganz.

Deshalb sollte man also nicht von der weit verbreiteten Annahme ausgehen, dass jede dauerhafte, traditionelle Überzeugung oder Praxis in einer überlebensfähigen Gesellschaft adaptiv ist. Stattdessen sollte man davon ausgehen, dass jede Überzeugung und Praxis in ein Kontinuum ihres adaptiven Wertes eingeordnet werden kann. Vielleicht ist die jeweilige Überzeugung einfach neutral oder akzeptabel, vielleicht nützt sie einigen Mitgliedern der Gesellschaft, schadet jedoch anderen. Manchmal schadet sie auch allen.

Zum Schluss möchte ich noch den britischen Anthropologen Roy Ellen zitieren:»Kulturelle Anpassungen sind selten die bestmögliche Lösung und nie vollkommen rational.«[35]

## Literatur

Campbell, D. T.,»On the Conflicts Between Biological and Social Evolution and Between Psychology and Moral Tradition«, *American Psychologist 30* (1975), S. 1103–1126.

Cawte, J., N. Djagamara und Barrett, M. G.,»The Meaning of Subincision of the Urethra to Aboriginal Australians«, *British Journal of Medical Psychology 39* (1966), S. 245–253.

Cowgill, G. L.,»On Causes and Consequences of Ancient and Modern Population Changes«, *American Anthropologist 77* (1975), S. 505–525.

Douglas, M. und Wildavsky, A., *Risk and Culture: An Essay on the Selection of Technological and Environmental Dangers*, Berkeley 1982.

Edgerton, R. B., »The Study of Deviance – Marginal Man or Everyman?«, in: Spindler, G. D. (Hrsg.), *The Making of Psychological Anthropology*, Berkeley 1978, S. 444–476.

Ders., *Rules, Exceptions, and Social Order*, Berkeley 1985.

Ders., *Sick Societies: Challenging the Myth of Primitive Harmony*, New York 1992.

Ellen, R., *Environment, Subsistence, and System: The Ecology of Small-Scale Social Formation*, New York 1982.

Favazza, A. R. mit Favazza, B., *Bodies Under Siege: Self-Mutilation in Culture and Psychiatry*, Baltimore 1987.

Fox, R., *The Violent Imagination*, New Brunswick, N. J., 1990.

Gallup, G., Jr. und Castelli, J., *The People's Religion: American Faith in the Nineties*, New York 1989.

Gellner, E., »Relativism and Universals«, in: Hollis, M. und Lukes, S. (Hrsg.), *Rationality and Relativism*, Oxford 1982, S. 181–256.

Gilovich, T., *How We Know What Isn't So: The Fallibility of Human Reason in Everyday Life*, New York 1991.

Goldschmidt, W. R., *The Culture and Behaviour of the Sebei*, Berkeley 1976.

Greeley, A., *Religious Change in America*, Cambridge 1989.

Ders., *The Human Career*, Cambridge 1990.

Hallpike, C. R., *The Konso of Ethiopia: A Study of the Values of a Cushitic Society*, Oxford 1972.

Ders., *The Principles of Social Evolution*, Oxford 1986.

Harris, M., »Adaptation in Biological and Cultural Science«, *Transactions of the New York Academy of Science 23* (1960), S. 59–65.

Ders., *Our Kind: Who We Are, Where We Came From, and Where We Are Going*, New York 1989 (dt.: *Menschen: Wie wir wurden, was wir sind*, München 1997).

Kluckhohn, C., »Ethical Relativity: Sic et Non«, *Journal of Philosophy 52* (1955), S. 663–677.

Kluckhohn, C. und Leighton, D., *The Navaho*, Garden City N.Y. 1962.

Koch, K. F., *War and Peace in Jalémo: The Management of Conflict in Highland New Guinea*, Cambridge 1974.

Kroeber, A. L., *Anthropology*, New York 1948.

Kuran, T., »The Tenacious Past: Theories of Personal and Collective Conservation«, *Journal of Economic Behaviour and Organization 10* (1988), S. 143–171.

Linton, R., »Universal Ethic Principles: An Anthropolocial View«, in: Anshen, R. N. (Hrsg.), *Moral Principles of Action: Man's Ethical Imperative*, New York 1952.

Lumsden, C. J. und Wilson, E. O., *Genes, Mind, and Culture*, Cambridge 1981.

Murdock, G. P., *Culture and Society*, Pittsburgh 1965.

Nisbet, R., *The Social Philosophers: Community and Conflict in Western Thought*, New York 1973.

Peires, J. B., *The Dead Will Arise: Nongqawuse and the Great Xhosa Cattle-Killing Movement of 1856*, London 1989.

Redfield, R., »The Folk-Society«, *American Journal of Sociology 52* (1947), S. 293–308.

Ders., *The Primitive World and Its Transformations*, Ithaca 1953.

Rosaldo, R., Calvert, R. A. und Seligmann, G. L., *Chicano: The Evolution of a People*, Malabar (Fla) 1982.

Rozin, P. und Nemeroff, C., »The Laws of Sympathetic Magic: A Psychological Analysis of Similarity and Contagion«, in: Stigler, J. W., Shweder, R. A. und Herdt, G. (Hrsg.), *Cultural Psychology: Essays on Comparative Human Development*, S. 205–232, New York 1990.

Sale, Kirkpatrick, Leserbrief, *New York Times*, 25. Juli 1991.

Shaw, P., »Civilization and Its Malcontents: Responses to *Typee*«, *New Criterion*, Januar (1985), S. 23–33.

Shweder, R. A., »Rethinking Culture and Personality Theory, Part 3, From Genesis and Typology to Hermeneutics and Dynamics«, *Ethos 8* (1980), S. 60–94.

Sperber, D., »Apparently Irrational Beliefs«, in: Hollis, M. und Lukes, S. (Hrsg.), *Rationality and Relativism*, S. 149–180, Oxford 1982.

Ders., »Anthropology and Psychology: Towards an Epidemiology of Representations«, *Man 20* (1985), S. 73–89.

Spiro, M. E., »On the Strange and Familiar in Recent Anthropological Thought«, in: Stigler, J. W., Shweder, R. A. und Herdt, G. (Hrsg.), *Cultural Psychology: Essays on Comparative Human Development*, New York 1990, S. 47–61.

Tuchman, B., *The March of Folly*, New York 1984 (dt.: *Die Torheit der Regierenden*, Frankfurt am Main 1992).

Wills, G., *Under God: Religion and American Politics*, New York 1990.

## Anmerkungen

1  Fox 1990, S. 3.
2  Nisbet 1973, Shaw 1985.
3  Redfield 1947.
4  Sale 1991.
5  Cawte, Djagamara und Barrett 1966, Favazza 1987.
6  Goldschmidt 1976, S. 353.
7  Koch 1974, S. 159.
8  Hallpike 1972, 1986.
9  Kluckhohn und Leighton 1962, S. 240.
10  Campbell 1975, S. 1104.
11  Harris 1960, S. 601.

12 Edgerton 1992.
13 Spiro 1990.
14 Gellner 1982, Sperber 1982.
15 Kroeber 1948, S. 300.
16 Kluckhohn 1955, Linton 1952.
17 Redfield 1953, S. 163.
18 Murdock 1965, S. 146.
19 Ebd., S. 149.
20 Peires 1989.
21 Douglas und Wildavski 1982, Lumsden und Wilson 1981.
22 Cowgill 1975.
23 Kuran 1988.
24 Sperber 1985, S. 85.
25 Rozin und Nemeroff 1990.
26 Shweder 1980, S. 76.
27 Gallup und Castelli 1989, Greeley 1989, Wills 1990.
28 Douglas und Wildavsky 1982.
29 Gilovich 1991.
30 Hallpike 1972.
31 Goldschmidt 1976, S. 204.
32 Tuchman 1984.
33 Harris 1989, S. 495.
34 Edgerton 1978, 1985.
35 Ellen 1982, S. 251.

*Thomas S. Weisner*

# Kultur, Kindheit und Fortschritt im Afrika südlich der Sahara

Jedes Wirtschaftssystem besteht aus einer Welt sozialer Wesen, die kulturell vorgegebenen Karrieren folgen und ihre Ziele, Motive, Fähigkeiten und kulturellen Modelle in das wirtschaftliche Leben einbringen. Kulturen auf der ganzen Welt träumen davon und versuchen, Kinder auf wundervolle und unterschiedliche kulturelle Karrieren hinzuführen, in der Hoffnung, sie zu den sozialen Wesen zu machen, die sie schätzen. Kulturelle Karrieren beginnen schon vor der Geburt und zeigen sich in den Entwicklungspfaden der Kindheit. Sind die kulturellen Karrieren der Kinder in der weniger entwickelten Welt ein signifikantes Hindernis für wirtschaftliche Marktaktivitäten oder neue Formen der Zivilgesellschaft? Wenn dem so ist, sollte Elternschaft und kindliches Leben einen Schwerpunkt bilden für Veränderungsbemühungen, die den wirtschaftlichen Fortschritt fördern sollen?

Ich beziehe mich bei meinen Kommentaren auf das Afrika südlich der Sahara – den »ausgenommenen« Kontinent[1] –, den Teil der Welt, der wirtschaftlich scheinbar am wenigsten begünstigt und am weitesten vom Ideal einer pluralistischen Gesellschaft entfernt ist. Meiner Meinung nach wohnt der Elternschaft und den Praktiken der Kinderbetreuung im heutigen Afrika nichts inne, was die wirtschaftliche Entwicklung zu welcher Form von Markt auch immer oder zu lokalen Varianten einer pluralistischeren Gesellschaft behindern würde. Viele Werte und Praktiken des afrikanischen Familienlebens und der Kinderbetreuung sind mit der wirtschaftlichen Entwicklung und dem politischen Pluralismus zumindest kompatibel. Dazu gehören auch die

gemeinsame, sozial verteilte Betreuung der Kinder; der große Wert,
der darauf gelegt wird, den Schulbesuch der Kinder mit der Arbeit zu
vereinbaren, die sie innerhalb der Familien leisten müssen; dass Eltern
offensichtlich wünschen, dass ihre Kinder eine _Mischung_ aus individueller Klugheit und Fügsamkeit den Älteren gegenüber an den Tag
legen; und die Vorteile des sozialen Netzwerkes, das zwischen ländlichen und städtischen Umfeldern vermitteln kann.
   Darüber hinaus unterhalten sich Eltern über Kindererziehung und
probieren neue Praktiken und Familienarrangements aus. Daher sind
Kinder und Familien _potenziell bereit_ zu unterschiedlichen wirtschaftlichen und politischen Aktivitäten. Es geht also darum, solche Aktivitäten und Institutionen einzurichten, und nicht darum, die Werte und
Praktiken afrikanischer Eltern und Familien von Grund auf zu ändern.
Kinder und junge Erwachsene werden schon zur Stelle sein, um sich an
diesen Aktivitäten zu beteiligen, sobald diese nur eingerichtet sind.
   Schließlich ist die Vorstellung, Kultur und Werte seien eher unflexib-
le Züge, die früh eingeprägt und Teil eines »Nationalcharakters« wür-
den, größtenteils falsch. Kulturelle Überzeugungen und Praktiken sind
Werkzeuge der Anpassung und nicht einfach nur starre Muster, die die
Institutionen bestimmen. Kultur ist eine Mischung aus gemeinsamen
Werten und Überzeugungen, Aktivitäten, die in der Alltagsroutine des
Lebens organisiert sind, und Interaktionserfahrungen mit emotionaler
Bedeutung. Oft ziehen Kulturen Kinder so auf, dass sie als Erwachsene
Probleme bekommen, die dann erneut gelöst werden müssen. Kindern
im Westen wird beigebracht, all das zu werden, was sie werden können,
und für alles eine Begründung zu erwarten. Ihnen werden Wahlmög-
lichkeiten angeboten, und man erwartet von ihnen, dass sie Regeln
aushandeln. Als Erwachsene haben sie dann vielleicht Probleme, am
Arbeitsplatz in Gruppen Kompromisse einzugehen und gute Arbeit zu
leisten und zu erkennen, dass niemand jeden Kindheitstraum vollkommen verwirklichen kann.
   Afrikanische Kinder lernen, dass sie voneinander abhängig sind,
Ressourcen teilen und innerhalb von familiären und gemeinschaftlichen Autoritätssystemen leben müssen, die sie bestenfalls heimlich
hinterfragen dürfen. Als Erwachsene haben sie vielleicht Probleme,
sich von diesen Einstellungen zu lösen, autonom und neugierig zu werden und neue Allianzen zu suchen. Überzeugungen, Werte, Aktivitäten und Erfahrungen sind im Verlauf der Kindheit und quer über die
Entwicklungsstadien hinweg nie vollkommen integriert.
   Kinder erwerben Kenntnisse über ihre Kultur hauptsächlich auf dem
nonverbalen Weg der Partizipation und Nachahmung – verbale Ver-

mittlung und Sprache sind wichtig, aber keineswegs dominant. Wenn man Kultur auf diese Weise erwirbt, erhält man nicht unbedingt konsistente Informationen, und in Zeiten des Wandels sind die Ebenen der kulturellen Erfahrung und die Arten ihres Erwerbs manchmal ziemlich inkonsistent. Was Kinder über ihre Kultur lernen und was Eltern versuchen, ihnen einzuprägen, wird stets als ambivalent erlebt, enthält gemischte Botschaften und wird oft abgelehnt. Kulturen mögen eine klare Tendenz und normative Muster haben, aber sie sind kaum monolithisch und uniform.

## Eltern, Kinder und der Wandel in Ostafrika

Gewiss herrschen in der politischen Ökonomie von Nationalstaaten und in der internationalen Wirtschaft Bedingungen, die das Wirtschaftswachstum in Afrika behindern. In Afrika sind sämtliche Übel, die wirtschaftlich arme Nationen befallen können, aufs Engste gebündelt.[2] Entwicklung und Veränderung finden vermutlich in einem Großteil der Welt statt, »ausgenommen Afrika«.[3] Geburtenzahlen sinken, und die Entwicklung schreitet an den meisten Orten mehr oder weniger gut voran, vermutlich ausgenommen Afrika (obwohl auch dort vielerorts ein Übergang zu sinkenden Geburtenzahlen erkennbar wird).[4] Beispiele für ein Wachstum der Wirtschaft lassen sich auf nahezu jedem Kontinent finden, ausgenommen Afrika (auch wenn es selbst dort einige Beispiele dafür gibt). Roe beschreibt das »ausgenommen Afrika«-Bild als Teil eines »Narrativs«, das zu einer negativen Einstellung gegenüber Entwicklung führt. Er schlägt eine Reihe von »Gegennarrativen« für Entwicklung vor, die sich auf die Vielfalt, Überraschung, Unvorhersagbarkeit und Komplexität der Umstände vor Ort konzentrieren.

Doch mit Sorgen um die »Narrativität« lassen sich die tief empfundenen und ernsten wirtschaftlichen und sozialen Probleme der Afrikaner kaum fassen. Daniel Etounga-Manguelle beschreibt die Probleme afrikanischer Gemeinschaften in diesem Band, und ich teile viele seiner Sorgen. Er spricht aus eigener Erfahrung, wenn er die Umstände beschreibt, die dem Wunsch nach Veränderung und Fortschritt für Millionen von Afrikanern im Wege stehen. Etounga-Manguelle meint, dass kulturelle Aspekte der Grund für diese negativen afrikanischen Institutionen sind:»Kultur ist die Mutter, und Institutionen ... sind die Kinder. Effizientere und gerechtere afrikanische Institutionen hängen von Veränderungen unserer Kultur ab.«
   Wie überall kann auch in Afrika Kultur repressiv und destruktiv wir-

ken. Zwar glaube auch ich, dass viele Menschen die von Etounga-Manguelle beschriebenen kulturellen Muster als negativ erleben und dass
viele Millionen Afrikaner deren Veränderung herbeisehnen, doch halte ich es für falsch zu glauben, dass Kultur Faktoren *vorangeht*, die auf
Ressourcen basieren und institutioneller oder politisch-wirtschaftli-
cher Natur sind. Diese Faktoren bilden vielmehr einen locker ver-
knüpften Komplex.

Was Überzeugungen und Praktiken der Elternschaft und der kindlichen Entwicklung betrifft, ist Afrika nicht der »ausgenommen«-Fall.
Man kann es Praktiken der Kinderbetreuung kaum vorwerfen, zu den
*Primär*bedingungen zu gehören, die den wirtschaftlichen und sozialen
Fortschritt behindern. Wir sollten lieber bei den ökologischen Zwängen und den regionalen, nationalen und internationalen Institutionen
ansetzen, die die Fähigkeiten afrikanischer Kinder und Jugendlicher
behindern, anstatt vorzuschlagen, dass die Methoden der Kindererziehung und die Werte und Ziele, die Eltern für ihre Kinder im Auge
haben, verändert werden sollten.

Dabei sehe ich durchaus die unverkennbare Armut und die Probleme, die einen Großteil von Afrika südlich der Sahara plagen, und ich
denke auch, dass die Kultur eine Rolle spielen muss beim Verständnis
der Vergangenheit und bei der Formung zukünftigen Fortschritts für
afrikanische Gemeinschaften. Doch der herausragendste Faktor, der
Kinder und Familien daran hindert, ihr wirtschaftliches Niveau zu
heben, ist das Fehlen der Grundvoraussetzungen dafür, dass Familien
und Gemeinschaften ein erträgliches Alltagsleben organisieren können, und damit beschäftigen sich auch viele ethnologische Studien.[5]
Vielen Millionen von Kindern und Eltern in Afrika, aber auch in anderen Teilen der Welt mangelt es an den fundamentalsten Bedingungen
für ein gesundes, sicheres und stabiles Leben, und sie haben auch keine
Gelegenheit, Schreiben und Lesen zu lernen oder andere Fähigkeiten
zu erwerben, die sie in die *Lage* versetzen würden, sich in einem breiter
angelegten Gemeinwesen zu engagieren oder einen substanziellen
wirtschaftlichen Fortschritt zu erzielen. Wie Etounga-Manguelle bin
auch ich der Meinung, dass afrikanische Kinder einen Anspruch haben
auf diese grundlegenden materiellen und sozialen Güter sowie auf die
Möglichkeit, in ihren Gesellschaften Aktivitäten und Institutionen vor-
zufinden, in denen sie sich engagieren können, um diese Ziele zu fördern.

Diejenigen, die meinen, kulturelle Werte und Praktiken in Afrika
seien der Grund dafür, dass diese grundlegenden materiellen und
sozialen Güter nicht vorhanden sind, schlagen vor, die kulturellen Wer-

te zu verändern. Doch aus Untersuchungen afrikanischer Familien und Kinder geht hervor, dass eine solche Veränderung bereits seit mindestens zwei Generationen stattfindet und dass die große Vielfalt und Heterogenität afrikanischer Gemeinschaften Individuen hervorbringt, die bereit sind zu Veränderungen. Man muss den Kindern eine *Grundversorgung* gewähren, dann können sie und ihre Eltern sich an den Wandel anpassen, und dann werden sie sich auch neuen Werten und Praktiken der Kindererziehung zuwenden.

Manchmal wird allerdings argumentiert, dass die augenscheinlichen Veränderungen von Werten und Praktiken innerhalb von Kulturen zwar interessant, doch gegenüber den gewichtigeren Beziehungen zwischen Kultur und wirtschaftlichem Fortschritt irrelevant sind. In vielen afrikanischen Staaten südlich der Sahara zeigt sich nämlich nur eine langsame oder gar sinkende wirtschaftliche Entwicklung und eine bestenfalls langsame Herausbildung einer demokratischen Gesellschaft. Ökologische, kulturelle und historische Umstände spielen sicher eine gewisse Rolle bei diesen relativen Unterschieden, stehen jedoch bestenfalls in einem lockeren Zusammenhang mit ihnen. Wenn man verstehen will, was bei Familien und Kindern innerhalb afrikanischer Gesellschaften tatsächlich abläuft, muss man unbedingt den lokalen Kulturwandel und seine Veränderlichkeit verstehen. Woher sollte man sonst wissen, was zu tun ist – wie und ob man intervenieren sollte auf welcher Ebene und in welcher Gemeinschaft? Nur Untersuchungen der realen momentanen kulturellen Umstände können sich dieses Themas annehmen. Ein solches Forschungsprogramm verdient meiner Meinung nach oberste Priorität.

## Kindererziehung, Ziele der Eltern und wirtschaftlicher Fortschritt in der entwickelten Welt

In der entwickelten Welt gibt es einen Zusammenhang zwischen bestimmten zentralen Überzeugungen der Eltern und Praktiken der Kinderbetreuung einerseits und dem wirtschaftlichen Fortschritt andererseits. Diese Überzeugungen und Praktiken haben den wirtschaftlichen Fortschritt nicht unbedingt verursacht, werden im Westen aber oft damit in Zusammenhang gebracht. Ein »pädagogisches« Entwicklungsmodell[6] betont Anregung und Eingehen auf das Kind zur Förderung von Mut, Forscherdrang, Ausdrucksfähigkeit und Lese- und Schreibfertigkeiten. Das Kind wird individuell angeregt, man fördert seinen aktiven Kontakt mit anderen und seinen Forscherdrang, kognitive und verbale Zeichen von Intelligenz werden aktiv anerkannt, die verbale Kommunikation und der Austausch von Fragen und Antworten werden unterstützt. Individualität, Autonomie, Selbständigkeit und Ausdrucksfähigkeit der Kinder werden ebenfalls gefördert. Eltern suchen nach Anzeichen der Frühreife bei ihren Kindern, prahlen ganz offen damit und fühlen sich bei der Bewunderung durch andere, die diese Frühreife kommentieren, sichtlich geschmeichelt. Manchmal wird das erwünschte Verhalten permanent gelobt und gefördert. »Gut gemacht!«, »So ist's richtig!«, »Das war doch gar nicht schlecht!«, »Gib dein Bestes!«, »Du bist so klug / sportlich / hübsch!« Eltern interpretieren typische Entwicklungsschritte als Zeichen von Intelligenz oder ungewöhnlichen Fähigkeiten. So beginnen zum Beispiel Babys überall auf der Welt mit etwa drei Monaten zu lächeln, wenn man sich ihnen zuwendet. Viele afrikanische Eltern interpretieren dies als Zeichen körperlicher Gesundheit, westliche Eltern interpretieren es als frühes Zeichen von intellektuellem Verständnis und Intelligenz.

Parallel zu diesem Streben nach frühzeitigem Anspornen machen sich westliche Eltern manchmal Sorgen, ob ihr Kind ein ausreichendes und sicheres Urvertrauen innerhalb eines stabilen sozialen Netzwerkes hat, ob es Bindungssicherheit und ein ausreichend starkes »Selbstwertgefühl« besitzt. Zwischen Nordamerika und Europa können solche Überzeugungen etwas variieren, und die Verbundenheit mit diesem idealtypischen Satz von Praktiken ist nicht überall gleich stark.[7] Doch dieses Modell gehört zu den akzeptierten, wünschenswerten Arten, Kinder zu erziehen, und wird nicht hinterfragt oder grundsätzlich in Frage gestellt. Über seine Erwünschtheit und Normalität herrscht ein ziemlich hoher Konsens.

Natürlich haben afrikanische Eltern ähnliche Hoffnungen und Ziele, was das Weiterkommen und den Erfolg ihrer Kinder betrifft. Doch sie loben ihre Kinder nicht individuell. Sie neigen eher dazu, die Integration in eine größere Familiengruppe zu betonen und ihre Akzeptanz dadurch zu zeigen, dass sie Gelegenheiten für diese Integration bieten, dass sie den Kindern Nahrung und andere materielle Besitztümer geben und dass sie sich ihren jüngeren Kindern körperlich zuwenden und ihnen Aufmerksamkeit schenken. Eltern ermutigen ihre Kinder dazu, durch Beobachtung und Zusammenarbeit mit anderen zu lernen, anstatt die Kinder aktiv und verbal zu stimulieren, und sie fördern eher die Fähigkeit, gegenseitige Abhängigkeiten aufzubauen als eine individualistische Autonomie. Robert Serpell[8] hat dies als ein sozial verteiltes Modell der kindlichen Sozialisation bezeichnet.

Tatsächlich haben viele afrikanische Eltern und Kinder heute ein weitaus gemischteres Modell elterlicher Fürsorge, das pädagogische, auf Autonomie abzielende und soziozentrische Entwicklungsziele beinhaltet. Außerdem führt die individuelle Unterschiedlichkeit der Kinder (was Temperament und andere veranlagungsbedingte Fähigkeiten betrifft) und der Familien unweigerlich zu einer Heterogenität von Mustern, sodass es ständig Kinder gibt, die in Übereinstimmung, aber auch im Konflikt mit Eigenschaften aufwachsen, die denen des pädagogischen Autonomiemodells ähneln.

Ich will die offenkundig breite Vielfalt nicht vertuschen, die Kulturen und Familien quer durch den afrikanischen Kontinent aufweisen, doch sind diese generalisierten Muster sehr illustrativ. Sie treffen zumindest teilweise auf das kindliche Leben in vielen Regionen Afrikas zu und sind als eine zentrale Tendenz mit beträchtlichen Variationen und lokalen Abweichungen zu sehen. Ich teile Etounga-Manguelles Ansicht, dass es natürlich eine große Unterschiedlichkeit quer durch Afrika gibt, aber auch »eine Basis von allgemein geteilten Werten, Einstellungen und Institutionen, die die Nationen südlich und in vielerlei Hinsicht auch nördlich der Sahara miteinander verbinden«[9]. Die Unterschiedlichkeit quer durch Afrika um dieses zentrale kulturelle Muster bestärkt mein Argument, dass es in ganz Afrika Kinder und Familien gibt, die bereit sind, sich an neuen Formen der Marktaktivität und des staatsbürgerlichen Lebens zu beteiligen.

## Die wirtschaftlichen Probleme weisen eine gewisse Kontinuität auf

Das Afrika des 19. und 20. Jahrhunderts bestand aus dynamischen und expansionistischen politischen Volkswirtschaften. Ostafrikanische Kulturen expandierten stetig in neue Territorien, sie unterhielten aktive Handelsnetze nach Arabien und in den Nahen Osten (neben regionalen innerhalb Afrikas) und verbanden sich mit Partnern benachbarter Gruppen. Es erforderte Verstand und Ehrgeiz, unter den sehr schwierigen Umständen jener Zeit sozial und wirtschaftlich erfolgreich zu sein; und dies tut es auch heute noch.

Die wirtschaftlichen Schwierigkeiten, mit denen sich Eltern und Kinder in afrikanischen Gemeinschaften jener Zeit konfrontiert sahen, sind auch heute noch vorhanden. Allen Johnson und Timothy Earle fassen sie zu vier universellen politisch-wirtschaftlichen Problemen zusammen: Produktionsrisiken, Kriege und Plünderungen (Sicherheit), ineffizienter Einsatz von Ressourcen und Ressourcenknappheit.[10] Solche Probleme sind auch heute noch überall spürbar. Die

Gemeinschaften stehen vor der Aufgabe, in einer Welt der globalen Märkte, der Regionalisierung, des dramatisch angestiegenen Zugangs zu Informationen und der wachsenden Ungleichheit andere Lösungen zu finden. Die Aufgabe besteht darin, Lösungen, die früher sinnvoll waren und noch heute für die Praktiken der Kinderbetreuung und die elterlichen Ziele charakteristisch sind, in Einklang zu bringen mit neuen Lösungen, die neue Kinderbetreuungspraktiken und neue elterliche Zielvorstellungen erfordern. Es geht weniger darum, erneut ein Bewusstsein für solche Probleme zu schaffen. Die Suche nach neuen Lösungen scheint heute im Eltern- und Familienkreis stattzufinden.

Außerdem benötigen Gemeinschaften eine Vielzahl von Talenten bei ihren Kindern, nicht nur die eng gefassten wirtschaftlichen Fähigkeiten, wie sie moderne westliche Marktökonomien vielleicht definieren. Wenn wir über den Zusammenhang zwischen dem Bedarf von wirtschaftlichem Fortschritt, den Zielen, die Eltern für ihre Kinder verfolgen, und der kindlichen Sozialisation denken, geht es nicht nur um unternehmerisches Talent, um Kompetenz im Lesen, Schreiben und Rechnen oder um Gesundheit. Um mit Fragen der Sicherheit, mit Risiko und Effizienzproblemen umzugehen, braucht eine Gemeinschaft Individuen mit sehr unterschiedlichen Talenten und Sozialisationserfahrungen, nicht nur solche, die eingleisig auf ökonomische Innovation oder breite soziale Netzwerke mit einer ausschließlich kosmopolitischen Perspektive vorbereitet worden sind.

## Marktwertbildung ist ein universelles Prinzip für soziale Beziehungen und das geistige Leben

Ein wirtschaftliches Marktkalkül gehört möglicherweise zu der kleinen Zahl universeller Prinzipien, die in allen Gesellschaften vorhanden sind und von allen Kindern bis zu einem gewissen Grad gelernt und eingesetzt werden.[11] Alan Fiske geht von vier elementaren Formen menschlicher Beziehungen aus: dem Teilen innerhalb der Gemeinschaft (Solidarität, Einigkeit in einer Gruppe), der Einstufung je nach Autorität (Status, Ungleichheit, Hierarchie in menschlichen Beziehungen), dem Zusammenschluss Gleichgestellter (egalitäre Peer-Beziehungen zwischen verschiedenen Gleichrangigen) und der Marktwertbildung (Austauschbeziehungen, bestimmt von Werteinschätzung oder Nützlichkeit). Diese elementaren Beziehungsstrukturen sind wahrscheinlich universelle Eigenschaften des Geistes sowie sozialer Organisationen.

Wenn diese vier Formen universelle Eigenschaften des Geistes und der Gesellschaften sind, sind alle Menschen von Kindesbeinen an darauf vorbereitet, andere einzuschätzen und sich mit anderen in Beziehung zu setzen, indem sie eine dieser vier Formen oder eine Kombination derselben verwenden. Die Marktwertbildung mag im Denken und in der Gesellschaft nicht so im Vordergrund stehen, wie es sich diejenigen, die am wirtschaftlichen Fortschritt interessiert sind, vielleicht wünschen, doch anscheinend lernen soziale Wesen überall, diese vier Formen sozialer Beziehungen auszubalancieren. Auch hier besteht die Aufgabe für diejenigen, die ein Interesse an einer wirtschaftlichen Entwicklung haben, nicht darin, ein Marktdenken und soziale Beziehungen bei Kindern und ihren Eltern von Grund auf neu zu erschaffen, sondern vielmehr darin, das zu entwickeln und auszuweiten, was bereits vorhanden ist.

## Kulturelle Werte bestimmen nicht Kulturen oder die Potenziale für einen Wandel

Kulturelle Werte bestimmen weder eine Kultur, noch machen sie sie aus, obwohl sie oft als die zentralen kulturellen Barrieren des wirtschaftlichen Fortschritts gelten. Clyde Kluckhohn, einer der Begründer der sozialanthropologischen Werteforschung, beschrieb Werte in abstrakten Begriffen als »Konzeptionen des Wünschenswerten« – gemeinsame Vorstellungen darüber, was gut ist.[12] Kluckhohn stellte Kultur de facto dem »Leben« und der Anpassung gegenüber, und er schrieb Wertesystemen keine determinierende Wirkung zu.[13]

> »[Kluckhohn] hielt das Leben im Wesentlichen für ungeordnet und chaotisch. Kultur bedeutete, dass dem Leben eine Ordnung auferlegt wird, und war für die menschliche Spezies notwendig, damit das Leben fortgesetzt werden konnte ... Ihm war durchaus klar, dass Kulturen nicht alle Individuen glücklich und gesund machen, dass sie langfristig gesehen nicht allen ihren Gesellschaften ein Wachstum oder Überleben sichern können und dass erfolgreiche Gesellschaften ihre Kulturen nicht auf unbestimmte Zeit intakt halten können, sondern sie verändern müssen.«[14]

Barth[15] meint, wir sollten Werte nicht verdinglichen, indem wir uns auf ihren institutionellen Ausdruck konzentrieren, sondern vielmehr auf ihre Verwendung bei der Sozialisation achten. Allerdings beeinflussen Werte das Verhalten, wenn sie Institutionen innewohnen. Deshalb sind kulturelle Werte mächtig und sollten auf der institutionellen und der sozialen Handlungsebene ernst genommen werden. Aber sie sind als

Werkzeuge der Anpassung auch Absprachen und Veränderungen unterworfen; weder bestimmen sie die Kultur, noch machen sie sie aus. Werte haben Bedeutung in dem Maße, wie sie soziales Handeln leiten. Sie tun dies, indem sie dafür verantwortlich sind, wie die Welt konstruiert wird – sie geben der Welt einen Sinn und begründen, warum wir in ihr überhaupt auf sinnvolle Weise agieren sollten; sie liefern einen Leitfaden für die *Aufmerksamkeits-* und Bewertungsprozesse (zum Beispiel: worauf sollen wir achten?); sie liefern gesellschaftlich abgesicherte Begründungen für Handlungen, die man sich selbst und anderen gegenüber dadurch *rechtfertigen* kann, dass gemeinsame Werte ins Spiel kommen; und sie liefern eine Art *sozialer Identifikation* und Etikett – z. B. die Überzeugung, dass ich ein Mensch mit spirituellen Werten bin, im Vergleich mit anderen, die diese Werte nicht teilen.[16]

Werte haben für unterschiedliche Menschen unterschiedliche Funktionen. Der Respekt von Autoritäten und Älteren mag Kindern dabei helfen, zu wissen, auf wen sie hören sollen, würde aber nicht dazu beitragen, das Wesen der modernen, sich wandelnden Welt zu erklären oder als primäre soziale Identifikation dienen. Frauen mögen Werte nutzen, die mit Respekt vor Autoritäten zu tun haben, um zu wissen, auf was sie achten müssen. Aber vielleicht teilen sie nicht die Rechtfertigungen und sozialen Identifikationen männlicher Autorität, die solche Werte implizieren.

## Ein universeller Maßstab, um Kulturen in Bezug auf Kindheit einzuschätzen: Wohlergehen und Grundversorgung führen zu einem Potenzial für ein nachhaltiges kulturelles Leben

Kulturen sollten danach beurteilt werden, inwiefern sie in der Lage sind, für das Wohlbefinden von Kindern und Familien, eine Grundversorgung und ein erträgliches Alltagsleben zu sorgen. Ich vertrete keinen relativistischen Standpunkt in Bezug auf diese Aspekte des kindlichen Lebens. Natürlich können wir denjenigen einer Gesellschaft, die unsere Visionen von sinnvollen Zielen und kulturellen Praktiken teilen, einen Rat geben und uns mit ihnen verbünden. Aber wir sollten es den internen Veränderungsmechanismen und den Diskussionen innerhalb einer Gemeinschaft überlassen, wie, mit welchem spezifischen Inhalt und auf welche kulturellen Ziele hin diese drei Umstände erreicht werden sollten.

*Wohlbefinden für Kinder bedeutet, dass Kinder sich an den Aktivitäten, die in der jeweiligen Gemeinschaft als erstrebenswert gelten, beteiligen und dabei positive psychologische Erfahrungen machen können.*

Flexibilität und Veränderungspotenziale hängen von solchen Beteiligungen seitens der Kinder und Familien ab. Marktwirtschaftliche Aktivitäten oder die Teilhabe an der gemeinsamen Zivilgesellschaft hängen in viel stärkerem Maße von einem solchen kulturellen Wohlbefinden ab als von der Bereitstellung bestimmter Werte oder Überzeugungen,[17] obwohl der Inhalt der Überzeugungen natürlich auch eine Rolle spielt.

Kinder und Eltern brauchen auch eine *Grundversorgung*. Unterstützungssysteme für Kinder haben bestimmte Eigenschaften, die sich überall auf der ganzen Welt finden lassen: Zuwendung, körperlicher Trost, gemeinsames Lösen von Problemen, Bereitstellung von Nahrung und anderen Ressourcen, Schutz vor Schäden und Gewalt und ein kohärentes moralisches und kulturelles Wissen, wer unterstützen kann und soll, sowie angemessene Methoden, dies zu tun.[18]

Kulturen sorgen auf unterschiedliche Weise für die Grundversorgung und haben auch ein unterschiedliches Verständnis davon. Über die verschiedenen Kulturen hinweg sollte man unbedingt darauf achten, ob Kinder eine kulturell kohärente und einigermaßen voraussagbare Unterstützung bekommen. Für Millionen von Kindern und Eltern in Afrika und anderswo gibt es diese grundlegende Unterstützung nicht.

Wohlbefinden und Grundversorgung zusammen ermöglichen Kindern eine nachhaltige Alltagsroutine. Nachhaltige Routinen des Familienlebens haben eine gewisse Stabilität und Vorhersagbarkeit, Bedeutung und Wert hinsichtlich der Ziele von Eltern und Kindern, sie können die unausweichlichen Konflikte und Meinungsverschiedenheiten innerhalb einer Familie und Gemeinschaft minimieren oder ausgleichen und passen zu den verfügbaren Ressourcen der Familie. Wenn Eltern und Kinder nachhaltige Routinen schaffen können, ist die kulturelle Basis für Veränderung, neue Kompetenzen und Innovation vorhanden. Ohne diese hätte eine Intervention wahrscheinlich keinen Erfolg.[19]

## Wandel der Elternschaft und der Sozialisation von Kindern in Ostafrika

Afrikanische Praktiken der Familien- und Kinderbetreuung haben einen anderen Schwerpunkt, als es die elterlichen Ziele und die Kinderbetreuung im westlichen Mittelstand haben, sie sind jedoch nicht inkompatibel mit marktwirtschaftlichem Verhalten und Veränderungen des politischen Lebens. Wichtiger noch: Sie können das Wohlerge-

hen und ein nachhaltiges Familienleben fördern durch sozial verteilte
Elternschaft und Kinderbetreuung, durch flexible und sich verändernde
moralische Diskussionen über Familienressourcen und Autorität, durch
die Betonung der Verbindung von Unabhängigkeit und Respekt als
kindliche Eigenschaft und durch expandierende soziale Familiennetz-
werke, die mit größerer Modernität und weniger Stress einhergehen.

## Sozial verteilte Elternschaft und Kinderbetreuung

Sozial verteilte Unterstützung in gemeinsamen Familienmanagement-
systemen gibt es vielerorts auf der Welt.[20] Dieser Kulturkomplex weist
unter anderem folgende Merkmale auf:

- Kinderbetreuung ist oft Teil indirekter Unterstützungsketten, bei
  denen ein Kind einem anderen beisteht, das wiederum einem dritten
  beisteht. Die Unterstützung erfolgt oft indirekt und verzögert und
  ist nicht unbedingt ausschließlich um die Beziehung zwischen
  Elternteil und Kind herum organisiert.
- Kinder wenden sich ebenso oft oder öfter an andere Kinder um Hilfe und Unterstützung wie an Erwachsene.
- Mädchen übernehmen Betreuungs- und Haushaltsaufgaben viel
  häufiger als Jungen. Zwar unterstützen und betreuen auch Jungen
  andere Kinder, doch nimmt dies ab, wenn sie in die mittlere Kindheit
  eintreten.
- Mütter unterstützen und versorgen Kinder ebenso sehr dadurch,
  dass sie sicherstellen, dass sich andere beständig beteiligen, wie
  dadurch, dass sie sich persönlich engagieren; üblich sind auch Pfle-
  geelternschaft und andere Formen der geteilten Kinderbetreuung.
- Die Betreuung findet oft im Kontext anderer häuslicher Arbeiten
  von Kindern statt.
- Dieselben Personen, die Kinder versorgen und unterstützen, können auch aggressiv, spöttisch und dominant sein; ein solches Domi-
  nanzverhalten verstärkt sich mit wachsendem Alter.
- Nahrung und materielle Güter sind von eminenter kultureller
  Bedeutung und werden eingesetzt, um zu drohen, zu kontrollieren,
  zu beruhigen und zu umhegen.
- Der verbale Austausch und ausführliche fragegeleitete Gespräche
  begleiten die Unterstützung und Pflege von Kindern nur selten;
  mündliche Verhandlungen über Rechte und Privilegien finden
  zwischen Kindern und dominanten Betreuern ebenfalls selten statt.
- Die soziale und intellektuelle Kompetenz von Kindern wird teilweise anhand ihrer Kompetenz gemessen, häusliche Aufgaben zu erle-

digen, angemessenes soziales Verhalten zu zeigen, andere Kinder zu betreuen und zu unterstützen, aber ebenso an Zeichen schulischen Erfolgs.
• Kinder werden in diesem System sozialisiert, indem sie ihre Familienrollen und Verantwortlichkeiten wie in einer Lehre lernen.

Dieses Muster des afrikanischen Lebens fördert die Achtung vor älteren Geschwistern und Erwachsenen und ist ein Training in Geselligkeit und Fürsorge, fördert aber auch Eifersucht und Wut auf diese Gemeinschaftsmitglieder sowie Konkurrenzkämpfe und ein gewisses Misstrauen denen gegenüber, die außerhalb der eigenen häuslichen Gemeinschaft stehen.

Sozial verteilte Unterstützung ist Teil eines Kulturkomplexes – ein Satz lose miteinander verknüpfter ökologischer Bedingungen, Überzeugungen und Praktiken, die Querverbindungen schaffen und sich gegenseitig befruchten. Für dauerhafte, hartnäckige und schwer zu verändernde Wesenszüge einer Kultur gilt fast immer, dass sie deshalb so sind, weil sie einem kulturellen Komplex angehören, der ein gefühlsmäßig erlerntes, kaum in Frage gestelltes, stillschweigend akzeptiertes kulturelles Modell der Welt darstellt. Die Kultur der geteilten Unterstützung ist lose verknüpft mit Merkmalen wie hoher Fruchtbarkeit, Sorgen um die kindliche Gesundheit und Sterblichkeit, erweiterten, großen oder gemeinsamen Haushalten, einer hohen Arbeitsbelastung für die Mütter und multiplen Gefühls- und Abhängigkeitsmustern von emotionalen und sozialen Verhaltensweisen. Wesentlich ist es, den Kulturkomplex in seiner Gesamtheit zu analysieren. Eine Veränderung wird sich kaum einstellen, wenn man nur den einen oder anderen Teil eines Kulturkomplexes herausnimmt und erwartet, dass sich dieser isolierte Aspekt verändert.

Die sozial verteilte Betreuung kann die Individualität und die Autonomie der Kinder behindern, indem die affektiven Bindungen aufgesplittert werden und zu einem eher »soziozentrischen« Gefühl der eigenen Person und des eigenen Selbst führen, was wiederum zu einer begrenzten Autonomie beitragen kann. Wenn Kinder schon früh als Arbeitskräfte zum Familienunterhalt beitragen müssen, kann dies Konflikte mit der Schule, der Zeit für Spiele und der sozialen Entwicklung auslösen. Die Kontrolle der kindlichen Arbeitsleistung kann in Widerspruch zur Autonomie des Kindes geraten und die Erforschung neuer Arten des Arbeitens und Lernens behindern.

Diese Charakteristika stehen zwar miteinander in Zusammenhang, doch dieser ist lose, situationsabhängig und von Familie zu Familie und von Kind zu Kind unterschiedlich ausgeprägt. Kinder, die zur verteilten Betreuung beitragen, zeigen etwas bessere Schulleistungen. Die schulische Kompetenz sinkt nicht, wenn ein älteres Kind, egal ob Junge oder Mädchen, an der sozial verteilten Betreuung teilnimmt. Ein Kind in Pflege zu nehmen ist eine weitere Praxis, die positive oder zumindest unterschiedliche Wirkungen hat. Die soziale Hierarchie der Frauen wird durch Pflegschaften gestärkt, wenn Kinder niedrig gestellter Haushalte in höher gestellte wechseln. Die Auswirkungen auf das Kind hängen teilweise davon ab, ob die Pflegemutter das Kind haben wollte (solchen Kinder scheint es gut zu gehen) oder ob das Kind durch die Umstände gezwungen war, in eine andere Familie zu ziehen.[21]

## *Es gibt einen wechselvollen und komplexen moralischen Diskurs über Elternschaft und Kinder*

Kulturelle Veränderungen sind viel schwieriger, wenn die kulturellen Werte und Praktiken so vollkommen verwurzelt und akzeptiert sind, dass über sie einfach nicht gesprochen wird. Doch die afrikanische Debatte wirkt ziemlich offen. In ihrer Geschichte »Daniel and the School Fees« hat Carolyn Edwards eine interessante Version dieser offenen Debatte über den Stellenwert der geteilten Unterstützung dargestellt.[22] Ihre Informanten mischen Vorstellungen einer grundlegenden »Vernünftigkeit« und Flexibilität von Familienentscheidungen mit Werten des »Respekts«.

Bei diesem moralischen Dilemma kann Daniel seine höhere Schulbildung deshalb absolvieren, weil sein Bruder einen Teil der Schulgebühren übernimmt. Später nimmt Daniel eine Stellung in Nairobi an, während seine Frau und seine Kinder weiter in der ländlichen Gemeinschaft leben. Acht Jahre später ist Daniels Sohn so weit, in die Schule zu gehen, und braucht Schulgeld. Daniels Eltern kommen zu ihm und sagen, dass der Bruder, der für Daniels Schulbildung bezahlt hat, einen Unfall gehabt hat, und dass das Kind seines Bruders (das genauso alt ist wie Daniels Kind), jetzt auch Schulgeld braucht und Daniel dazu beitragen soll. Doch Daniel hat gerade so viel Geld, um für ein Kind aufzukommen. Seine Frau sagt, er solle erst einmal für seinen eigenen Sohn bezahlen. Was soll Daniel nun tun? Und warum?

Edward stellte dieses Dilemma »moralischen Führern« zweier ländlicher Gemeinschaften in Kenia vor – Personen, die als pflichtbewusst, ehrlich und weise galten. Etwa die Hälfte von ihnen hatte keine Schulbildung genossen, die anderen waren teilweise auf weiterführende Schulen gegangen. Sie befragte auch Schüler weiterführender Schulen.

Ihre Beispiele stammen aus den Gemeinden Abaluyia und Kipsigis. Folgendes fand sie heraus:

»Alle Männer – alte und junge, verheiratete und unverheiratete – hatten ein gemeinsames Vokabular, als sie sich über das Thema und die durch dieses Dilemma verursachten moralischen Konflikte unterhielten. Die zentralen Werte wie Respekt, Harmonie, gegenseitige Abhängigkeit und Einheit waren nicht nur höchst lebendig, sie wurden auch immer wieder als die wichtigsten Tugenden des Familienlebens betont ... Das Ideal, im eigenen Denken und Verhalten ›Vernunft‹ walten zu lassen, schien bei den Männern (in Abaluyia) vordringlicher zu sein, während den Älteren und den Schülern in Kipsigis das Aufrechterhalten ›respektvoller‹ Beziehungen ... besonders am Herzen lag.«[23]

Es gab gravierende Unterschiede bei den moralischen Begründungen, die auf die Generationszugehörigkeit, die kulturelle Gemeinschaft und religiöse sowie kulturelle Hintergründe zurückzuführen waren. So neigten zum Beispiel die Schüler der weiterführenden Schulen weniger dazu, bei der Bewertung der moralischen Aspekte Autoritätskriterien anzulegen. Die Mitglieder von Abaluyia, einer Gemeinschaft, die einen höheren Bildungsgrad besaß und von den Missionaren der Quäker oder Protestanten beeinflusst war, erwähnten den Begriff »Vernunft« häufiger.

Obwohl die Argumente bezüglich dessen, wie mit den Schulgebühren verfahren werden sollte, unterschiedlich waren, gab es ein gemeinsames Vokabular grundlegender Werte und Moralvorstellungen, das ausreichte, um eine sinnvolle Diskussion zu führen. Dank dieses gemeinsamen Hintergrundes konnten alle die Pro- und Kontraargumente verstehen. Die Diskussionen wurden flexibel geführt, es gab unterschiedliche Ansätze zum Verständnis der Situation, und es zeigte sich, dass man offen war, wenn die Priorität der Werte, die zur Begründung der unterschiedlichen Entscheidungen, die Daniel oder andere getroffen hatten, sich veränderte. Ähnliche Diskussionen werden über die wirtschaftlichen Strategien oder die Verteilung der familiären Ressourcen an Kinder geführt.[24]

Solche moralischen Gespräche über die Erziehung von Kindern finden in Kenias Gemeinschaften tagtäglich statt. Die Zweifel und die Ambivalenz, wenn es darum geht, die »besten« Strategien dafür zu finden, was »richtig« ist, sind in diesen moralischen Diskussionen unüberhörbar. Kulturelle Überzeugungen und moralische Ideale hinsichtlich des Familienlebens und der Kindererziehung beruhen nicht auf starren Werten.

*Elterliche Erziehungsziele*

Ein Wandel zeigt sich auch bei den Wesenszügen, die sich Eltern an ihren Kinder wünschen. Durch Gemeinschaftsbefragungen von Kikuyu-Müttern aus Zentralkenia fand Beatrice Whiting acht Charaktermerkmale heraus, die sich Mütter für ihre Kinder erhoffen. Vier Eigenschaften – Vertrauen, Wissbegier, Klugheit, Tapferkeit – fanden die Kikuyu-Mütter und auch Schüler gut für schulischen Erfolg (und vielleicht auch für das marktwirtschaftliche Leben und die Beteiligung in der Politik). Vier weitere – Gutherzigkeit, Ehrfurcht, Gehorsam, Großzügigkeit) wurden als beispielhafte Eigenschaften genannt für die harmonische Interaktion in einer hierarchischen, patrilinearen und teils auf dem Land und teils an den Stadträndern lebenden Gemeinschaft.

Beide Gruppen von Eigenschaften werden zumindest bis zu einem gewissen Maß für wünschenswert gehalten. Es zeigen sich nur Unterschiede bei den relativen Vorteilen für den Schulbereich, nicht hinsichtlich ihrer umfassenden kulturellen Erwünschtheit. Außerdem werden diese Eigenschaften für Jungen und Mädchen gleichermaßen als vorteilhaft angesehen. Die Eltern versuchen, ihre Kinder so zu erziehen, dass sie eine Mischung dieser Eigenschaften entwickeln. Da es innerhalb der Geschwistergruppen erwartungsgemäß Temperamentsunterschiede und andere Abweichungen gibt, und da sich auch die Haushalte untereinander in Bezug auf Modernität unterscheiden, gibt es viele Kinder, die eher die eine oder die andere Gruppe von Eigenschaften aufweisen, aber auch solche, bei denen diese Gruppen ziemlich ausgewogen auftreten.

Die Eltern wurden befragt, welche dieser Eigenschaften sie bei ihren Kindern tatsächlich trainieren könnten und welche wohl eher angeboren oder als Anlage vorhanden wären. Wie es Eltern wohl weltweit tun, sahen auch diese Eltern, dass sowohl Natur als auch Erziehung in der Entwicklung eine Rolle spielen. In der Regel gehen Eltern davon aus, dass kindliche Eigenschaften, die sich in alltäglichen kulturellen Praktiken zeigen – jene, die durch »Mitmachen unter Aufsicht« oder durch unterschiedliche Formen der Lehre und durch informelles Lernen entwickelt werden –, ihrem direkten Einfluss eher zugänglich sind.

Die meisten Eltern waren der Meinung, dass Neugier, gutes Arbeitsverhalten, Fleiß, Gehorsam und Respekt vor Erwachsenen trainiert werden könnten. Warum? Weil Kinder diese Eigenschaften lernen könnten, wenn man sie im Haushalt arbeiten lässt oder sie zur Arbeit zu anderen schickt, lautete die Antwort. Kikuyu-Eltern sagten, dass sie ihren Kindern mit Sicherheit erlauben könnten, Fragen zu stellen und die Antworten im Unterricht zu Hause oder in der Schule zu lernen. Neugier ließe sich durch Praktiken fördern, die sie in ihre Alltagsroutine einbauen könnten. Doch Klugheit, Tapferkeit, Großzügigkeit oder Gutherzigkeit seien angeboren, seien Teil der Persönlichkeit.[25] Whiting entwickelte auch einen Modernitätsindex. Dieser Index beinhaltet die Bildung der Eltern, Kisuaheli- und/oder Englischkenntnisse der Mütter, den Besitz eines Radiogeräts, die Mitgliedschaft in einer christlichen Kirche und andere Faktoren. Eltern, die in diesen Variablen hoch punkteten, schätzten an ihren Kindern eher Eigenschaften wie Vertrauen, Wissbegier, Klugheit und Tapferkeit; weniger hoch schätzten sie Großzügigkeit, Gehorsam und Ehrfurcht. Doch auch hier gilt, dass die meisten Eltern beide Eigenschaftsgruppen an ihren Kindern haben wollen.

*Modernität ist verknüpft mit einer verstärkten*
*sozialen Einbindung und Verbindungen zu neuen Gruppen*

Letztlich treten modernere Einstellungen bei Familien auf, die sowohl zu städtischen als auch zu ländlichen Gemeinschaften Verbindung halten. Seit 1970 habe ich Familien aus Westkenia untersucht, die aus wirtschaftlichen und sozialen Gründen in die Städte oder aber in andere ländliche Gegenden gezogen waren.[26] Verglichen mit Familien, die überwiegend in Nairobi lebten, berichteten Familien, die Verwandte an unterschiedlichen Orten hatten und zusammen mit ihren Kindern hin und her zogen, über ein geringeres Maß an psychophysischem Stress, und außerdem hatten sie ähnlich moderne Einstellungen wie die Stadtbewohner. Die Stadtkinder lebten mit einem stärkeren Maß an Konflikten und Aggressionen sowohl untereinander als auch mit den Eltern und zeigten ein geringeres Maß an Geselligkeit und Zuwendung verglichen mit den Kindern aus ländlichen Umgebungen oder Kindern, die zwischen Stadt und Land pendelten. Die elterlichen Strategien, aus Gründen des Überlebens und der Sicherheit ihre Kinder und andere Verwandte an unterschiedlichen Orten unterzubringen, variierten. Familien und Kinder, deren Netzwerke quer über die Generationen und Orte sozial verteilt waren, ging es genauso gut oder besser als ihren Pendants, die versuchten, es an nur einem Ort zu schaffen.

## Resümee

Eltern und Kindern auf der ganzen Welt sollte es selbst überlassen bleiben, wie sie ihre kulturellen Praktiken erneuern oder mit ihnen experimentieren wollen. Wenn diejenigen, die über die notwendigen Mittel verfügen, Aktivitäten ermöglichen und neue institutionelle Kontexte bereitstellen, um die Marktakkumulation oder den Pluralismus im politischen Leben zu fördern, werden wir wahrscheinlich viele Familien und Kinder sehen, die sich daran beteiligen wollen. Wenn solche neuen Institutionen oder Gemeinschaftsaktivitäten mit Berücksichtigung der lokalen Kultur geplant und vorbereitet werden,[27] können und werden sie ihren Platz finden. Wenn Möglichkeiten für marktwirtschaftliches Handeln und neue und positivere Formen des staatsbürgerlichen politischen Lebens bereitgestellt werden, wird es Kinder und Eltern in modernen afrikanischen Gemeinschaften geben, die in der Lage sind, sich an diesen neuen Aktivitäten zu beteiligen.

Natürlich hat die gesellschaftlich verteilte Sozialisation wie alle kulturellen Lebensweisen ihre Vor- und Nachteile für den Einzelnen und für die wirtschaftliche Entwicklung. Dies gilt zum Beispiel für die nach wie vor praktizierte Geschlechtertrennung, die die kulturelle Entwicklung für Jungen und Mädchen begrenzt, und für den institutionalisierten Neid und die Ängste vor Nachbarn und anderen kulturellen Gruppen außerhalb der eigenen. Obwohl Eltern oft behaupten, dass diese Mischung von Charaktereigenschaften bei Jungen wie bei Mädchen vorkommen kann (bessere formale Erziehung und wirtschaftlicher Erfolg steigern die Wahrscheinlichkeit, dass Eltern dies behaupten), sorgt die kulturell geprägte Entwicklung von Jungen und Mädchen dafür, dass die Geschlechtertrennung unübersehbar bleibt, auch wenn sie zunehmend fragmentiert wird und sich verstärkt eine Entwicklung in Richtung Gleichheit abzeichnet. Selbstverständlich können lokal herrschende Überzeugungen eine gerechte Verteilung des Reichtums und Interventionen zugunsten von Kindern und Familien erschweren.[28]

Millionen afrikanischer Eltern und Kinder sind bereit für Veränderungen, sie werden zunehmend kosmopolitisch oder sind sich zumindest bewusst, dass es Alternativen gibt, und sie verändern ihr Familienleben und ihre Praktiken der Kinderbetreuung auf kreative Weise. Doch gleichzeitig widersetzen sich viele dem Wandel. Eltern und Gemeinschaften sind natürlich ambivalent. Sie haben »den Impuls, die Vorhersehbarkeit des Lebens zu verteidigen ... ein grundlegendes und universelles Prinzip der menschlichen Psychologie«[29].

Die Elternschaft und die Kinderbetreuung verändern sich und passen sich an, aber selbstverständlich gibt es machtvolle, emotional verankerte kulturelle Modelle, die eine solche Veränderung zwar möglich, aber eben auch schwierig machen.

Warum sollte man sich angesichts der großen kulturellen Bedeutung, der persönlichen Vertrautheit und Ambivalenz, die bei Elternschaft und Kindererziehung unweigerlich ins Spiel kommen, darauf konzentrieren, die Werte und Praktiken kulturell geprägter Entwicklung von Kindern zu verändern, zumal die Familien sie verteidigen und gleichzeitig verändern wollen? Tatsächlich frage ich mich, warum die, die an einer wirtschaftlichen Entwicklung und an neuen Formen der staatsbürgerlichen Teilhabe interessiert sind, unsere Aufmerksamkeit ablenken, indem sie sich auf Details konzentrieren, wie Eltern ihre Kinder erziehen sollten.

Familien könnte man viel einfacher helfen, wenn man die Mittel bereitstellen würde, um grundlegende und universell erwünschte soziale Unterstützungsmöglichkeiten aufzubauen und damit die Voraussetzungen zu schaffen für sinnvolle Routinen des Familienlebens. Angesichts der offensichtlichen Tatsache, dass vielerorts bereits Veränderungen stattfinden und dass der kindliche Entwicklungsprozess eine inhärente individuelle Variabilität aufweist, gibt es kaum einen Grund dafür, Interventionen und eine Umorientierung der Werte vorzuschreiben, was spezifische Veränderungen der elterlichen Zielvorstellungen oder der Kinderbetreuungspraktiken innerhalb des Familiensystems erforderlich machen würde. Aber es gibt sicherlich einen Grund dafür, ein Fundament bereitzustellen, das die Fähigkeit einer jeden Kultur stärkt, das Wohlergehen ihrer Kinder zu gewährleisten: die grundlegenden gesellschaftlichen Unterstützungsfunktionen Sicherheit, Stabilität, Gesundheit und Ressourcen, die es Familien erlauben, entsprechend ihren Zielen für ihre Kinder nachhaltige Routinen des Alltagslebens innerhalb ihrer Gemeinschaft zu etablieren. Das ist Fortschritt.

## Literatur

Barth, F., »Are Values Real? The Enigma of Naturalism in the Anthropological Imputation of Values«, in: Hechter, Michael, Nadel, Lynn und Michod, Richard E. (Hrsg.), *The Origin of Values*, New York 1993, S. 31–46.

Bradley, C. und Weisner, T. S., »Introduction: Crisis in the African Family«, in: Weisner, T. S., Bradley, C. und Kilbride, P. (Hrsg.), *African Families and the Crisis of Social Change*, S. 19–23, Westport 1997.

204    *Thomas S. Weisner*

Bradley, C., »Why Fertility Is Going Down in Maragoli«, in: Weisner, T. S., Bradley, C. und Kilbride, P. (Hrsg.), *African Families and the Crisis of Social Change*, Westport (Conn.) 1997, S. 227–252.

Castle, S. E., »Child Fostering and Children's Nutritional Outcomes in Rural Mali: The Role of Female Status in Directing Child Transfers«, *Social Science and Medicine* *40* (1995) no. 5, S. 679–693.

D'Andrade, R., Nachwort in: D'Andrade, D. und Strauss, C. (Hrsg.), *Human Motives and Cultural Models*, Cambridge 1991, S. 225–232.

Ders., *The Development of Cognitive Anthropology*, New York 1995.

Edmonson, M. S., »The Anthropology of Values«, in: Taylor, W., Fischer, J. L. und Vogt, E. Z. (Hrsg.), *Culture and Life: Essays in Memory of Clyde Kluckhohn*, Carbondale 1973, S. 157–197.

Edwards, C. C., »Morality and Change: Family Unity and Paternal Authority Among Kipsigis and Abaluyia Elders and Students«, in: Weisner, T. C., Bradley, C. und Kilbride, P. (Hrsg.), *African Families and the Crisis of Social Change*, Westport (Conn.) 1997, S. 45–85.

Fischer, J. L. und Vogt, E. Z., Vorwort in: Tylor, W., Fischer, J. L. und Vogt, E. Z. (Hrsg.), *Culture and Life: Essays in Memory of Clyde Kluckhohn*, Carbondale 1973, S. 1–13.

Fiske, A. P., Structures of Social Life: *The Four Elementary Forms of Human Relations*, New York 1991.

Ders., »The Four Elementary Forms of Sociality: Framework for a Unified Theory of Social Relations«, *Psychological Review 99* (1992), S. 689–723.

Goldschmidt, W., *The Human Career*, London 1990.

Harkness, S., Super, C. M. und News, R. (Hrsg.), *Parent's Cultural Belief Systems*, New York 1996.

Howard, M. und Millard, A. V., *Hunger and Shame: Poverty and Child Malnutrition on Mount Kilimanjaro*, New York 1997.

Johnson, A. W. und Earle, T., *The Evolution of Human Societies: From Foraging Group to Agrarian State*, Stanford 1987.

Klitgaard, R., »Taking Culture into Account: From ›Let's‹ to ›How‹«, in: Serageldin, I. und Taboroff, J. (Hrsg.), *Culture and Development in Africa*, Proceedings of an international conference held at the World Bank, Washington, D. C., 1994, S. 75–120.

Kluckhohn, F. R. und Strodtbeck, F. L., *Variations in Value Orientations*, Evanston (Ill.) 1961.

Lancy, D., *Playing on the Mother-Ground: Cultural Routines for Children's Development*, New York 1996.

Landes, D., *The Wealth and Poverty of Nations: Why Some Are So Rich and Some So Poor*, New York 1998 (dt.: *Wohlstand und Armut der Nationen: Warum die einen reich und die anderen arm sind*, Berlin 1999).

LeVine, R., »Patterns of Personality in Africa«, *Ethos 1 no. 2* (1973), S. 123–152.

LeVine, R., Dixon, S., LeVine, S., Richman, A., Leiderman, P. H., Keefer, C. H. und Brazelton, T. B., *Child Care and Culture: Lessons from Africa*, Cambridge 1994.

Marris, P., *Loss and Change*, New York 1975.

Robinson, W. C., »Kenya Enters the Fertility Transition«, *Population Studies 46* (1992), S. 445–457.

Roe, E., *Except-Africa: Remaking Development, Rethinking Power*, New Brunswick 1999.

Serpell, R., *The Significance of Schooling: Life-Journeys in an African Society*, New York 1993.

Super, C. M. und Harkness, S., »Modernization, Family Life, and Child Development in Kokwet«, in: Weisner, T. S., Bradley, C. und Kilbride, P. (Hrsg.), *African Families and the Crisis of Social Change*, Westport (Conn.) 1997, S. 341–153.

UNICEF, *The State of the World's Children*, New York 1992.

Weisner, T. S., »A Cross-Cultural Perspective: Ecocultural Niches of Middle Childhood«, in: Andrew Collins (Hrsg.), *The Elementary School Years: Understanding Development During Middle Childhood*, Washington D. C. 1984, S. 335–369.

Ders., »The Crisis for Families and Children in Africa: Change and Shared Social Support for Children«, *Health Matrix: Journal of Law-Medicine 4, no. 1* (1994), S. 1–29.

Ders., »Support for Children and the African Family Crisis«, in: Weisner, T. S., Bradley, C. und Kilbride, P. (Hrsg.), *African Families and the Crisis of Social Change*, Westport (Conn.) 1997a, S. 20–44.

Ders., »The Ecocultural Project for Human Development: Why Ethnography and Its Findings Matter«, *Ethos 25, no. 2* (1997b), S. 177–190.

Weisner, T. S. mit Bradley, C. und Kilbride, P. (Hrsg.), *African Families and the Crisis of Social Change*, Westport (Conn.) 1997.

Whiting, B. B., »The Effect of Social Change on Concepts of the Good Child and Good Mothering: A Study of Families in Kenya«, *Ethos 24 no. 1* (1996), S. 3–35.

Wildavsky, A., »How Cultural Theory Can Contribute to Understanding and Promoting Democracy, Science, and Development«, in: Serageldin, I. und Taboroff, J. (Hrsg.), *Culture and Development in Africa*, Proceedings of an international conference held at the World Bank, Washington, D. C. 1994, S. 137–146.

## Anmerkungen

1 Roe 1999.

2 Landes 1999, S. 501, UNICEF 1992, Weisner 1994.

3 Roe 1999.

3 Bradley 1997, Robinson 1992.

5 Weisner 1997a.

6 LeVine et al. 1994.

7 Harkness und Super 1996.

8 Serpell 1993.

9 Etounga-Manguelle zählt allerlei solcher Aspekte auf (wobei er bewusst die negativen betont, um seine Argumentation zu stützen): die Bedeutung hierarchischer Distanz in sozialen Beziehungen, der Versuch, Ungewissheit durch Religion und ein durch Natur und Religion festgesetztes, unveränderliches Geschick zu kontrollieren, eine Zeitorientierung, die nicht auf die Zukunft ausgerichtet ist, Passivität angesichts von Macht und die Bereitschaft, diese Macht zu akzeptieren, Unterordnung des Individuums unter die Gemeinschaft und Ablehnung jeder »Auffassung vom Individuum als einem autonomen und verantwortlichen Wesen« (siehe das Kapitel von Etounga-Manguelle in diesem Buch), exzessive Geselligkeit, verbunden mit Scheu vor offenem Konflikt und dem Versuch, persönliche Freundschaft zu stiften, anstatt persönliche Differenzen offen auszutragen, Nachdruck auf dem gegenwärtigen Konsum anstatt auf dem Sparen für die Zukunft, irrationale Überzeugungen (zum Beispiel Glaube an Hexerei), totalitäre Gemeinwesen ohne kollektives Vertrauen und kollektive Ziele. Ich habe andere, kindheitsspezifische Aspekte vorgeschlagen, zum Beispiel die gesellschaftlich verteilte Unterstützung und Sorge für andere, relative Geschlechtertrennung, starke Betonung von Leistungszielen und Statuserreichung (»sich einen Namen machen«), jedoch ohne unverhohlene Prahlerei, Diffusion der affektiven Bindungen.

10 Johnson und Earle 1987.

11 Fiske 1991, 1992.

12 D'Andrade 1995, S. 3.

13 Edmondson 1973; siehe auch Kluckhohn und Strodtbeck 1961, S. 21.

14 Fischer und Vogt 1973, S. 8.

15 Barth 1993.

16 D'Andrade 1991.

17 Weisner 1997b.

18 Weisner 1994.

19 Weisner 1997a.

20 Ebd.

21 Castle 1995.

22 Edwards 1997, S. 50 f.

23 Ebd., S. 82

24 Super und Harkness 1997.

25 Whiting 1996, S. 22–25.

26 Weisner 1997a.

27 Klitgaard 1994.

28 Howard und Millard 1997.

29 Marris 1975, S. 3.

*Richard A. Shweder*

# Moralische Landkarten, »Erste Welt«-Überheblichkeit und die Neuen Evangelisten

### Hirn vom Ökonomen: 2,39 $ / Pfund

Hat Kannibalismus einen Nährwert, oder ist er nur eine Sparte der *haute cuisine*? Zwar ist diese Frage Gegenstand ernsthafter Debatten in der Anthropologie, aber bei großen, feierlichen Anlässen beweisen Anthropologen bekanntlich auch Humor. Als Anthropologe möchte ich daher mit der zugegebenermaßen bizarren Variante eines alten Witzes beginnen, der sich auf den Markt für menschliche Gehirne in Papua-Neuguinea bezieht.

Ein Mann aus der »Ersten Welt« kommt in Papua-Neuguinea in ein Feinkostgeschäft. Er geht in die Fleischabteilung, wo eine Preistafel »diverse Westler« anpreist. Es gibt zwei Angebote: evangelikale Missionare (religiöse und säkulare), die glauben, dass es ihre Lebensaufgabe ist, unsere Welt durch ihre moralische Erleuchtung zu verbessern, und romantische Relativisten, die glauben, dass alles, was ist, gut ist.

Der Mann bemerkt viele Delikatessen, säuberlich in Schüsseln aufgereiht. Die erste Schüssel hat ein Schild mit der Aufschrift »Hirn vom Weltbankökonomen: 2,39 $ / Pfund.« Das Etikett auf der Büchse lautet: »Diese Leute wollen uns jede Menge sehr günstige Kredite geben (die wir natürlich nie zurückzahlen können), wenn wir nur alles ein bisschen mehr so machen, wie sie es im Westen machen. Sie wollen, dass wir Verträge formalisieren, eine unabhängige Justiz schaffen und das bevorzugte Einstellen von Angehörigen der eigenen ethnischen Gruppe verbieten. Und das ist nur der Anfang.«

Auf dem Schild an der zweiten Schüssel steht:»Hirn vom protestantischen Ethiker: 2,42 $ / Pfund.«Das Schild lautet:»Diese Leute wollen unsere Arbeitsgewohnheiten und unsere Auffassungen von gutem Leben verändern. Sie wollen, dass wir aufhören, unsere Zeit mit komplizierten Ritualen für tote Ahnen zu verschwenden. Sie wollen uns jede Menge sehr günstige Kredite geben (die wir natürlich nie zurückzahlen können), wenn wir nur anfangen, über die Dinge so zu denken, wie sie im Westen (oder jedenfalls in den nördlichen Teilen des Westens) über die Dinge denken. Die Nordwestleute sind überzeugt, dass alles schlecht und böse ist, nur nicht ständiges Arbeiten, und dass nur die Reichen gerettet werden. Sie erklären uns, dass ›nachhaltiges Wachstum‹ das zeitgenössische Codewort für die Übernahme protestantischer Werte ist. Sie glauben, dass Gott die Menschen mit materiellem Wohlstand auszeichnet, dass zielstrebig angehäufte Reichtümer seinen Segen haben. Sie wollen, dass wir gerettet werden. Sie wollen uns retten.«

Auf dem Schild an der dritten Schüssel steht:»Hirn von monokultureller Feministin: 2,49 $ / Pfund.«Das Etikett lautet:»Diese Leute wollen unser Familienleben, unsere Beziehungen zwischen den Geschlechtern und unsere Fortpflanzungspraktiken verändern. Sie wollen, dass wir den Mutterleib abwerten, der in ihren Augen mit ›schlimmen‹ Dingen wie Großfamilie, Häuslichkeit und sexueller Arbeitsteilung verbunden ist. Sie wollen, dass wir die Klitoris aufwerten (die in ihren Augen mit ›guten‹ Dingen wie Unabhängigkeit, Gleichheit und hedonistischer Selbststimulierung verbunden ist), als biologische Quintessenz weiblicher Identität und als Symbol und Mittel der weiblichen Emanzipation vom Mann. Und sie wollen, dass die NATO eine ›humanitäre‹ Invasionstruppe schickt, wenn wir nicht versprechen, der ›Nationalen Organisation der Frauen‹ und der ›Liga der weiblichen Wähler‹ beizutreten.«

Auf dem Schild an der letzten Schüssel steht:»Anthropologenhirn: 15 $ / Pfund.«Das Etikett lautet:»Diese Leute glauben, wir sollten das Geld nehmen und abhauen!«

Entsetzt wendet sich unser Besucher an den Mann hinter der Theke und sagt:»Was soll das denn! Habt ihr noch nie was von der moralischen Überlegenheit des Westens gehört (jedenfalls der nördlichsten Teile des Westens)? Wisst ihr nicht, dass wir [in der ›Ersten Welt‹] besser sind, als ihr [in der ›Dritten Welt‹] es seid, weil wir Humanisten sind, die hinter der Menschenrechtserklärung der UNO stehen? Wisst ihr nicht, dass in puncto Hirn alle Menschen gleich sind? Wisst ihr nicht, dass der Hauptgrund für die Unterschiede in der Welt [die Differenzen beim ›Humankapital‹] darin besteht, dass die Menschen in den südlichen Teilen der Erde in verarmten Kulturen [›Armutskulturen‹] aufwachsen? Deshalb sind sie schlecht gerüstet für ein Leben auf der Datenautobahn und der globalen Überholspur. Deshalb sind sie unzuverlässig, korrupt, undiszipliniert, unqualifiziert und arm. Okay, leichte Preisunterschiede beim Hirn vom Ökonomen, vom protestantischen Ethiker und von der monokulturellen Feministin kann ich ja verstehen (2,39 $ pro Pfund / 2,42 $ pro Pfund / 2,49 $ pro Pfund), aber 15 $ pro Pfund für Hirn vom Anthropologen? Das ist doch lächerlich! Das ist unlogisch! Das ist ungerecht! Das spottet jeglicher ›Transparenz‹!«

Worauf der Mann hinter der Theke erwidert: »Wissen Sie eigentlich, wie viele Anthropologen wir erlegen mussten, um ein Pfund Hirn zusammenzubekommen?«

So muss ich gestehen, dass ich mir ein wenig hirnlos vorkomme, wenn ich für einen Band schreibe, zu dessen Beiträgern so viele hervorragende Forscher und Evangelisten aus Fächern gehören, die nicht die meinen sind. Lawrence Harrison warb mich für dieses Unterfangen, indem er mit dem ihm eigenen Freimut erklärte, er wolle, dass ich als Skeptiker und Kritiker schreibe, weil ich seiner Meinung nach zwar an »Kultur«, aber nicht an »Fortschritt« glaube. Er sagte, er habe auch vor, andere Arten von Skeptikern und Kritikern einzuladen – solche, die zwar an »Fortschritt«, aber nicht an »Kultur« glauben.

Ich glaube sehr wohl an Fortschritt, jedenfalls in einem beschränkten Sinn (mehr dazu weiter unten). Und ich fürchte, dass der präzise Sinn, in dem ich an Kultur glaube (auch hierzu gleich mehr), für diejenigen vielleicht nicht sehr hilfreich (oder auch nur sinnvoll) ist, die hier die These vertreten haben, dass »Kultur zählt«.[1]

Was ist gemeint, wenn man sagt: »Kultur zählt?« Das hängt davon ab, wer es sagt. Das Thema dieses Bandes formuliert einen intellektuellen Standpunkt, den man als »kulturellen Fortschrittsglauben« (*cultural developmentalism*) bezeichnen könnte. Für einen Vertreter dieses Standpunkts ist die Aussage »Kultur zählt« nur eine andere Form der Feststellung, dass manche Kulturen verarmt oder rückständig, andere reichhaltig oder fortschrittlich sind. Es bedeutet, dass es im Leben gute Dinge (zum Beispiel Gesundheit, innenpolitische Ruhe, Gerechtigkeit, materiellen Wohlstand, hedonistische Selbststimulierung und Kleinfamilien) gibt, die alle Menschen wollen sollen und haben sollen, die zu wollen beziehungsweise zu haben aber manche durch ihre Kultur gehindert werden.

Es gibt einige Punkte, woran Sie erkennen können, ob Sie ein Vertreter dieses kulturellen Fortschrittsglaubens sind. Haben Sie Freude

daran, den Globus unter die ethische Lupe zu nehmen und »moralische
Weltkarten« zu zeichnen? Oder (was ziemlich auf dasselbe hinaus-
läuft) konstruieren Sie gerne Indikatoren der »Lebensqualität«, die
man hernehmen kann, um eine Rangfolge von besseren und schlechteren Kulturen, Zivilisationen und Religionen aufzustellen? Wenn Sie
diesen Standpunkt vertreten, sind Sie wahrscheinlich zutiefst bestürzt
über die Beharrungskraft und Popularität von diversen (»archai-
schen«) Lebensweisen und (»abergläubischen«) Glaubenssystemen,
weil Sie in ihnen einen relativen Mangel an Wahrheit, Güte, Schönheit
oder praktischer Effizienz erblicken. Sie haben wahrscheinlich den
Wunsch, die Bewohner der »dunklen Kontinente« unserer Erde »aufzuklären«. Wahrscheinlich wollen Sie sie aus Irrtum, Unwissenheit,
schlechten Gewohnheiten, Unmoral und Schmutz herausholen und sie
ummodeln, auf dass sie fortschrittlicher, demokratischer, wissenschaftlicher, staatsbürgerlicher, fleißiger, unternehmerischer, zuverlässiger,
rationaler und uns (oder unserem Ideal von uns) ähnlicher werden.

»Kultur zählt« auch für mich, aber auf eine ganz andere Weise: Wenn
ich jemals von einer »Kultur der Armut« spräche, würde ich diese
Bezeichnung wohl asketischen Gemeinschaften vorbehalten, in denen
der Verzicht auf Reichtum und das Verschmähen weltlicher Güter ein
positiv bewertetes objektives Gut sind. Und angesichts meiner Vorstellung davon, in welchem Sinne »Kultur zählt«, würde ich vielleicht sogar
versuchen, an dieser Vorstellung vom Guten etwas Verdienstvolles zu
finden.

Die Idee einer »verarmten Kultur« ist zwar nicht gerade ein Oxymo-
ron, hat aber in meinen eigenen Feldforschungen so gut wie keine Rolle gespielt. Schlimmer noch, mein Engagement für die Idee der »Kultur« hat seinen Ursprung in meinem Interesse für andere Kulturen als
Quellen der Erleuchtung (Shweder 1991, 1993, 1996a, 1996b, 1997;
Shweder u. a. 1998). Ich habe nie viel von der Auffassung gehalten, dass
ein guter Grund, sich für andere Kulturen zu interessieren, darin
besteht, dass sie Hindernisse für die Verwirklichung eines imaginären
universalen Bestrebens aller Menschen sind, den Nordeuropäern ähnlicher zu werden. Und während ich gewiss an die Wichtigkeit und
moralische Anständigkeit unserer eigenen Lebensweise glaube, glaube
ich nicht an unsere moralische Überlegenheit über den Rest der Welt.[2]

Ich glaube also nicht, dass die Nordeuropäer auf dem Markt für
menschlichen Fortschritt eine Nische haben. Ich glaube nicht, dass
kognitiver, spiritueller, ethischer, sozialer, politischer und materieller
Fortschritt Hand in Hand gehen. Gesellschaften, die über großen
Reichtum und viel Macht verfügen, können spirituell, ethisch, sozial

und politisch brüchig sein. Viele vitale, geistig hochdifferenzierte und bewunderungswürdige Kulturen – Stätten, wo Philosophen in Lehmhütten wohnen – haben sich in einer Umwelt mit rudimentärer Technik und relativ geringem materiellem Wohlstand entwickelt. Daher glaube ich nicht, dass »wir« oder »sie« die einzig glaubwürdige Manifestation des guten Lebens verwirklicht haben.

Offenkundig bin ich einer der Ketzer bei dieser Erweckungsversammlung, und das ist kein besonders angenehmes Gefühl. Lassen Sie mich daher meine Präsentation mit einigen Bekenntnissen fortsetzen, die mir vielleicht etwas von meiner Besorgnis nehmen, zum Skeptiker vom Dienst ausersehen zu sein.

## Bekenntnis Nummer 1: Ich bin Anthropologe

Das erste Bekenntnis ist natürlich, dass ich Antropologe bin. Angesichts des heutigen Durcheinanders in der anthropologischen Zunft ist das leider kein sehr erhellendes Bekenntnis. Anders als vor 50, ja noch vor 20 Jahren sagt es nichts darüber aus, was ich selbst über den Begriff »Kultur« denke, ob ich dafür oder dagegen bin oder ob er mich zum Lachen oder zum Weinen bringt.[3]

Im Interesse der Genauigkeit bei der Beschreibung der gegenwärtigen anthropologischen Szene möchte ich anmerken, dass es eine Zeit in der Anthropologie gab, da man Wörter wie »primitiv«, »barbarisch«, »wild« oder auch »unterentwickelt« in Anführungszeichen setzte, wenn man sie überhaupt gebrauchte. Es gab eine Zeit, in der man die Vorstellung, es gäbe nur einen einzigen Weg zu einem moralisch anständigen und rationalen Leben, und das sei der unsere, ganz einfach als obszön empfunden hätte.

Aber die Dinge haben sich geändert. Der monokulturelle Feminismus hat mit jedem bequemen Relativismus in der Anthropologie aufgeräumt und der Idee der »politischen Korrektheit« einen neuen Sinn verliehen. Neben der internationalen Menschenrechtsbewegung und diversen Behörden, die eine Globalisierung im westlichen Stil fördern (wie UNICEF, WHO und vielleicht sogar NATO), gibt es daher heutzutage eine Fülle von Anthropologen, die sich für andere Kulturen hauptsächlich als Objekt der Verachtung interessieren. Die Parole lautet: »Das ist keine Kultur, sondern [Gewünschtes bitte ergänzen: kriminell, unmoralisch, korrupt, ineffizient, barbarisch]« (beziehungsweise »Das ist Kultur und daher [Gewünschtes bitte ergänzen: kriminell, unmoralisch, korrupt, ineffizient, barbarisch]«), und sie ist zum Schlachtruf für Vertreter des kulturellen Fortschrittsglaubens, west-

liche Interventionisten aller Schattierungen und auch manche Schulen
der Kulturanthropologie geworden. Ich bedauere diese ironische Wende, die die Ereignisse genommen
haben. Die Kulturanthropologie war einmal ein Fach, das stolz war auf
seinen Widerstand gegen ethnozentrische Missverständnisse und
moralische Überheblichkeit, aber auch seine antikolonialistische Verteidigung anderer Lebensformen. Das war einmal.
Heutzutage gibt es eine Fülle von Anthropologen (die Postkultura-
listen), die mit dem Begriff »Kultur« nichts mehr zu tun haben wollen.
Sie glauben, das Wort »Kultur« werde böswillig gebraucht, um autoritäre gesellschaftliche Verhältnisse zu sanktionieren und Despoten mit
ihren blutigen Händen buchstäblich davonkommen zu lassen. In Wirklichkeit scheint es, je mehr sich die Welt der Theorie für die Kulturan-
thropologie dreht, eher »ein *déjà vu* auf der ganzen Linie« zu sein.
Denn trotz 100 Jahren Einspruch von anthropologischen Pluralisten,
Relativisten und Kontextualisten wie Franz Boas, Ruth Benedict, Mel-
ville Herskovits, Robert LeVine oder Clifford Geertz ist ein geistiger
Standpunkt wieder da, der an die »Bürde des weißen Mannes« vom
Ende des 19. Jahrhunderts erinnert: der kulturelle Fortschrittsglaube.
Das selbstgefällige »Heraus-aus-der-Barbarei«-Thema des westlichen
Liberalismus – oder einiger seiner Erscheinungsformen – (samt der
sensationellen Beschuldigung, afrikanische Mütter seien schlechte
Mütter, Menschenrechtsverletzerinnen und Verstümmlerinnen ihrer
Töchter), dieses Thema ist in der anthropologischen Szene wieder ein-
mal salonfähig geworden, jedenfalls bei jenen Anthropologen, die die
politisch korrektesten sind.[4]
Die derzeitige Szene in der Anthropologie ist so komplex (und ver-
dreht), dass es sogar Anthropologen gibt, die zwar glauben, dass ihnen
der Begriff »Kultur« gehört, aber nicht wollen, dass irgendjemand –
auch sie selbst nicht – irgendetwas damit anfängt. Ich gehöre nicht zu
ihnen. Ohne Rücksicht darauf, ob die Idee der Kultur mich zum
Lachen oder zum Weinen bringt, hänge ich an ihr. Ich kann nicht ohne
sie auskommen. Ich finde, vom Ökumenismus allein können wir nicht
leben. Die Zugehörigkeit zu einer bestimmten Tradition von Auffassungen ist eine wesentliche Bedingung für persönliche Identität und
individuelles Glück. »Dichte Ethnizität« und kulturelle Vielfalt haben
meiner Ansicht nach beide ihre Berechtigung und sind Teil der natürlichen und moralischen Ordnung der Werte. Ich glaube, Mutter Natur
will nicht, dass sich alle Menschen gleichen.
Was verstehe ich unter »Kultur«? Ich verstehe unter »Kultur« die für
eine Gemeinschaft typischen Ideen darüber, was wahr, gut, schön und

effizient ist. Um »kulturell« zu sein, müssen diese Ideen über Wahrheit, Güte, Schönheit und Effizienz sozial ererbt und gewohnheitsmäßig sein, und sie müssen tatsächlich konstitutiv für verschiedene Lebensweisen sein.

Anders gesagt, bezieht sich Kultur auf die von Isaiah Berlin genannten »Ziele, Werte und Weltbilder«, die in Sprechweise, Gesetzen und routinemäßigen Praktiken einer sich selbst überwachenden Gruppe kundgemacht werden.

In diese Definition ist viel mehr hineingepackt, als ich in einem Kapitel auspacken könnte. So beinhaltet sie die Vorstellung, dass Taten lauter sprechen als Worte und dass »Praktiken« eine zentrale Größe für die Kulturanalyse sind. Das ist einer der Gründe, warum ich Fragebögen über Werte nicht besonders mag und mich auch nicht für Forschungen begeistern kann, die auf der Analyse offizieller Glaubensbekenntnisse oder auf Bekräftigungsmustern für abstrakte, frei schwebende Aussagen beruhen.[5]

Eines der Dinge, um die es bei »Kultur« mit Sicherheit nicht geht, ist übrigens der »Nationalcharakter«. Ich werde hier nicht viel über Studien zum »Nationalcharakter« zu sagen haben – sie kamen vor 40 Jahren aus der Mode, und das mit gutem Grund. Sie kamen aus der Mode, weil man sich bei menschlichem Verhalten und menschlicher Motivation viel besser an der Denkweise von Entscheidungstheoretikern oder vernünftigen Volkswirtschaftlern orientiert als an der Denkweise von Persönlichkeitstheoretikern. Für Entscheidungstheoretiker geht das Handeln irgendwie aus einer »Handlungsinstanz« hervor. Das heißt, Handeln wird analysiert als das gemeinsame Produkt aus »Präferenzen« (Zielen, Werten und »Zwecken« unterschiedlicher Art) und »Zwängen« (»Mitteln« unterschiedlicher Art, wie etwa Kausalüberzeugungen, Informationen, Qualifikationen sowie materielle und nichtmaterielle Ressourcen), vermittelt durch den Willen von vernunftbegabten Wesen. Das steht im Gegensatz zur Denkweise von Persönlichkeitstheoretikern. Für sie ist Handeln »erzwungen«. Sie wollen Verhalten als das gemeinsame Produkt aus zwei Arten von Kraftpfeilen erklären, einem »von innen« drängenden, der »Person« heißt (beschrieben im Sinne von verallgemeinerten Motiven und »anhaftenden« globalen Zügen), und einem »von außen« drängenden, der »Situation« heißt.

Die Suche nach Persönlichkeitstypen zur Erklärung kultureller Praktiken hat sich nicht als sehr nützlich erwiesen. Wenn man versucht, Individuen im Sinne von Persönlichkeitsmerkmalen oder verallgemeinerten Motiven zu charakterisieren, stellt man gewöhnlich Folgendes fest: »Individuen innerhalb einer Kultur unterscheiden sich voneinander viel stärker als von Individuen in anderen Kulturen« (Kaplan 1954). Und wenn es überhaupt einen häufigsten Typus (Modaltypus) gibt (zum Beispiel einen »autoritären Persönlichkeitstyp« oder einen Persönlichkeitstyp mit ausgeprägtem »Leistungsbedürfnis«), stellt man fest, dass er in der Regel für nicht mehr als ein Drittel der Population charakteristisch ist. Wie in der psychologischen Anthropologie und in der Kulturpsychologie seit langem anerkannt wird, ist es möglich, dass (um Melford Spiro 1961 zu zitieren) »unterschiedliche modale Persönlichkeitstypen mit ähnlichen Sozialsystemen und ähnliche modale Persönlichkeitstypen mit unterschiedlichen Sozialsystemen zusammengehen«. Die Suche nach Persönlichkeitstypen zur Erklärung von Unterschieden in den kulturellen Praktiken führt in eine Sackgasse (Shweder 1991).

## Bekenntnis Nummer 2: Ich bin Pluralist

Mein zweites Bekenntnis lautet: Ich bin Pluralist. Meine Version von kulturellem Pluralismus beginnt mit einer universalen Wahrheit, die ich das Prinzip des »Konfusionismus« nenne. Nach Überzeugung des Konfusionisten ist die erkennbare Welt, von einem einzelnen Standpunkt aus betrachtet, unvollständig, von allen Standpunkten aus gleichzeitig betrachtet inkohärent und »von nirgendwo speziell« aus betrachtet leer. Angesichts dieser Wahl zwischen Unvollständigkeit, Inkohärenz und Leere optiere ich für Unvollständigkeit, um mich gleichzeitig zwischen verschiedenen Weisen, die Welt zu sehen und zu bewerten, hin und her zu bewegen.

Diese Version des kulturellen Pluralismus steht dem Universalismus nicht entgegen. Die Kulturtheoretiker zerfallen nicht in nur zwei Gruppen, die »radikalen Relativisten«, die glauben, dass »alles geht«, und die »uniformen Universalisten«, die glauben, dass nur eine Sache »geht«. Ich glaube fest an den »Universalismus«, aber die Art von Universalismus, an die ich glaube, ist ein »Universalismus ohne Uniformität«, was mich zu einem Pluralisten macht. Ich glaube also, dass es universal bindende Werte gibt, dass es aber einfach zu viele sind (etwa Gerechtigkeit, Wohltätigkeit, Autonomie, Opferbereitschaft, Freiheit, Treue, Heiligkeit, Pflicht). Ich glaube, dass diese objektiv wertvollen Ziele im Leben unterschiedlich, heterogen und nicht auf einen gemeinsamen Nenner wie »Nützlichkeit« oder »Lust« zu bringen sind und inhärent im Widerspruch zueinander stehen. Ich glaube, dass nicht alle guten Dinge im Leben gleichzeitig maximiert werden können. Ich glaube, dass es bei der Umsetzung wahrer Werte immer Kompromisse geben wird, weshalb es unterschiedliche Werttraditionen (das heißt Kulturen) gibt und weshalb keine kulturelle Tradition bisher vermocht hat, sämtliches Gute in Ehren zu halten.[6]

Kultureller Pluralismus hat noch andere Implikationen, von denen einige höchst provokant sind. Dazu gehört die Behauptung, dass der Vorstand der »American Anthropological Association« etwas Richtiges und Mutiges tat, als er 1947 entschied, die Menschenrechtserklärung der UNO als Dokument des Ethnozentrismus abzulehnen. 1947 waren Anthropologen noch stolz auf ihre antikolonialistische Verteidigung andersartiger Lebensformen (siehe Shweder 1996b).

## Können Fortschritt und Pluralismus zusammengehen?

Pluralismus bedeutet nicht die Zurückweisung der Idee von Fortschritt und Niedergang. Fortschritt bedeutet, mehr und mehr von etwas »Wünschenswertem« zu haben (zum Beispiel von etwas, das man wünschen muss, weil es »gut« ist). Niedergang bedeutet, immer weniger davon zu haben. Sobald ein konkretes »Gut« benannt ist (zum Beispiel Pflege der Eltern im Alter, Ausmerzung ansteckender Krankheiten), können wir ein objektives Urteil über den Fortschritt in Bezug auf dieses »Gut« abgeben. Wenn die Maximierung der Wahrscheinlichkeit, dass ein Kind die ersten neun Monate nach der Geburt überlebt, als Erfolgsmaßstab gilt, sind die USA objektiv fortgeschrittener als Afrika und Indien. Wenn die Maximierung der Wahrscheinlichkeit, dass ein Kind die ersten neun Monate nach der Empfängnis (im Bauch der Mutter) überlebt, als Erfolgsmaßstab gilt, sind Afrika und Indien (mit ihren relativ niedrigen Abtreibungszahlen) objektiv fortgeschrittener als die USA (wo die Abtreibungszahlen relativ hoch sind).

Natürlich bleibt bei der Entscheidung darüber, wie man konkrete »Güter« identifiziert und benennt und somit die Welt moralisch kartiert, vieles dem Ermessen überlassen (wird also weder von der Logik noch von Beweisen diktiert). So ist beispielsweise für Evolutionsbiologen die reine Quantität an Leben, die »Fortpflanzungstauglichkeit« einer Population der Maßstab, um deren Erfolg abzuschätzen. Wie haben wir dann nach diesem Erfolgsmaßstab – der genetischen Reproduktion des eigenen Stammes oder der eigenen Ahnenreihe – die Antibabypille, die Abtreibungsgesetzgebung und die Verringerung der Familiengröße in den Hightech-Gesellschaften der Ersten Welt einzuschätzen? Erzählen wir da eine Geschichte des Niedergangs?

Oder um ein anderes Beispiel auszuwählen: Welche Geschichte
müssen wir über Maßstäbe der »Lebensqualität« wie etwa die Lebenserwartung bei der Geburt erzählen? Je länger das Leben einer Population, desto größer die Häufigkeit chronischer Krankheit, desto größer
die Wahrscheinlichkeit funktionaler Schädigung und desto größer die
aggregierte Menge von Schmerz, die diese Population erlebt (ein echter qualitativer Maßstab). Das Gute (zum Beispiel mehr Lebensjahre,
kein körperlicher Schmerz) korreliert nicht immer. Das längere Leben
ist nicht eindeutig das bessere Leben – oder? Und wenn Langlebigkeit
ein Erfolgsmaßstab ist, warum dann nicht auch Menge oder reine
Bevölkerungsgröße, mit China und Indien an der Spitze der Liste?
Und warum die Lebenserwartung bei der Geburt? Welcher Grundsatz der Logik, welcher Kanon der induktiven Wissenschaft diktiert
den Maßstab für das Entwerfen moralischer Weltkarten und für die
Abschätzung des kulturellen Fortschritts? Warum nicht die Lebenserwartung mit 40 Jahren oder eben auch bei der Empfängnis? Warum
nicht die umfassendere Perspektive auf den Lebensgang des Fötus einnehmen, anstelle des späteren Standpunkts des Neugeborenen? Wie
gesagt, wenn man die Risiken im Mutterleib berücksichtigt, stehen die
Erste Welt und die ehemalige Zweite Welt schlechter da als viele
Gesellschaften in Afrika und Asien. Man überlege nur, wie anders
unsere Lebenserwartungstabellen aussähen, wenn wir die Abtreibungsraten von 20 bis 50 Prozent in den USA und Kanada oder die
Abtreibungsrate von über 50 Prozent in Russland einrechneten, verglichen mit den niedrigen zwei bis zehn Prozent in Indien, Tunesien
und anderen Teilen der »unterentwickelten« Welt.

Es geht hier nicht um den Streit zwischen Lebensschützern und
Schützern der Wahlfreiheit (zu denen ich mich rechne). Es geht um den
Aspekt des Ermessens bei der moralischen Kartierung der Welt und
um die Grade an Freiheit bei der Entscheidung, wessen Ideale als Maßstab eines guten Lebens ausgewählt werden sollen. In dem Maße, wie
Gesellschaften technologisch differenziert werden, steigen häufig die
Abtreibungsraten, wodurch die Lebenserwartung der Population
zurückgeht (wenn man voraussetzt, dass die Lebenserwartung vom
Augenblick der Empfängnis, nicht der Geburt an gerechnet wird). In
manchen Teilen der Welt, und zwar oft gerade in den Teilen der Welt,
wo Fortpflanzungserfolg und große Familien wertgeschätzt werden, ist
die frühe Kindheit eine relativ gefährliche Zeit des Lebens. In anderen
Teilen der Welt, und zwar oft in Hightech-Gegenden, wo Kleinfamilien
wertgeschätzt werden und der Mutterleib nicht mehr als sakrosankt
gilt, beginnen die wirklichen Gefahren schon früher im Leben, und

wenn man ein unerwünschtes Kind ist, kann der Mutterschoß wirklich die Gesundheit gefährden.

Sobald ein bestimmtes »Gut« ausgewählt und benannt worden ist, können objektive abschätzungen über Fortschritt oder Niedergang vorgenommen werden. Eine derartige, wertspezifische Abschätzung ist aber etwas ganz anderes als jede Form von Fortschritts-Triumphalismus, die irgendeine kulturelle Tradition als eine allen anderen überlegene herausgreift. Man kann alles besser oder schlechter erscheinen lassen, je nach der Auswahl der Wertkriterien, zu der man sich entschließt. Wenn es an die Beurteilung all der vielen potenziell guten Dinge im Leben geht, sind Kulturpluralisten überzeugt, dass die meisten alten Kulturtraditionen ein Plus und ein Minus aufweisen (siehe Shweder u. a. 1997). Und wenn es an die Konstruktion von Fortschrittsnarrativen geht, sind sie überzeugt, dass es jede Menge Ermessens- (und Ideologie-)Spielraum dafür gibt, wie man die Geschichte von dem Besseren und von dem Schlechteren erzählt.

Es ist auch möglich, solche wertspezifischen Urteile über den Fortschritt zu treffen, ohne dass man an die generelle Überlegenheit der Gegenwart über die Vergangenheit oder an die tendenzielle Wendung der meisten Dinge zum Besseren glaubt. Man kann sogar kriteriumsspezifische Urteile über Fortschritt und Niedergang treffen und trotzdem »neo antik« denken, das heißt die Vorstellung ablehnen, dass die Welt erst gestern oder vor 300 Jahren in Nordeuropa erwachte, aus der Finsternis emporwuchs und gut wurde. Wer »neo-antik« denkt, hält Neuheit nicht für einen Maßstab des Fortschritts und ist gerade im Namen des Fortschritts durchaus bereit, die Dinge von einem Standpunkt aus einer (zeitlichen wie räumlichen) Distanz neu zu bewerten.

Pluralisten treffen auch kritische Urteile. Ja, der »Standpunkt der Begründbarkeit« ist für meine Art der Kulturanalyse so zentral, dass ich als »echte« Kultur – eine Kultur, die Wertschätzung verdient – eine Lebensweise definieren würde, die gegen Kritik von außen verteidigt werden kann. Pluralismus ist der Versuch, diese Verteidigung »anderer« zu leisten, und zwar nicht nur als Korrektiv für die Parteilichkeiten und Übertreibungen diverser moderner Spielarten von Ethnozentrismus und Chauvinismus (wozu auch die Behauptung gehört, dass der Westen besser als der ganze Rest ist) – was freilich schon Grund genug wäre. Im gegenwärtigen Augenblick, nach dem Sturz des Kommunismus und dem Aufstieg des globalen Kapitalismus (wozu auch die Ausbreitung des Internet gehört), sind wir (im Westen) restlos von uns überzeugt. Gerade in Zeiten wie diesen täten wir gut daran, uns an Max Weber zu erinnern, der bekanntlich *Die protestantische Ethik und der*

*Geist des Kapitalismus* schrieb, aber keineswegs von einer Präferenz des Protestantismus gegenüber dem Katholizismus oder des Nordens gegenüber dem Süden redete. Er war kritischer Pluralist, und als solcher warnte er vor dem »eisernen Käfig« der Moderne, vor den unpersönlichen Normen des bürokratischen Staats, der moralische Verpflichtungen gegenüber Familie und Verwandtschaft zu einer Form von »Korruption« umdefiniert, und vor den Risiken einer ungezügelten Wirtschaftsrationalität.

Zu allen Zeiten glaubt derjenige, der der Reichste und technisch Fortschrittlichste ist, dass seine Lebensform die beste ist, die natürlichste, die gottgegebene, das sicherste Mittel zur Erlösung oder doch wenigstens die Überholspur auf dem Weg zum Wohlergehen in dieser Welt. Im 16. Jahrhundert glaubten die portugiesischen Missionare in China, dass ihre Erfindung der Uhr, auf die sie sehr stolz waren, der unwiderlegbare Beweis für die Überlegenheit des Katholizismus über die anderen Weltreligionen sei (Landes 1999, S. 346 ff.). Nach allem, was mir bekannt ist, hätte ihr mechanischer Zeitmesser vielleicht als Argument für die absolute Monarchie gewertet werden können. Geblendet von unseren zeitgenössischen Erfindungen und Spielzeugen (als da sind CNN, IBM, Big Mäc, Blue Jeans, Antibabypille, Kreditkarte) und häuslich eingerichtet in unserer eigenen Lebensform, neigen wir zu ähnlichen Illusionen und derselben Art von Einbildung.

### Prophezeiungen zur Jahrtausendwende

Drei Vorstellungen der »neuen Weltordnung«:

Die Zeiten sind verwirrend, besonders wenn man versucht, sich in groben Umrissen die »neue Weltordnung« vorzustellen, die wahrscheinlich das alte Schema einer »Ersten« (kapitalistischen), »Zweiten« (kommunistischen) und »Dritten« (unterentwickelten) Welt ablösen wird.

Ein Grund für die Konfusion besteht darin, dass unsere selbstgefällige Darstellung der Herkunft von Säkularismus, Individualismus und Naturwissenschaft aus der »Aufklärung« in den 1990er Jahren abgewirtschaftet hat und auch nicht allzu nützlich sein dürfte, um die Richtungsänderung zu Beginn des 21. Jahrhunderts zu prognostizieren. Noch vor 30 Jahren prophezeiten viele Sozialwissenschaftler, dass die Religion in der modernen Welt verschwinden und durch die Naturwissenschaft ersetzt werden würde. Sie prophezeiten, dass Stämme verschwinden und durch Individuen ersetzt werden würden. Sie haben sich geirrt: Das ist nicht geschehen und wird nicht geschehen, weder auf globaler noch auf lokaler Ebene. Der Multikulturalismus ist ein unumstößliches Faktum. Die ehemalige Zweite Welt – einst ein Imperium – besteht heute aus lauter kleinen Welten. Die Entwicklung eines globalen Weltsystems geht anscheinend Hand in Hand mit dem Entstehen von ethnischen oder kulturellen Erweckungsbewegungen auf lokaler Ebene. Im Grenzfall kann sogar politische Betätigung für kulturelle Minderheiten lohnend sein. Die potenzielle Belohnung besteht in direkten finanziellen Zuwendungen und militärischem Schutz durch diverse Machtzentren und vielleicht sogar einer Stimme bei den Vereinten Nationen.

Darüber hinaus leben viele von uns heute in Nationalstaaten, bestehend, wie Joseph Raz gesagt hat, »aus Gruppen und Gemeinschaften mit unterschiedlichen Praktiken und Überzeugungen, darunter auch Gruppen, deren Überzeugungen miteinander unvereinbar sind«. Das wird auch in Zukunft so bleiben, und sei es nur darum, weil die globale Migration eine Realität ist und weil Gemeinschaft und Gottheit wesentliche Güter sind, die um der individuellen Identität und des menschlichen Fortschritts willen anerkannt werden müssen. Natürlich kann das Leben in einer solchen Welt gefährlich sein, besonders für Angehörige von Immigranten- oder Minderheitengruppen in multikulturellen Staaten und für Angehörige verschiedener Zivilisationen oder Kulturen, die miteinander im geopolitischen Konflikt liegen. In einer solchen Gesellschaft hofft man sehr, dass nicht nur »Kultur zählt«, sondern auch ein besonderes, pluralistisches Kulturverständnis, weil das richtige Kulturverständnis nützlich sein kann, um einige der mit »Differenz« und multikulturellem Leben verbundenen Risiken zu mindern.

Es gibt noch einen zweiten Grund dafür, dass diese Zeiten verwirrend sind. Es wäre schön, eine gültige allgemeine Kausalerklärung für Reichtum und Armut von Nationen, Völkern und Kulturen in der Hand zu haben, aber wir haben sie nicht. Wenn wir unter »Verursachung« das verstehen, was John Stuart Mill darunter verstand – alle notwendigen Bedingungen, die gemeinsam hinreichend sind, um eine Wirkung hervorzubringen –, müssen wir meines Erachtens zugeben, dass wir eigentlich nicht einmal wissen, was wirtschaftliches Wachstum verursacht. Sizilien im 15. Jahrhundert, Holland im 16. Jahrhundert, Japan heute – Sozialwissenschaftler können ein Volk, eine Kultur oder eine Nation herauspicken und in diesem Fall eine plausible Geschichte über einige der Gründe wirtschaftlichen Scheiterns oder Gelingens erzählen. Aber das ist noch lange keine allgemeine Kausaltheorie. Man versuche einmal, alle potenziellen Kausalbedingungen für das Entstehen von Wohlstand aufzulisten, die David Landes (1999) in seiner monumentalen Wirtschaftsgeschichte der Welt erwähnt. Und dann frage man sich: Ist irgendeine dieser Bedingungen hinreichend, um Wirtschaftswachstum hervorzubringen? Die Antwortet lautet: nein. Und ist irgendeine dieser Bedingungen auch nur notwendig? Mal waren es die Feuerwaffen. Mal waren es die Juden. Hier war es die Einwanderungspolitik, dort war es der Zugang zu Chinin. Hier war es die Emanzipation der Leibeigenen, dort war es das Vorhandensein fossiler Brennstoffe. Hier war es das Wetter, dort war es die Bereitschaft, Handel mit Fremden zu treiben. Hier waren es die vernünftigen Kolonialherren, dort war es die hohe Verbrauchernachfrage. Hier und dort war es einfach Glück. Singapur ist keine liberale Demokratie, aber es ist reich. Indien ist die bevölkerungsreichste Demokratie der Welt, aber es ist arm. Schweden im 18. Jahrhundert war eine spärlich besiedelte Demokratie, aber es war ebenfalls arm. Menschen, die streng religiös sind und nicht an die »Gleichheit der Geschlechter« glauben (zum Beispiel chassidische Juden), können reich sein. Völlig säkularisierte, egalitäre Gesellschaften (zum Beispiel ehemals kommunistische Länder in Osteuropa) können wirtschaftlich gesehen auf keinen grünen Zweig kommen. 1950 hatte Japan »konfuzianische Werte« (die damals nicht besonders »westlich« aussahen) und war ärmer als Brasilien. 1990 hatte Japan dieselben »konfuzianischen Werte«, die auf einmal sehr »protestantisch« aussahen, da Japan Brasilien überflügelt hatte. Wenn ich zynisch wäre, würde ich sagen, dass unsere fähigsten Wirtschaftsgeschichtler es hervorragend verstehen, einige der überflüssigen Bedingungen zu benennen, die gemeinsam hinreichend gewesen sein mögen, um in einem bestimmten Sonderfall Wohlstand herbeizuführen. Weniger zynisch darf man gerechterweise wohl sagen, dass wir trotz vieler eindrucksvoller nachträglicher historischer Erklärungen für die fallspezifischen Bedingungen des Entstehens von Wohlstand zu einem gewissen Gefühl der Konfusion über die allgemeinen Ursachen des wirtschaftlichen Erfolges berechtigt sind, wenn wir unter »Verursachung« das verstehen, was J. S. Mill darunter verstand, als er den Begriff definierte.

Wie sollen wir also die großen Veränderungen in der »Weltordnung« erfassen, die heute vor sich gehen? Welcher Zusammenhang besteht zwischen »Globalisierung« (Verknüpfung aller Volkswirtschaften der Erde), »Verwestlichung« (Übernahme westlicher Ideen, Ideale, Normen, Institutionen und Produkte) und wirtschaftlichem Wachstum? Wenn man sich heutzutage umhört, kann man viele Prophezeiungen

oder Spekulationen über die Gestalt der künftigen »neuen Weltordnung« hören. Drei davon will ich abschließend erwähnen.

*Prophezeiung Nummer 1:*
*Der Westen ist am besten und wird global werden*
*(oder sollte zumindest versuchen, die Weltherrschaft zu übernehmen)*

Die Prognose lautet hier, dass westlich inspirierte Bestrebungen durch
die Globalisierung befeuert oder freigesetzt und dass sie die Ursache
und Begleiterscheinung wirtschaftlichen Wachstums sein werden. Solche westlich inspirierten Bestrebungen sind der Wunsch nach liberaler
Demokratie, die Dezentralisierung von Macht, Privateigentum, individuelle Rechte, Gleichheit der Geschlechter und so fort und vielleicht
auch der Geschmack an westlichen Produkten. Im Hinblick auf »Globalisierung«, »Verwestlichung« und »wirtschaftliches Wachstum«
rechnet diese Prognose mit kausalen Wirkungen in alle Richtungen. Im
Grunde genommen ist es der universalisierte und in die Zukunft proji-
zierte westliche Mythos von der »Aufklärung«.

*Prophezeiung Nummer 2:*
*Andere werden ein »Stück vom Kuchen« abbekommen*
*und zugleich an ihrer Kultur festhalten*

Anfang der 1970er Jahre hatte ich einen sudanesischen Studenten, der
seine Doktorarbeit über die Einstellung afrikanischer Studenten zur
Modernisierung schrieb, wofür er sich eines Fragebogens zum Thema
Überzeugungen und Werte bediente. Er fand heraus, dass der »Materi-
alismus«-Faktor in seinem Fragebogen orthogonal (rechtwinklig) zum
»Individualismus«-Faktor verlief – man konnte materiellen Wohlstand
schätzen, ohne die kollektivistischen Werte des Stammes aufzugeben.
Den Saudis gefiel diese Botschaft so gut, dass sie sich den jungen Mann
als Dozenten an ihre Universitäten holten. Vielleicht ist das der Grund,
warum gerade in der nicht westlichen Welt Samuel Huntingtons (1996)
These so populär ist, dass der Westen zwar einzigartig, aber nicht universal ist und dass andere Zivilisationen nicht unbedingt wie wir werden müssen, um von den Technologien der modernen Welt profitieren
zu können. Diese Prognose rechnet mit Globalisierung und wirtschaftlichem Wachstum ohne tieferes kulturelles Eindringen des Westens.
Kulturen und Zivilisationen werden ermutigt, unterschiedlich zu bleiben, während jeder ein Stück vom Kuchen abkriegt.[7]

*Prophezeiung Nummer 3:*
*ein liberales, quasi »osmanisches« Reich*
*mit zwei »Kasten« (kosmopolitische Liberale und lokale Nichtliberale)*

Ich verbinde die erste Prophezeiung mit Francis Fukuyama (1992) und
die zweite mit Samuel Huntington (1996). Lassen Sie mich mit meinem
eigenen Augurenspruch schließen. Stellen Sie sich eine Weltordnung
vor, die im klassischen Sinne liberal ist. Ihre Führer vertreten im
Hinblick auf inhaltliche kulturelle Streitfragen den »Standpunkt der
Neutralität«. Sie machen Hilfe und Schutz nicht abhängig von Veränderungen der lokalen Gender-Ideale, Autoritätsformen, Verwandt-
schaftsstrukturen oder Volljährigkeitsriten. Sie versuchen nicht, den
Angehörigen verschiedener kultureller Gruppen einzureden, sie müssten zusammenleben oder einander lieben oder dieselben emotionalen
Reaktionen, ästhetischen Ideale und religiösen Überzeugungen teilen.
Sie versuchen nicht, ihnen einzureden, wie sie ihr Privatleben zu gestalten haben oder dass sie überhaupt ein Privatleben haben müssen.
Stellen Sie sich vor, dass es in dieser Weltordnung verschiedene Sankti-
onsmechanismen gibt, die es ermöglichen, ein Mindestmaß an Höflich-
keitsregeln durchzusetzen: Ausreisevisa werden jederzeit erteilt, und
Aggression über territoriale Grenzen hinweg ist nicht gestattet. Stellen
Sie sich vor, dass ein solches Weltsystem errichtet wird, um eine dezent-
ralisierte Kontrolle über kulturelle Streitfragen zu unterstützen und
damit die lokale kulturelle Blüte zu fördern. Diese emergente (sich
abzeichnende) »neue Weltordnung« hätte Ähnlichkeit mit einem postmodernen »osmanischen System« im globalen Maßstab.

Ich stelle mir vor, dass dieses System zwei Schichten aufweist und auf
zwei Ebenen funktioniert, einer globalen und einer lokalen. Ich stelle
mir vor, dass seine Menschen zwei »Kasten« angehören werden. Es
wird die kosmopolitischen Liberalen geben, die darin geschult sind,
Wertneutralität und kulturelle Vielfalt zu schätzen, und die die globalen Institutionen des Weltsystems verwalten werden. Und es wird die
lokalen Nichtliberalen geben, die sich der »dichten Ethnizität« in der
einen oder anderen Form verschrieben haben und geneigt sind, sich
von »anderen« zu separieren, womit sie sicherstellen, dass für die kosmopolitischen Liberalen genug Vielfalt in der Welt zu schätzen übrig
bleibt. Die globale Elite (die kosmopolitisch und liberal ist) wird sich
natürlich aus allen Nationalitäten rekrutieren. In der neuen universalen kosmopolitischen Kultur der globalen Schicht des Weltsystems
werden Ahnen und Hautfarbe eines Menschen weit weniger wichtig
sein als seine Ausbildung, seine Werte und seine Fahrpläne. Es ist in der

postmodernen kosmopolitischen Welt schon jetzt der Fall, dass man nicht im Westen aufgewachsen sein muss, um Westler zu sein, ebenso wenig wie man in der südlichen Welt aufgewachsen sein muss, um einen indigenen Dritte-Welt-Standpunkt einzunehmen. Schließlich stelle ich mir vor, dass es in dieser »neuen Weltordnung« dem Individuum möglich ist, innerhalb eines einzigen Lebens zwischen Schichten und Kasten in beiden Richtungen hin und her zu wechseln, also vom globalen Liberalismus zum lokalen Nichtliberalismus und zurück.

Das ist die Vermutung, die ich im Hinblick auf Globalisierung, Verwestlichung und wirtschaftliches Wachstum wagen würde. Sollte es sich als empirische Verallgemeinerung herausstellen, dass wirtschaftliches Wachstum auch in Gang gesetzt werden kann, wenn man sich nur auf die vordergründigen oder dünnen Aspekte der westlichen Gesellschaft (wie Waffen, Informationstechnologie, Visakarten) stützt, werden Kulturen auch dann nicht konvergieren, wenn sie reich werden. Wenn wirtschaftliches Wachstum davon abhängt, dass man die tiefen oder dichten Aspekte der westlichen Kultur (wie Individualismus, Ideale der Weiblichkeit, Egalitarismus, Bill of Rights) akzeptiert, werden die Kulturen nicht konvergieren und sich wirtschaftlich nicht entwickeln, weil ihr Identitätsbewusstsein stärker sein wird als ihr Wunsch nach materiellem Wohlstand.

## Literatur

Fukuyama, Francis, *Das Ende der Geschichte: Wo wir stehen*, München 1992.

Harrison, Lawrence, *Who Prospers? How Cultural Values Shape Economic and Political Success*, New York 1992.

Huntington, Samuel P., »The West Unique, Not Universal«, *Foreign Affairs 75* (1996), S. 28–45.

Kaplan, B., *A Study of Rorschach Responses in Four Cultures*, Papers of the Peabody Museum of Archaeology and Ethnology 42:2, Cambridge, 1954.

Landes, David, *Wohlstand und Armut der Nationen: Warum die einen reich und die anderen arm sind*, Berlin 1999.

Obermeyer, C. M., »Female Genital Surgeries: The Known, the Unknown, and the Unknowable«, *Medical Anthropological Quarterly 13* (1999), S. 79–106.

Obiora, L. A., »Rethinking Polemics and Intransigence in the Campaign Against Female Circumcision«, *Case Western Reserve Law Review 47* (1997), S. 275.

Shweder, Richard A., *Thinking Through Cultures: Expeditions in Cultural Psychology*, Cambridge, 1991.

Ders., »Cultural Psychology: Who Needs It?«, *Annual Review of Psychology 44* (1993), S. 497–523.

224 _Richard A. Shweder_

Ders., »True Ethnography: The Lore, the Law and the Lure«, in: Jessor, R., Colby, A. und Shweder, R. A. (Hrsg.), _Ethnography and Human Development: Context and Meaning in Social Inquiry_, Chicago 1996[a].

Ders., »The View from Manywheres«, _Anthropology Newsletter 37_, Nr. 9 (1996[b]), S. 1.

Shweder, Richard A. (Hrsg.), _Welcome to Middle Age! (and Other Cultural Fictions)_, Chicago 1998.

Shweder, Richard A., mit Mahapatra, M. und Miller, J. G., »Culture and Moral Development«, in: Stigler, J. S., Shweder, R. A. und Herdt, G. (Hrsg.), _Cultural Psychology: Essays on Comparative Human Development_, New York 1990.

Shweder, Richard A., mit Much, N. C., Mahapatra, M. und Park, L., »The ›Big Three‹ of Morality (Autonomy, Community, Divinity) and the ›Big Three‹ Explanations of Suffering«, in: Rozin, P. und Brandt, A. (Hrsg.), _Morality and Health_, New York 1997.

Spiro, M., »Social Systems, Personality, and Functional Analysis«, in: Kaplan, B. (Hrsg.), _Studying Personality Cross-Culturally_, New York 1961.

Stolzenberg, N. M., »A Tale of Two Villages (or, Legal Realism Comes to Town)«, in: Shapiro, I. und Kymlicka, W. (Hrsg.), _Ethnicity and Group Rights – Nomos XXXIX_, New York 1997.

Richard Shweders Anmerkung 1 (siehe unten) forderte Daniel Etounga-Manguelle, Carlos Alberto Montaner und Mariano Grondona zu einer Reaktion heraus. Die Fußnote hat folgenden Wortlaut:

»Unter den vielen faszinierenden Bemerkungen, die auf der Konferenz zu hören waren, gab es auch verschiedene ›indigene‹ Zeugnisse von kosmopolitischen Intellektuellen aus Afrika und Lateinamerika. Diese Repräsentanten aus der ›Dritten Welt‹ spielten die Rolle der missmutigen ›Insider‹, die Zeugnis von der Verarmung ihrer eigenen, nativen Kultur ablegten und uns sagten, wie schlimm die Dinge in ihrem Heimatland stehen können. Diese Rolle ist in unserer postmodernen Welt, wo das Außen innen und das Innen überall ist (siehe CNN, Visa und Big Mäc), zunehmend komplex, ja dubios geworden. Für die meisten globetrottenden Manager des Weltsystems, darunter auch die kosmopolitischen Intellektuellen aus der ›Dritten Welt‹, zählen Fahrpläne heute mehr als Ahnenreihen. Infolgedessen ist man geneigt, Zweifel gegenüber Autoritätsansprüchen anzumelden, die auf der Gleichsetzung von Staatsangehörigkeit (oder nationaler Herkunft) und ›indigener‹ Stimme beruhen. Denn welche Stimme ist ›indigener‹? Die Stimme des (oder der) ›westlich gebildeten‹ BA oder Ph. D. aus Dakar oder Delhi, der (oder die) auf die eigenen kulturellen Traditionen herabsieht und zu den USA um geistige und moralische Leitung und materielle Hilfe aufschaut? Oder die Stimme eines ›westlichen‹ Gelehrten, der jahrelang Feldforschung in ländlichen Dörfern Afrikas oder Asiens treibt und die Traditionen der ›anderen‹ versteht und werthält?«

## Bemerkungen von Montaner, Etounga-Manguelle und Grondona sowie weitere Bemerkungen Shweders:

### Carlos Alberto Montaner

Richard Shweders Bemerkung ist typisch für jene, die von Lateinamerikanern Dritte-Welt-Reaktionen erwarten. Er versteht einfach nicht, dass Lateinamerika eine Erweiterung des Westens ist. Ich verstehe nicht, warum Shweder glaubt, wir sollten uns mit autoritären Regierungen und mit Wirtschaftsmodellen abfinden, die die Hälfte unseres Volks zum Elend verdammen, wenn die ganze Welt – angefangen bei den Japanern – der Überzeugung ist, dass es bewundernswert von Japan war, die Produktionstechniken und die soziale Organisation des Westens zu übernehmen. Vielleicht findet er ja die brasilianischen *favelas* mit ihrem grenzenlosen, barbarischen Elend malerisch. Ich kann diese unmenschlichen Bedingungen nicht akzeptieren. Ich bin der Überzeugung, dass sie ausgerottet werden müssen und dass die Menschen, die dort leben, die Chance auf ein besseres, ein menschlicheres Leben haben müssen.

Woher ich weiß, was Lateinamerikaner wollen? Sehr einfach: indem ich die Migrationstendenzen verfolge. Erhebungen zeigen, dass mindestens die Hälfte der Bevölkerung von (unter anderem) Mexiko, Kolumbien und Guatemala gerne ihr Land verlassen und in die USA gehen würde. Und warum? Weil die USA ihr bieten, was sie in ihrem eigenen Land nicht findet.

Was Shweder über »diese Repräsentanten aus der ›Dritten Welt‹« sagt, die »die Rolle der missmutigen ›Insider‹ spielen«, könnte man genauso auf die Amerikaner anwenden, die sich darum kümmern, die unmenschlichen Verhältnisse in den schwarzen und puertorikanischen Ghettos zu verbessern. Wenn er konsequent unkritisch gegenüber den Werten und Einstellungen einer Kultur sein will, sollte er auch mit der sizilianischen *omertà* keine Probleme haben.

### Daniel Etounga-Manguelle

Als »missmutiger Insider« und »kosmopolitischer Intellektueller« aus Afrika weiß ich die Gelegenheit zu schätzen, eine Bemerkung zu Richard Shweders Fußnote zu machen. Ich tue es mit einiger Befan-

genheit. Erwidere ich doch einem westlichen Forscher, der sich als stärker »indigen« empfindet, als ich selbst es bin, weil er »jahrelang Feldforschung in ländlichen Dörfern … Asiens getrieben hat und die Traditionen der ›anderen‹ versteht und werthält«.

Ich muss gestehen, dass mir nicht die »geistige und moralische Leitung und materielle Hilfe« zuteil geworden sind, die ich von dem Har-
vard-Symposion erwartet habe, und will daher die Wahrheit sagen: Wir
Afrikaner stehen richtig darauf, in Shantytowns zu leben, wo es nicht
genug zu essen, kein Gesundheitswesen und keinen Schulunterricht für
unsere Kinder gibt. Auch sind unsere korrupten Häuptlingssysteme
wirklich phantastisch und haben Ländern wie Mobutus Zaire mit
Recht Prestige und Achtung in der ganzen Welt beschert.

Ferner wäre es zweifellos furchtbar öde, wenn in ganz Afrika freie,
demokratische Wahlen veranstaltet würden. Dann wären wir ja keine
wirklichen Afrikaner mehr, und mit dem Verlust unserer Identität –
und unseres Autoritarismus, unserer blutigen Bürgerkriege, unseres
Analphabetentums, unserer Lebenserwartung von 45 Jahren – würden
wir nicht nur uns selbst, sondern auch jene westlichen Anthropologen
im Stich lassen, die uns so mitfühlend untersuchen und verstehen, dass
man von uns nicht erwarten kann, dass wir uns wie Menschen benehmen, die am Vorabend des dritten Jahrtausends ihre Würde suchen.
Wir sind Afrikaner, und was zählt, ist unsere Identität!

Kämpfen wir also um sie, mit voller Unterstützung jener westlichen
Gelehrten, die die Weisheit und den Mut besitzen, anzuerkennen, dass
Afrikaner einer anderen Welt angehören.

### *Mariano Grondona*

Es gibt einen methodologischen Unterschied zwischen Richard Shweder und Lateinamerikanern wie Carlos Alberto Montaner und mir.
Shweders Ziel, gälte sein Augenmerk Lateinamerika, wäre, es zu verstehen. Wir wollen es verändern. Anthropologen brauchen die
Gesellschaften, die sie untersuchen, relativ statisch und berechenbar,
wie ein Entomologe, der Bienen oder Ameisen untersucht. Montaner
und ich haben dagegen einen existenziellen Zugang zu unserer Region: Es ist »unsere« Welt, aus der wir kommen und die wir lieben.
Weil wir uns für sie engagieren, wollen wir, dass sie zu neuen Höhen
menschlicher Erfüllung fortschreitet, näher bei jenen in der entwickelten Welt.

Man muss sich fragen, wer Lateinamerika besser vertritt, Shweder
und andere ausländische Sozialwissenschaftler oder Montaner und

ich? Wir gehören in unsere Region. Wir fühlen sie. Die Tatsache, dass Millionen von Lateinamerikanern »mit den Füßen abstimmen«, indem sie in die entwickelten Länder auswandern, und dass die überwältigende Mehrheit der Wähler in unserer Region fortschrittliche Regierungen unterstützt, legt beredtes Zeugnis dafür ab, dass unsere Auffassungen und Sorgen von vielen geteilt werden.

Gewiss reisen wir zwischen Lateinamerika und den entwickelten Ländern hin und her. Aber diese Erfahrungen entfremden uns nicht von Lateinamerika. Vielmehr steigern sie unsere Sorge über die Verhältnisse, insbesondere für die Armen in Lateinamerika, und lenken gleichzeitig unser Augenmerk auf das, was getan werden muss, um diese Verhältnisse zu ändern. Wie die überwältigende Mehrheit unserer Landsleute wollen wir, dass es auch in unseren Nationen gibt, was wir in den fortgeschrittenen Gesellschaften finden: demokratische Stabilität, Gerechtigkeit, Aufstiegschancen und Wohlstand.

### *Richard Shweders Erwiderung auf Montaner, Etounga-Manguelle und Grondona*

Soweit ich sehe, gibt es nichts in meiner Anmerkung 1 (oder in dem gesamten Kapitel), was autoritärer Herrschaft, einem Leben in Schmutz und Elend oder einem Tod in jungen Jahren das Wort redet. In autoritären Machtordnungen handeln die Machthaber auf eine Weise, die nur ihren eigenen Interessen dient, und niemand kann sie davon abhalten. Ich glaube, dass die Welt weit besser dran wäre, wenn es diese Machtordnungen nicht gäbe. Und nichts in meinem Text legt nahe, dass wir die überkommenen Ideen, Einstellungen und Praktiken irgendeiner kulturellen Tradition unkritisch akzeptieren müssten – auch nicht die unserer eigenen. Wie ich in meinem Kapitel schreibe: »Der ›Standpunkt der Begründbarkeit‹ ist für meine Art der Kulturanalyse so zentral, dass ich als ›echte‹ Kultur – eine Kultur, die Wertschätzung verdient – eine Lebensweise definieren würde, die gegen Kritik von außen verteidigt werden kann.«

Wenn einem wirklich daran liegt, eine gewisse Wertschätzung einer kulturellen Tradition zu erreichen, muss man sich gewöhnlich auf eine teilnehmende Beobachtung und einen Prozess des einfühlenden Verstehens einlassen. Zunächst versucht man, alle ethnozentrischen Reaktionen auszuklammern und herauszufinden, was an den Ideen, Einstellungen und Praktiken »anderer« gut, wahr, schön und effizient ist. Es gibt keine Garantie dafür, dass es zu einer Wertschätzung kommt. Es gibt keine Garantie dafür, dass alles, was ist, »echt« oder in

Ordnung ist. Ideen, Einstellungen und Praktiken, die nachweislich
schlecht, falsch, hässlich oder ineffizient sind, müssen kritisiert und
vielleicht sogar verändert werden. So viel zu falschen Fährten und dem
Buhmann des radikalen Relativismus. In Wirklichkeit ist mein Essay
eine Kritik sowohl des radikalen Relativismus (»alles, was ist, ist in
Ordnung«) als auch des ethnozentrischen Monismus (»es gibt nur
einen Weg zu einem moralisch anständigen, rationalen und erfüllenden
Leben, und das ist der unsere«), obwohl ich auf der Konferenz beileibe
nicht viele radikale Relativisten gesehen habe.

Ich werde sogleich auf ein oder zwei andere Fragen zu sprechen
kommen, die Carlos Alberto Montaner, Daniel Etounga-Manguelle
und Mariano Grondona aufgeworfen haben. Zuerst möchte ich das
Augenmerk auf das lenken, was in meiner Anmerkung 1 tatsächlich
gesagt wird, dass man nämlich in der postmodernen Welt skeptisch sein
sollte gegenüber allen Autoritätsansprüchen, die auf der Gleichsetzung von Staatsangehörigkeit (oder nationaler Herkunft) und »indigener« Stimme basieren. Ich möchte dazu eine Geschichte erzählen, die
diesen Punkt veranschaulicht.

Rabindranath Tagore ist der gefeiertste Dichter des modernen
Indiens. Er war Träger des Literaturnobelpreises 1913, Sprecher der
nationalistischen Bewegung Indiens und Bewunderer, Ausleger und
literarischer Nutznießer der klassischen indischen Sanskritliteraturen.
1877 besuchte er zum ersten Mal England; damals war er sechzehn. Er
wollte Jura studieren. In seinem Buch *India and Europe: An Essay in
Understanding* zitiert Wilhelm Halbfass Tagores Eindrücke:

> »Ich hatte geglaubt, die Insel England sei so klein und ihre Bevölkerung so bil-
> dungsbeflissen, dass ich vor meiner Ankunft erwartete, das Land werde von
> einem Ende bis zum anderen widertönen von den lyrischen Versuchen Tenny-
> sons; und ich glaubte auch, wo immer ich hinkommen würde auf dieser schmalen
> Insel, würde ich ständig Gladstones Redekunst, Max Müllers Vedenerklärung,
> Tindalls wissenschaftliche Wahrheit, Carlyles tiefsinniges Denken und Bains
> Philosophie zu hören bekommen. Ich stand unter dem Eindruck, dass ich über-
> all, wohin ich käme, die Jugend trunken fände von den Freuden des ›geistigen‹
> Genusses. Aber darin bin ich sehr enttäuscht worden.«

Der junge Tagore, ein politischer und staatsbürgerlicher »Außenseiter« auf den Britischen Inseln, war anscheinend in kultureller Hinsicht
englischer und sprach die englische Sprache viel besser als die meisten
Engländer. Der Hinweis auf Max Müller ist im Zusammenhang mit
Anmerkung 1 besonders relevant, weil es Müller war, ein in Oxford

lehrender deutscher Philologe und »Orientalist«, an den sich hinduistische Brahmanen wandten, um sich über Sanskrit und ihre eigenen
klassischen Literaturtraditionen zu unterrichten.

Diese Situation, dass »Außenseiter« und »Insider« die Plätze tauschen und das wertvolle kulturelle Erbe des andern im Spiel halten, ist
zumal in der zeitgenössischen Welt nicht ungewöhnlich. Wir leben in
einer Welt, in der afrokaribische Gelehrte altgriechische Texte übersetzzen, in der Gelehrte aus Afrika, Asien und Europa hellsichtige Bücher
über die USA schreiben, und der Max-Müller-Effekt blüht und
gedeiht. So haben Gusii-Intellektuelle aus Kenia, von denen manche
sehr beschlagen in westlicher Philosophie und Wissenschaft sind, die
(zwischen den 1950er und 1990er Jahren durchgeführten) Forschungen
Robert LeVines studiert, um sich über Bedeutung, Wert und Geschichte der Normen und Volksbräuche der Gusii zu unterrichten. Mit dieser
Bemerkung will ich einfach sagen, dass Aussagen über das Für und
Wider einer kulturellen Tradition nicht an Autorität gewinnen und
nicht als autoritativ angesehen werden sollten, nur weil der Sprecher
auf seine Abstammung, Zugehörigkeit oder nationale Herkunft pocht.

Anmerkung 1 war ein Beiseite, eine Randbemerkung in Klammern
über einen (mich) faszinierenden Aspekt der organisatorischen Struktur der Veranstaltung. Die Konferenz war so choreografiert, dass es
eine Sitzung gab, an der alle Sprecher aus der »Dritten Welt« teilnahmen. Sie sprachen recht weitgehend mit einer Stimme, indem sie die
Idee befürworteten, dass die »westliche Zivilisation« allen anderen
überlegen sei. Nun ist diese Idee natürlich in vielen Hauptstädten Asiens, Afrikas und Lateinamerikas nicht unpopulär. Und besonders
populär ist sie bei jenen westlichen, verwestlichten oder sich verwestlichenden Eliten, die die überkommenen Überzeugungen, Einstellungen und Alltagspraktiken nichtwestlicher Völker, auch ihrer eigenen
Landsleute, gern als unaufgeklärt, abergläubisch, magisch, autoritär,
korrupt oder sonstwie unwürdig oder peinlich betrachten. Aber eine
derartige pauschale Akzeptanz der »westlichen Moderne« zu Lasten
nichtwestlicher »Traditionalismen« unterschiedlicher Art war niemals
die einzig herrschende Meinung, weder im »Westen« noch im »Osten«,
im »Norden« oder im »Süden«, in der »entwickelten« oder der »unterentwickelten« Welt. Hätte es andersartige Stimmen in der Sitzung
gegeben, die Stimme von »Dritte Welt«-Intellektuellen, die vielleicht
mit Stolz und Bewunderung über »indigene« Ideen, Einstellungen und
Praktiken gesprochen hätten, wäre die Sitzung wohl weniger faszinierend gewesen. Dann hätte ich mich möglicherweise nicht zu der stillen
Frage bemüßigt gefühlt, welchen Nutzen »Insider«-Zeugnisse aus der

»Dritten Welt« zur autoritativen Bekräftigung der Idee haben, dass die protestantische »Erste Welt« eigentlich Recht hat.

Carlos Alberto Montaner und Mariano Grondona sind beeindruckt von Migrationsmustern, von der Tatsache, dass »Millionen von Lateinamerikanern ›mit den Füßen abstimmen‹«, und zwar für die »entwickelte« Welt. Zum ersten Mal habe ich dieses Argument der »Abstimmung mit den Füßen« in den 1960er Jahren gehört, als ein berühmter Konservativer das Argument vorbrachte, die schwarze Migration nach Südafrika hinein übertreffe bei weitem die schwarze Migration aus Südafrika heraus. Er interpretierte das als Beweis dafür, dass Schwarzafrikaner »mit den Füßen« für die Apartheidregierung in Südafrika und gegen andere afrikanische Staaten stimmten! Ich habe den Verdacht, dass sie gar nicht abstimmen oder ihre moralischen und kulturellen Präferenzen artikulieren wollten – sie gingen nur einfach dorthin, wo es die besser bezahlten Arbeitsplätze gab.

Daniel Etounga-Manguelle scheint zu unterstellen, dass man nicht gleichzeitig ein würdiges Leben und ein unverwechselbar afrikanisches Leben führen kann. Wie ich in meinem Essay betont habe, bin ich kein Freund von Großkategorien wie »lateinamerikanisch« oder »afrikanisch« zur Kennzeichnung kultureller Gemeinschaften – Bahia ist nicht São Paulo, und die Yoruba sind nicht die Masai. Gleichwohl glaube ich mit Edward Sapir, dass »Gesellschaften, in denen verschiedene Gesellschaften leben, je eigene Welten sind, nicht einfach dieselbe Welt mit verschiedenen Etiketten darauf«. Für einen Pluralisten ist »Eigenartigkeit« oder »Differenz« keine Herabsetzung. Bei allem Respekt vor meinen drei Kritikern, deren Aufrichtigkeit ich nie bezweifelt, deren Gesellschaft und Gespräch ich sehr genossen und deren Zeugnisse und Argumente ich faszinierend gefunden habe, bekenne ich nachdrücklich, dass ich die Idee ablehne, ein würdiges, anständiges, vernünftiges und wirklich menschliches Leben könne man nur führen, wenn man das Leben eines Nordamerikaners oder Nordeuropäers führt.

## Anmerkungen

1 Unter den vielen faszinierenden Bemerkungen, die auf der Konferenz zu hören waren, gab es auch verschiedene »indigene« Zeugnisse von kosmopolitischen Intellektuellen aus Afrika und Lateinamerika. Diese Repräsentanten aus der »Dritten Welt« spielten die Rolle der missmutigen »Insider«, die Zeugnis von der Verarmung ihrer eigenen, nativen Kultur ablegten und uns sagten, wie schlimm die Dinge in ihrem Heimatland stehen können. Diese Rolle ist in unserer postmodernen Welt, wo das Außen innen und das Innen überall ist (siehe CNN, Visa und Big Mäc),

zunehmend komplex, ja dubios geworden. Für die meisten globetrottenden Manager des Weltsystems, darunter auch die kosmopolitischen Intellektuellen aus der »Dritten Welt«, zählen Fahrpläne heute mehr als Ahnenreihen. Infolgedessen ist man geneigt, Zweifel gegenüber Autoritätsansprüchen anzumelden, die auf der Gleichsetzung von Staatsangehörigkeit (oder nationaler Herkunft) und »indigener« Stimme beruhen. Denn welche Stimme ist »indigener«? Die Stimme des (oder der) »westlich gebildeten« BA oder Ph. D. aus Dakar oder Delhi, der (oder die) auf die eigenen kulturellen Traditionen herabsieht und zu den USA um geistige und moralische Leitung und materielle Hilfe aufschaut? Oder die Stimme eines »westlichen« Gelehrten, der jahrelang Feldforschung in ländlichen Dörfern Afrikas oder Asiens treibt und die Traditionen der »anderen« versteht und werthält?
Eine der anderen denkwürdigen (und mich persönlich nachdenklich stimmenden) Bemerkungen bei der Konferenz war die allgemeine Gleichsetzung von Güte und Fortschritt mit dem Protestantismus und die explizite Unterstellung, dass erfolgreiche protestantische Missionierungsbemühungen (je mehr Konvertiten, desto besser) das wirtschaftliche Wachstum fördern könnten.

2 Viele Menschen der südlichen Welt sind in ihren eigenen Spielarten eines tiefen Ethnozentrismus befangen, genau wie wir. Infolgedessen können »andere« uns oft nicht verstehen, eben weil sie unsere Bedeutungen nicht kennen, nicht wissen, worauf wir hinauswollen, und viele Aspekte unserer Lebensweise, besonders die Besonderheiten unseres Familienlebens und unsere sexuellen Ideale, von ihrem moralischen Standpunkt aus unverständlich finden. Sie sind genauso blind für unsere moralischen Grundsätze und unsere Rationalität wie wir für die ihren.

3 Diese Kunde hat sich anscheinend außerhalb der akademischen Zirkel noch nicht herumgesprochen, wo sich hartnäckig das Stereotyp hält, dass alle Anthropologen radikale Relativisten sind. Die »Presse« schwelgt in diesem Stereotyp.

4 Obermeyer 1999 und Obiora 1997 bieten einen erschöpfenden Überblick über die medizinische Forschung zu den gesundheitlichen Folgen von chirurgischen Eingriffen am weiblichen Geschlechtsteil und eine wichtige Kritik der Sympathisantenliteratur gegen »weibliche Genitalverstümmelung«. Obermeyer (1999, S. 79) kommt zu dem Schluss: »Der vehemente Diskurs, wonach diese Praktiken zwangsläufig zu Tod oder schweren gesundheitlichen Schäden führen und eindeutig das sexuelle Lustempfinden zerstören, wird durch das Beweismaterial nicht hinreichend gestützt.«

5 Es gibt auch das Problem, eine »sich selbst überwachende Gruppe« zu definieren. So ist beispielsweise eine Nationalität keine kulturell relevante sich selbst überwachende Gruppe. Eine Zivilisation auch nicht. Die für eine kulturelle Analyse relevanten Gemeinschaften entsprechen wohl nicht den politischen, bürokratischen oder Zensuskategorien wie »asiatisch«, »hispanisch«, »schwarz«, »nativ amerikanisch« oder was auch immer. Freilich bleibt es im »Recht-und-Ordnung«-Kontext westlich-liberaler Demokratien eine offene Frage, ob die informellen Normen bestimmter kultureller Gemeinschaften wie der Amish oder der Satmar-Chassidim ohne formale rechtliche Definition und Protektion überleben können (siehe beispielsweise Stolzenberg 1997).

6 Man kann Pluralist sein und trotzdem zugeben, dass es wahre und universell ver-
pflichtende Werte und unbestreitbare moralische Grundsätze gibt, zum Beispiel
»Grausamkeit ist böse« oder »Man soll Gleiches gleich und Ungleiches ungleich
behandeln«. Eine der Behauptungen des Pluralismus ist jedoch, dass Werte und
Grundsätze nur insoweit völlig objektiv sind, wie sie ganz abstrakt und frei von
jedem Inhalt gehalten werden. Ein Korrolar hierzu ist die Behauptung, dass kein
abstrakter Wert oder Grundsatz an sich zur definitiven Richtschnur in konkreten
Fällen des moralischen Zweifels werden kann. Es ist mit anderen Worten durchaus
möglich, dass moralisch anständige und völlig rationale Menschen einander und die
Praktiken des anderen mustern und »igitt« sagen.
Ich nenne das den »gegenseitigen Igitt-Effekt«, und er ist in der Welt von heute
allenthalben zu beobachten. Völker, die beschneiden, und Völker, die nicht
beschneiden, lösen fast unfehlbar den gegenseitigen Igitt-Effekt aus. Dieser Effekt
wird möglich, weil objektive Werte an sich nichts darüber aussagen, ob es richtig
oder falsch ist, eine Ehe zu arrangieren, ob es gut oder schlecht ist, größere Säugetie-
re wie Ziegen oder Schafe zu opfern beziehungsweise zu schlachten, ob es zuträglich
oder unzuträglich ist, seine Eltern in ein Altersheim zu stecken, ob es verwerflich
oder löblich ist, eine große Familie zu haben, ob es moralisch oder unmoralisch ist,
einen Fötus abzutreiben, ob es empfehlenswert oder verächtlich ist, Mädchen wie
Jungen zu ermutigen, durch eine rituelle Initiation in Verbindung mit Veränderungen am Genitale in einen Bund mit Gott einzutreten (oder vollwertige Mitglieder
der Gesellschaft zu werden). Moralisch anständige und völlig rationale Menschen
können über solche Dinge geteilter Meinung sein, selbst wenn sie zahlreiche objektive Werte gemeinsam haben.

7 Mir ist nicht ganz klar, ob diese Prognose nur eine begrenzte Form der Globalisierung voraussetzt, zum Beispiel freien grenzüberschreitenden Handel, oder ob sie
auch zulässt, dass die Globalisierung möglicherweise die tiefe Durchdringung anderer Gesellschaften mit der Art nach sich zieht, wie man im Westen eine Bank leitet,
Investitionen fördert, die Einhaltung von Verträgen durchsetzt u. dgl. m. Wird die
Idee der Globalisierung über den wirtschaftlichen Bereich (die Verknüpfung der
nationalen Volkswirtschaften) hinaus auf andere (zum Beispiel soziale, politische,
ethische, religiöse) Bereiche ausgedehnt, müssen natürlich definitionsgemäß Globalisierung und Verwestlichung Hand in Hand gehen.

# IV.

# Kultur und Geschlecht

*Barbara Crossette*

# Kultur, Geschlecht und Menschenrechte

In den letzten zehn Jahren hat man sich nirgendwo sonst so umfassend und tief schürfend auf die überaus wichtige Diskussion um kulturelle Identität und Menschenrechte eingelassen wie in den Vereinigten Staaten und Kanada. In der Presse, den Universitäten, den ethnischen Gemeinschaften und den großen Kirchen ist ein offenkundiger Wandel der nordamerikanischen Kultur zu spüren. Manche begrüßen dies, aber den meisten macht es Angst.

Dass darüber Besorgnis herrscht, sollte einen nicht verwundern. Schließlich hat kein anderes Land jemals sein ethnisches Profil aus freien Stücken in so kurzer Zeit verändert wie die Vereinigten Staaten. Man braucht sich nur einen frühen Hollywoodfilm oder ein Fernsehprogramm aus den 1950er Jahren anzusehen, um das mentale Leitbild zu erkennen, das gemeinhin mit dem Begriff »amerikanisch« heraufbeschworen wurde. Im Großen und Ganzen gab es in den Vereinigten Staaten zwei Arten ethnischer Herkunft – die europäische und die afrikanische –, und diese Menschen teilten mit Herz und Verstand, im Guten wie im Schlechten, eine gleichartige Mainstream-Kultur, die eher amerikanisch als von der Kultur der jeweiligen Vorfahren geprägt war. Zu Beginn des 21. Jahrhunderts jedoch spiegeln sich in den Gesichtern der Amerikaner praktisch sämtliche Ethnien der Welt wider, und viele Menschen sind aus emotionalen und intellektuellen Gründen entschlossen, die Kultur ihrer Vorfahren nicht verloren gehen zu lassen beziehungsweise – falls nötig – sie wieder zu beleben. Führt dies zur Zersplitterung oder macht es aus uns die erste wirklich weltumspannende Nation?

Wie dem auch sei – unser sich wandelndes Bevölkerungsgemisch
gibt immer häufiger Anlass zu Debatten über einen weiter gefassten
Begriff der Menschenrechte und deren Verhältnis zu kulturellen Paradigmen. Die neuen Gegebenheiten könnten uns auch zu fundierteren,
hellsichtigeren und vernünftigeren Überlegungen bringen, was die
Problematik der Menschenrechte im Ausland angeht. Aber wie die
sprachliche Vielfalt unserer Vorfahren uns nicht zu einer vielspra-
chigen Nation hat werden lassen, so hat die Vielfalt an kulturellen
Hintergründen bisher nicht dazu geführt, dass wir – die Medien einge-
schlossen – ein besseres Verständnis für die fremden Verhaltensweisen,
Traditionen und Motivationen der Immigranten entwickelten, die an
unseren Küsten landen. Zwei grundlegende Erfordernisse stehen
einander entgegen: eine zutiefst amerikanische Kultur zu bewahren
und gleichzeitig anderen Lebensweisen Raum zuzubilligen, auch wenn
man nicht immer über die nötigen Informationen verfügt, um sie zu
verstehen. Daher können die Reaktionen auf bestimmte kulturelle
Praktiken je nach Kontext und Ort ganz unterschiedlich ausfallen – wie
man beispielsweise an der widersprüchlichen Haltung zu Afrika und
Afghanistan sehen kann.

Während in den Vereinigten Staaten eine Ära der Neubewertung
herrscht, ist im Ausland ein Zeitalter der kulturellen Bewusstheit ange-
brochen, das im schlimmsten Fall und angeheizt von ökonomischen
Problemen sowie politischer Unsicherheit zur Verfolgung von Ethnien
bis hin zu »ethnischen Säuberungen« führt, wie wir es in Afrika, auf
dem Balkan und in Indonesien mitansehen mussten. Gleichzeitig spüren die Länder in allen Regionen ebenfalls die Folgen eines bedeut-
samen sozialen Wandels. Das Geltendmachen von Frauenrechten in
immer größerem Umfang wird auf die traditionellen sozialen Praktiken langfristige Auswirkungen haben. Und der enorme Druck durch
die Übervölkerung in den ärmsten Ländern der Welt verknappt die
Grundressourcen des Lebens – Nahrung, Wasser und Luft – Jahr für
Jahr immer mehr.

Reichlich spät entdeckt die Welt gerade, dass zwischen der Frauenfrage und den Naturressourcen sehr wohl eine Beziehung besteht. In
Ländern wie Bangladesch und Indonesien hat sich gezeigt, dass mehr
Macht in den Händen von Frauen niedrigere Geburtenraten zur Folge
hat, was zu einer erhöhten Nachfrage nach Bildung, zu verbesserten
landwirtschaftlichen Anbaumethoden und zu größeren Investitionen
auf dem Land und in den Dörfern führt. In Afrika, so hat UNICEF
(United Nations Children's Fund) in seinem Bericht *State of the
World's Children 1999* festgestellt, beginnen sich Mütter zusammenzu-

schließen, um ihrer Forderung nach mehr Schulen Ausdruck zu verleihen, da sie in diesen den Schlüssel zu einem besseren Leben für ihre Kinder und oftmals auch für sich selbst sehen. In Burkina Faso, wo nur neun Prozent der über 15-jährigen Frauen lesen können, haben Mütter von Schülerinnen 23 Vereinigungen gegründet, um die Schulanmeldung und den Schulbesuch von Mädchen besser beaufsichtigen zu können. In Pakistan, Ägypten und weiteren Ländern haben örtliche Gemeinschaften Wege gefunden, um für die Dorfschulen Lehrer auszubilden.

Die Ergebnisse machen sich schnell bemerkbar: »Eine Steigerung der Anmeldungen von Schülerinnen in Grundschulen um zehn Prozent lässt erwarten, dass die Kindersterblichkeit um 4,1 Todesfälle pro 1000 sinkt, und ein ähnlicher Anstieg der Zahl von Schülerinnen in weiterführenden Schulen würde zu einer weiteren Senkung um 5,6 Todesfälle pro 1000 führen. Für Pakistan beispielsweise würde dies konkret bedeuten, dass ein zusätzliches Schuljahr für 1000 Mädchen letztlich etwa den Tod von 60 Kindern im Säuglingsalter verhindern würde.« Für nicht wenige traditionelle Gesellschaften wäre es ein enormer kultureller Schritt vorwärts, würde man auf die Stimmen der Frauen hören.

Angesichts der weltweiten sozialen Unruhen sind die intellektuellen Diskussionen über Kultur und Menschenrechte zahlreicher geworden, insbesondere wenn es dabei um Themen von internationaler Bedeutung geht. Große internationale Menschenrechtsorganisationen, früher von vielen Regierungen als alternative Aktionsgrüppchen abgetan, haben sich durch ihre juristische Versiertheit und Aufklärungsarbeit einen soliden Ruf erworben. Sie haben längst vergessene internationale Abkommen wieder in den Mittelpunkt der öffentlichen Debatte gerückt, sich erfolgreich für ständige Einrichtungen stark gemacht (z. B. für einen internationalen Strafgerichtshof) und sind ganz allgemein in die etablierte Außenpolitik vorgedrungen. Inzwischen werden sie von Beamten des amerikanischen Außenministeriums konsultiert, man lädt sie ein, an Universitäten Zentren zu gründen, und sie werden vor dem Rat für Auswärtige Angelegenheiten gehört. Doch diese Experten für Menschenrechte, bei denen es sich zumeist um gut ausgebildete Anwälte handelt, sind gleichsam von Natur aus Puristen und Universalisten, und deshalb widerstrebt es ihnen, um kultureller Nebensächlichkeiten willen ihre Prinzipien zu verbiegen. Darüber hinaus hat sie ihr häufiges Beharren auf den Vorrang von klar definierten Bürger- und politischen Rechten in Konflikt mit denjenigen gebracht, die der Auffassung sind, dass ökonomische und soziale Rechte an erster Stelle stehen oder – allgemeiner gesprochen – dass Kulturen außerhalb des westlichen Mainstream die Politik und die Zivilgesellschaft eben anders auffassen und sich daher an ihre eigenen Werte halten müssen, wenn sie Prioritäten setzen und Prinzipien festlegen. Zu den ins Kraut schießenden Kontroversen über Rechte und Kulturen weltweit trägt auch bei, dass diejenigen, die für kulturelle Ausnahmen bei internationalen Menschenrechtsmodellen plädieren, durch Andersdenkende in ihren eigenen Gesellschaften selbst unter Beschuss geraten. In Südostasien zum Beispiel prügeln sich so manche berühmten Vertreter der »asiatischen Werte« auf der Straße mit den Befürwortern der *reformasi* – eine Situation, die vor wenigen Jahren noch kaum jemand vorausgesehen hätte. Dissidenten, angespornt von und erzürnt über die schwierige ökonomische Lage, erklären ihren Überdruss an der Art von asiatischen Werten, die ihnen Korruption, Vetternwirtschaft und Politikverdrossenheit eingebracht haben. In der islamischen Welt, wo die Militanz einst unerbittlich schien, hört man von Nordafrika über den Nahen Osten und Südasien bis hin zum Pazifik immer öfter die eine Frage: Wer spricht für den Islam? Pluralismus liegt in der Luft, und die Andersdenkenden haben sowohl weibliche als auch männliche Stimmen.

## Die Schlüsselrolle der Frauen

Es sind muslimische Frauen – aber nicht nur sie allein –, die sich heute mit am intensivsten darum bemühen, die Mischung aus Religion, Rechten und Kultur neu zu definieren und auszurichten. In den Monaten vor der Vierten Weltfrauenkonferenz der Vereinten Nationen im Jahre 1995 fanden in Afrika, Asien, Europa sowie in Nord- und Südamerika örtliche und regionale Treffen zur Vorbereitung der Zusammenkunft in Peking statt, wo sowohl die eigentliche Konferenz als auch parallel dazu eine inoffizielle Versammlung regierungsunabhängiger Organisationen abgehalten wurden. Die leidenschaftlichen Reden und Referate, von regionalen Vereinigungen aus äußerst unterschiedlichen kulturellen und geografischen Milieus präsentiert, enthielten manche erstaunlich ähnlichen Ziele. Ausgehend von der Konferenz zu Bevölkerung und Entwicklung, die 1994 in Kairo stattgefunden hatte, legten die Frauen dar, welche Art von Rechten ihnen universell erscheinen, und definierten sie.

Ihre Forderungen setzten sich über herkömmliche Trennlinien hinweg und machten dadurch manch abgedroschene Auseinandersetzungen über bürgerliche und ökonomische Rechte irrelevant. Die Frauen sprachen ganz pragmatisch vom Recht auf den Erwerb und das Erbe von Besitz und vom Recht, ein Geschäft zu eröffnen, sowie von der Notwendigkeit, solche Aktivitäten gesetzlich zu verankern und zu schützen – eine ökonomische Forderung, gekoppelt mit dem politischen Ruf nach einer stärkeren Beteiligung von Frauen in der Legislative. Daneben verlangten die Frauen auch Änderungen im Familienrecht zugunsten ihrer rechtlichen Gleichstellung mit den Ehegatten beziehungsweise Eltern. Außerdem forderten sie das Recht, ungewollte Schwangerschaften und ungewollten Geschlechtsverkehr ablehnen zu können, das heißt die Selbstbestimmung über den eigenen Körper und die Fortpflanzung als grundlegende Freiheitsrechte. Der Slogan »Frauenrechte sind Menschenrechte« fand weite Verbreitung. In Peking konnte sich eine Hausfrau aus Nepal, die für die Reise nach China ihren kümmerlichen Sparstrumpf geplündert hatte, mit Bäuerinnen aus Tansania treffen, mit Schriftstellerinnen aus Teheran und Großstädterinnen aus Amerika mit allen möglichen Berufen. Die meisten dieser Frauen unterschiedlichster Herkunft stellten fest, dass sie mehr gemeinsam hatten als erwartet. Hoch motiviert durch diese neu gefundenen Netzwerke, betrachteten viele der Frauen nach der Rückkehr in ihre Heimat die kulturellen Gegebenheiten um sich herum mit neuen Augen.

Für Frauen ist das Zusammenspiel der vorherrschenden Kultur beziehungsweise Moral mit dem Alltagsleben keine hypothetische Angelegenheit. Trotz der vielerorts erzielten großen politischen und ökonomischen Erfolge haben Frauen überall auf der Welt noch immer guten Grund, genau darauf zu achten, welche Folgen die jeweilige Kultur für sie hat. Für eine große Zahl von Frauen ist diese kulturelle Sensibilität kein intellektuelles Spiel oder eine soziale Haltung, die ihnen in Seminaren von Experten vermittelt wurde. Kulturelle Veränderungen und der politische Einsatz traditioneller Praktiken kann für Frauen unerträgliche, wenn nicht sogar lebensbedrohliche Situationen herbeiführen. In den vergangenen zwei Jahrzehnten haben im Iran, in Afghanistan und in Algerien Frauen aus der Mittelschicht erfahren, wie schnell sich das Leben radikal ändern kann und wie machtlos sie plötzlich dastehen, wenn es zu fanatisch betriebenen Veränderungen kommt.

## Die Vorherrschaft der Männer

In vielen Gesellschaften wurden die kulturellen Regeln eindeutig von Männern aufgestellt, häufig bewusst oder auch unbewusst in der Absicht, die Frauen als Symbole ihres Glaubens oder ihrer politischen

Überzeugungen zu benutzen. Verändert sich die Politik oder wechseln ihre Vertreter, kann sich auch die jeweilige Kultur verändern. Den Frauen wird vorgeschrieben, was sie anzuziehen haben, wohin sie gehen dürfen und wohin nicht und wie sie zu leben haben. Zwar wurde im Iran das kragenlose Hemd (zusammen mit einem Krawattenverbot) zu einer männlichen Uniform als äußerem Zeichen islamischer Frömmigkeit, und die Taliban in Afghanistan schreiben gesetzlich die Länge der Bärte vor, doch in beiden Ländern – das eine schiitisch, das andere sunnitisch – ist es vor allem das Leben der Frauen, das durch Kleidervorschriften, durch Verbote bezüglich der Arbeit und Bewegungsfreiheit am meisten beschränkt wird. Saudi-Arabien gehört ebenfalls zu der Kategorie von Ländern, in denen die Frömmigkeit des Mannes daran gemessen wird, in welchem Umfang die Körperteile der Frauen unsichtbar gemacht und ihnen selbst die kleinsten Freuden – zum Beispiel eigenhändig ein Auto zu steuern – verwehrt werden.

Dieses Phänomen ist nicht auf konservative islamische Kulturen beschränkt. Den Mädchen der Mennoniten und Amish in Pennsylvania wird nach wie vor erklärt, dass ihnen die Bibel das Tragen von Hosen strikt verbiete – allerdings halten sich wohl nur wenige daran, und die Gefahr, dass sie deswegen körperlich gezüchtigt werden, ist sehr gering. In Laos war es den Frauen, die in staatlichen Ämtern arbeiteten, viele Jahre lang zwingend vorgeschrieben, einen Sarong zu tragen, während sich ihre männlichen Kollegen kleideten, wie es ihnen gerade gefiel, offenbar ohne dass jemand befürchtete, dadurch könnte der Nationalcharakter Schaden nehmen. Als die Rebellen, die Mobutu Sese Seko gestürzt hatten, 1997 in die zairische Hauptstadt Kinshasa einzogen, verboten sie allen Frauen, in Jeans auf die Straße zu gehen, und verliehen diesem Verbot mit ihren Bajonetten Nachdruck, zumindest einige hitzige Tage lang. Guerilla-Armeen, diverse Ideologen und vielleicht sogar die Modedesigner lassen es sich nicht nehmen, soziale und politische Aussagen zu treffen, indem sie den weiblichen Körper so oder so einkleiden.

Frauen, die kaum je in der Lage sind, die religiösen und sozialen Regeln aufzustellen, werden meist im umfassendsten Sinne von ihrer Kultur vereinnahmt, zu der die Religion ebenso zählt wie die Wirtschaft, die Künste, das Rechtswesen, die Unterhaltung und ebenso die oft subtilen Regeln des Sozialverhaltens, wozu auch das öffentliche Leben, die Verhältnisse innerhalb der Familie und die Rolle der Kinder gehören. Eine von Männern dominierte Kultur ist, kurz gesagt, die Atmosphäre, in der die meisten Frauen die ganze Zeit über leben, wobei sie Arbeit und Zuhause, Karriere und Familie weniger voneinander abgrenzen können als die Männer der meisten Länder. Darüber hinaus kann jedes kulturelle Milieu für die Frauen unvorhersehbare, ja sogar paradoxe Folgen zeitigen. Eine in politischer Hinsicht freie Gesellschaft bedeutet nicht zwangsläufig ein besseres Leben, wie mehr als 100 Millionen arme, des Lesens und Schreibens unkundige und oft missbrauchte Frauen in Indien bestätigen könnten, denen es nicht gelingt, der kulturellen Apartheid des Kastenwesens zu entfliehen. Aber auch das Leben in einer ausgesprochen toleranten, ja selbst egalitären Kultur führt nicht notwendigerweise zur Befreiung der Frau. In Ländern wie Thailand, wo Frauen beträchtliche Erfolge in Wirtschaft und Gesellschaft vorzuweisen haben, und Kambodscha kann eine freizügige Atmosphäre die sexuelle Versklavung von Frauen und Mädchen sogar erleichtern, weil hier die Prostitution in großem Rahmen, die jedes Bedürfnis und jede Perversion bedient, nicht als sonderlich schockierend empfunden wird.

Das Verständnis für die Komplexität des Lebens von Frauen innerhalb des Kontextes ihrer verschiedenen Kulturen beginnt sich erst allmählich dadurch zu entwickeln, dass Entwicklungsexperten jetzt mehr die Menschen und nicht die Projekte in den Mittelpunkt ihres Interesses stellen, und zwar sowohl in den ärmeren Ländern der südlichen Hemisphäre als auch in den unterentwickelten Regionen der reicheren Industriestaaten im Norden. Sicher ist inzwischen, dass die Ignoranz gegenüber dem Leben der Frauen ein Land wirtschaftlich und sozial in Gefahr bringt.

Indien, das danach strebt, zur Riege der global führenden Staaten zu zählen, steckt nach Ansicht der eigenen Entwicklungsexperten diesbezüglich in Schwierigkeiten. Die Bevölkerungszahl liegt bei annähernd einer Milliarde, und wahrscheinlich wird Indien in der ersten Hälfte des 21. Jahrhunderts China als bevölkerungsreichstes Land der Erde ablösen. Doch die Zahl der Benachteiligten ist riesig. Kaum die Hälfte der indischen Bevölkerung kann lesen und schreiben, eine in Hinsicht auf eine umfassend produktive Gesellschaft unabdingbare Fertigkeit; gut zwei Drittel der indischen Frauen sind Analphabetinnen. Nur etwa die Hälfte aller Geburten wird registriert, wodurch Millionen von Kindern ins behördliche Abseits geraten und ihnen grundlegende Versorgungsleistungen verweigert werden können, weil sie offiziell gar nicht existieren. Darüber hinaus kommen Entwicklungsstudien zu dem Schluss, dass die allgemeinen Sozialindikatoren in Indien die südostasiatische Region auf ein Niveau hinabziehen, das dem Afrikas südlich der Sahara entspricht oder sogar noch darunter liegt.

Am drängendsten sind die Probleme in Nordindien. In dem Bericht
*State of the World's Children 1999* legt UNICEF dar, dass in vielen Dörfern des armen Bundesstaats Bihar sämtliche Frauen Analphabetinnen
sind. Landesweit gesehen – wobei wiederum die nördlichen Bundesstaaten die Statistik anführen – ist die Hälfte der indischen Kinder
unterernährt, was bei fast 20 Prozent von ihnen zu Entwicklungs-
störungen führt. Ebenfalls 20 Prozent der Kinder unter fünf Jahren sind
stark untergewichtig; weniger als 30 Prozent der Bevölkerung hat
Zugang zu sanitären Einrichtungen – Toiletten jeglicher Art, einschließlich primitiver Latrinen –, und 20 Prozent der Bevölkerung
verfügen nicht über sauberes Wasser. Sofern nicht die Frauen in die
Entwicklung auf örtlicher Ebene einbezogen werden – so die überein-
stimmende Aussage von UNICEF, Weltbank und anderen Organisationen –, wird die so sehr in den Vordergrund gerückte Mittelschicht des
Landes einer ständig anwachsenden Zahl von Benachteiligten gegen-
überstehen, die jetzt schon Hunderte von Millionen zählen. Da die
Kluft zwischen den Lebensstandards immer breiter wird und die Ressourcen schwinden, werden soziale Unruhen wohl nicht ausbleiben.

## Die Beschneidung von Frauen/Genitalverstümmelung

Wie nun genau die neuen Entwicklungstheorien, die die Frauen in den
Mittelpunkt rücken, von den Frauen dazu genutzt werden können, die
herrschende Kultur selbst zu definieren – wie auch immer diese aussehen mag –, ist schwer zu sagen. Da heutzutage weder der Feminismus
noch die Menschenrechte ein unverrückbares Konzept mit universellen, weltweit anwendbaren Formeln darstellen, verlangt der Blick auf
kulturelle Praktiken jeglicher Art einen gewissen Relativismus. Und
weil darüber hinaus Frauen und Männer ihre gemeinsame Kultur nicht
zwangsläufig mit denselben Augen sehen, macht es die Sache noch
komplizierter, wenn nun die Frauen mit einbezogen werden. Meist ist
es auch so, dass die Männer die Kultur beherrschen, indem sie die
Machtinstanzen besetzen – von der Dorfpolizei bis hin zur staatlichen
Regierung –, und sie neigen dazu, die Beschwerden der Frauen im
Namen der Tradition einfach vom Tisch zu wischen. Vielerorts ist für
Frauen nur dann ein Fortschritt möglich, wenn ein prominenter Mann
– der Dorfälteste, ein oberster Richter, ein Präsident – sich dafür aufge-
schlossen zeigt.

Diese verzwickte Lage spiegelt sich in dem intellektuellen Streit um
das wider, was die einen als Beschneidung der Frau und die anderen als
weibliche Genitalverstümmelung bezeichnen – wobei die Wahl des

Terminus die jeweilige Haltung zu der Sache verrät. Nach Auffassung der ägyptischen Expertin für Familienplanung Aziza Hussein, Gründerin der Ägyptischen Gesellschaft zur Verhinderung von verletzenden Praktiken an Frauen und Kindern, nahm die Geschichte der Genitalbeschneidung mehr oder weniger folgenden Verlauf:

Die Voraussetzung war, dass diese Praxis den Männern lange nützte, weil sie bewirkte, dass die mit ihnen verheirateten Frauen kein Interesse an Sex hatten sowie für andere Männer unattraktiv und unzugänglich und dadurch zu einem sicheren, wenn auch beschädigten Stück Besitz wurden. Daran schloss sich die simplifizierende Rechtfertigung beziehungsweise der Glaube an, kein Mädchen oder keine Frau sei heiratsfähig, wenn sie sich nicht dieser Prozedur unterzogen habe. Nun entfaltete der soziale Druck seine Wirkung. Von diesem Zeitpunkt an waren es wohl eher die Frauen, nicht die Männer, die sich für diese Praxis besonders stark machten, sie pflegten und innerhalb einer bestimmten Kultur für richtig und wichtig erklärten. Doch dies, so Hussein, ändert nichts an der grundlegenden Wahrheit, dass es eine zugunsten der Männer erfundene Prozedur ist, der sich die meisten Frauen wohl eher nicht unterziehen würden. Eine Ärztin in einem Kairoer Kinderkrankenhaus erklärte mir, »ganz abgesehen davon, dass es grausam und gefährlich ist, ist es auch sinnlos, eine Frau zu verstümmeln, um dadurch ihr Verlangen auszulöschen«. Denn: »Sämtliche Impulse, auch die sexuellen, gehen vom Gehirn aus.«

Wenn aus sicherer Entfernung das Argument zu vernehmen ist, die Genitalbeschneidung von Frauen (die oft die Verstümmelung des gesamten Genitalbereichs bedeutet und zu lebenslangen und lebensbedrohenden Infektionen und zu Inkontinenz führt) sei eine bewahrenswerte Tradition, weil Menschen sie befürworten – wessen Stimmen hören wir da? Von welchen Menschen? Hussein behauptet, dass ab einem gewissen Punkt das kulturelle Argument nicht mehr zählen dürfe und die Gesellschaften ihre Entscheidungen auf der Grundlage der Wissenschaft und der Medizin zu fällen haben – und vielleicht unter Einbeziehung eines zeitgenössischen Verständnisses des menschlichen Sexualverhaltens, da es die Frauen eines Teils ihres Lebens beraubt, wenn man ihnen die Möglichkeit des sexuellen Begehrens und des Orgasmus nimmt.

Dieser Auffassung schloss sich im Dezember 1997 der Oberste Gerichtshof Ägyptens an. Er bestätigte das 1996 erlassene Verbot der Beschneidung in staatlichen Kliniken – auch wenn dies zugegebenermaßen nur ein erster Schritt war, dieser Praxis auf dem Rechtsweg ein Ende zu setzen – und verwarf die Einwände von Islamgelehrten, es

gebe für diese Tradition religiöse Motive. »Die Beschneidung von
Mädchen ist kein Individualrecht der Scharia«, entschied der Gerichtshof. »Der Koran bevollmächtigt dazu an keiner Stelle.«

Einer der Widerspüche in der Haltung des Westens hinsichtlich der
Menschenrechte von Frauen in der islamischen Welt besteht darin,
dass manche einflussreichen Wissenschaftler und Kulturexperten zwar
bereit sind, den afrikanischen Beschneidungsriten eine gewisse
Berechtigung einzuräumen, jedoch keinerlei Neigung zeigen, den
Taliban in Afghanistan auch nur den Hauch von Rechtmäßigkeit zuzugestehen, wenn diese muslimischen Eiferer Frauen den Zugang zu
Schulen und Arbeitsplätzen verweigern. Man geht nicht zu weit, wenn
man behauptet, dass sich die Politik der USA gegenüber Afghanistan
fast gänzlich daran orientiert, wie die Frauen behandelt werden.
Erneut lautet die Frage: Wessen Stimmen hören wir da? In diesem Fall
heißt die Antwort: die deutlich vernehmbaren der Frauen aus der Mittelschicht von Kabul und einigen wenigen anderen urbanen Zentren.
Diesmal also nicht die Stimme von Männern, aber auch nicht die der
Dorfbewohnerinnen.

Wo bleibt hier unsere kulturelle Sensibilität? Schrittweise Verbesserungen im Leben der afghanischen Frauen sind durch einen feministi-
schen Absolutismus verhindert worden, den Hillary Rodham Clinton
und Außenministerin Madeleine Albright kühn verkündet haben: Entweder lenken die Taliban in der Frage der Frauenrechte ein, oder es
gibt weder diplomatische Anerkennung noch Hilfe. Die Taliban, denen
die Botschaft des Westens persönlich von einer ganzen Reihe internationaler offizieller Vertreter überbracht wurde (darunter Emma Bonino
als Repräsentantin der EU und Carol Bellamy, geschäftsführende
Direktorin von UNICEF), haben versucht darzulegen, weshalb sie um
Unterstützung für den Wiederaufbau des afghanischen Erziehungswesens gemäß islamischen Prinzipien und ihrer konservativen Vorstellung von muslimischer Kultur nachsuchen. Sie wollen neue Institute für
die Lehrerausbildung schaffen und die Zahl der Schulen für Jungen
und Mädchen verdoppeln. In manchen Landesteilen haben die Taliban
den häuslichen Unterricht für Mädchen erlaubt, in den sie sich kaum
oder gar nicht einmischen. In einigen Dörfern haben Mädchen heute
eher eine Chance, eine rudimentäre Ausbildung zu erhalten, als zu der
Zeit, als eine streitsüchtige Koalition von heiligen Kriegern das Land
regierte und es fast ein Jahrzehnt lang in bürgerkriegsähnlichen
Zustand versetzte. Dabei genossen diese heiligen Krieger, die Mud-
schahedin, die die sowjetischen Truppen vertrieben hatten, die Unterstützung der Amerikaner und Europäer.

## Der Fall Bhutan

Der Fall Bhutan stellt eines der merkwürdigsten und zugleich lehrreichsten Beispiele dafür dar, wohin die Debatte über Kultur und Menschenrechte führen kann. Dieses kleine buddhistische Königreich im Himalaja, eingekeilt zwischen China und Indien, ist kulturell gesehen das letzte seiner Art – eine tibetische, tantrische Monarchie, wie sie einst auch in Ladakh, Sikkim und vor allem in Tibet geherrscht hat. Ab der Mitte der 1970er Jahre unterminierten Premierministerin Indira Gandhi und ihre Geheimdienste die buddhistische Monarchie Sikkims, um das Land in den Kollaps zu treiben und es Indien einzuverleiben. Ende der 1980er Jahre, als eine ihrer ethnischen Abstammung nach nepalesische, größtenteils hinduistische fünfte Kolonne, ähnlich der Bewegung, die Sikkim verraten hatte, entschlossen schien, das Gleiche in Bhutan zu versuchen, geriet Bhutans buddhistische Elite in Panik. Sie war nicht in der Lage, die lange Landesgrenze zu Indien zu sichern, über die Nepalesen als illegale Immigranten eindrangen, um so die örtliche Minderheitsbevölkerung zu verstärken.

Stattdessen versuchten es die Bhutanesen mit einer Art Kulturoffensive. Bhutanese zu sein bedeutete, eine vorgeschriebene Nationaltracht zu tragen, sich sein Haus in einem bestimmten Baustil zu errichten und die Führerschaft der buddhistischen Monarchie zu akzeptieren. Die bhutanesischen Nepalesen waren darüber zu Recht beunruhigt, doch bevor sie sich mit Bhutans König Jigme Singye Wangchuk – der keineswegs ein intoleranter Mann war – aussöhnen konnten, wurden sie in eine breit angelegte Bewegung für mehr Demokratie hineingezogen, die in Nepal erstarkte. Agitiert von umherziehenden radikalen Studenten aus ganz Asien, ließen sich viele bhutanesische Nepalesen dazu bewegen, an einem Aufstand gegen die Monarchie teilzunehmen. Als diese Rebellen dann aus Bhutan via Indien (das ursprünglich nichts unternahm, um die Kampagne zu stoppen) in nepalesische Flüchtlingslager flohen, fügte dies dem internationalen Ansehen Bhutans einen katastrophalen Schaden zu, von dem es sich bis heute nicht erholt hat. Aufgrund fragwürdiger Angaben, die hauptsächlich aus nepalesischen Quellen stammen, wird Bhutan von Organisationen wie Freedom House hinsichtlich der Bürger- und Menschenrechte regelmäßig sehr niedrig eingestuft, obwohl das Land im Hinblick auf die Entwicklung der Lebensbedingungen, wie sie UN-Behörden bewerten, die meisten seiner Nachbarn übertrifft.

Zuerst waren westliche Menschenrechtsorganisationen überzeugt, im Himalaja sei eine ethnische Säuberung im Gang. Die westlichen

Staaten, die in dem isolierten buddhistischen Königreich über keine eigenen Vertretungen verfügten, weil Indien darauf beharrte, dessen Außenpolitik zu steuern, verließen sich auf ihre Diplomaten in der nepalesischen Hauptstadt Katmandu, die wiederum unter dem Einfluss nepalesischer Menschenrechtsgruppen oder ausländischer Organisationen mit Ablegern in Nepal standen.

Diese Organisationen, die in der Mehrzahl von der kurzsichtigen bhutanesischen Regierung aus Bhutan verbannt worden waren, stellten die Situation als einen Kampf der demokratischen Kräfte gegen eine absolutistische Tyrannei dar. Die Bhutanesen ihrerseits betrachteten die Auseinandersetzung als einen alles entscheidenden Kampf um die Erhaltung ihrer gefährdeten Kultur. Es dauerte Jahre, bis große internationale Menschenrechtsorganisationen einsahen, dass die Version der Geschichte, wie sie der König von Bhutan darlegte, der Wahrheit wohl eher entsprach als die Schauermärchen, die seine Feinde auftischten, welche übrigens in Bhutan ein großes, unterbevölkertes und dabei fruchtbares Stück Land im Himalaja sehen, gut geeignet, den Bevölkerungsüberschuss von Nepal aufzunehmen. Unverständlicherweise haben die zahllosen Vertreter des Westens, die bereitwillig für den Anspruch des Dalai Lama auf Tibet demonstrieren, über die kulturelle Vernichtung Bhutans bisher kein Wort verloren. So zeichnet sich in dieser Frage weiterhin keine Lösung ab, was viele Bhutanesen bestürzt und zornig macht. »Was wollt ihr denn überhaupt von uns?«, schrie mich ein wütender bhutanesischer Beamter an, als ich von ihm Auskunft über Gewalttaten gegen Nepalesen in seinem Bezirk haben wollte. Eine gute Frage.

## Die Tamilen, Osttimor und die Kaschmir-Frage

Wo kulturelle Werte und Menschenrechte aufeinander treffen, sind oft Landminen versteckt. Gewisse Interessengruppen, deren Hauptziele nicht zwangsläufig die Förderung der Menschenrechte sind, haben gelernt, wie sich Medien und Gesetzgebung manipulieren lassen, indem man Sachverhalte eindimensional darstellt. In einem Zeitalter der Informationsüberflutung wird eine herzzerreißende Geschichte nicht immer sehr sorgfältig recherchiert.

Jahrelang befand sich die singhalesisch geführte, von Buddhisten dominierte Regierung Sri Lankas in der Defensive, weil die tamilische Propaganda das Ausland davon überzeugt hatte, dass an den Tamilen ein Völkermord verübt werde. Die Tamilen, ihrer Religion nach Hindus und Christen, erhielten im Ausland Asyl, das sie – wie die Regierung Sri Lankas behauptete – aber nur dazu benutzten, um Geld und

Waffen für eine überaus brutale Organisation namens Befreiungstiger von Tamil Eelam zu sammeln – Tamil Eelam ist der Name eines Gebiets im Nordosten Sri Lankas, das die Tamilen als ihren eigenen Staat beanspruchen. Von den übrigen Tamilen, die auf den Teeplantagen im zentral gelegenen Bergland Sri Lankas arbeiten und durch Geschichte und Kaste von ihnen getrennt sind, wurden sie nicht unterstützt. Schließlich erkannte auch die übrige Welt die Brutalität der Befreiungstiger, die nun in den Vereinigten Staaten als terroristische Vereinigung gelten. Doch jahrelang herrschte im Westen trotz ausführlicher Berichterstattung in den Medien die schiere Ignoranz darüber, was in Sri Lanka vor sich ging, und dies führte zu kulturellen Vorstellungen über das Land, die oft hanebüchen waren oder nur eine Seite der Realität widerspiegelten.

Diese falsche Wahrnehmung wurde von Indien noch gefördert. Indien hatte nämlich jahrelang die tamilische Guerilla im Kampf gegen die Regierung Sri Lankas unterstützt, sie bewaffnet und ausgebildet – zumindest so lange, bis die Tamilen die Gewehre auf die indischen Friedenstruppen richteten, die den Kurs New Delhis umkehren wollten. Und schließlich ermordeten die Tamilen (wie man zumindest in New Delhi glaubt) den damaligen Premierminister Rajiv Gandhi, der an die 50 000 indische Soldaten auf die belagerte Insel entsandt hatte. Auch prominente Sri-Lanker wurden skrupellos ermordet, unter ihnen Neelan Tiruchelvam, der führende tamilische, international anerkannte Verfassungsrechtler. Er hatte einen moderaten Kurs vertreten und an einem Autonomieplan für die tamilischen Gebiete gearbeitet, der den Tigern jedoch nicht radikal genug erschien.

Ein Gutteil des Konflikts in Sri Lanka war und ist politischer, ökonomischer sowie ideologischer, nicht aber streng genommen ethnischer und auch nicht religiöser Natur. Hingegen spielt die Kultur bei den Konflikten um Osttimor und Kaschmir sehr wohl eine zentrale Rolle. In Osttimor wirft die Mischung aus einem portugiesisch angehauchten Katholizismus und einheimischen religiösen und ethnischen Differenzen mit den muslimischen Javanern, dem javanisch dominierten Militär Indonesiens und Siedlern aus anderen ethnischen Gemeinschaften, insbesondere den Bugi aus Süd-Sulawesi, auch ohne politisch motivierte Gewalt grundlegende Probleme auf.

Auch in Kaschmir, um das sich Pakistan und Indien seit 1947 streiten, ist die Bevölkerung ethnisch und sprachlich getrennt und fühlt sich keiner der beiden verfeindeten Länder zugehörig. Die Kaschmiris sind Muslime, aber sie haben nur wenig mit den Muslimen in Indien und in weiten Teilen Pakistans gemein, und ihre Probleme im Kaschmir-Tal, dem Schauplatz eines zehn Jahre dauernden Krieges mit dem hinduistischen Indien, sind nicht in erster Linie religiöser, sondern eher kultureller und politischer Art.

Sowohl Osttimor als auch Kaschmir werden von den Vereinten Nationen als umstrittene Territorien betrachtet. Doch genossen die Timoresen dank des starken Beistands durch Katholiken und europäische Organisationen, die auch in anderen ehemaligen portugiesischen Kolonien (insbesondere Mosambik und Angola) revolutionäre Gruppen unterstützten, ein hohes Ansehen. Indonesien hingegen wurde zum Pariah erklärt, ganz im Gegensatz zu Indien, das in das portugiesische Goa einmarschierte und es ohne auch nur den leisesten Anschein einer demokratischen Rechtfertigung annektierte.

## Schlussfolgerung

Erst kürzlich wurde durch die Kontroverse um die Lebensgeschichte der guatemaltekischen Nobelpreisträgerin Rigoberta Menchu die zuweilen problematische Rolle kultureller Eckwerte deutlich. Experten und investigative Journalisten verkünden nun, ihre Kindheit und Jugend sei zwar zweifellos hart, aber nicht so schrecklich entbehrungsreich und tragisch gewesen wie zuerst behauptet. Es scheint auch, dass kulturelle Stereotypen eine große Rolle dabei gespielt haben, als man das unwiderstehliche Bild eines armen guatemaltekischen Indiomädchens malte, das der Gnade einer herzlosen»europäischen« Militärdiktatur ausgeliefert war. Dieses Image machte sie zu einer kulturellen Ikone, die die indigene Bevölkerung der ganzen Region repräsentierte. Doch auch jetzt noch gibt es Menschen, deren Ansicht nach dieser übergreifende kulturelle Symbolismus wichtiger ist als bloße Fakten.

Wissenschaft, Journalismus, Menschenrechtsorganisationen – und auch die Geschichte – legen jedoch höhere Maßstäbe an. Betrachtet man die Art und Weise, wie die Vereinigten Staaten mit komplexen ethnischen Konflikten im Ausland (oder politischen Konflikten in ethnischer Verkleidung) umgehen, so scheint unsere kulturelle Sensibilität oft an unseren Landesgrenzen zu enden. Es liegt eine gewisse Ironie darin, dass manche Kampagnen zwar in bester Absicht geführt werden, aber oft sehr oberflächlich sind und sich auf erbärmliche Informationen stützen, und dass die hiesigen führenden Köpfe dieser Kampagnen mit ihnen genauso politische Motive verfolgen, wie dies ihre Pendants in dem jeweiligen Land tun.

Letztlich muss es doch eine sinnvolle Verknüpfung zwischen unserem Wertesystem – einschließlich der Bedeutung, die wir der Aufrichtigkeit und einer ideologiefreien Wahrheit einräumen – und unserer Außenpolitik geben. Denn schließlich haben zentrale Elemente dieses Wertesystems, mit Wurzeln sowohl in den westlichen als auch in den östlichen Kulturen, durch die UN-Deklaration der Menschenrechte einen universellen Status erlangt.

*Mala Htun*

# Kultur, Institutionen und Ungleichheit der Geschlechter in Lateinamerika

Die Diskriminierung aufgrund des Geschlechts war und ist in den meisten Kulturen ein bemerkenswert beständiges Phänomen. Weltweit wurde Frauen ein geringerer ökonomischer, sozialer und rechtlicher Status eingeräumt. Da die auf dem Geschlecht basierende Ungleichheit universell, die nationalen Kulturen hingegen vielfältig sind, ist es ein fragwürdiges Unterfangen, eine einfache Wechselbeziehung zwischen kulturell bedingten Einstellungen und der Geschlechterdiskriminierung herzustellen. Die wesentliche Frage lautet vielmehr, ob und welche kulturell bedingten Einstellungen zu einem fortschrittlichen und dauerhaften Wandel in den Geschlechterbeziehungen beitragen.

Dieses Kapitel analysiert, welche Rolle der Kultur bei der sich gegenwärtig wandelnden Stellung der Frau in Lateinamerika zukommt. Obwohl traditionelle Modelle zum kulturellen Einfluss auf die ökonomische Entwicklung und die Demokratie in vielerlei Hinsicht überzeugen, können sie nicht erklären, was für den Wandel der Geschlechterbeziehungen in den verschiedenen Ländern und Kulturen letztlich ausschlaggebend ist. Die angelsächsisch-protestantische Kultur, für einige Wissenschaftler die Leitkultur für kapitalistische Entwicklung und freiheitliche Demokratie, war in der Vergangenheit durchaus mit systematischer Geschlechterunterdrückung vereinbar. Bedeutende Schritte hin zur Gleichbehandlung der Geschlechter in den Vereinigten Staaten seit 1960 sind weniger kulturellen als vielmehr ökonomischen Veränderungen, der Frauenbewegung und einer neuen Rechtsauffassung des Obersten Gerichtshofs zu verdanken. In Lateinamerika hingegen galt das kulturelle Erbe eher als hemmender Faktor für die Akkumulation von Privatkapital und die Entwicklung einer freiheitlichen Demokratie. Doch hat dieses Erbe Lateinamerika nicht daran gehindert, in den letzten zwanzig Jahren große Schritte in Richtung Gleichstellung der Geschlechter zu unternehmen. Der zweite Teil dieses Kapitels untersucht, wie kulturelle Eigenheiten in zweierlei Hinsicht zum dauerhaften Wandel in den Geschlechterbeziehungen beitragen. Erstens sind die zugrunde liegenden kulturellen Werte ausschlaggebend dafür, wie die jeweilige Gesellschaft sich die Verwirklichung der Gleichstellung vorstellt. Zweitens beeinflussen kulturelle Eigenheiten, was die Leistung und Effizienz staatlicher Institutionen anbelangt, die Nachhaltigkeit des Wandels in den Geschlechterbeziehungen. Herrscht dabei eine signifikante Kluft zwischen offizieller Politik und ihrer Durchsetzung – was in Lateinamerika häufig der Fall ist –, können sich Fortschritte bei den Frauenrechten in Politik und Rechtsprechung als nur sehr kurzlebig erweisen.

## Kultur und Geschlecht im Vergleich zwischen Nord- und Südamerika

Bekannte politische Denker und Sozialtheoretiker von Tocqueville und Weber bis hin zu vielen der hervorragenden Autoren dieses Buches haben immer wieder erklärt, dass die Kultur entscheidenden Einfluss auf die ökonomische und politische Entwicklung der Menschen hat. Wissenschaftler wie Howard Wiarda und Lawrence Harrison argumentieren, dass die kulturellen Besonderheiten Lateinamerikas verantwortlich seien für die typische historische Entwicklung dieser Region, charakterisiert durch Perioden autoritärer Herrschaft und eine ausgeprägte soziale Ungleichheit. Dagegen hätte die angloamerikanische Gesellschaft ihre Fähigkeit, Wohlstand zu schaffen und die Stabilität demokratischer Institutionen zu garantieren, den angelsächsisch-protestantischen Wertvorstellungen zu verdanken. »Ich glaube«, so Harrison, »dass nur die Kultur – die auffallend unterschiedlichen Werte, Einstellungen und Institutionen – mit ihren Wurzeln in den angelsächsisch-protestantischen beziehungsweise in den ibero-katholischen Traditionen eine befriedigende Erklärung für die große Diskrepanz in der Entwicklung des Nordens und des Südens der westlichen Hemisphäre liefert.«[1]

Es ist nicht meine Absicht, die Behauptung zu werten, nämlich dass die jeweilige Kultur die nationalen Unterschiede in der ökonomischen Entwicklung und Demokratie bewirkt; ich möchte lediglich zur Vorsicht mahnen, wenn man die unterschiedlichen Geschlechterbeziehungen in den Vereinigten Staaten und in Lateinamerika auf die verschiedenen Kulturen zurückführen will. Auch wenn die angelsächsisch-protestantische Kultur mit ihrer rigorosen Arbeitsethik, dem Hang zum Sparen und der hohen Wertschätzung der Persönlichkeitsrechte zu den guten Seiten von Kapitalismus und Demokratie beigetragen haben mag, war sie in der Vergangenheit durchaus vereinbar mit einer Gesetzgebung und einer Politik, die die Frauen stark diskriminierte. Bedeutende Änderungen hinsichtlich der Stellung der Frau sind eher neueren Datums. Man betrachte die Institution der Ehe. Noch lange nach Gründung der Republik galten im US-amerikanischen Recht die althergebrachten Ehestandsgesetze, die dem Ehemann die gesetzliche Vertretung und ausschließliche Kontrolle über Körper und Vermögen der Gattin einräumten. Ausgehend von den *Married Women's Property Acts* wurden Mitte bis Ende des 19. Jahrhunderts einige Elemente daraus getilgt, aber das männliche Vorrecht in Ehe und Familie blieb bis weit ins 20. Jahrhundert hinein fest verankert. Die letzten Überbleibsel dieser Ehestandsgesetze wurden erst mit dem Urteil des Obersten Gerichtshofs im Verfahren *Planned Parenthood versus Casey* 1992 abgeschafft, in dem festgestellt wird, dass »Frauen ihre von der Verfassung garantierte Freiheit nicht verlieren, wenn sie heiraten«[2].

Jahrhundertelang duldete die angelsächsisch-protestantische Kultur in den Vereinigten Staaten stillschweigend und von der Rechtsprechung toleriert die unterschiedliche und für Frauen diskriminierende Behandlung am Arbeitsplatz und den Nichtzugang von Frauen zu bestimmten Berufen. Vor dem *Equal Pay Act* von 1963 und der Verabschiedung von Titel VII des *Civil Rights Act* 1964 waren geschlechterdiskriminierende Statuten, Regeln und Vorschriften in vielen Bundesstaaten und Bundesbehörden üblich. Die Einführung dieser Gesetze hat die Möglichkeiten für Frauen, einen Beruf zu ergreifen, maßgeblich erweitert, wenngleich manche Gerichte durch unachtsame Auslegung dazu beitrugen, dass diskriminierende Praktiken weiterhin bestehen blieben.

Auch der bürokratische Zugriff auf den persönlichen und ehelichen Bereich bei Fragen wie Sexualität und Fortpflanzung scheint liberalen Wertvorstellungen zu widersprechen. Dennoch hat der Oberste Gerichtshof erst 1965 entschieden, dass ein von der Verfassung garantiertes Recht auf Achtung der ehelichen Privatsphäre es dem Staat untersagt, den Gebrauch von Verhütungsmitteln in der Ehe für ungesetzlich zu erklären.

Die Gewalt gegen Frauen ist ein anderes Gebiet, auf dem der Staat sich erst vor relativ kurzer Zeit zum Handeln entschloss. Der *Violence Against Women Act*, der auf Bundesebene Strafen für Gewaltverbrechen gegen Frauen vorsieht und den einzelnen Staaten Fördermittel für Programme zur Vorbeugung und Behandlung zur Verfügung stellt, trat erst 1994 in Kraft. Ökonomische Gleichheit, die Anerkennung des Rechts der Frau, selbst über ihre Fruchtbarkeit zu bestimmen, und die offizielle Verurteilung von Gewalt gegen Frauen sind nicht Teil des angelsächsisch-protestantischen Erbes, sondern verhältnismäßig neue Errungenschaften, bewirkt durch soziale Veränderungen und die Frauenbewegung.

Anhänger der Kultur-und-Entwicklung-These glauben, dass die lateinamerikanische, ibero-katholisch geprägte Kultur einen ungünstigeren Boden für Kapitalismus und Demokratie darstellt als die angelsächsisch-protestantische. Howard Wiarda meint dazu:

»[Die Ökonomie Lateinamerikas] war und bleibt eher eine merkantilistische und vom Staat gelenkte als eine kapitalistische und vom Individuum bestimmte; die Sozialstruktur wird von zwei Klassen gebildet und nicht von den vielen Schichten einer pluralistischen Gesellschaft; die politischen Institutionen sind eher hierarchisch und autoritär als demokratisch; Kultur und Religion sind orthodox, absolutistisch und von katholisch-thomistischen Prinzipien durchdrungen, im Gegensatz zum religiösen Nonkonformismus und dem Prinzip des Pluralismus in den nordamerikanischen Kolonien.«[3]

Angesichts des traditionellen Sexismus der römisch-katholischen Moral und weltlicher Ideologien wie dem *machismo* und *marianismo* stehen die autoritären und hierarchischen Besonderheiten der iberokatholischen Kultur einem Fortschritt in der Frauenfrage offenbar besonders stark entgegen. Wie eine Wissenschaftlerin richtig bemerkte, sind die Geschlechterbeziehungen in Lateinamerika »strenge patriarchalische Systeme mit einem Beharrungsvermögen, das nur in der arabischen Welt seinesgleichen findet«[4]. Obgleich manche Statistiken belegen, dass die kulturellen Werte Lateinamerikas konstant und in sich schlüssig geblieben sind,[5] gab es in letzter Zeit dennoch bemerkenswerte Veränderungen in den Geschlechterbeziehungen und hinsichtlich der Stellung der Frau. Die Umbrüche in der Gesellschaft, im Rechtswesen und in der Politik sind nicht weniger revolutionär als das, was seit 1960 in den Vereinigten Staaten passiert. Es gibt Anzeichen, dass sich die Stellung der Frau in Ländern mit unterschiedlichem kulturellem Erbe immer mehr aneinander angleicht, ebenso wie in Ländern mit vergleichbarem kulturellem Unterbau weiterhin Unterschiede bestehen bleiben.

Der Wandel der Geschlechterbeziehungen in der Politik, der Ökonomie, dem Erziehungs- und dem Rechtswesen Lateinamerikas ist beeindruckend. Inzwischen beträgt der Frauenanteil unter den Parlamentsmitgliedern in der Region durchschnittlich 15,4 Prozent, das ist der zweithöchste Durchschnitt weltweit und liegt über den 13 Prozent in den Vereinigten Staaten (die dem weltweiten Durchschnitt exakt entsprechen). In manchen Ländern sind die Frauen besonders stark vertreten, etwa in Argentinien und Kuba (28 Prozent), in Costa Rica (19 Prozent), in Ecuador, El Salvador und Mexiko (17 Prozent) und in der Dominikanischen Republik (16 Prozent). Auch die Beteiligung der Frauen am Wirtschaftsleben hat sprunghaft zugenommen. So stellten 1970 die Frauen in der Region nur 20 Prozent der Arbeitskräfte. 1995 war ihr Anteil bereits auf etwa 35 Prozent angewachsen (in den USA sind 45 Prozent der Arbeitskräfte weiblich).

Der Einkommensunterschied zwischen Männern und Frauen ist weiterhin beträchtlich, unterscheidet sich aber nicht wesentlich von den in Industrieländern erfassten Einkommensdifferenzen. Anfang der 1990er Jahre lagen die Löhne der Frauen zwischen 20 und 40 Prozent unter denen der Männer. Und bei jüngeren Frauen ist diese Differenz inzwischen beträchtlich geschrumpft. Einer Untersuchung zufolge erhalten weibliche Arbeitskräfte zwischen 25 und 34 Jahren inzwischen 80 bis 90 Prozent dessen, was ihre männlichen Kollegen bekommen. Auch gibt es bei den Frauen eine beeindruckende Steigerung der Lese- und Schreibfähigkeit und des Bildungsniveaus insgesamt. Der Analphabetismus unter Frauen ist erheblich zurückgegangen, und nicht nur in der Grundschule, sondern auch in weiterführenden Schulen sind etwa die Hälfte der Schüler weiblich. In etlichen Ländern studieren sogar überwiegend Frauen an der Universität. In den Vereinigten Staaten sind 50 Prozent der Schüler, die einen mittleren Abschluss erwerben, weiblich; bei den weiterführenden Schulen steigt der Frauenanteil auf 55 Prozent.[6]

Auch hat Lateinamerika einen bemerkenswerten Fortschritt bei der Einführung gesetzlicher Reformen zur formalen Gleichstellung von Frauen gemacht. Die Verfassungen mehrerer lateinamerikanischer Staaten erkennen Frauen und Männern die gleichen Rechte zu; in den Verfassungen von Brasilien, Kuba, Ecuador, Guatemala, Mexiko und Paraguay ist die Gleichheit der Geschlechter als Grundsatz festgeschrieben. Auch das Zivilrecht wurde reformiert, um die männliche Vormundschaft in der Ehe (*potestad marital*) aufzuheben und den

Frauen Zugang zum gemeinsamen Vermögen und bei Entscheidungen über die Haushaltsführung und in puncto Erziehungsgewalt über minderjährige Kinder Gleichberechtigung einzuräumen. Mindestens zwölf lateinamerikanische Länder haben neue Gesetze eingeführt, die eheliche Gewalt unter Strafe stellen und den Opferschutz erweitern. Hunderte von Polizeiwachen überall in der Region sind inzwischen mit Beamtinnen besetzt, die über eine Zusatzausbildung im Bereich der ehelichen Gewalt und Sexualverbrechen verfügen. 19 lateinamerikanische Länder haben das *Übereinkommen der Vereinten Nationen zur Beseitigung jeder Form von Diskriminierung der Frau* (CEDAW) ratifiziert; Argentinien hat dieses Übereinkommen sogar in seine Verfassung aufgenommen. Im selben Jahr, in dem der US-amerikanische Kongress den *Violence Against Women Act* verabschiedete, übernahmen Mitglieder der *Organisation Amerikanischer Staaten* (OAS) die *Inter-American Convention on Violence Against Women*, die seitdem von mindestens 26 OAS-Mitgliedern ratifiziert wurde.[7]

Dennoch weisen lateinamerikanische Länder weiterhin beträchtliche Unterschiede auf, was die Frage der politischen Vertretung von Frauen, ihre wirtschaftlichen Möglichkeiten, ihre Bildung und ihre rechtliche Stellung angeht. Zwar haben Frauen 28 Prozent der Sitze im argentinischen Parlament inne, in Paraguay hingegen sind es nur drei Prozent und sechs Prozent in Brasilien. Frauen stellen 41 Prozent der Arbeitskräfte in Uruguay, in Ecuador beträgt der Frauenanteil hingegen nur 26 Prozent. Und in Ländern wie Bolivien, Guatemala und Peru, wo ein beträchtlicher Teil der Bevölkerung indigen ist, liegt die Analphabetenquote bei auf dem Land lebenden Frauen weit höher als diejenige der Männer. So können in Peru beispielsweise 46 Prozent der Landfrauen weder lesen noch schreiben, bei Männern in vergleichbarer Umgebung sind es lediglich 10 Prozent. Auch was die Gesundheit betrifft, ist die Lage der Frauen je nach Land enorm unterschiedlich, so beispielsweise bei der Müttersterblichkeit. Kommen in Costa Rica auf 100 000 Geburten 60 Todesfälle, sind es in Bolivien 650 auf 100 000 Geburten. Und während eine Reform der Zivilgesetzgebung in Uruguay seit 1946 den verheirateten Frauen die volle rechtliche Stellung und Gleichheit in der Ehe garantiert, galt in Chile noch 1999 die Vormundschaft durch den Ehegatten und damit auch die überholte Regelung der einseitigen Eigentumsverhältnisse in der Ehe. Costa Rica und Venezuela legalisierten 1886 beziehungsweise 1904 die Ehescheidung, doch die Scheidungsbefürworter in Brasilien erreichten erst 1977 und in Argentinien gar erst 1987 ihr Ziel. Zudem herrschen in jedem Land grundlegende Unterschiede hinsichtlich der

Stellung der Frau, je nachdem, welcher Klasse und Rasse sie angehört.
Diese Beispiele führen zu zwei Schlussfolgerungen. Erstens nähert
sich die Stellung der Frau in Lateinamerika der in den Vereinigten
Staaten hinsichtlich solcher Parameter wie Teilhabe am Wirtschaftsleben, der Erziehung und der Politik an. Trotz kultureller Unterschiede
zwischen den beiden Regionen gibt es zunehmend strukturelle Über-
einstimmungen, was die Lage der Frauen betrifft. Zweitens existieren
hinsichtlich der Lage der Frauen in lateinamerikanischen Ländern mit
ähnlichem kulturelle Erbe hartnäckige und ausgeprägte Unterschiede.
Es besteht keine einfache Wechselbeziehung zwischen Kultur und
Geschlecht, denn der Wandel in den Geschlechterbeziehungen ist
offenbar nur zu einem geringen Teil mit kulturellen Eigenheiten zu
erklären. Vielmehr scheint die kulturelle Akzeptanz der Geschlechtergleichheit Ergebnis und nicht Ursache der Veränderungen in der
Struktur der Geschlechterbeziehungen zu sein. Sobald sich die
Geschlechterbeziehungen wandeln, findet dies seinen Widerhall in der
Kultur.

## Kulturelle Rahmenbedingungen und die dauerhafte Sicherung der Fortschritte in der Frauenfrage

Obwohl die entsprechende Kultur nicht notwendige Bedingung für
einen wesentlichen Wandel der Geschlechterbeziehungen ist, spielen
kulturelle Faktoren dennoch eine gewichtige Rolle hinsichtlich der
Art und der dauerhaften Verankerung von Fortschritten in der
Frauenfrage. Kulturelle Normen und Werte schaffen Rahmenbedin-
gungen, innerhalb deren der Wandel der Geschlechterbeziehungen
interpretiert und entschieden wird, wie die jeweilige Gesellschaft die
Gleichstellung zu erreichen plant. So sind die Fortschritte in den Vereinigten Staaten hinsichtlich der Frauenrechte stark vom dortigen
Wertesystem geprägt. Die Gesetze zum Familien-, Scheidungs- und
Abtreibungsrecht beispielsweise spiegeln weit mehr eine individualistische Lebenshaltung wider als die entsprechenden Gesetze in Europa und Lateinamerika. Während US-amerikanische Gerichte entschieden haben, dass Freiheit und Selbstbestimmung des Individuums
die höchsten zu schützenden Werte sind, finden sich Richter und
Gesetzgeber in Kontinentaleuropa »stärker eingebunden in eine fort-
dauernde moralische Debatte über Abtreibung, Scheidung und alles,
was damit in Zusammenhang steht«, und neigen eher dazu, die Indivi-
dualrechte »mit Blick auf den sozialen Zusammenhang und die indivi-

duelle Verantwortung« einzuschränken.[8] Die Vereinigten Staaten sind
in folgenden Punkten weiter gegangen als jedes andere westliche Land:
Eine Ehe ist auf Wunsch allein eines Partners ungehindert aufzulösen;
die Frage der Abtreibung ist bis zur Lebensfähigkeit des Fötus eine
Angelegenheit der individuellen Privatsphäre und der Selbstbestimmung; und die eheliche Privatsphäre ist ein von der Verfassung garantiertes Recht.

Das kulturelle Erbe Lateinamerikas hingegen bewirkte, dass der
Wandel bei den Frauenrechten weniger vom liberalen Individualismus
und dem Prinzip der Nichteinmischung des Staates geprägt war als in
den Vereinigten Staaten. Einerseits bildete dies Hürden für feministi-
sche und liberale Bestrebungen, das bestehende Abtreibungsverbot zu
lockern. Denn ein Schwangerschaftsabbruch wird in jedem lateinamerikanischen Land außer Kuba als Verbrechen gewertet, wobei allerdings die Mehrheit der Länder eine Abtreibung dann erlaubt, wenn
das Leben der Mutter gefährdet oder die Schwangerschaft infolge
einer Vergewaltigung eingetreten ist. Heimliche Abtreibungen sind in
der Region an der Tagesordnung, doch Kampagnen für die Legalisie-
rung des Schwangerschaftsabbruchs haben in der Öffentlichkeit keine
große Unterstützung gefunden. Zweifellos ist der moralische und politische Druck der römisch-katholischen Bischöfe ein Faktor, der die
Liberalisierung der Abtreibungsgesetze entscheidend behindert. Aber
auch das Fehlen einer kulturellen und einer juristischen Tradition, die
das Recht auf Privatsphäre und Selbstbestimmung verteidigt, er-
schwert es, den Anspruch durchzusetzen, dass das Interesse der Frau-
en, ihre Fortpflanzung selbst zu bestimmen, höher zu werten ist als das
staatliche Interesse am Schutz des ungeborenen Lebens.

Andererseits wären aktive Förderungsmaßnahmen, mit denen ge-
sichert werden soll, dass Frauen bei öffentlichen Entscheidungsfin-
dungen angemessen vertreten sind, in den Vereinigten Staaten buchstäblich undenkbar, während diese Praxis in Lateinamerika gang und
gäbe ist. In den 1990er Jahren haben neun lateinamerikanische Länder – Argentinien, Bolivien, Brasilien, Costa Rica, die Dominikanische Republik, Ecuador, Panama, Peru und Venezuela – Gesetze verabschiedet, die eine bestimmte Frauenquote bei der Kandidatur für
allgemeine Wahlen festlegen. Diesen Gesetzen zufolge müssen zwischen 20 und 40 Prozent der von den politischen Parteien aufgestellten Kandidaten weiblich sein. Nachdem diese Quotierungsgesetze
verabschiedet waren, stieg der Anteil von Frauen im Parlament in
Argentinien von fünf auf 28 Prozent, in Bolivien von sieben auf zwölf
Prozent, in Costa Rica von 16 auf 19 Prozent und in der Dominikani-

schen Republik von zehn auf 16 Prozent. Die lateinamerikanische Tradition, der Gemeinschaft den Vorrang zu geben –, ein Erbe des thomistischen Denkens und der päpstlichen Sozialenzykliken – bietet den Frauen als Gruppe ein günstiges kulturelles Umfeld für weit reichende rechtliche Ansprüche auf Repräsentanz. So wandeln kulturelle Eigenheiten der verschiedenen Gesellschaften die Bewegung für Geschlechtergleichheit ab, räumen manchen Fragen die Priorität über andere ein und bestimmen den jeweiligen Tonfall in den nationalen Debatten über Frauenrechte.

## Die Kluft zwischen Gesetz und Lebenspraxis

Zwar stellen Veränderungen in der Statistik, in der nationalen Gesetzgebung und in der Politik äußerst wichtige Komponenten auf dem Weg zur Geschlechtergleichheit dar, doch fehlt dabei noch etwas Entscheidendes. Die Zustimmung zu den von demokratisch gewählten Vertretern erlassenen Gesetzen bezeugt einerseits die kulturelle Akzeptanz der Geschlechtergleichheit. Andererseits verankern rhetorische und symbolische Veränderungen in Gesetzgebung und Politik den Gedanken der Gleichstellung in der Gesellschaft insgesamt. Doch ist in lateinamerikanischen Gesellschaften der Widerspruch zwischen gut gemeinter amtlicher Politik und ungenügender behördlicher Anwendung und Durchsetzung ein weit verbreitetes und keineswegs geschlechtsspezifisches Problem. Die Tendenz zu Korruption, zur Missachtung von Menschenrechten, zur Steuerhinterziehung und zur willkürlichen Gesetzesauslegung mindern die Effizienz staatlicher Institutionen in vielerlei Bereichen.

Bei geschlechterrelevanten Gesetzen ist die Kluft zwischen Gesetz und Lebenspraxis mindestens ebenso groß, und dies stellt die Dauerhaftigkeit der eben erst erreichten Fortschritte bei den Frauenrechten in Frage. Einerseits beeinflussen längst abgeschaffte Gesetze nach wie vor das Verhalten, etwa die »rechtmäßige Verteidigung der Ehre«, auf die sich in Brasilien jeder Mann, der seine untreue Ehefrau ermordet hatte, berufen konnte, um freigesprochen zu werden. Andererseits werden neu eingeführte Gesetze wie die jüngsten Reformen hinsichtlich sexueller und ehelicher Gewalt in den meisten Ländern Lateinamerikas einfach nicht angewendet. Um die Kluft zwischen Gesetz und Praxis zu verringern, bedarf es ebenso kultureller Anpassungen wie tief greifender Veränderungen innerhalb des Rechtswesens.

## Die »rechtmäßige Verteidigung der Ehre« in Brasilien

Die These von der rechtmäßigen Verteidigung der Ehre in Brasilien erlangte Ende der 1980er Jahre Berühmtheit, als die Geschworenen in dem südlichen Bundesstaat Paraná für den Freispruch eines des Mordes angeklagten Mannes stimmten, weil er rechtmäßig gehandelt habe, als er seine von ihm getrennt lebende Ehefrau und ihren Liebhaber ermordete, denn er habe damit seine Ehre verteidigt. Das Berufungsgericht von Paraná bestätigte das Urteil, doch der Supremo Tribunal da Justiça, der höchste Gerichtshof Brasiliens für Zivil- und Strafrecht, verwarf 1991 die Entscheidung der Geschworenen und ordnete einen neuen Prozess an. Als der Fall noch im gleichen Jahr in Paraná erneut verhandelt wurde, sprachen auch die neuen Geschworenen den Angeklagten frei, denn er habe rechtmäßig seine Ehre verteidigt. Diese Entscheidung rief im In- und Ausland heftige Empörung hervor, und Human Rights Watch schickte sogar eine Sonderdelegation nach Brasilien, um das Problem der Gewalt gegen Frauen zu untersuchen.

Dabei hat die These von der rechtmäßigen Verteidigung der Ehre keine explizite Grundlage im brasilianischen Recht. Während der Kolonialzeit war es zwar den Männern durch einen Erlass von Philipp II. ausdrücklich erlaubt, ihre Frauen und auch deren Liebhaber umzubringen, wenn sie diese beim Ehebruch ertappten. Später jedoch schlossen das 1830 eingeführte Strafgesetzbuch des Kaiserreichs Brasilien, das Strafrecht der Ersten Republik (von 1890) und das heute noch gültige Strafgesetzbuch aus dem Jahr 1940 explizit Totschlag als legitime Reaktion auf das Vergehen des Ehebruchs aus. Allerdings findet sich in dem Gesetzbuch von 1940 die Idee der legitimen Verteidigung bei einem unrechtmäßigen Angriff auf fundamentale Rechte, und nach einigen Lehrmeinungen gehört die »Ehre« zu den fundamentalen Gütern beziehungsweise Grundrechten. So führte die Lehrmeinung der rechtmäßigen Verteidigung im Zusammenspiel mit der stillschweigenden Anerkennung der Ehre als Rechtsgut zu einer Rechtspraxis, die es Männern erlaubte, ihre untreuen Ehefrauen zu ermorden und dennoch freigesprochen zu werden.

Diese hohe Wertschätzung des Ehrbegriffs ist auf die große Bedeutung des Ansehens im sozialen Gefüge zurückzuführen. In einem berühmten Strafrechtskommentar heißt es:

»Ein guter Ruf ist für Männer unverzichtbar, er bildet die unentbehrliche Grundlage ihrer Stellung und ihres gesellschaftlichen Wirkens. Unbescholtene Männer umgeben sich nur mit Männern von gutem Ruf. Zieht sich einer einen schlechten Ruf zu, wird er bald keine Freunde und Bekannte mehr haben, und der Zugang zu anständigen gesellschaftlichen Kreisen bleibt ihm verwehrt. Jede Gesellschaft von Ehrenmännern wird ihm das Vertrauen entziehen, und sein Ansehen ist dahin. Zudem ist es ohne guten Ruf unmöglich, eine verdienstvolle, einflussreiche oder verantwortliche Stellung zu erlangen oder erfolgreich auszufüllen, weil jene mit einem schlechten Ruf Behafteten kein Vertrauen verdienen.«[9]

Ein Mann mit untreuer Ehefrau, im brasilianischen Slang *corno* genannt (also einer, dem man Hörner aufgesetzt hat), geht mit Sicherheit seines guten Rufes, seiner sozialen Stellung und seiner Aufstiegsmöglichkeiten verlustig. Die rechtmäßige Verteidigung der Ehre wird von Strafverteidigern ins Feld geführt und von Geschworenengerichten anerkannt, weil es als verständlich erscheint, bei einer Bedrohung der Ehre einen Mord zu verüben. Das Verhalten der Geschworenen zeigt, dass die Ehre und der Ruf von Männern und ganzer Familien davon abhängt, wie die Moral und das Sexualverhalten von Frauen gesellschaftlich wahrgenommen werden. Indem er seine untreue Ehefrau und deren Liebhaber umbringt, kann ein Mann der Gesellschaft als ganzer gegenüber seine Ehre wiederherstellen.

Schon seit 1955 verwerfen höhere Gerichte in Brasilien Urteile niedrigerer Instanzen, wenn diese einen Mörder aufgrund der »rechtmäßigen Verteidigung der Ehre« freisprechen. Doch im brasilianischen Recht begründen die Entscheidungen höherer Gerichte keine für untergeordnete Instanzen verbindlichen Präzedenzfälle. Daher mangelt es den brasilianischen Berufungsgerichten an der institutionellen Macht, die widersprüchliche Rechtsauffassung, die sich hinsichtlich der Verteidigung der Ehre entwickelt hat, zu korrigieren. Mehr noch, manche erstinstanzlichen Richter üben nicht immer ihr Vorrecht aus, die Geschworenen darüber zu belehren, welche Auffassungen und Verteidigungsgründe rechtlich zulässig sind. Stattdessen beugen sie sich lieber der Souveränität der Geschworenen, selbst wenn deren Urteilsfindung formalrechtlich nicht zu begründen ist. Die Berufung auf die Verteidigung der Ehre lässt auf einen fortdauernden Konflikt innerhalb der brasilianischen Kultur schließen, was die weibliche Sexualität angeht, und innerhalb des brasilianischen Rechtswesens hinsichtlich des Status der Ehre und des Rahmens einer rechtmäßigen Verteidigung.

## Sexuelle und eheliche Gewalt

In den 1990er Jahren reformierten Länder in ganz Lateinamerika ihr jeweiliges Strafrecht im Sinne einer Neubewertung von Vergewaltigungsstraftaten und schufen neue Gesetze mit dem Ziel, eheliche Gewalt zu bestrafen und zu verhindern. Die historisch als ein Verbrechen gegen Sitte, Anstand und Rechtschaffenheit betrachtete Vergewaltigung wird nun als ein Verbrechen gegen die individuelle Freiheit und Würde gewertet. Auch die Vergewaltigung in der Ehe wurde unter Strafe gestellt, und in ganz Lateinamerika entstanden Hunderte von Polizeiwachen für Frauen, um Anzeigen bei Gewalt gegen Frauen aufzunehmen und diesen nachzugehen. Wie zuvor schon erwähnt, haben mindestens zwölf Länder eheliche oder innerfamiliäre Gewalt betreffende Gesetze verabschiedet und Richter und Polizeibeamte mit neuen Kompetenzen ausgestattet, um bei Anwendung von Gewalt wirksam einschreiten zu können. Diese neuen Gesetze und die dahinter stehende Politik beschleunigen den kulturellen Wandel. So wird Gewalt gegen Frauen und Familienmitglieder immer mehr als Verletzung der Menschenrechte und daher als ein politisches Problem gesehen, und die Familie steht nicht länger außerhalb der staatlichen Obhut und ihrer Gesetze. Dennoch hat das Verhalten von Bürgern und Polizeibeamten nicht mit dem Geist der neuen Gesetze Schritt gehalten.

Zum einen werden Fälle sexueller Gewalt nur selten angezeigt. Schätzungen aus Mexiko und Peru legen nahe, dass nur 10 bis 20 Prozent der Vergewaltigungsfälle bei der Polizei zur Anzeige gelangen. Zweitens ist die Aufklärungsquote ebenso wie die Quote der eingeleiteten Strafverfahren und Verurteilungen von Gewalttätern erschreckend gering. Daten aus Brasilien belegen, dass im Bundesstaat São Paulo nur einem Drittel der Gewaltdelikte eine polizeiliche Untersuchung folgte und nur wenige Ermittlungen tatsächlich zu einer strafrechtlichen Verfolgung oder Verurteilung führten. In Mexiko ergab eine Erhebung, dass bei Vergewaltigungsfällen nur 15 Prozent der Straftäter verurteilt wurden. Angaben aus Ecuador zufolge führte nur ein Prozent aller angezeigten Fälle sexueller Gewalt zu einer Verurteilung.[10] Die zögerliche Haltung bei der Ermittlung und strafrechtlichen Verfolgung von Sexualverbrechen steht in scharfem Kontrast zu der staatlichen Schuldvermutung und übereifrigen Verfolgung Verdächtiger in anderen strafrechtlich relevanten Bereichen.

Die niedrigen Quoten bei der Verfolgung und Verurteilung von Gewalttätern rühren von der Gleichgültigkeit der Polizeibeamten gegenüber den Opfern her, in der sich die weit verbreitete Ansicht widerspiegelt, weibliche Opfer hätten das, was geschehen ist, entweder verdient oder ihre Einwilligung dazu gegeben. Die Analyse von Gerichtsprozessen hat ergeben, dass Richter Jungfrauen eher wohlgesinnt sind und häufig den Opfern vorwerfen, die Vergewaltigung provoziert zu haben. Viele Richter und Staatsanwälte drängen Frauen dazu, sich mit ihren Partnern auszusöhnen anstatt Anzeige gegen sie zu erstatten. Auch haben Vergewaltigungsopfer darüber geklagt, dass die untersuchenden Ärzte sie ausführlich über ihr bisheriges Sexualleben befragten.[11]

Andererseits kooperieren auch die Opfer oft nicht ausreichend mit den Ermittlungsbehörden oder verzichten auf eine strafrechtliche Verfolgung der Gewalttäter. Manche Opfer versöhnen sich mit ihrem Partner und sehen daher keine Notwendigkeit, den Fall weiterverfolgen zu lassen. Andere Opfer wiederum werden von Freunden und Familienangehörigen unter Druck gesetzt. In Peru wurde 1997 in einem Fall das Opfer einer Gruppenvergewaltigung von Familienangehörigen dazu gezwungen, einen ihrer Peiniger zu heiraten, um die Familienehre zu retten; die Anklage gegen den Täter wurde fallen gelassen. (Das Schlupfloch im Strafrecht, das Vergewaltiger straffrei stellt, wenn sie ihre Opfer heiraten, wurde im April 1997 nach lautstarken Protesten im In- und Ausland beseitigt.)

Die Polizeiwachen für Frauen waren dazu gedacht, einige der oben erwähnten Probleme zu mildern. Aber sie leiden an mangelhafter finanzieller und materieller Ausstattung, es gibt kein übliches Prozedere, nach dem die Fälle bearbeitet werden, der Umgang mit den Opfern ist nicht geregelt, und die Wachen sind oft sehr ungünstig zu erreichen. Auch genießt die Arbeit in einer dieser Frauenwachen innerhalb der Polizeibehörde nur geringes Ansehen. Zusammenfassend lässt sich also sagen, dass die Anwendung und Durchsetzung bestehender Gesetze die größte Herausforderung sind, denen sich Verfechter der Frauenrechte in Lateinamerika gegenübersehen.

## Schlussbemerkung

Die Kultur ist ein wesentlicher, aber nicht hinreichender Schlüssel zum Verständnis der Entwicklung hin zur Geschlechtergleichheit und ihren weiteren Aussichten in Lateinamerika. Kulturelle Wertvorstellungen allein erklären weder die Struktur des Wandels noch die des Beharrens in der Geschlechterfrage. Trotz tief verwurzelter Vorurteile gegenüber Frauen haben sich die Möglichkeiten und Aussichten der Frauen in Lateinamerika im Verhältnis zu denen der Männer in den letzten Jahrzehnten entscheidend verbessert. Und trotz beträchtlicher Unterschiede zwischen den Ländern zeigt die Verabschiedung von Gesetzen zur Gleichstellung und die dahinter stehende Politik demokratischer Regierungen und Parlamente ein wachsendes kulturelles Engagement für die Gleichberechtigung. Allerdings belegt die bestehende Kluft zwischen Gesetz und Lebenspraxis die Hartnäckigkeit diskriminierender Praktiken. Die gegenwärtigen Fortschritte in der Frauenfrage in Lateinamerika sind nicht auf einen kulturellen Wandel zurückzuführen, dieser aber ist unabdingbar, um die Durchsetzung und Dauerhaftigkeit dieser Fortschritte auf lange Sicht zu garantieren. Welche politische Strategie verspricht einen Weg aus diesem Dilemma? Es hat sich erwiesen, dass der politische Wandel dann großen Antrieb erhält, wenn sich der Präsident an dessen Spitze stellt. Das entschiedene Eintreten seitens des Präsidenten und seiner Partei war der gemeinsame Nenner bei einigen der einschneidendsten Veränderungen in der Geschlechtergesetzgebung und Geschlechterpolitik der 1990er Jahre. Das Engagement des Präsidenten erleichterte auch stets die praktische Umsetzung. Ohne die Erlasse der Exekutive beispielsweise, mit denen die Einführung der Quotengesetze in Argentinien gesetzlich geregelt wurde, hätte die Quotierung nicht dazu geführt, dass der Frauenanteil im Parlament von fünf auf 28 Prozent stieg. Wenn der Präsident seine Autorität in die Waagschale wirft, ist die institutionelle und normative Macht in seinen Händen ein wirksames Mittel, geschlechterrelevante Veränderungen abzusichern, auch wenn die Vorstellungen des Präsidenten bezüglich des Verhältnisses der Geschlechter nicht von jedem geteilt werden. Wenn die höchsten Repräsentanten der Macht nicht nur mit Worten, sondern auch mit Taten zeigen, dass sie für die Gleichstellung der Geschlechter eintreten, können sie die weit reichenden Umgestaltungen anregen, die notwendig sind, um in der Frage der Gleichstellung der Geschlechter überall in Lateinamerika im 21. Jahrhundert einen fundamentalen Fortschritt zu erzielen.

## Anmerkungen

1 Lawrence Harrison, *The Pan-American Dream*, Basic, New York 1997, S. 18.

2 Linda Kerber, *No Constitutional Right to Be Ladies: Women and the Obligations of Citizenship*, Hill & Wang, New York 1998, S. 307 Nr. 6.

3 Howard Wiarda, »Introduction: Social Change, Political Development, and the Latin American Tradition« in: *Politics and Social Change in Latin America: Still a Distinct Tradition?*, Westview, Boulder 1992, S. 14.

4 Elsa Chaney, *Supermadre: Women in Politics in Latin America*, University of Texas Press, Austin 1979, S. 32.

5 Ronald Inglehart und Marita Carballo, »Does Latin America Exist? A Global Analysis of Cross-Cultural Differences«, in: *PS: Political Science and Politics 30*, Nr. 1, 1997; siehe auch Ingleharts Beitrag in diesem Buch.

6 Daten über den Frauenanteil in Regierungen findet man auf der Homepage der »Interparliamentary Union«: http://www.ipu.org/wmn-e/classif.htm und bei den Vereinten Nationen auf der Seite »WomenWatch«: http://www.un.org/womenwatch.

7 Weitere Statistiken und Diagramme siehe: FLACSO, *Mujeres Latinoamericanas en Cifras*, FLACSO, Santiago 1995; bei der Statistikabteilung des U.N.-Sekretariats und der International Labor Organization (ILO): http://www.un.org/Depts/unsd/gender sowie beim U.N. Development Program: http://www.un.org./esa. Alle Zahlen in diesem Kapitel stammen aus diesen Quellen.

8 Mala Htun, »Women in Latin America: Unequal Progress Toward Equality«, in: *Current History 98*, Nr. 626, 1999; Htun, »Women's Rights and Opportunities in Latin America: Problems and Prospects«, in: *Civil Society and the Summit of the Americas*, hrsg. von R. E. Feinberg und R. L. Rosenberg, North-South Center Press, Miami 1999.

9 Mary Ann Glendon, *Abortion and Divorce in Western Law*, Harvard University Press, Cambridge 1987; Glendon, *The Transformation of Family Law: State, Law, and the Family in the United States and Western Europe*, University of Chicago Press, Chicago 1989.

10 Jacqueline Hermann und Leila Linhares Barsted, *O Judiciário e a Violência contra a Mulher: A Ordem Legal e a (Des)ordem Familiar*, CEPIA, Rio de Janeiro 1995, S. 63.

10 Giulia Tamayo León, »Delegaciones Policiales de Mujeres y Secciones Especializadas«, in: *Acceso a la Justicia*, Poder Judicial, Lima 1996; Centro Legal para Derechos Reproductivos y Políticas Públicas y Grupo de Información en Reproducción Elegida (CRLP/GIRE), in: *Derechos Reproductivos de la Mujer en México: Un Reporte Sombra*, Dezember 1997; Sara Nelson, »Constructing and Negotiating Gender in Women's Police Stations in Brazil«, in: *Latin American Perspectives 23*, Nr. 1, 1996; OAS/IACHR, Report of the Inter-American Commission on Human Rights on the Status of Women in the Americas«, in: *Annual Report 1997*, Organization of American States, Washington D. C.

11 U. S. Department of State, *Peru Country Report on Human Rights Practices for 1997*. Veröffentlicht vom Bureau of Democracy, Human Rights, and Labor, 30. Januar 1998, http://www.state.gov/www/global/human_rights/1997_hrp_report/peru.html.

# V.

# Kultur und amerikanische Minderheiten

*Orlando Patterson*

# Kultur ernst nehmen: Rahmenstrukturen und ein afroamerikanisches Beispiel

## Die widersprüchliche Annäherung an die Kultur

Es ist sehr eigenartig, wie heute der Begriff »Kultur« verwendet wird. Einerseits wird er diskutiert und ernst genommen wie nie zuvor in seiner Geschichte. An den Universitäten wird überall der noch recht junge Studiengang der Kulturwissenschaft gelehrt, und in der amerikanischen Öffentlichkeit sind so genannte Kulturkriege zu dem geworden, was Hunter als »eine Wirklichkeit *sui generis* [...], die entscheidende Kraft des öffentlichen Lebens«[1] bezeichnet. Dennoch besteht in Kreisen von Wissenschaftlern und Intellektuellen, bei einflussreichen Anthropologen und fast allen Soziologen ein starker Widerstand gegenüber Versuchen, Aspekte des menschlichen Verhaltens durch kulturelle Gegebenheiten zu erklären.[2]

In den Geisteswissenschaften und in liberalen Kreisen dominiert heute allgemein eine rigide Denkweise, die wie folgt zusammengefasst werden kann: Kultur ist ein symbolisches System, das als unverwechselbares Produkt eines spezifischen Kollektivs interpretiert, verstanden, beschrieben, respektiert und gefeiert werden muss und allen anderen derartigen Produkten ebenbürtig ist. Doch darf Kultur keinesfalls benutzt werden, um etwas über jene Menschen auszusagen, die sie erzeugt haben. Die Geisteswissenschaften betrachten Kultur häufig als etwas, das wie ein Text gelesen und interpretiert werden kann. Texterklärungen sind zwar erlaubt, ein Anspruch auf Objektivität darf aber für diese Erklärungen nicht erhoben werden. Das Kulturverständnis ist völlig subjektiv und sagt ebenso viel über den aus, der interpretiert wie über den interpretierten Sachverhalt.

Für die Soziologen deckt Kultur in den Worten von Mabel Berezin ein »brüchiges Terrain« ab, auf dem eine »erkenntnistheoretische Opposition« besteht zwischen Wissenschaftlern, welche die »Möglichkeit der Erklärung bevorzugen [...] und denen, welche die Exegese oder Auslegung bevorzugen«[3]. Doch selbst die erklärungsorientierten Wissenschaftler tendieren dazu, der Kultur jegliche kausale Rolle abzusprechen. Kultur wird üblicherweise wie in der so genannten Kulturproduktionsschule als die abhängige Variable also, als etwas gesehen, das man beschreiben und mit der gebührenden Vorsicht mit Hilfe von strukturellen, wirtschaftlichen und anderen »harten« unabhängigen Variablen erklären kann. Sämtliche Versuche, diese Gleichung umzudrehen und Kultur oder kulturelle Elemente zu unabhängigen Variablen zu machen, sind per se suspekt. Merkwürdigerweise ist dies gerade das Gegenteil von der in der ersten Hälfte des 20. Jahrhunderts vorherrschenden Meinung, als noch die Theorie Parsons' von den Werten als Selbstzweck und normativen Handlungsregulatoren galt. Da aber, wie Ann Swidler aufzeigt, die allgemeine Ablehnung des Parsonschen Ansatzes die Soziologen »ohne eine alternative Formulierung der kausalen Bedeutung von Kultur ließ, vermeiden die Wissenschaftler kausale Fragestellungen oder lassen das Werteparadigma zur Hintertür wieder herein«[4]. Swidler schlägt einen Ansatz vor, der breite Zustimmung gefunden hat. Er ist zwar ein Schritt in die richtige Richtung, doch lässt Swidlers Auffassung von Kultur als einer Art »Werkzeugkasten«, aus dem sich die Menschen ihre Handlungstrategien selektiv holen, zu viel offen und ist zu voluntaristisch, um die Frage überzeugend zu klären. Die kulturelle Analyse wird auf eine bloße Ergänzung der Theorie von der rationalen Wahl reduziert.

Die Ablehnung kultureller Erklärungen tritt bei Untersuchungen der Afroamerikaner und ihrer zahlreichen Probleme besonders häufig zu Tage. Hierfür gibt es stichhaltige und weniger stichhaltige Gründe. Zu viele Untersuchungen der Probleme von Afroamerikanern bis Ende der 60er Jahre – als derartige Ansätze allmählich abgelehnt wurden – beruhten auf einem stark vereinfachten beziehungsweise unhaltbaren Kulturbegriff, dessen man sich auf grob deterministische Weise bediente, um die sozialen Probleme der Afroamerikaner zu erklären. Die afroamerikanische Kultur wurde als verkrustete Ablagerung der afroamerikanischen Vergangenheit aufgefasst, gewissermaßen eine starre Blackbox, die sämtliche diese Gruppe betreffenden Phänomene erklärte. Überholte, aus dem 19. Jahrhundert stammende Ansichten von der Kultur als eine Art »Brauchtumsmischung« waren in zahlreichen Aufsätzen spürbar. Kaum erträglicher war der überdeterminierende Funktionalismus und Werterahmen der Parsonsschen Schule. Die differenzierteren Verfechter einer Kultur der Armut wie Oscar Lewis begingen zwar wesentlich weniger Fehler, als ihnen heute gewöhnlich vorgeworfen wird. Aber in der Hand von Nichtfachleuten waren die kulturellen Beschreibungen der Gruppenprobleme oft zu zirkulär, reduktionistisch und statisch.

Leider war und ist es bis heute so, dass kulturelle Erklärungen zu oft von reaktionären Analytikern und Personen des öffentlichen Lebens ins Feld geführt werden. Sie sehen die Ursache für die sozialen Probleme der Armen in deren »Wertvorstellungen« und entziehen so sich selbst und die Regierungen sowie die Steuerzahler der Verantwortung für die Behebung der Probleme. Der Hauptgrund, warum Anthropologie und Soziologie – beides ja sehr liberale Wissenschaften – kulturelle Erklärungen meiden, ist möglicherweise die Tatsache, dass diese von reaktionären oder einfältigen Personen des öffentlichen Lebens so begierig aufgegriffen worden sind. Kultur als Erklärung verkümmert derweil im intellektuellen Exil, weil ihr eine Mitschuld in die Schuhe geschoben wird.

Dieser letztgenannte Grund ist aber von allen nicht stichhaltigen Gründen für die Ablehnung kultureller Erklärungsversuche der schlechteste. Zu diesen gehört auch das noch immer häufig beschworene liberale Mantra, kulturelle Erklärungen kämen einer Beschuldigung der Opfer gleich. Das ist purer Unsinn, dessen Albernheit an einer einfachen Analogie deutlich wird. Betrachten wir einmal den häufigen Fall eines Menschen mit niedrigem Selbstwertgefühl, der sich extrem selbstzerstörerisch verhält, was direkt darauf zurückzuführen ist, dass er als Kind missbraucht wurde. Ein verständnisvoller Mitmensch würde vielleicht auf die psychologischen Probleme des Betreffenden hinweisen und ihm raten, eine Therapie zu machen. Es wäre absurd, diesem Mitmenschen den Vorwurf zu machen, dass er dem Opfer die Schuld zuweise. Aber genau das geschieht, wenn ein verständnisvoller Experte auch nur andeutet, dass einige Probleme der Afroamerikaner vielleicht tragische Folgen ihrer kulturellen Anpassung an eine leidvolle Vergangenheit sind.

Ein weiterer schlechter Grund für die Zensur kultureller Erklärungen bei der Erforschung der Afroamerikaner sind der ethnische Nationalismus und der so genannte *black pride*. Ethnischer Stolz, einst ein notwendiges Korrektiv für jahrhundertelang erduldete Verachtung und Vorurteile, haben sich heute zu einer ethnischen Verherrlichung und einem Afrozentrismus verfestigt, die ihre wissenschaftliche Legitimität aus multikulturellen Studien beziehen. Wissenschaftler, die gesellschaftliche Probleme historisch-kulturell erklären, gelten als Agenten, als Spielverderber, als Bedrohung für das frohgemute Beharren auf einer »nützlichen Vergangenheit« und einer stolzen, nicht problembehafteten Kultur, die ihren Platz behauptet und sich in selbstbewusster Siegerpose auf dem großen amerikanischen Multikulti-Spektakel zur Schau stellt.

Kulturelle Erklärungen sind aber auch verdächtig, weil besonders unter Politikexperten und anderen, die sich damit befassen, soziale Probleme zu korrigieren, das Missverständnis vorherrscht, dass Kultur etwas ist, was nicht verändert werden kann. Die von vielen vertretene Überzeugung, dass es sich bei kulturellen Erklärungen um eine rassistische Sichtweise auf eine Gruppe handelt, steht zu diesem Grund in engem Bezug. Diesem Vorwurf liegen eine wahre Flut intellektueller Ironien zugrunde. Die moderne anthropologische Untersuchung der Kultur war anfangs eine explizit antirassistische Reaktion auf den Rassismus des Sozialdarwinismus, besonders unter dem liberalen Einfluss von Franz Boas' Kulturrelativismus. In der ersten Hälfte des 20. Jahrhunderts stand der Kulturbegriff gerade für den nichtbiologischen Teil der Entwicklung des Menschen. Wie ich schon in meiner Kritik am Gebrauch dieses Begriffs sowohl durch die ethnischen Erwecker als auch durch die Verteidiger des Apartheidregimes in Südafrika in den 70er Jahren dargelegt habe, hat der Kulturrelativismus die Tendenz, sich selbst in den Schwanz zu beißen und in Essenzialismus umzuschlagen.[5] Dieselbe Kritik hat Walter Benn Michaels unlängst an der jüngsten Welle ethnischer Verherrlichung in Amerika geäußert; er erklärt kategorisch, dass die multikulturellen Begriffe von Kultur und ethnischer Identität heute einfach an die Stelle des Rassismus getreten seien.[6] Zwar verurteilen die Kritiker des Multikulturalismus wie Michaels den multikulturellen Gebrauch des Kulturbegriffs von einem universalistischen Standpunkt aus als rassistisch, aber viele Multikulturalisten verurteilen ebenso heftig kulturelle Erklärungen als rassistisch, wie man an der langen Litanei von Angriffen auf Senator Daniel Patrick Moynihan und seinen Bericht sehen kann. So bezeichnete der liberale Soziologe Robert Blauner diejenigen seiner Kollegen, die mehr auf die Unterklasse als auf die ethnische Andersartigkeit des Lebens der Afroamerikaner abhoben, als »Neorassisten«.[7] Unglaublich, aber wahr, ist so der Begriff der Kultur eine Beleidigung geworden, den universalistisch und relativistisch orientierte Multikulturalisten in ihren Auseinandersetzungen gleichermaßen als rassistisch verdammen.

Das zutiefst Ironische an der heftigen Kritik, nach der kulturelle Erklärungen rassistisch sind, ist der Sachverhalt, dass sämtliche Kritiker der erklärenden Rolle der Kultur der kausalen Verwendung des Begriffs still und leise ein Hintertürchen einräumen. Bei diesen Ausnahmen handelt es sich um die intellektuelle Auseinandersetzung zwischen Verfechtern der Milieutheorie und des genetischen Determinismus. Als die IQ-Kontroverse in der so genannten Normalverteilungs-Kontroverse vor einigen Jahren in Amerika in die letzte Runde ging, erschütterten Richard Herrnstein und Charles Murray, die den Krieg zwar verloren hatten, eine der Hauptstützen der liberalen Verteidigung der Anhänger der Milieutheorie. Letztere behaupteten, dass die sich hartnäckig durchziehende größte Standardabweichung bei den IQ-Werten zwischen Afro- und Euroamerikanern *in erster Linie* durch sozioökonomische Faktoren erklärt werden könne. Herrnstein und Murray wiesen anhand ihres sehr umfangreichen Materials nach, dass diese Position nicht länger zu halten ist. Strukturelle Erklärungen für die unterschiedliche IQ-Verteilung wurden häufig durch das verfälscht, was Arthur Jensen als »den soziologischen Trugschluss« bezeichnet, womit er sich darauf bezieht, dass die angeblich unabhängigen strukturellen Variablen, mit denen die IQ-Effekte wegdiskutiert wurden, zum Teil selbst Effekte des IQs der Probanden waren.

Es ist nicht meine Absicht, die IQ-Kontroverse hier wieder aufzuwärmen. Ich möchte lediglich festhalten, dass, als sich die Wogen wieder geglättet hatten, ein wichtiger Punkt glasklar hervorstach, der einen negativen, aber auch einen positiven Aspekt hat. Der negative Aspekt ist der, dass genetische Faktoren die sozialen und wirtschaftlichen Unterschiede, die es zwischen Afro- und Euroamerikanern gibt, zwar nur zu einem kleinen Teil erklären können, dies sich jedoch mit sozioökonomischen Standardvariablen wie dem Haushaltseinkommen ebenso verhält. Dieser wichtige Punkt, der im Eifer des Gefechts fast unterging, ist durch jüngste Ergebnisse erhärtet worden, besonders durch eine Arbeit, die von größerer wissenschaftlicher Integrität als *The Bell Curve* ist. Es handelt sich um das von Christopher Jencks und Meredith Phillips herausgegebene Werk *The Black-White Test Score Gap*. Die Autoren kommen darin zu dem allgemeinen Schluss, dass erstens die unterschiedlichen Testergebnisse von Afro- und Euroamerikanern tatsächlich wichtig sind, um berufliche Stellung und Einkommen im späteren Leben zu erklären, dass aber weniger die angeborene Intelligenz gemessen wird, sondern vielmehr erlernbare kognitive und schulische Fertigkeiten. Zweitens lassen sich die unterschiedlichen Ergebnisse nur zum Teil mit der Klassenzugehörigkeit oder dem sozia-

len Hintergrund der Schüler erklären. Berücksichtigt man alle sozioökonomischen Hintergrundfaktoren wie zum Beispiel Wohlstand und
berufliche Tätigkeit, wird lediglich ein Drittel der ethnischen Differenz
erklärt, was ungefähr der Schätzung von Herrnstein und Murray entspricht.[8] Wenn die Antwort auf die Fertigkeitsdifferenz weder im g-Faktor bei
IQ-Treffern noch in den sozioökonomischen Unterschieden zwischen
den beiden Gruppen gefunden werden kann, wo dann? Nun kommen wir
zum positiven Aspekt dessen, was sich im Zuge der Normalverteilungs-
Kontroverse zeigte. Die Antwort lautet kurz gesagt: Kultur. »Kulturelle
Ansichten und Bräuche«, schreibt der Psychologe Howard Gardner in
seiner Kritik an *The Bell Curve,* »wirken sich auf das Kind bereits ab der
Geburt und vielleicht schon eher aus. Selbst die Erwartungen der Eltern
an das ungeborene Kind und ihre Reaktionen auf das Geschlecht des
Kindes haben Auswirkungen. Familie, Lehrer und andere kulturelle
Quellen signalisieren dem heranwachsenden Kind, was wichtig ist. Diese
Botschaften haben kurz- und langfristige Auswirkungen.«[9]

Von Bedeutung ist hier, dass Meredith Phillips und ihre Mitarbeiter
bei den Testergebnissen von Kindern langfristige Einflüsse feststellen,
die das Ergebnis des elterlichen Verhaltens waren und die bei den
unterschiedlichen Testergebnissen von Afro- und Euroamerikanern
mehr als 3,5 Punkte ausmachten. Außerdem wiesen ihre Auswertun-
gen eindeutig darauf hin, dass dieses Verhalten ausschließlich milieu-
abhängig war.

Psychologische Untersuchungen bestätigen diese Ergebnisse. Besonders hervorzuheben ist, dass Arthur Jensen, unbestreitbar der diffe-
renzierteste Verfechter genetischer Erklärungsversuche für ethnische
Unterschiede, kaum fünf Jahren vor dem Erscheinen von *The Bell
Curve* nahe daran war, das Handtuch zu werfen, als er eingestand, dass
»die genetische Hypothese in absehbarer Zeit nicht hinreichend
gründlich untersucht werden kann, was wohl die heutigen Wissenschaftler kaum mehr erleben werden«[10]. Der Psychologe Nathan Brody kommt in einer ausführlichen Analyse des Wissensstandes zu dem
Thema zu dem Schluss, dass die »Gründe für die Unterschiede vermutlich in den besonderen kulturellen Erfahrungen der Schwarzen in den
USA zu suchen sind«[11]. Mit Richard Nisbett kommt ein weiterer
renommierter Psychologe in seiner Erwiderung auf Herrnstein und
Murray zu ähnlichen Ergebnissen. Er argumentiert, dass es »im Sozia-
lisationsprozess schwarzer und weißer Kinder von der Wiege auf systematische Unterschiede gibt«, und wertete mehrere Untersuchungen
aus, darunter eine, die sich mit Kindern aus Mischehen befasste:

»In der Annahme, dass Mütter bei der intellektuellen Sozialisation der Kinder eine wichtigere Rolle spielen als die Väter und dass das Sozialisationsverhalten Weißer den Erwerb von Fertigkeiten begünstigt, die bei Intelligenztests zu einer hohen Punktzahl führen, würde man erwarten, dass die Kinder aus Beziehungen, in denen die Mutter weiß und der Vater schwarz ist, einen höheren IQ haben als die Kinder aus Beziehungen, in denen die Mutter schwarz und der Vater weiß ist. Das ist auch tatsächlich der Fall. Kinder aus Beziehungen zwischen Schwarzen und Weißen haben einen um neun Punkte höheren IQ, wenn die Mutter weiß ist.«[12]

Selektionsfaktoren konnten zwar nicht ausgeschlossen werden, doch funktionierten sie offenbar in beide Richtungen und hoben sich gegenseitig auf. Nisbett kommt zu dem durchaus vernünftigen Schluss, dass »der höhere IQ der Kinder mit weißen Müttern überwiegend der Sozialisation zuzuschreiben ist«[13].

In der Nutzung und den Reaktionen der hier zitierten Ergebnisse zeigt sich eine tiefe Ironie. Wenn diese Ergebnisse in der IQ-Debatte genutzt werden, um die liberale, milieuorientierte Position zu stützen, werden sie nur zu gern akzeptiert. In jedem anderen Zusammenhang würde die Nutzung derselben Ergebnisse Empörung auslösen. Warum? Weil derartige Resultate für die Begriffe wie ethnischer Stolz, Identitätspolitik und den vorherrschenden Relativismus liberaler Kreise unter den Wissenschaftlern Anathema sind. Die Behauptung von Phillips und ihren Mitarbeitern, dass für »Eltern, die wollen, dass ihre Kinder bei Tests gute Ergebnisse erzielen (das heißt, fast alle Eltern), das mittelschichtspezifische Elternverhalten offenbar Früchte trägt« oder dass »offenbar auch rassenbedingte Unterschiede im Elternverhalten von Bedeutung sind« oder Nisbetts Argument, dass die kulturellen Gepflogenheiten euroamerikanischer Mütter effektiver sind als die afroamerikanischer, würde in jedem anderen Kontext und an sämtlichen Universitäten der USA ihre Verurteilung als wahre Rassisten und unverbesserliche Kulturchauvinisten zur Folge haben.

Dieser Zustand ist lächerlich. Afroamerikaner und die sie unterstützenden Wissenschaftler können einfach nicht alles haben. Wenn in der IQ-Kontroverse kulturelle Faktoren das Hauptargument sein sollen, können sie nicht durch die Kritik aus multikulturellen Kreisen und liberalen Soziologen auf das reduziert werden, was Margaret Archer als »den Standpunkt träger Abhängigkeit« bezeichnet.[14] Diese selektive Zensur bei der kausalen Nutzung des Kulturbegriffs hat die Erforschung der Sozialgeschichte und der heutigen Probleme der Afroamerikaner verfälscht.

Die Wahrheit ist doch, dass die Kultur als kausale Erklärung und ihre
Behandlung als rein beschreibende oder abhängige Größe nicht notwendigerweise ein Widerspruch ist. Konflikte können normalerweise gelöst werden, wenn man erst einmal verstanden hat, dass unterschiedliche Auffassungen von Kultur benutzt werden und dass die
Ursachenforschung oft mit ganz anderen Analyseebenen arbeitet als
Forschungen, die einen symbolistischen oder beschreibenden Ansatz
verfolgen. Zudem schließt ein kultureller Erklärungsansatz gesellschaftliche Ursachen nicht aus. Der interessanteste und nützlichste
Aspekt bei einer Untersuchung ist oft die Identifizierung und Entwir-
rung des komplexen interpretatorischen Wechselspiels zwischen kulturellen und nichtkulturellen Faktoren, ein Wechselspiel, bei dem beide
Faktorenbündel in einem gegebenen Kausalmodell unabhängig und
abhängig zugleich sein können. Goodenough formuliert es treffend so:
»Die Biologie hilft, das menschliche Verhalten zu erklären, aber sie
bestimmt es nicht. Ähnlich hilft die Kultur, das menschliche Verhalten
zu erklären, aber auch sie bestimmt es nicht.«[15]

## Der Kulturbegriff

Unter Kultur verstehe ich ein Repertoire überlieferter, in einer Generation entstandener Lebensvorstellungen und Urteilskriterien, sowohl
allgemeiner Natur als auch bezogen auf bestimmte Lebensbereiche.
Kultur ist ein Informationssystem mit unterschiedlichen Spezifitäts-
ebenen: Einerseits besteht Kultur aus einer breiten Palette von
Vorstellungen und Erwartungshaltungen über Formen öffentlicher
Selbstdarstellung; andererseits handelt es sich um ein präzises Informationssystem, das genau vorschreibt, wie man am besten Bagels,
gewürzte Kichererbsen oder jamaikanisches Spanferkel zubereitet.
Dieses Informationssystem ist mehr als das, »was Menschen lernen
müssen, um sich als Mitglieder einer sozialen Gruppe angemessen an
den Aktivitäten der Gruppenmitglieder innerhalb der Gruppe zu
beteiligen«,[16] wie es Goodenough in einer wichtigen These formuliert
hat. Zum einen muss, wie Eugene Hunn betont, »der Kulturbegriff
nicht nur das beinhalten, was formal angemessen ist, sondern auch das,
was ökologisch effektiv ist«. Kultur ist also »das, was man wissen muss,
um in seinem Umfeld effektiv handeln zu können«.[17] Zum anderen
beinhaltet Kultur nicht nur Verhaltensmuster, die für eine Gruppe
akzeptabel sind, sondern manchmal auch überliefertes antisoziales
Verhalten.[18] Diese Aussage ist für all diejenigen besonders wichtig, die
sich mit den Erfahrungen der Afroamerikaner befassen, da es sich bei

den kulturellen Prozessen, die man verstehen möchte, oft gerade um
Abweichungen handelt, die weder für weite Teile der euroamerikanischen
Gesellschaft noch für die meisten Afroamerikaner hinnehmbar sind. Wir
können das Kulturelle nicht nur auf das Normative beschränken.

Ich greife den äußerst vernünftigen Rat von Roger Keesing auf, dass
es am besten ist, »den Kulturbegriff einzugrenzen, damit er weniger
einschließt und mehr enthüllt«[19]. Roy D'Andrade spricht denn auch
von einer »partikularen Kulturtheorie, will sagen eine Theorie über die
›Stücke‹ der Kultur, ihre Zusammensetzung und ihren Bezug zu anderen Dingen«[20].
Kultur wird von den Individuen erworben oder erlernt; Kultur ist
das, was sie wissen. Das schließt jedoch eine kollektive oder von anderen geteilte Kulturebene nicht aus. Wie lässt sich die individuelle, verinnerlichte Auffassung von Kultur mit der Vorstellung von Kultur als
einem einer Gruppe gemeinsamen Phänomen vereinbaren? Dies ist
möglich über den Begriff »Kulturmodelle«, die, wie Keesing darlegt,
»als das historisch angehäufte Wissen eines Volkes und die Einverleibung einer Sprache *und außerdem* kognitiv, als Paradigmen für die
Auffassung von der Welt gleichzeitig kulturell und öffentlich sind«.[21]

Bei diesen Modellen handelt es sich aber nicht einfach um Werkzeugkästen, wie die Soziologin Ann Swidler in ihrem häufig zitierten
Aufsatz behauptet.[22] Diese Ansicht mag für Soziologen wertvoll sein,
weil sie die Instanzenrolle bei der Kulturanalyse betont, sie lässt jedoch
zwei andere wichtige Aspekte der Kultur außer Acht. Ein Werkzeugkasten ist nutzlos, wenn man damit nichts bearbeiten kann. Elemente
der Kultur sind immer an erster Stelle Lebensentwürfe, Denk-, Urteilsund Handlungsvorlagen. Ein Werkzeugkasten ist auch nutzlos, wenn
man nicht über das notwendige Wissen oder die Fähigkeit verfügt, um
mit den Werkzeugen etwas anzufangen. Kulturmodelle sind auch Normen für die Umsetzung kultureller Pläne.

Es ist durchaus umstritten, woher diese Normen kommen. Es wird
angenommen, dass die Fähigkeit des Schaffens von Normen, die den
Spracherwerb bestimmt, auch beim Erwerb von Kulturmodellen eine
Rolle spielt, besonders bei der Aneignung von sozialem Verhalten. Wir
leiten zwar einige Regeln aus unserer angeborenen Fähigkeit, Regeln
zu schaffen, ab, aber andere werden erlernt und wieder andere aus
einer Kombination beider Methoden hergeleitet.

Dorothy Holland und Naomi Quinn sprechen sich gegen jegliche
Unterteilung von Kulturmodellen in »Modelle von etwas« und
»Modelle für etwas« aus, wie von einigen vorgeschlagen wird. Sie
unterstellen vielmehr, dass

»zugrunde liegende Modelle gleicher Ordnung – und in einigen Fällen dasselbe
zugrunde liegende Modell – eingesetzt werden, um verschiedene kognitive Aufgaben auszuführen. Je nachdem dienen diese Kulturmodelle dazu, Handlungs-
ziele zu definieren, das Erreichen der genannten Ziele zu planen, die Verwirklichung dieser Ziele zu steuern, Handlungen Sinn zu geben und die Ziele anderer
zu begreifen oder Verbalisierungen zu erzeugen, die bei all diesen Vorhaben und
bei der anschließenden Interpretation des Geschehenen unterschiedliche Funktionen haben.«[23]

Mit anderen Worten, Kulturmodelle sind das soziologische Äquivalent
der Stammzellen in der Biologie.
Wie erwerben wir diese Modelle? Dies geschieht auf zwei Wegen:
Wir erben sie durch Sozialisation von der vorhergehenden Generation
und erlernen sie innerhalb unserer Generation von Gleichgestellten
und prägenden Anderen durch Nachahmung und Lehren sowie von
Agenten wie den Medien und populären Persönlichkeiten. Ich bin mit
Robert Boyd und Peter Richardson der Meinung, dass soziales Lernen
»die Weitergabe stabiler Verhaltensdispositionen« ist und dass stabile
Dispositionen solche sind, »die von umfeldbedingten Eventualitäten
substanziell getrennt sind«[24]. Ich werde mich zwar im Folgenden auf
die Kulturtheorie von Boyd und Richardson beziehen, aber mit dem
Unterschied, dass ich in den Kulturbereich Verhaltensmodelle inte-
griere, die vom Einzelnen als Reaktion auf Interaktionen mit anderen
Menschen und umfeldbedingten oder strukturellen Faktoren durch
Versuch und Irrtum erlernt werden.

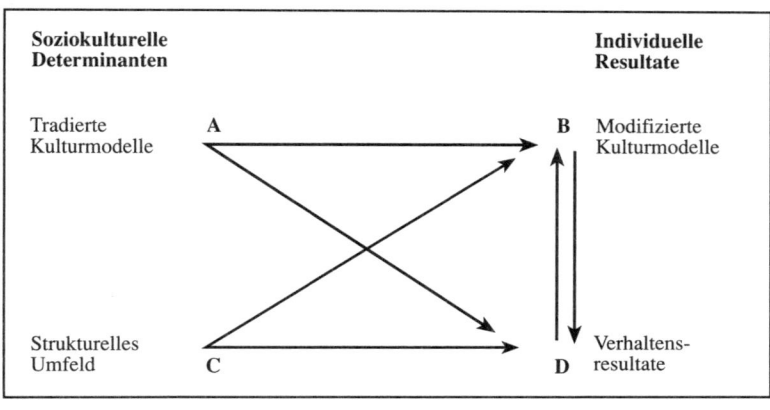

Diagramm 1: Interaktionen zwischen Kulturmodellen, dem strukturellen Umfeld
und dem resultierenden Verhalten

Zwei weitere Kulturmerkmale sollten hier beachtet werden. Erstens darf man Kulturmodelle und Verhalten nicht miteinander verwechseln. Boyd und Richardson stellen fest, dass »zwei Individuen mit identischen, kulturell erworbenen Dispositionsmustern sich in verschiedenen Umgebungen durchaus unterschiedlich verhalten können«[25]. Zweitens sind kulturelle Veränderungen und die Kräfte, die Abweichungen und Instabilität bewirken, in einer Kulturtheorie ebenso wichtig wie die Kräfte, welche die Weitergabe stabiler Modelle bewirken.

## Die interaktionelle Annäherung an Kultur und das strukturelle Umfeld am Beispiel der Afroamerikaner

Ich möchte den Zusammenhang von Kultur und gesellschaftlicher Struktur mit einem Beispiel aus den Erfahrungen der Afroamerikaner verdeutlichen. Kulturmodelle und strukturelle oder umfeldbedingte Faktoren wirken sich auf Kultur und Verhalten des Einzelnen aus. So entsteht eine kausale Matrix, die (A) aus von der vorherigen Generation übernommenen Kulturmodellen besteht; (B) aus modifizierten Kulturmodellen, die das Ergebnis von Veränderungen in den tradierten Modellen als Folge von Übertragungsfehlern bei der Weitergabe und der Nachahmung sind, aber auch auf der Annahme neuer Strategien zur Verarbeitung des Umfelds beruhen, die durch Versuch und Irrtum erlernt worden sind; (C) den aktuellen umfeldabhängigen, vor allem strukturellen Gegebenheiten und schließlich (D) dem daraus resultierenden Verhalten, das wir erklären wollen. Diese kausalen Interaktionen sind im Diagramm 1 dargestellt.

Es soll erklärt werden (D), warum die Zahl der von ihren Vätern verlassenen afroamerikanischen Kinder heute so hoch ist. Davon sind gegenwärtig 60 Prozent der afroamerikanischen Kinder betroffen. Es ist das mit Abstand größte Problem dieser Bevölkerungsgruppe und gleichzeitig die Ursache anderer großer Probleme. Welche kausalen Interaktionen kommen bei diesem Verhaltensproblem zum Tragen?

Die heutige Generation hat ein Kulturmodell (A) geerbt, das aus einem früheren Umfeld kommt, nämlich der Sklaverei (ca. 1640–1865). Dieses wurde später an ein zweites Umfeld, das Sharecropping-System (ca. 1880–1940) angepasst und durch dieses weitergegeben. Nach dem Sharecropping-System wurden kleine Farmen von Pächtern bewirtschaftet, die ihre Pacht mit einem Teil der Ernte bezahlten. Die als Sklaven importierten Afrikaner hatten wohl klar definierte Modelle von Blutsverwandtschaft, Geschlechterrollen und Vorstellungen von Sexualität und Vaterschaft mitgebracht. Die meisten dieser Modelle

wurden von der neuen Ordnung zerstört. Besonders die Rolle des
Vaters und Ehemanns verlieh keinerlei Legitimität oder Autorität.
Männer hatten keinen Anspruch darauf, sich um ihre Frauen und Kinder zu kümmern. Das westafrikanische Modell der hohen Fruchtbarkeit und die Ansicht, dass die Männlichkeit und der Status eines Mannes umso höher sei, je mehr Kinder er hatte, passte perfekt mit den
Anforderungen des Sklavensystems zusammen. Ein großes Problem
des Systems bestand darin, dass die Nachfrage an Sklaven immer
größer wurde, besonders nachdem der Sklavenhandel 1807 verboten
worden war. Die Plantagenbesitzer förderten deshalb stabile Fortpflanzungseinheiten. Das führte zu einem Verhaltensmuster, bei dem
zwei Drittel aller Verbindungen aus Mann, Frau und ihren Kindern
bestand und einem weiteren Drittel mit Frauen ohne festen Partner,
die ihre Kinder mit Unterstützung ihrer Verwandten aufzogen.[26]
   In *Rituals of Blood* habe ich dargelegt, dass es ein soziologischer
Hohn ist, die Verbindungen zwischen versklavten Männern und Frau-
en als »Ehe« und ihre Haushalte als »stabile Kernfamilie« zu bezeichnen. Dadurch, dass im Mittelpunkt des Interesses revisionistischer
Wissenschaftler die strukturellen Formen der Beziehungen der Sklaven stehen, ist die Beschäftigung mit ihrer Funktionsweise, mit der Art
der Beziehungen, die diese Verbindungen ausmachten, und den damit
verbundenen Kulturmodellen, vernachlässigt worden. Die meisten
Männer lebten nicht regelmäßig mit ihren Partnerinnen zusammen.
Die Hälfte der Männer in festen Beziehungen lebte auf anderen Plantagen, und ein Drittel, die Kinder hatten, lebte nicht in festen Beziehungen. Folglich lebten selbst auf der Grundlage der Daten revisionistischer Historiker mindestens zwei Drittel der erwachsenen
Männer, die Kinder hatten, nicht in derselben Behausung und häufig
nicht einmal auf derselben Plantage wie ihre Partnerinnen und ihre
Nachkommen. Außerdem gab es auf jeder Plantage etwa zehn bis 15
Prozent Männer ohne feste Beziehung und ohne Kinder, deren sexuelle Bedürfnisse irgendwie befriedigt werden mussten. Somit lebte zu
Zeiten der Sklaverei die überwiegende Mehrheit der Männer – mindestens drei Viertel – den größten Teil ihres Lebens nicht in stabilen
Haushalten mit Kindern, darunter eine beträchtliche Zahl von Männern in so genannten festen Beziehungen. Zudem verhielt es sich so,
dass Sklaven kaum Zeit für ihre Kinder hatten, egal in welcher Art von
Beziehung sie lebten. Bei der Sklavenwirtschaft ging es ja gerade
darum, die Sklaven als Sklaven auszubeuten.
   Nach zweieinhalb Jahrhunderten entwickelten sich als Reaktion auf
dieses System mehrere Kulturmodelle. Eines war ein Modell kompen-

satorischer Sexualität. Da ihnen von der Gesellschaft sämtliche Status-
ansprüche und legitimen Ansprüche auf ihre Partnerinnen und Kinder
abgesprochen wurden, verstärkten die Männer das tradierte westafrikanische Modell, wonach Männlichkeit und hohe Fruchtbarkeit als
Symbole für männlichen Stolz und Status galten. Damit eng verbunden
war das Modell der ungesicherten Vaterschaft. Dabei handelte es sich
nicht um ein afrikanisches Modell, sondern vielmehr um eine Anpassung an das Sklavensystem. Der Sklavenhalter übernahm die Verantwortung, für die Kinder des Sklaven zu sorgen, und ermunterte die
Erwachsenen, so viele Kinder wie möglich zu bekommen. Einige haben
wohl eine regelrechte Züchtung betrieben.[27] Weil sie das Produkt der
Sexualität ihrer Sklaven besitzen wollten, ermunterten die Sklavenhalter ihre Sklaven, sich auf ihren eigenen Plantagen mit Sklavinnen zu
paaren. Damit erreichten sie eine beträchtliche Reduzierung der Kosten für die Kontrolle der Sklaven, denn Sklaven, die in solchen festen
Fortpflanzungseinheiten lebten, rannten nicht so häufig weg. Nichts-
destotrotz lebten, wie weiter oben gesagt, nur die Hälfte der Sklaven,
die eine feste Partnerin hatten, mit dieser auf derselben Plantage.

In Ergänzung zu diesen beiden Modellen entwickelten sich andere
Muster. Eines war das Modell der Mutterzentriertheit, das die Mutter-
Kind-Beziehung betonte und hoch über die Vater-Kind-Beziehung
stellte. Ein anderes war das Modell der unabhängigen Frau – ein tra-
diertes Modell, das durch die Sklaverei verstärkt und abgewandelt
wurde. Traditionelle westafrikanische Gesellschaften bildeten wegen
der hohen wirtschaftlichen Integration und der relativen Unabhängigkeit der Frauen eine Ausnahme. Dieses tradierte Modell wurde durch
die wirtschaftliche Geschlechtsneutralität der Sklavenwirtschaft in
Bezug auf Sklaven intensiv verstärkt. Frauen arbeiteten Seite an Seite
mit den Männern auf den Feldern. Ihre Gebärfähigkeit wurde durch
die Nachfrage nach mehr Sklaven betont. Die Sklavenhalter ermutig-
ten zwar beide Geschlechter zur Reproduktion, der rechtliche Besitz-
anspruch auf die Nachkommen der Sklaven richtete sich jedoch nach
der Mutter. Einige Sklavenhalter begünstigten sogar starke Familienbande zwischen den Frauen und achteten die Beziehung zwischen
Schwestern oder Müttern und Töchtern sowie andere matrifokale
Beziehungen, während sie gleichzeitig deren Söhne und Brüder skrupellos verkauften.[28]

Schließlich gab es noch die schlichte, schonungslose Tatsache, dass
den männlichen Sklaven das zentrale Mittel fehlte, worauf alle anderen
Männer ihre Herrschaft über die Frauen aufbauten: Kontrolle über
Eigentum.

Diese frauenbezogenen Modelle verstärkten in hohem Maße die beiden hier untersuchten Männermodelle: die kompensatorische Sexualität und die ungesicherte oder mittellose Vaterschaft. Während der Sklaverei eigneten sich die Sklaven jedoch noch viele andere Kulturmodelle an. Amerikanische Sklaven wurden zwangsläufig von den Kulturmodellen ihrer euroamerikanischen Besitzer stark beeinflusst. Sie übernahmen Sprache, Religion, Musik (das heißt, Aspekte ihrer Musik) und natürlich die Geschlechter-, Ehe- und Familienmodelle ihrer Besitzer und wandelten sie ab. Zwar waren einige dieser Modelle, wie das feste patriarchalische Ideal rechtsgültiger Ehen und Familien, in denen der Ehemann und Vater der Ernährer war, unerreichbar (und damit hauptsächlich als Ideal internalisiert), andere jedoch dürften – wie die sexuelle Doppelmoral und die rücksichtslose Sexualität vieler euroamerikanischer Südstaatler – die sich herausbildenden Muster der kompensatorischen Sexualität sehr stark beeinflusst haben.

Das auf die Sklaverei folgende Sharecropping-System wies zwei besondere Merkmale auf. Das erste war, dass ein Mensch zwar seit 1865 rechtlich nicht mehr Eigentum eines anderen sein durfte, aber die Kultur der Sklaverei eindeutig nicht abgeschafft war. Sie wurde nach Abschluss der wirtschaftlichen Neuordnung nach dem Sezessionskrieg sogar intensiv verstärkt und verweigerte den Afroamerikanern weiterhin Mannesehre und Männlichkeit. Dies wurde mit der klassischen Methode der Südstaaten, dem gemeinschaftlichen Lynchen, erreicht. Dabei handelt es sich, wie ich an anderer Stelle aufgezeigt habe, um eine ritualisierte Form des Menschenopfers, das in der symbolischen und sprichwörtlichen Kastration des afroamerikanischen Mannes gipfelt.

Das zweite wichtige Merkmal des Sharecropping-Systems bestand darin, dass afroamerikanischen Männern zwar die meisten Formen sinnvoller Arbeit und der Landbesitz verweigert wurden, sie aber so viel Land haben konnten, wie sie zu bestellen in der Lage waren, solange sie dem Sharecropping zustimmten. Das hatte einige verheerende Auswirkungen, die Tolnay wie folgt zusammengefasst hat:

»Das persönliche ›Opfer‹ der späten und verlangsamten Bildung von Familien, das in landwirtschaftlich geprägten Wirtschaftssystemen mit der Gründung von Hausständen gleichgesetzt wird, war für schwarze Männer in ländlichen Regionen nicht nur unnötig, sondern auch im Wesentlichen sinnlos. Alternative wirtschaftliche Möglichkeiten waren ebenfalls beschränkt, weil es nach dem Bürgerkrieg kaum Arbeitsmöglichkeiten für Schwarze außerhalb der Landwirtschaft gab und überall eine rassistische Atmosphäre herrschte.«[29]

Diese neuen Gegebenheiten begünstigten frühe Ehen und hohe Fruchtbarkeit. Die einzige Möglichkeit für einen schwarzen Mann, es zu etwas
zu bringen, bestand darin, das verfügbare Land mit so vielen Arbeitskräften wie möglich zu bearbeiten. Diese Arbeitskraft konnte er nur
von seiner Frau und seinen Kindern bekommen. Auf die Sklaverei folgte also bei der Masse der armen Afroamerikaner eine Tendenz zu früher
Eheschließung und großen Familien. In der kleinen Mittelschicht und in
der nicht viel größeren städtischen Arbeiterklasse konnten Männer und
Frauen nach der Abschaffung der Sklaverei immerhin das vorherrschende Kulturideal der Heirat und ehrbarer, patriarchalischer Beziehungen realisieren, was sie, bestärkt durch ihren fundamentalistischen
Glauben, auch taten. Uns interessieren hier ausschließlich die Entwicklungen bei den zahllosen Kleinpächtern im ländlichen Raum.

Was spielte sich bei der Mehrzahl der armen Kleinpächter in den
offiziell geschlossenen Frühehen und Großfamilien ab? Dieses System
verstärkte tragischerweise die beiden männlichen Rollenmodelle, die
sich während der Sklaverei herausgebildet hatten. Zunächst wurde das
Modell der nicht abgesicherten Vaterschaft verstärkt. Bevor sie Kinder
bekamen, brauchten sich die Männer keine Gedanken über die Ressourcen zu machen. Land und andere Produktionsmittel standen einfach zur Verfügung. Sie brauchten Arbeitskraft, nämlich die einer
guten, starken Frau und die so vieler Kinder wie möglich. Fatalerweise
sorgten letztlich die Kinder für den Lebensunterhalt ihrer Eltern und
nicht umgekehrt (den Familieneinheiten ging es in den Zeiten am besten, in denen die Kinder am stärksten ausgebeutet wurden), und so
konnten die Kinder aus diesem Grund häufig nicht einmal eine rudimentäre Schulbildung erwerben.

Zweitens löste die schändliche Beschneidung der afroamerikanischen Männlichkeit durch die dominante euroamerikanische Bevölkerung bei einem Teil der armen afroamerikanischen Männer ein noch
größeres Bedürfnis nach viriler Kompensation aus. Da ihnen sämtliche
Möglichkeiten verschlossen waren, ihren Wert in anderen gesellschaftlichen Bereichen zu beweisen, da man ihnen nur erlaubte, in halber
Leibeigenschaft zu leben, sie in der nördlichen Hälfte des Landes von
schwarz geschminkten weißen Schauspielern in den beliebten Min-
strel-Shows als Witzfiguren verspottet und in ihrem Teil des Landes
durch öffentliche Demütigungen und rituelle Kastrationen brutal
unterdrückt wurden, konnten die afroamerikanischen Männer ihr
Mannsein nur durch Männlichkeit und die Beherrschung ihrer eigenen
Frauen ausdrücken. Die Frauen, die sie zu beherrschen versuchten, ließen sich das jedoch nicht gefallen. Dafür hatten zweieinhalb Jahrhun-

derte quälender, geschlechtsneutraler Sklaverei gesorgt. Sie lehnten
dieses kompensatorische Verhalten zutiefst ab, besonders wenn es die
Form von ehelicher Untreue annahm. Leider blieb vielen kaum etwas
anderes übrig, als in ihren Ehen auf den Pachthöfen auszuharren, da
ihnen andere Möglichkeiten ebenso wenig offen standen wie den Männern. Sie suchten stattdessen Trost und Unterstützung bei ihren weiblichen Blutsverwandten. In diesem Kontext sind nach Anita Washington »die starken Bande, die zwischen schwarzen Müttern und ihren
Kindern augenfällig beobachtet werden können, der hohe Wert, den
schwarze Frauen erwiesenermaßen ihrer Mutterrolle zuschreiben, und
der Vorrang, den diese gegenüber ihren Rollen als Ehefrauen und
Arbeiterinnen hat, leicht zu verstehen«[30].

Hier also, hinter der scheinbaren Ruhe der Zwei-Eltern-Familien,
die in den Statistiken dokumentiert und die der einzige Punkt des Interesses revisionistischer Historiker sind, schwärte der tragische Konflikt
zwischen afroamerikanischen Männern und Frauen und den männlichen Kulturmodellen aus den Zeiten der Sklaverei weiter, die durch
die große Wanderung nach Norden in die Gegenwart und in die wichtigsten Großstädte gelangten.

Wenden wir uns nun der Gegenwart zu.

Punkt C im Diagramm zeigt die von Sozialwissenschaftlern betonte
hauptsächlich strukturelle Erklärung. Arbeitslosigkeit, niedriges Einkommen und die durch die Rassentrennung begünstigte Ghettoisierung
sowie Diskriminierung in der Arbeitswelt aus rassischen und Ge-
schlechtsgründen sind die nahe liegendsten Beispiele. Dazu gehören
auch Programme der Regierung zur Unterstützung der Armen: staatliche Unterstützung für Kinder allein erziehender Eltern, Steuerfrei-
beträge usw. Ein weiteres wichtiges Merkmal aus diesem Umfeld, das
für Afroamerikaner von besonderem Interesse ist, ist die Bedeutung der
Sportindustrie und der Chancen, die sie wenigen, aber sehr wichtigen
Sportstars bietet. Diese Faktoren sind zwar bei jeder endgültigen Erklärung von Bedeutung, spielen aber bei D nur eine untergeordnete Rolle.

Es wird häufig argumentiert, dass die schlechten wirtschaftlichen
Aussichten die Ursache für die niedrige Heiratsrate und die zahlreichen unehelichen Kinder junger, in den Städten lebender afroamerikanischer Männer seien.[31] Ein anderes Argument ist der Beschäftigungs-
status von Frauen im Vergleich zu dem ihrer Partner.[32] Es mag stimmen, wie Katherine Newman kürzlich sagte, dass Männer, »denen das
nötige Kleingeld fehlt, um ein guter Vater zu sein, es eben oft nicht
sind«[33]. Tatsache ist jedoch, dass in fast allen anderen ethnischen Gruppen in den USA, sogar bei den Einwanderern aus Mexiko, die noch

ärmer sind als die Afroamerikaner, und in fast allen bekannten Gesellschaften, auch in Indien, wo eine immense Zahl von Menschen in drückender Armut und ohne Arbeit in den Städten leben, diese Armut nicht dazu führt, dass so viele Kinder von ihren Vätern verlassen werden. Aus den besten zur Verfügung stehen Daten geht vielmehr hervor, dass zwischen der Verfügbarkeit von Arbeit und den Heiratszahlen kaum ein Zusammenhang besteht.[34] Der Wirtschaftswissenschaftler George Akerlof hat unlängst die Behauptung aufgestellt, dass sich die Erwerbstätigkeit der Männer und viele andere soziale Zustände durch die Eheschließung erklären lassen. Verheiratete Männer »haben höhere Löhne, sind eher in das Arbeitsleben integriert, sind seltener arbeitslos, weil sie ihre Arbeit aufgegeben haben, die Arbeitslosigkeit ist geringer, sie arbeiten häufiger Vollzeit und weniger als nicht ständig Beschäftigte«[35]. Akerlof glaubt, dass sich verändernde gesellschaftliche Faktoren (worunter er im Wesentlichen das versteht, was wir als Kulturmodelle bezeichnen) die Ursache für den starken Rückgang von Eheschließungen in den letzten Jahrzehnten sind. Dieser Rückgang erklärt wiederum zum Teil den Anstieg der Kriminalität und andere soziale Probleme. Er versucht allerdings nicht, der Ursache für diese kulturellen Veränderungen auf den Grund zu gehen. Vielleicht ist auch Akerlofs Ausschließen wirtschaftlicher Faktoren voreilig. Ein interaktionelles Modell, wie wir es hier vorschlagen, kann besser erklären, wie kulturelle Muster und strukturelle Faktoren interagieren und zu unerwünschten Resultaten führen.

Das tradierte Kulturmodell (AD) ist eine mögliche Antwort. Es ist durchaus vorstellbar, dass eine kleine Minderheit armer afroamerikanischer Männer einfach die Vaterschaftsmodelle umsetzt, die sie von der vorangegangenen Generation übernommen hat. Ich halte diese direkten Auswirkungen jedoch für ebenso sekundär wie direkte strukturelle Faktoren. Man muss sich vor allem vor Augen führen, dass Modelle nicht dasselbe sind wie Verhalten. Die meisten afroamerikanischen Männer, die mit solchen Modellen in Berührung gekommen sind, haben nachweislich andere Modelle angenommen und verhalten sich anders. Ich kann den folgenden Punkt nicht stark genug betonen: *Die Tatsache, dass 60 Prozent der afroamerikanischen Kinder ohne Vater aufwachsen, heißt nicht, dass auch nur ein annähernd ebenso großer Prozentsatz afroamerikanischer Väter seine Kinder verlassen hätte. In Wirklichkeit verhält sich die große Mehrheit afroamerikanischer Väter gegenüber seinen Kindern verantwortungsvoll und orientiert sich an den Vaterschaftsmodellen des Mainstream. Das Verlassen geschieht durch eine Minderheit von gewöhnlich armen Männern mit niedrigem*

*Bildungsgrad. Aber weil sie mehr Kinder zeugen, sind sie letztlich die Ursache dafür, dass die jüngere Generation der Afroamerikaner mehrheitlich ohne Vater aufwächst.* Es ist ein ebenso großer Fehler, die Konsequenzen zu unterschätzen, die das Fortpflanzungsverhalten dieser Minderheit für die gesamte Gruppe hat, wie auf der Grundlage der Modelle und des Verhaltens dieser Minderheit Pauschalurteile über afroamerikanische Väter abzuleiten.

Die wichtigsten Erklärungen für das resultierende Verhalten D sind die indirekten Pfade CBD und ABD sowie komplexere kausale Spiralen wie CDBD.

Betrachten wir zunächst den Pfad CBD. Lee Rainwater hat diesen Pfad als einer der ersten (und bis heute am besten) analysiert.[36] Seiner Ansicht nach zeigt sich, dass die Kultur der Unterschicht »Anpassungen an die Anforderungen der Gesellschaft darstellt, die das normale Funktionieren gewährleisten und die sie in ihrem Alltagsleben bewältigen kann«[37]. An den Mainstream-Normen festhaltend, entwickeln Männer und Frauen der Unterschicht »Überlebenstechniken, welche die Form von Ersatzspielen mit eigenen Verhaltensregeln annehmen. Doch [...] stellen diese Funktionsregeln nur selten die Gültigkeit der Normen der Gesamtgesellschaft in Frage, welche die zwischenmenschlichen Beziehungen und den grundsätzlichen sozialen Status regeln, der jeweils mit der Ehe, den Eltern-Kind-Beziehungen usw. verbunden ist«[38]. Stattdessen »erwirbt die Subkultur der Unterschicht eine beschränkte *funktionelle Autonomie* von der konventionellen Kultur, wie auch das soziale Leben der Unterschicht eine Art beschränkte funktionelle Autonomie gegenüber der übrigen Gesellschaft hat«. Fatalerweise ist es gerade diese besonders bei Frauen zu beobachtende Kluft zwischen dem hartnäckigen Festhalten an Kulturmodellen des Mainstream über Väterverhalten und der Realität, welches auf der Verhaltensebene dazu führt, dass es Trennungen gibt und Väter ihre Kinder verlassen. Männer leben natürlich gern mit einer Frau zusammen, die ihr Herumturteln duldet. Das lassen sich afroamerikanische Frauen nicht bieten – und das spricht wirklich für sie. Lieber ziehen sie ihre Kinder alleine groß, als dass sie ihre zutiefst verinnerlichten (im Wesentlichen vom Mainstream geprägten) Wertvorstellungen über richtige Ehe und Vaterschaft preisgeben. Ein wichtiger Teil von CB ist, dass die Städte heute zum ersten Mal den Frauen bessere wirtschaftliche Möglichkeiten und finanzielle Unterstützung durch den Staat bieten. Anders als die Ehefrauen der Sharecropping-Zeit müssen sie nicht mehr männliche Kulturmodelle und Verhaltensweisen hinnehmen, die ihre eigenen

Kulturmodelle und das Gefühl der Unabhängigkeit verletzen. Das führt also zu CBD.

Man beachte, dass diese Interpretation den großen Vorteil hat, dass sie Kulturmodelle und die sozioökonomische Lage der Frauen ebenso berücksichtigt wie die Modelle und das Verhalten der Männer und nicht nur vereinfachend die Situation der Männer (CD) für D veranschlagt.

Der Pfad AB bezieht sich auf die Modifizierung der übernommenen Modelle unter dem Milieudruck von C und als Reaktion auf die soeben dargelegten Anpassungsstrategien. Wir sehen jetzt, dass beide Modelle – das der ungesicherten Vaterschaft und das der kompensatorischen Sexualität – durch neue strukturelle Gegebenheiten verstärkt werden. Beide Modelle verschmelzen nun zu einem neuen Modell, das stellenweise frauenfeindliche Züge aufweist. Männer der Unterschicht mit ihren unrealistischen Mindestlöhnen und ihrem niedrigen Bildungsgrad sind für die heutige postindustrielle Gesellschaft irrelevant. Schlimmer noch, dem Arbeitsmarkt stehen heute nach 1965 ins Land geströmte, niedrig qualifizierte Einwanderer zur Verfügung, die in vielen Großstädten von Arbeitgebern bevorzugt werden.[39] *Black pride* und die Ambitionen der Afroamerikaner haben zu einer wachsenden Entfremdung geführt. Das übernommene Modell kompensatorischer Sexualität wird noch stärker btont. Die Tatsache, dass sich Frauen heute widersetzen können, erhöht schlicht und einfach die Befriedigung eines sexuellen Sieges über die Frau. Männlicher Stolz definiert sich heute mehr denn je über die Zahl der Schwangerschaften. Die Mehrzahl der von Rainwater Befragten »erklärten, dass es Jungen entweder völlig gleichgültig ist, dass ihre Freundin schwanger ist, oder sie überraschend oft stolz darauf sind, denn ein Mädchen zu schwängern heißt, dass sie ein Mann sind«[40]. 25 Jahre nach dieser Mitte der 60er Jahre durchgeführten Untersuchung stellten Elijah Anderson und andere identische Kulturmodelle fest, was eine Tradierung dieser Modelle nahe legt.[41]

Ein weiteres neues Milieumerkmal C berücksichtigt direkt die Abwandlung und Verstärkung dieser beiden vererbten Modelle. Ich meine den Wegfall von Barrieren aufgrund der Zugehörigkeit zu einer bestimmten Rasse in der Sportindustrie, was wiederum zu einem beträchtlichen Anstieg junger afroamerikanischer Superstarathleten geführt hat, die in der Mehrzahl aus den Ghettos kommen. Im Vergleich zu den Schwarzen in der Unterschicht ist die Zahl dieser Multimillionäre zwar verschwindend gering, doch ihr Einfluss ist enorm. Als Rollenmodelle haben sie allerdings die Kulturmodelle der rücksichtslosen Sexualität und der ungesicherten Vaterschaft verstärkt. Diese

Entwicklungen stehen mit einem weiteren, im Wesentlichen kulturellen Phänomen in Zusammenhang, nämlich dem Aufkommen der Hip-Hop-Kultur, die wie im Sport den Aufstieg zahlreicher Superstars aus dem Ghetto erlebt hat. Diese Kultur verficht die oppositionellsten Modelle des Lebens der Unterschicht in den Städten ganz offen und huldigt im »gangsta-rap« wie nie zuvor der rücksichtslosen Sexualität und einer jede Verantwortung negierenden Vaterschaft. Es darf mit Fug und Recht angenommen werden, dass sich heute viele junge afroamerikanische Männer der in den Städten lebenden Unterschicht von diesen Modellen leiten lassen und sich bei jeder sich bietenden Gelegenheit dementsprechend verhalten.

A und C führen also innerhalb einer Generationen und zwischen mehreren Generationen zu Varianten von B; beide Varianten führen bei jungen Männern zu einem modifizierten Sexualitäts- und Vaterschaftsmodell, das sich in D zeigt. Dieses verstärkt seinerseits Einstellungen gegenüber der Mainstream-Gesellschaft und der Arbeit (DB) sowie in Bezug auf eine Lebensform in den Ghettos, welche die modifizierten Modelle einer kompensatorischen und zugleich rücksichtslosen Sexualität und der ungesicherten Vaterschaft verstärkt. In diesem Kontext der Opposition gegenüber den Normen des Mainstream ist die Wahrscheinlichkeit, dass modifizierte Sexual- und Vaterschaftsmodelle nach D realisiert werden, noch größer.

## Resümee

Es ging mir in diesem Kapitel vor allem darum, den Begriff der Kultur als einen kausalen Faktor wieder in die Analyse der Probleme von Afroamerikanern einzubringen, ohne dabei Opfer der methodischen, theoretischen und ideologischen Probleme zahlreicher früherer Arbeiten zu werden. Ich habe argumentiert, dass diese Aufgabe heute von überragender Bedeutung ist, weil das Beste, was uns die Soziologie anzubieten hat, uns die Grenzen von rein strukturellen Erklärungsversuchen für diese Probleme aufgezeigt hat.

Anfangs bin ich kurz darauf eingegangen, dass viele Soziologen die kausale Rolle der Kultur nur ungern ernst nehmen, weil sie immer noch dem abgedroschenen Fehlschluss von der kulturellen Trägheit aufsitzen. Wie ich in diesem Kapitel herausgearbeitet habe, gibt es zwar kulturelle Kontinuitäten, denen aber die Menschen nicht sklavisch unterworfen sind. Sie benutzen diese und können sie ändern, wenn sie das wirklich wollen.

Es verhält sich oft so, dass kulturelle Muster schneller und nachhaltiger geändert werden können als strukturelle Faktoren. Auf ihre kausale Rolle hinzuweisen heißt mitnichten, dem Status quo auf Gedeih und Verderb ausgeliefert zu sein. Die Kritik der Soziologie kehrt sich vielmehr gegen dieselbe, wenn man bedenkt, dass ihre Lieblingserklärung für die meisten Probleme die Klassenzugehörigkeit ist. Was aber ist unveränderlicher als Klassenzugehörigkeit?

Vergegenwärtigen wir uns das Schicksal eines wichtigen Bereichs der amerikanischen Kultur und ihres Klassensystems in der zweiten Hälfte des zwanzigsten Jahrhunderts. In dieser Zeit wurde die gesamte Jim-Crow-Kultur, also das System der legalen und kulturell anerkannten, offenen gesellschaftlichen, wirtschaftlichen und politischen Rassentrennung und -diskriminierung erfolgreich abgeschafft, das in den 350 Jahren davor aufgebaut worden war. Gleichzeitig fanden grundlegende Veränderungen der kulturellen Geschlechtermodelle statt, die in den letzten tausend Jahren der Menschheitsgeschichte entstanden waren.

In demselben Zeitraum ist jedoch die wirtschaftliche Ungleichheit, also die Klassenvariable, die Soziologen immer gern als etwas Veränderliches bezeichnen, in den USA so groß geworden wie nie zuvor in der Geschichte unseres Landes.

Es scheint an der Zeit, dass wir beginnen, über die verkrusteten Klassenstrukturen zu reden.

## Anmerkungen

1 Siehe hierzu: James Davison Hunter, *Culture Wars: The Struggle to Define America*, New York 1991, S. 291.

2 Vgl. die neuere Literatur über das Studium der Kultur in den Sozialwissenschaften: Diana Crane (Hrsg.), *The Sociology of Culture: Emerging Theoretical Perspectives*, Oxford 1994; Jeffrey Alexander und Steven Seidman (Hrsg.), *Culture and Society: Contemporary Debates*, New York 1991; Richard Munch und Neil J. Smelsen (Hrsg.), *Theory of Culture*, Berkeley 1992, Teil 1; Robert Wuthnow und Marsha Witten, »New Directions in the Study of Culture«, *Annual Review of Sociology 14* (1988), S. 49–67; und Adam Kuper, *Culture: The Anthropologists' Account*, Cambridge, Mass., 1999.

3 Mabel Berezin, »Fissured Terrain: Culture and Politics«, in: *Sociology of Culture*, S. 94.

4 Ann Swidler, »Culture in Action: Symbols and Strategies«, *American Sociological Review 51* (1986), S. 273–286.

5 Orlando Patterson, *Ethnic Chauvinism: The Reactionary Impulse*, Briarcliff Manor, N. Y., 1977, S. 177–185. Diesen Punkt betont auch Adam Kuper, *Culture*, S. XII–XIV.

6 Walter Benn Michaels, *Our America: Nativism, Modernism, and Pluralism*, Durham, N. C., 1995, S. 15. Zitiert in Adam Kuper, *Culture*, S. 240 f.

7 Robert Blauner, »Black Culture: Myth or Reality?« in: Norman E. Whitten Jr. und John F. Szwed (Hrsg.), _Afro-American Anthropology: Contemporary Perspectives_, New York 1970, S. 347–366.

8 Meredith Phillips u. a., »Family Background, Parenting Practices, and the Black-White Test Score Gap«, in: Christopher Jencks und Meredith Phillips (Hrsg.), _The Black-White Test Score Gap_, Washington, D. C., 1998, Kapitel 4.

9 Howard Gardner, »Cracking Open the IQ Box«, in: Steven Fraser (Hrsg.), _The Bell Curve Wars: Race, Intelligence, and the Future of America_, New York 1995, S. 30 f.

10 Arthur R. Jensen, »Differential Psychology: Towards Consensus«, in: S. Modgil und C. Modgil (Hrsg.), _Arthur Jensen: Consensus and Controversy_, New York 1987, S. 376. Zitiert in Nathan Brody, _Intelligence_, San Diego 1992, S. 297.

11 Brody, _Intelligence_, S. 309.

12 Ebd., S. 41.

13 Ebd.

14 Margaret Archer, _Culture and Agency: The Place of Culture in Social Theory_, Cambridge 1981, S. 1.

15 Ward Goodenough, »Culture: Concept and Phenomenon«, in: Morris Freilich (Hrsg.), _The Relevance of Culture_, New York 1989, S. 97.

16 Ebd., S. 94 f.

17 Eugene Hunn, »Ethnoecology: The Relevance of Cognitive Anthropology for Human Ecology«, in: _Relevance of Culture_, S. 145.

18 Robert Boyd und Peter Richerson, _Culture and the Evolutionary Process_, Chicago 1985, S. 33–37.

19 Roger Keesing, »Theories of Culture«, _Annual Review of Anthropology 3_ (1974), S. 73–97.

20 Roy D'Andrade, _The Development of Cognitive Anthropology_, Cambridge 1995, S. 247.

21 Roger Keesing, »Models, ›Folks‹ and ›Cultural‹: Paradigms Regained«, in: Dorothy Holland und Naomi Quinn (Hrsg.), _Culture Models in Language and Thought_, Cambridge 1987, S. 369–393.

22 Swidler, »Culture in Action«.

23 Naomi Quinn und Dorothy Holland, »Culture and Cognition«, in: _Cultural Models_, S. 6 f.

24 Boyd und Richerson, _Culture_, S. 40. Sie räumen zwar ein, dass diese Modelle viel mit ihrem eigenen Kulturbegriff gemeinsam haben, beschränken aber das Kulturelle auf stabile gesellschaftliche Tradierung, weil nur diese Tradierung »eine evolutionäre Dynamik erzeugt, die sich vom gewöhnlichen Lernen und seinen Analoga unterscheidet« (S. 34).

25 Ebd., S. 36. Vgl. David Lewontin, S. Rose und L. J. Kamin, _Not in Our Genes_, New York 1984, Kapitel 5.

26 Genauere Nachweise sowie einen Überblick über die Literatur zu diesem Thema und eine antirevisionistische Interpretation des Materials bietet Orlando Patter-

son, *Rituals of Blood: Consequences of Slavery in Two American Centuries*, New York 1998, S. 25–53.

27 Richard Sutch, »The Breeding of Slaves for Sale and the Westward Expansion of Slavery, 1850–1860«, in: Stanley Engerman und Eugene Genovese (Hrsg.), *Race and Slavery in the Western Hemisphere: Quantitative Studies*, Princeton 1975, S. 173–210.

28 Cheryll Ann Cody, »Naming, Kinship, and Estate Dispersal: Notes on Slave Family Life on a South Carolina Plantation, 1786 to 1833«, *William and Mary Quarterly*, Series 3, 39 (1982), S. 192–211.

29 Stewart Tolnay, »Black Family Formation and Tenancy in the Farm South, 1900«, *American Journal of Sociology 90* (1984), S. 310.

30 Anita Washington, »A Cultural and Historical Perspective on Pregnancy-Related Activity Among U. S. Teenagers«, *Journal of Black Psychology 9*, Nr. 1 (1982), S. 16.

31 Siehe beispielsweise Center for the Study of Social Policy, *The »Flip Side« of Black Families Headed by Women: The Economic Status of Black Men*, Washington, D. C., 1984; William Julius Wilson und Kathryn M. Neckerman, »Poverty and Family Structure: The Widening Gap Between Evidence and Public Policy Issues«, in: S. H. Danziger und Daniel H. Weinberg (Hrsg.), *Fighting Poverty: What Works and What Doesn't*, Cambridge, Mass., 1986, S. 232–259.

32 Siehe vor allem Neil G. Bennett, David Bloom und Patricias Craig, »The Divergence of Black and White Marriage Patterns«, *American Journal of Sociology 95*, Nr. 3 (1989), S. 692–722.

33 Katherine S. Newman, *No Shame in My Game: The Working Poor in the Inner City*, New York 1999, S. 198–203.

34 Christopher Jencks, *Rethinking Social Policy*, Cambridge, Mass., 1992; R. G. Wood, »Marriage Rates and Marriageable Men: A Test of the Wilson Hypothesis«, *Journal of Human Resources* 30 (1995), S. 163–193.

35 George A. Akerlof, »Men Without Children«, *Economic Journal* (März 1998), S. 287–309.

36 Lee Rainwater, »The Problem of Lower-Class Culture and Poverty-War Strategy«, in: Daniel P. Moynihan (Hrsg.), *On Understanding Poverty*, New York 1969, S. 229–259.

37 Ebd., S. 248.

38 Ebd., S. 247.

39 Siehe Roger Waldinger, *Still the Promised City? Afro-Americans and New Immigrants in Post-Industrial New York*, Cambridge, Mass., 1996.

30 Rainwater, »Lower-Class Culture«, S. 234 f.

41 Anderson, *Streetwise*, Kapitel 5. Siehe auch Richard Majors und Janet Billson, *Cool Pose*, Lexington, Mass., 1992, Kapitel 2 und 3; Carl Nightingale, *On the Edge: A History of Poor Black Children and Their American Dreams*, New York 1993.

*Nathan Glazer*

# Zur Entflechtung von Kultur

Der Zusammenhang zwischen Kultur und den sozialen und wirtschaft-
lichen Trajektorien von rassischen, ethnischen und Minderheitengrup-
pen in den USA ist Teil einer breiteren Diskussion über die Rolle der
Kultur im Schicksal der Nationen. Den Kontext bilden provokante
Thesen wie die von Samuel Huntington, David Landes, Lawrence E.
Harrison oder Francis Fukuyama über die Ursachen internationaler
Konflikte und den Wohlstand der Nationen sowie die weitläufige
Debatte über asiatische Wertvorstellungen. In dieser größeren Diskussion beschäftigen wir uns mit Kategorien, die viel umfassender sind als
ethnische Gruppen in Amerika, die zumeist ihr Leben in Amerika als
Teilstück einer größeren Gesellschaft, Nation und Zivilisation beginnen und schon bald durch Akkulturation und Assimilation in die größere amerikanische Gesellschaft einbezogen werden. Bei den meisten
dieser Gruppen verwischen sich die sie früher definierenden Grenzen
mit der Zeit durch Mischehe, Konversion und einen Wechsel der Identität. Man muss sich fragen, welche Elemente einer kulturellen Eigen-
ständigkeit sie (wenn überhaupt) bewahren, und so werden sie Teil der
größeren amerikanischen Gesellschaft und Zivilisation.

In den Rahmendiskussionen dieses Kapitels beschäftigen wir uns
nicht nur mit Nationen und Gesellschaften, sondern auch mit Weltreligionen, Weltphilosophien und Weltkulturen von kontinentalem
Maßstab. Wir erörtern die Ursachen internationaler Konflikte und
nationalen Wohlstands beziehungsweise nationaler Armut. Wir
beschäftigen uns in kleinerem Rahmen mit weniger großartigen Fra-

gen, zum Beispiel mit dem wirtschaftlichen und bildungsmäßigen
Abschneiden verschiedener ethnischer Gruppen. In den meisten Fällen kann die Geschichte solcher Gruppen in Amerika nur zwei oder
drei Generationen zurückverfolgt werden.

Was haben Erfolg oder Misserfolg von ethnischen und rassischen
Gruppen in Amerika mit Großkategorien wie »Weltzivilisation«,
»Weltreligion« und »Weltkultur« zu tun? Welches Bindeglied gibt es
zwischen der großen Diskussion und der kleinen? Was auch immer das
Schicksal von ganzen Nationen und Kontinenten erklären mag – kann
es uns helfen, das Schicksal ethnischer Gruppen in Amerika zu verstehen?

Welcher Zusammenhang besteht zum Beispiel zwischen einer verbreiteten Tatsache, die an ethnischen Gruppen Amerikas zu beobachten ist, wie etwa ihrer Konzentration in bestimmten ökonomischen
Nischen, und der größeren Kultur, aus der sie als Einwanderer
gekommen sind? In New York sind die Zeitungsstände die Domäne
von Indern, in Kalifornien sind die Doughnut-Geschäfte fest in der
Hand von Kambodschanern. Gibt es darum irgendeinen Zusammenhang zwischen der Konzentration von New Yorker Indern in einem
bestimmten Erwerbszweig und der hinduistischen Kultur? (Wir könnten auch auf andere Konzentrationen von Indern, etwa in der Medizin
oder den Naturwissenschaften, verweisen, die die Frage vielleicht
weniger lächerlich klingen lassen.) Gibt es einen Zusammenhang zwischen der Kultur der Khmer und der Konzentration von Kambodschanern im Doughnut-Business? Was immer wir vor Augen haben
mögen, wenn wir an die »Kultur« der Khmer denken – sei es Angkor
oder die völlig andere Situation heute –, die Vorstellung eines solchen
Zusammenhangs ist schon auf den ersten Blick offenbar weit herge-
holt.

Zwischen der hinduistischen Kultur einerseits, mit ihrer dreitau-
sendjährigen Geschichte, der einen Milliarde Menschen, welche heute
in der einen oder anderen Hinsicht durch sie geprägt sind, und ihrem
Einfluss auf weite Teile Asiens, und den ökonomischen, sozialen und
politischen Merkmalen der einen Million indischer Einwanderer in
den USA andererseits besteht ein Unterschied in einer Größenordnung, die atemberaubend ist. Das führt uns zu der Einsicht, dass wir,
was immer wir unter »Kultur« oder »Zivilisation« verstehen, auf ganz
unterschiedliche Dinge werden abheben müssen, wenn wir ihre Rolle
im Schicksal Indiens und ihre Rolle für den wirtschaftlichen Erfolg
amerikanischer Inder betrachten. Die Erörterung im vorliegenden
Kapitel ist von dem Gegensatz zwischen diesen zwei Maßstäben

geprägt und versucht, genauer zu prüfen, was wir möglicherweise meinen, wenn wir »Kultur« als Erklärungskategorie gebrauchen.

## »Kultur« im 20. Jahrhundert

Ich beginne mit einigen vorläufigen Bemerkungen über den wechselnden Status, den »Kultur« als Erklärungsmuster im Laufe des 20. Jahrhunderts gehabt hat. Wir alle wissen, dass wir heutzutage lieber erst einmal nach anderen Erklärungen suchen, bevor wir zur Erklärung von Unterschieden beim wirtschaftlichen Erfolg oder bei politischen Einstellungen auf Kultur zurückgreifen. »Kultur« ist im gegenwärtigen Denken eine der weniger beliebten Erklärungskategorien. Die am wenigsten beliebte Kategorie ist natürlich »Rasse« (genetische Merkmale), die in der ersten Hälfte des 20. Jahrhunderts eine so große Rolle spielte – mit so verhängnisvollen Konsequenzen, die sich gelegentlich noch heute zeigen. Wir sprechen heute lieber nicht von Rasse und verzichten auf diese Kategorie, obwohl es eine – vielleicht nur zufällige – Verbindung zwischen Rasse und Kultur zu geben scheint. Die großen Rassen zeichnen sich generell durch unterschiedliche Kulturen aus, und dieser Zusammenhang zwischen Kultur und Rasse ist einer der Gründe für unser Unbehagen an kulturellen Erklärungen.

Es gab eine Zeit, als »Kultur« eine viel positiver bewertete Form der Erklärung von Unterschieden war als »Rasse«. Man denke nur an Ruth Benedicts *Patterns of Culture*, ein zuerst 1934 (auf Deutsch 1955 u. d. T. *Urformen der Kultur*) erschienenes, hoch angesehenes Werk, das noch in den 1950er und 1960er Jahren an amerikanischen Oberschulen viel gelesen wurde, weil es Gruppenunterschiede in nichtgenetischen, nichtrassischen Begriffen erklärte. Rassische Erklärungen waren immer konservativ – oder schlimmer als konservativ. Sie sehen nicht die Möglichkeit einer Veränderung vor. Fortschrittliche Anthropologen lehnten »Rasse« als sozialwissenschaftliche Erklärungskategorie ab und bekämpften sie. Kulturelle Erklärungen schienen demgegenüber liberal und optimistisch zu sein. Seine Rasse konnte man nicht ändern – seine Kultur konnte man sehr wohl ändern.

Heute wird »Kultur« als Erklärungsvariable nicht mehr so günstig beurteilt. Erstens besteht, wie gesagt, eine zwar nicht logische, aber faktische Verbindung zwischen Kultur und Rasse. Zweitens scheint es unfair, Kultur als Erklärung dafür zu gebrauchen, warum eine Gruppe oder Nation nicht zu Wohlstand gelangt ist. Da wir alle den wirtschaftlichen Fortschritt als etwas Wünschenswertes akzeptieren, muss an einer Kultur, die wirtschaftlichen Fortschritt behindert, irgendetwas nicht

Wünschenswertes sein. Zwar gibt es Tendenzen im zeitgenössischen
Denken (zum Beispiel die Kritiker der ökologischen Folgen der wirtschaftlichen Entwicklung oder der kulturellen Auswirkungen der Globalisierung), die mit Wohlwollen auf Kulturen sehen, die den wirtschaftlichen Fortschritt hemmen. Aber meistens bewegt sich das Denken in die andere Richtung. Geografische Interpretationen scheinen
mir beliebter zu werden. Ohne auf Rasse und Kultur zurückgreifen zu
müssen, können sie beispielsweise die Rückständigkeit Afrikas erklären, wo die im Vergleich mit Griechenland oder Europa geringe Zahl
von guten Naturhäfen an der Küste Handel und Austausch begrenzen.
 Auf der politischen Linken favorisiert man Erklärungen, die auf
Macht- und Ausbeutungsunterschieden basieren, um Unterschiede
zwischen ethnischen und rassischen Gruppen Amerikas wie zwischen
Nationen und Kontinenten zu erklären. Von Radikalen, aber auch von
Liberalen werden kulturelle Erklärungen mit Argwohn betrachtet. Sie
scheinen »dem Opfer die Schuld zu geben«.
 So haben kulturelle Erklärungen jene liberale und fortschrittliche
Aura eingebüßt, die sie in den Tagen eines Franz Boas, einer Ruth Benedict und einer Margaret Mead besaßen. Damals war Rasse unveränderlich, Kultur aber nicht. Heute finden wir Kultur fast ebenso resistent
gegen Veränderungen wie Rasse. Wenn wir, um die Natur einzelner
Kulturen zu erklären, auf Weltreligionen und Weltkulturen zurückgreifen, deren Ursprünge wir zwei oder drei Jahrtausende zurückverfolgen müssen, welche Hoffnung können wir haben, ihre wesentlichen
Merkmale wirklich zu verändern? Und wenn wir – im kleineren Maßstab der ethnischen Gruppen Amerikas – auf kulturelle Erklärungen
zurückgreifen, welche Hoffnung können wir für den Fortschritt rück-
ständiger Gruppen haben?
 Kultur erscheint uns heutzutage als fast ebenso resistent gegen Veränderung wie Rasse. Die fortschrittlichen Anthropologen sahen in der
Kultur etwas Veränderbares; heute haben wir Hemmungen, Kultur so
zu verstehen. Einer der Gründe liegt darin, dass wir uns scheuen, in
eine Kultur zu intervenieren, um ihre Merkmale zu verändern (vorausgesetzt, wir wüssten, wie). Welche Rechtfertigung hätten wir – in einer
Zeit, da wir alle Kulturen der gleichen Achtung für würdig halten –, in
sie einzugreifen (sei es öffentlich oder privat) und ein kulturelles Merkmal zu verändern, von dem wir glauben, dass es die wirtschaftliche Entwicklung hemmt? Welches Mandat haben wir für diese Intervention?
Außerdem sind wir uns nicht allzu sicher, wie zu intervenieren wäre,
um die Kultur zu verändern, oder welche Aspekte einer Gruppenkul-
tur der Veränderung bedürften. »Kultur« ist ein so schwammiger

Begriff, der so vieles abdeckt – die ursprüngliche anthropologische
Definition deckte praktisch alles ab, was eine Gruppe auszeichnete, mit
Ausnahme ihres genetischen Erbes –, dass wir in Verlegenheit wären,
anzugeben, was in einer Kultur den wirtschaftlichen Fortschritt trägt.
Ist es die Familie, die Religion, die Einstellung zur Arbeit, zur Bildung?
Außerdem können wir in jeder dieser Kategorien Unterkategorien
entdecken, von denen manche glauben, dass sie für den Erfolg wichtig
sind.

Das heißt nicht, dass Sozialwissenschaftler »Kultur« nicht als Erklärungsmuster gebrauchen dürften. Sie müssen aber wissen, dass sie sich
auf ein gefährliches Unterfangen einlassen. Der Rückgriff auf »Kultur«
als Erklärungsvariable wirft fast ebenso schwerwiegende politische
Probleme auf wie der Rückgriff auf »Rasse«. Bevor wir uns jedoch diesen Problemen zuwenden, müssen wir zuerst die Frage erörtern, wie
wir »Kultur« als Erklärungsvariable gebrauchen können.

## »Kultur« als Werkzeug der Analyse

Beim Übergang vom Großmaßstab der Kontinente, Weltreligionen
und Nationen zu den ethnischen Gruppen Amerikas müssen wir zwei
wichtige Anpassungsschritte vornehmen. Wenn das erfolgt ist, bleibt
möglicherweise nur mehr wenig Erklärungsbedarf im Hinblick auf
Kultur übrig, wenn wir »Kultur« als Kultur im Großmaßstab verstehen.

### Der erste Anpassungsschritt

Ethnische und rassische Gruppen in den USA sind nicht stichproben-
mäßig der Großpopulation entnommen, die als Träger einer Kultur
fungiert oder doch durch sie gekennzeichnet ist. Die eine Million Chinesen in den USA sind nicht repräsentativ für das tausendmal größere China; ähnlich ist es mit der einen Million Inder in den USA. Dasselbe gilt für jede ethnische oder rassische Gruppe in den USA, selbst
wenn ihre Nachkommen die Einwohner der Ursprungsnation zahlen-
mäßig überflügelt haben, wie dies bei den Iren und vielleicht auch bei
einigen anderen Gruppen der Fall ist. Wer heute Irland besucht und
die Iren von Boston kennt, ist sofort überrascht von einigen frappierenden Unterschieden. Liegt das an den regionalen Unterschieden
oder sozialen Schichten Irlands, aus denen sich die Auswanderer nach
USA rekrutierten, oder an den Auswirkungen der amerikanischen
Zivilisation oder Kultur auf die irischen Einwanderer und ihre Nachkommen?

Auswanderer stammen in jeder Gesellschaft aus bestimmten Gegenden, sozialen Klassen und Untergruppen – oft aus Gegenden und Untergruppen, in denen die Auswanderung Tradition hat. Die Auswanderung stützt sich dann in diesen Unterbereichen sozial und geografisch auf Familienzusammenhalt und eine Kette von nützlichen Erkenntnissen, die von Verwandten und Freunden im Zielland der potenziellen Auswanderer mitgeteilt werden. Die Einwanderer, die in einem Einwanderungsland eine ethnische Gemeinschaft bilden, kommen manchmal aus einer erstaunlich kleinen Gegend des Landes, dessen Namen sie tragen. Das scheint zum Beispiel für die Bangladescher in Indien zuzutreffen. Einwanderer können sich aus Teilen der Elite einer Gesellschaft rekrutieren, wie es bei den indischen Einwanderern der Fall ist, oder sie können die Schicht der Unternehmer und Gewerbetreibenden repräsentieren; dies ist der Fall bei Libanesen und Syrern. Sie können sich im Gegenteil auch aus einem einfachen, fleißigen Bauernstand rekrutieren, wie es bei den ersten chinesischen, japanischen und Sikh-Einwanderern in die USA der Fall war. Es ist sogar wahrscheinlicher, dass Einwanderer eher die einfachen Leute, wenn auch die unternehmungslustigeren unter ihnen repräsentieren als die Eliten.

Inwiefern sind sie nun Träger oder Repräsentanten ihrer »Kultur«? Natürlich haben sie eine Kultur – jeder Mensch hat das. Aber wenn wir über Kultur im Großen sprechen, fragt es sich, was uns der Konfuzianismus, der Buddhismus oder der Taoismus über chinesische Auswanderer verrät, die aus den südchinesischen Küstengebieten stammten, Bauern waren und kein Mandarin sprachen. Was verrät uns Italien im Großen über den typischen italienischen Einwanderer, der arm, ungebildet und aus dem Mezzogiorno ist? Sollen wir in ihm ein Musterbeispiel für die Kultur und Zivilisation des katholischen Europas, des Mittelmeerraums oder des bäuerlichen Lebens sehen – lauter Faktoren (neben anderen), von denen zu vermuten ist, dass sie ihn prägen? Unter dem Gesichtspunkt der Erklärung sind alle diese Kategorien zu weit gefasst und zu diffus. Von Max Weber und anderen Theoretikern, die sich um eine Erklärung für wirtschaftliche Entwicklung bemüht haben, wurde dem katholischen Europa das protestantische Europa gegnübergestellt, doch fragt man sich, welcher Zusammenhang zwischen dem Katholizismus Italiens und dem Katholizismus Irlands besteht, jener Länder, aus denen zwei der größten katholischen Einwanderergruppen in den USA stammen, und ob ihr gemeinsamer Katholizismus wirklich viel über sie aussagt.

Meines Erachtens kommt es bei diesem ersten Anpassungsschritt darauf an, dass wir eine Kultur im Großen erst »entflechten«, das heißt in ihre ganz konkreten Varianten zerlegen müssen, die für die Einwanderer aus einzelnen Provinzen, sozialen Schichten und Untergruppen einer Großkultur kennzeichnend waren. In den 1950er Jahren entwickelten Robert Redfield und Milton Singer, zwei Anthropologen von der Universität Chicago, das Konzept, dass wir es in einer Kultur mit einer großen Tradition und vielen kleinen Traditionen zu tun haben. Die große Tradition bezieht sich auf die kanonischen Texte, die Zeremonien, die Priesterschaft und die große historische Überlieferung – alles Dinge, die der Dorfbevölkerung mit ihren »kleinen Traditionen« oder der aufkommenden städtischen Population sehr wenig bedeuten mögen. Gewiss werden Teile der großen Tradition weitergegeben, jedoch auf eine abgewandelte oder verfälschende Weise, nämlich auf dörflicher Ebene durch Vermengung mit autochthonen Traditionen, die mit der großen Tradition wenig zu tun haben mögen, und auf städtischer Ebene durch Vermengung mit der universalen Kultur der Massenmedien. Wenn die Menschen aus dem Dorf oder die Menschen aus den wachsenden Städten in die USA auswandern, bezeichnen wir sie vielleicht beide als Repräsentanten der großen Tradition, allerdings ohne sonderliche Berechtigung. Ich glaube, wenn wir auf die Untersuchungen und Analysen von Redfield und Singer zurückgingen, fänden wir viel Bedenkenswertes über den Zusammenhang zwischen Kultur und den unterschiedlichen Schicksalen von Einwanderergruppen in den USA. Eines würden wir mit Sicherheit lernen: Was immer die Merkmale der großen Tradition sind, sie haben unter Umständen wenig Einfluss auf die kleinen Traditionen.

Ferner würde uns auffallen, dass nur selten die elitären Träger der großen Tradition zu den Einwanderern gehörten. Nicht untypisch ist das Beispiel der jüdischen Einwanderer. In jeder Einwanderungswelle, angefangen bei der ältesten sephardischen im 17. Jahrhundert über die deutsche im 19. und die osteuropäische Ende des 19. Jahrhunderts, befanden sich nur wenige gelehrte Männer, wenige Rabbiner, wenige Träger der großen Tradition, das heißt der Tradition, die wir im Sinn haben, wenn wir an jüdische Religion und Kultur, an die Tradition der klassischen Texte und Schriftrollen denken. Ich habe es daher immer als sonderbar empfunden, wenn man die überproportionalen jüdischen Leistungen in der höheren Bildung, die zu der in den letzten 50 Jahren so evidenten, überproportionalen Rolle von Juden in Wissenschaft, Forschung und akademischen Berufen geführt hat, auf eine jüdische »Tradition der Gelehrsamkeit« zurückführt. Diese Gelehrsamkeit ist weit von dem zeitgenössischen Lernen entfernt, durch das die Juden sich auszeichnen. Vielmehr sahen die »großen Traditionen« des Judentums mit Argwohn und Abscheu auf praktisch das gesamte zeitgenössische Lernen herab. Außerdem kamen mit den jüdischen Einwanderern nur wenige Vertreter des traditionellen jüdischen Lernens. Zwar kamen mit der Zeit auch Adepten dieser traditionellen Hochkultur in die USA, aber ich frage mich doch, was sie und ihre – durchaus erfolgreichen – Bemühungen um Etablierung des traditionellen rabbinischen und talmudischen Lernens in den USA mit jüdischen Leistungen in der Theoretischen Physik, der Rechtswissenschaft, der Medizin und auf vielen anderen auf höherer Bildung beruhenden Gebieten zu tun hatten.

Ich bin vielleicht besonders darauf geeicht, die Probleme bei einem solchen direkten Rückgriff auf jüdische Tradition zur Erklärung jüdischer Leistungen in Wissenschaft und Forschung zu sehen, weil ich mir bewusst bin, dass Menschen aus meiner Generation, die es zu bedeutenden Leistungen gebracht haben, aus Familien wie der meinen kamen, in der die Eltern niemals auf eine gewöhnliche westliche Schule gegangen waren und so gut wie keine traditionelle klassisch-jüdische Bildung genossen hatten. Manche dieser Eltern waren sogar Analphabeten, bei anderen reichte die Alphabetisierung gerade so weit, dass sie das Gebetbuch lesen konnten. Es bedarf schon einiger subtiler Kunstgriffe, um die frappierenden Bildungserfolge von Kindern ostjüdischer Einwanderer Anfang des 20. Jahrhunderts mit dieser »großen Tradition« zu erklären.

So lauern viele Fallen und Gruben am Weg, wenn man von einer großen Tradition (beschreibbar durch ihre großen kanonischen Texte, ihre Kommentare, ihre Zeremonien, ihre Geschichte) zu den Menschen übergehen will, die ganz unterschiedliche Versionen dieser Tradition praktizieren mögen – kleine Traditionen, die nur entfernt mit ihr verwandt sind. Wie viel vom Schicksal jener, die nur so entfernt mit ihr verwandt sind, erklärt die große Tradition?

Was mich fesselte, war eine skeptische Bemerkung des Singapurer Nationalökonomen John Wong über die mögliche Bedeutung des Konfuzianismus für den ökonomischen Erfolg Asiens und Singapurs. (Es gibt nicht viele solcher skeptischen Kommentare, was diesen hier umso interessanter macht.) Wong schreibt, dass Nationalökonomen diese Erklärung durch den Konfuzianismus erst dann ernst nehmen werden,

»wenn sie in Form einer überprüfbaren Hypothese formuliert wird. Es genügt nicht, generell zu behaupten, dass ein konfuzianisches Ethos zu vermehrten persönlichen Ersparnissen und damit zu stärkerer Kapitalbildung führt. Es muss auch zwingend und konkret gezeigt werden, ob diese Ersparnisse produktiv in Unternehmen oder Industrie investiert oder aber für nichtökonomische Ausgaben wie die Erfüllung persönlicher Verpflichtungen verschwendet worden sind, die schließlich auch Teil des konfuzianischen Wertesystems sind. Es muss ferner gezeigt werden, dass konfuzianische Werte tatsächlich zu einer effektiven Entwicklung von Arbeitskräften geführt haben, und zwar im Sinne einer Erweiterung von Qualifikationen, nicht nur durch Förderung einer rein intellektuellen Selbstbildung oder selbstgenügsamer literarischer Bestrebungen. Der typische konfuzianische Edelmann vergangener Zeiten hätte für knechtische Arbeit nur Verachtung übrig gehabt«[1].

Was Wong hier skeptisch in Frage stellt, ist, ob wir wirklich das Kunststück schaffen, von der großen Tradition des Konfuzianismus überzugehen zum Erfolg jener Gesellschaften (oder auch zum Erfolg ethnischer Gruppen), die wir mit ihm in Verbindung bringen können. Die nämliche Frage habe ich in Bezug auf den Zusammenhang zwischen der großen Tradition jüdischen Lernens und dem überproportionalen Erfolg von Juden in der zeitgenössischen Wissenschaft, Gelehrsamkeit und akademischen Berufswelt gestellt. Es ist zu einfach, von der großen Tradition zu den derzeitigen Gruppen und Individuen zu springen, die einen historischen Zusammenhang mit dieser Tradition für sich reklamieren können. Es könnte sein, dass man unter den gegenwärtigen Nachkommen der großen Tradition nur wenig von deren authentischer Realität bemerkt.

Und John Wong ist nicht der Einzige, der die Nützlichkeit der konfuzianischen Tradition für die wirtschaftliche Entwicklung skeptisch beurteilt. Sun Yat-sen und andere Reformer und Revolutionäre waren nicht nur skeptisch, was den Wert konfuzianischer Traditionen betraf, sondern beklagten sie, weil sie eine wesentliche Rolle dabei spielten, China rückständig zu halten, und verurteilten die traditionelle Kultur Chinas, weil sie Chinas wirtschaftliche und politische Entwicklung aufgehalten habe. Haben sie sich geirrt? Hat sich der Konfuzianismus verändert, sodass er in der einen Periode Chinas moderne Entwicklung gebremst und sie in einer anderen begünstigt hat? Haben wir es nicht – bei den Chinesen wie bei den Juden – mit einer Ex-post-Erklärung zu tun? Wie viel hat der Konfuzianismus mit dem bildungsmäßigen und wirtschaftlichen Erfolg chinesischer Menschen in Amerika zu tun?

Trotz der Beachtung, die den großen Traditionen, den großen Religionen und der protestantischen Ethik und deren Äquivalenten weltwit geschenkt wird, können wir eine sehr gute Erklärung und Begründung der Bedeutung von Kultur für wirtschaftliche Leistung auch durch Rückgriff auf die kleinen Traditionen, die einzelnen Kulturen, etwa einer von Handel und Unternehmertum geprägten Gemeinschaft oder eines fleißigen, stabilen Bauerntums, liefern. Erfolgreiche ethnische Gruppen haben sich aus der großen wie aus den vielen kleinen Traditionen gespeist. Aber wie immer dieser kulturelle Hintergrund ausgesehen haben mag, es bedarf eines weiteren Anpassungsschrittes, um einen Zusammenhang zwischen Kultur und wirtschaftlichem Erfolg herzustellen, und das sind die Umstände, welche die Einwanderer bei ihrer Ankunft vorfanden: der Zustand der Wirtschaft, die vorhandenen Chancen, die Eigenart der Gegend, in der sie sich ansiedelten, usw.

In den zeitgenössischen Sozialwissenschaften ermittelt man die Auswirkung einer Variablen, indem man alle anderen Faktoren gleich hält. Wenn wir feststellen wollen, welche Rolle Vorurteil oder Kultur als Erklärung für das niedrigere Einkommensniveau von Schwarzen spielen, werden wir Anpassungen dergestalt vornehmen müssen, dass wir Gruppen von demselben Alter, demselben Bildungsgrad und aus derselben geografischen Gegend vergleichen. Da die Löhne regional schwanken, werden wir vielleicht Unterschiede des Wohnorts (Stadt oder Land) in Rechnung stellen müssen, weil auch dies die Löhne beeinflusst, usw. Das Ergebnis dieser Übung besteht im Allgemeinen darin, einen Unterschied zu reduzieren oder zu »erklären«. Es wird ein Restwert produziert, und hier finden wir möglicherweise die Auswirkung von Diskriminierung oder die Auswirkung von Kultur. Manchmal kann sogar der ganze Unterschied wegerklärt werden, sodass keinerlei Restwert bleibt. Aber ob Restwert oder nicht, es bleibt immer ein Problem, den Faktor Kultur einzukalkulieren, zum Beispiel bei Diskriminierung.

## *Der zweite Anpassungsschritt*

Das Problem entsteht beim Entwurf des Erklärungsmodells. Wie isolieren wir Kultur von nichtkulturellen Aspekten, die einen Unterschied begründen? So vermengt jedes Element in dem obigen Beispiel über die Erklärung von Einkommensunterschieden zwischen Schwarzen und Weißen kulturelle mit anderen Elementen. Wir wollen Unterschiede im Einkommen erklären, also halten wir das Alter konstant. Ist aber der Umstand, dass eine Gruppe ein geringeres Alter hat als eine andere oder dass sie mehr Kinder hat, nicht auch ein kultureller Aspekt? Wir wollen die Geografie konstant halten – in Städten werden die Leute besser abschneiden als auf dem Land, im Norden und

Westen besser als im Süden. Stecken aber nicht kulturelle Faktoren in
der Migration selbst und in der Auswahl des Zielortes? Oder unser
Vergleich hält die Familienstruktur konstant, weil wir feststellen, dass
der große Anteil von weiblichen Familienvorständen bei Schwarzen
das Durchschnittseinkommen mindert. Aber ist nicht die Familienstruktur ein kultureller Aspekt *par excellence*?

Der Sinn solcher Modelle, die bei der Analyse von Unterschieden
eingesetzt werden, ist die Erklärung dieser Unterschiede; sie haben
jedoch auch unvermeidliche politische Konsequenzen. Eine kulturell
argumentierende Erklärung wird im Allgemeinen von der betreffenden Gruppe abgelehnt, ob sie nun besser oder schlechter abschneidet
als der Durchschnitt. Schneidet sie besser ab, fürchtet sie, von anderen
des Hochmuts und der Hybris geziehen zu werden. Sie fürchtet, dass
die Aufmerksamkeit, die ihrer mutmaßlich überlegenen Kultur zuteil
wird, zu Neid, Zorn und Schlimmerem führt. Schneidet die Gruppe
schlechter ab als der Durchschnitt, fürchtet sie snobistische Missbilli-
gung und Verachtung durch die Mehrheit. Jede Gruppe glaubt, dass es
von Vorteil ist, als Opfer, nicht als Überlegener wahrgenommen zu
werden.

Zum Beispiel war schon vor wenigen Jahrzehnten evident, dass das
Einkommen asiatischer Haushalte in den USA genauso hoch war wie
das weißer Haushalte, was auf den ersten Blick die Diskriminierungs-
frage hätte erledigen sollen. Dann aber wurde darauf hingewiesen,
dass bei Einbeziehung des Faktors Bildung in das Modell die Einkünfte
von Asiaten nicht so hoch sind wie die von Weißen mit demselben Bildungsniveau. Es hat Bemühungen gegeben, nachzuweisen, dass die
hohen Einkommen von Juden nichts Besonderes sind. Schließlich
leben sie überwiegend in Städten, und dort sind die Einkünfte für
jedermann höher, ihr Durchschnittsalter ist höher, und die Einkünfte
steigen mit zunehmendem Alter, sie gehen auf bessere Schulen und
Universitäten, sie sind mehr in den einkommensstarken Berufen konzentriert, sie haben kleinere Familien usw. Letzten Endes verschwindet
der Einkommensvorsprung von Juden, wenn man alle diese Faktoren
konstant hält. Aber damit ist Kultur als Erklärung nicht erledigt, sie ist
im Gegenteil unauflöslich mit jedem einzelnen Aspekt verwoben, den
wir zur Erklärung des Unterschieds untersuchen.

Juden tragen im Allgemeinen Sorge, dass keine Informationen über
ihre Einkünfte und ihr Einkommen nach außen dringen. Bei Volkszählungen in den USA wird nicht nach der Religion gefragt, und daher
scheinen Juden in den Bevölkerungsstatistiken nicht auf. Aus diesem
und anderen Gründen sind die jüdischen Organisationen zur Abwehr

des Antisemitismus bei Volkszählungen generell gegen jede Frage nach der Religion. Asiaten – die bei Volkszählungen nach ihrer jeweiligen Rasse gezählt werden – versuchen generell, die statistischen Beweise für ihren Erfolg wegzuerklären, und zwar aus verschiedenen Gründen, darunter dem Wunsch, sich ihren Opferstatus zu erhalten, der manche Vorteile gewähren kann. (Bei der Schulzulassung ist mit einer asiatischen Identität heute kein Vorteil mehr verbunden, wohl aber gelten Asiaten noch immer als unterprivilegierte Minderheit, was die Vergabe staatlicher Aufträge betrifft.) Andere wollen sich die Möglichkeit einer Regenbogenkoalition aller farbigen Völker offen halten, und wenn Asiaten besser abschneiden als der Durchschnitt, steht ihre Wählbarkeit in diese Koalition auf dem Spiel.

Bei dem Bemühen, den Opferstatus von Asiaten aufrechtzuerhalten, sind manche sonderbaren Verrenkungen zu beobachten – zum Beispiel die Behauptung, sie wären gravierend und negativ von Diskriminierung betroffen, was ihrem gegenwärtigen Einkommens- und Berufsprofil widerspricht. Man denke nur an einen Beitrag aus der Feder des chinesisch-amerikanischen Historikers John Kuo Wei Chen.[2] Er erzählt zunächst, dass er sich jedes Jahr sehr freut, wenn die Sieger beim naturwissenschaftlichen Talentwettbewerb der Firma Westinghouse verkündet werden, weil immer so viele Asiaten darunter sind: »Doch je länger ich die Presseberichterstattung und die öffentliche Diskussion über diese Schüler verfolgte, desto bedenklicher stimmte mich die Diskrepanz zwischen ihren tatsächlichen hohen Leistungen und der Art, wie diese Leistungen wahrgenommen wurden. Asiaten wurden zur ›Vorzeigeminderheit‹ erklärt – trotz erdrückender Beweise, die gegen eine solche Verallgemeinerung sprechen.« Er ist also stolz auf ihre Leistung, wehrt sich aber gegen den Gedanken, sie seien eine »Vorzeigeminderheit«.

Der Grund für seine Sorge über diesen Ruf der Asiaten ist schwer zu erraten. Wie er schreibt, befasste sich die *New York Times* in einem weiteren Beitrag über den Westinghouse-Wettbewerb mit der Cardozo High School in Queens (New York City), von der elf Semifinalisten stammten, die alle Asiaten waren. Dieser Beitrag führte zu einem Leitartikel von Stephen Graubard, dem Herausgeber von *Daedalus*. Kuo berichtet missbilligend, Graubard mache dort die stabile Kernfamilie zur »primären Ursache für den Erfolg der asiatischen Schüler. Dann spekulierte er im Geiste der sozialen Wohlfahrtsplanung darüber, was man für die Hunderttausende von Kindern tun könne, die nicht in einer so stabilen Umgebung lebten ... Graubard setzte voraus, dass Stadtviertel mit stabilen Kernfamilien Vorbedingung für den Erfolg seien«.

Warum sich Kuo gegen diese scheinbar doch unanstößige und verbreitete Interpretation wehrt, ist unklar. Einen gewissen Aufschluss erhalten wir, wenn er zustimmend einen Leserbrief an die *New York Times* zitiert, worin die siegreichen Schüler von der Cardozo High School auf den Leitartikel von Graubard antworten und sich jede Verallgemeinerung als Erklärung ihres Erfolgs verbitten. Der Brief attackiert Graubards Interpretation als »Stereotyp … das in seiner extremsten Form die Wurzel des Vorurteils ist, einer Krankheit, die niemals durch Wissenschaft geheilt werden kann«. Der Brief betont, dass die Anteilnahme der Eltern an der schulischen Karriere ihrer Kinder zwischen völliger Gleichgültigkeit und aktivem Engagement geschwankt habe und dass die Gründe für die Teilnahme und den Erfolg beim Westinghouse-Wettbewerb vielfältig und individuell verschieden gewesen seien. Kuo kommt zu dem Schluss: »Diese Formulierung des Erfolgs asiatischer Schüler verkehrte ein komplexes Phänomen in eine vereinfachende und historische [vielleicht meint er ›ahistorische‹? – N.G.] Darstellung der unwandelbaren Natur asiatischer Kulturen.« Das Ganze ist der Auftakt zum eigentlichen Thema des Artikels, einer Untersuchung über chinesenfeindliche Vorurteile in New York im 19. Jahrhundert. Der Leser muss zu dem Schluss kommen, dass es einen gewissen Zusammenhang zwischen den chinesenfeindlichen Vorurteilen des 19. Jahrhunderts und dem Mythos vom Erfolg einer »Vorzeigeminderheit« heute gibt.

## Die Schlüsselrolle der Bildung

Ich habe zu verstehen gegeben, dass es nicht leicht ist, die kulturellen Faktoren beim Erfolg oder Misserfolg einer ethnischen Gruppe zu ermitteln, und dass es politisch nicht zu jedermanns Vorteil ist, auf der Bedeutung kultureller Faktoren für Erfolg oder Misserfolg einer ethnischen Gruppe zu insistieren.

Ungeachtet der besten Methoden und Ansätze der zeitgenössischen Sozialwissenschaften halte ich es für schwierig, eindeutig dafür zu plädieren, dass kulturelle Faktoren, die der einen oder anderen ethnischen Gruppe eigentümlich sind, für ihren wirtschaftlichen Erfolg oder Misserfolg verantwortlich seien. Was man aus sozialwissenschaftlicher Sicht machen kann, ist, die Faktoren zu bestimmen, die regelmäßig mit dem wirtschaftlichen Schicksal einer Gruppe zusammenzuhängen scheinen. Der Faktor, der sich bei Untersuchungen am deutlichsten abzeichnet, ist die Bildung. Sie ist zugleich bevorzugter Maßstab für Humankapital. Sie korreliert am besten mit späterem Erfolg in Form von prestigeträchtigeren Berufen und höheren Einkünften.

Die großen Unterschiede zwischen Gruppen in Bezug auf ihre bildungsmäßige und berufliche Leistung sprechen scheinbar klar für die Bedeutsamkeit von Kultur, da das Streben nach Bildung scheinbar vor allem ein kulturelles Faktum ist. Aber so einfach ist die Sache nicht. Das Streben nach Bildung sowie der daraus fließende Erfolg sind klassenbedingt verschieden. Sollen wir nun die Klasse in die Kultur einbeziehen? Das könnten wir, aber dann ist es nicht mehr die ethnische Kultur, die zum Erfolg führt – die werktätigen und die mittleren Schichten aller Gruppen haben vieles gemeinsam. Und wenn wir, wie ich oben angedeutet habe, versuchen, das Streben nach Bildung auf die Hochkultur einer Gruppe zurückzubeziehen (zum Beispiel auf jüdisches Lernen), werfen die Zusammenhänge allerlei Probleme auf. Zugegebenermaßen kann die Ausrichtung auf Lernen der einen Art in die Ausrichtung auf ein Lernen ganz anderer Art umgeformt werden, und genau dies mag mit den Juden geschehen sein oder auch mit den Brahmanen beziehungsweise den Chinesen, die ihr Sanskrit gegen die Naturwissenschaften beziehungsweise ihre konfuzianischen Klassiker gegen die Physik eingetauscht haben mögen. Alle diese Fälle bedürfen einer sorgfältigeren Überprüfung, als ihnen bisher zuteil wurde.

Auch die Kinder japanischer Bauern oder vietnamesischer *boat people* haben sich in der Schule gut bewährt. Man darf wohl annehmen, dass sie den großen Traditionen des Lernens in ihrer jeweiligen Gesellschaft sehr fern stehen, und die Gründe für ihren Erfolg verdienen ebenfalls eine Untersuchung.

Ein Grund für die Untersuchung potenzieller kultureller Faktoren beim bildungsmäßigen Erfolg, der sich als ausschlaggebender messbarer Faktor für den wirtschaftlichen Erfolg erwiesen hat, ist die in dem erwähnten Graubard-Leitartikel formulierte Erwägung, dass wir von solchen Fällen lernen können. Dieses Lernen zielt darauf ab, Eingriffe in die Lebensformen der weniger erfolgreichen Gruppen anzuleiten. Ich glaube an die Möglichkeit eines solchen Lernens, aber ich frage mich, ob wir alles, was wir lernen, aus politischen oder auch nur aus wissenschaftlichen Gründen als Teil der Kultur einer besonderen Gruppe bezeichnen wollen. So glauben viele aufgrund von Forschungen, dass Vorlesen Kindern hilft, lesen zu lernen. Das ist ein genereller Faktor, der mit keiner besonderen Gruppe zusammenhängt. Es wäre am besten, ihn um seiner selbst willen zu propagieren und zu fördern, und nicht, weil er zum Erfolg chinesischer oder vietnamesischer Kinder beiträgt. (Und so nützlich dieser Faktor sein mag, mit dem Erfolg der zweiten Generation von Juden, Chinesen oder Japanern kann er nicht viel zu tun gehabt haben, da deren Eltern ihren Kindern meist nicht in englischer Sprache vorgelesen haben können und wahrscheinlich ohnedies zu viel gearbeitet haben, um ihren Kindern noch vorlesen zu können.) Zweifellos ist eine starke elterliche Unterstützung von Bildung besser als das Gegenteil. (Doch erinnere man sich an den Hinweis der bei dem Talentwettbewerb siegreichen chinesischen Schüler auf die »Gleichgültigkeit« mancher Eltern.) Und Untersuchungen ergeben regelmäßig, dass afroamerikanische Eltern ihren Kindern predigen, die Schule ernst zu nehmen, dass sie ihnen die Wichtigkeit der Schule einschärfen. Alle diese Faktoren, die zum bildungsmäßigen Erfolg beitragen mögen, kann man »kulturell« nennen, aber wir müssen uns sehr in sie vertiefen, bevor wir herausfinden, warum Praktiken, die auf den ersten Blick ähnlich oder identisch zu sein scheinen, in unterschiedlichen Gruppen offenbar recht unterschiedliche Auswirkungen haben.

Ich glaube schon, dass Kultur einen Unterschied macht. Aber wie diese Beispiele lehren, ist es sehr schwer zu bestimmen, was genau an der Kultur den Unterschied ausmacht. Was immer es sein mag, es dürfte subtiler sein als die globalen Charakteristika der großen Tradition einer Kultur, da zu viele unterschiedliche Ergebnisse zu verschiedenen Zeiten mit jeder dieser großen Traditionen vereinbar zu sein scheinen. Sie alle haben ihre Ruhmesgipfel und ihre Jammertäler, ihre Massaker und ihre Taten der Nächstenliebe, ihre Gelehrten und ihre Soldaten, ihre triumphalen geistigen Höhenflüge und ihre Abstürze in die Torheit oder Schlimmeres. Sinnvoller ist es wohl, sie sich als Lagerhäuser vorzustellen, aus denen Praktiken kommen können, die für alle nützlich und zweckmäßig sind. Auf jeden Fall aber haben sie eine so starke Veränderung durchgemacht, dass es utopisch wäre zu glauben, wir könnten ihre Lehren beherzigen, wenn wir uns nur in großen Zügen in dieser Hinsicht einig wären. Dafür mögen uns die konkreten Praktiken ethnischer und rassischer Gruppen in den USA, einfühlsam untersucht, sehr wohl etwas passende Hinweise geben.

## Anmerkungen

1 John Wong, »Promoting Confucianism for Socioeconomic Development: The Case of Singapore«, in: Tu Wei-ming (Hrsg.), *Confucian Traditions in East Asian Modernity: Moral Education and Economic Culture in Japan and the Four Mini-Dragons*, Cambridge (Mass.) 1996, S. 281.

2 John Kuo Wei Chen, »Pluralism and Hierarchy: ›Whiz Kids‹, ›the Chinese Question‹, and Relations of Power in New York City«, in: Wend F. Katkin, Ned Landsman und Andrea Tyree (Hrsg.), *Beyond Pluralism: The Conception of Groups and Group Identities in America*, Champaign (Ill.) 1998, S. 126–129.

# VI.

# Beförderung des Wandels

*Lawrence E. Harrison*

# Zur Förderung eines fortschrittlichen kulturellen Wandels

Von akademischen Kreisen der USA weitgehend unbemerkt, ist ein neues Paradigma – eine den Blick nach innen richtende, auf kulturelle Werte und Einstellungen eingehendee Theorie – im Begriff, das durch den Zusammenbruch der Dependenztheorie entstandene Erklärungsvakuum nach und nach auszufüllen. Lateinamerika ist seit einigen Jahren wegweisend darin geworden, dieses kulturzentrierte Paradigma zu artikulieren und Initiativen zu dessen Umsetzung in Aktionen zu ersinnen, die nicht nur auf die Beschleunigung wirtschaftlichen Wachstums, sondern auch auf die Stärkung demokratischer Institutionen und die Förderung sozialer Gerechtigkeit ausgerichtet sind.

Natürlich sind viele Analytiker, die in den vergangenen drei Jahrzehnten das ostasiatische Wirtschaftswunder untersucht haben, zu der Erkenntnis gelangt, dass für dessen Zustandekommen »konfuzianische« Werte wie Betonung der Zukunft, Arbeit, Leistung und Erziehung, von Verdienst und Genügsamkeit eine entscheidende Rolle gespielt haben. (Die Wurzeln dieser gleichsam protestantisch-ethischen Werte finden sich nicht nur im Konfuzianismus, sondern auch in der Ahnenverehrung und im Taoismus sowie in anderen Glaubenssystemen.) Aber ebenso wie der – mit der Dependenztheorie so unvereinbare – Erfolg der Ostasiaten auf dem Weltmarkt bis vor wenigen Jahren von lateinamerikanischen Intellektuellen und Politikern weitgehend nicht zur Kenntnis genommen wurde, so ignorierten sie kulturelle Erklärungen für dieses Wirtschaftswunder. Nachdem Lateinamerika inzwischen die wirtschaftspolitischen Lektionen Ostasiens größtenteils akzeptiert hat, steht es nun vor der Frage: Wenn Abhängigkeit und Imperialismus für unsere wirtschaftliche Unterentwicklung, für unsere autoritären politischen Traditionen und für unsere extreme soziale Ungerechtigkeit *nicht* verantwortlich sind, was *ist* dann für sie verantwortlich?

Diese Frage stellte der venezolanische Schriftsteller Carlos Rangel in seinem Mitte der 1970er Jahre auf Französisch und Spanisch erschienenen Buch, dessen Titel, übersetzt, etwa lautet:»Vom edlen Wilden zum edlen Revolutionär«, und das später auf Englisch herauskam unter dem Titel *The Latin Americans – Their Love-Hate Relationship with the United States (*»Die Lateinamerikaner: Ihre Hassliebe zu den Vereinigten Staaten«*).*[1] Rangel war nicht der erste Lateinamerikaner, der zu dem Schluss kam, dass traditionelle iberoamerikanische Werte und Einstellungen sowie die Institutionen, die diese widerspiegeln und verstärken, die Hauptursachen für das»Versagen« Lateinamerikas – im Gegensatz zu dem»Erfolg« der Vereinigten Staaten und Kanadas – waren. Zu ähnlichen Schlussfolgerungen waren, wie man weiß, unter anderen Bolívars Kampfgefährte Francisco Miranda in den letzten Jahren des 18. Jahrhunderts, Bolívar selbst drei Jahrzehnte später, die bedeutenden Argentinier Juan Bautista Alberdi und Domingo Faustino Sarmiento sowie der Chilene Francisco Bilbao in der zweiten Hälfte des 19. Jahrhunderts und der nicaraguanische Intellektuelle Salvador Mendieta Anfang des 20. Jahrhunderts gelangt.

Die vergleichbaren – wiewohl in erster Linie Spaniens (bis vor wenigen Jahrzehnten) schleppende Modernisierung betreffenden – Analysen der Spanier José Ortega y Gasset, Fernando Díaz Plaja, Miguel de Unamuno und Salvador de Madariaga sind eindeutig auch für Lateinamerika von Belang.

Rangel trug sein Buch – mit einem Vorwort von Jean François Revel, in dem dieser Lateinamerikas Aversion gegen Selbstkritik hervorhebt – die Feindschaft der meisten lateinamerikanischen Intellektuellen ein; von Lateinamerikaexperten in Nordamerika und Europa wurde der Band weitgehend ignoriert. Nichtsdestoweniger erwies er sich als richtungsweisend. 1976 formulierte der Nobelpreisträger Octavio Paz den radikalen Unterschied zwischen den beiden Amerika folgendermaßen:»Das Angelsächsische ist der Spross jener Tradition, die der modernen Welt zugrunde liegt: die Reformation mit ihren sozialen und politischen Folgen, der Demokratie nämlich und dem Kapitalismus. Unseres dagegen, das Spanisch und Portugiesisch sprechende Amerika, ist der Spross der katholischen Universalmonarchie und der Gegenreformation.«[2]

Starke Anklänge an Rangel enthält Claudio Véliz' 1994 erschienenes Buch *The New World of the Gothic Fox*[3], das das anglo-protestantische dem iberisch-katholischen Erbe in der Neuen Welt gegenüberstellt. Véliz definiert das neue Paradigma mit den Worten des berühmten peruanischen Schriftstellers Mario Vargas Llosa, der erklärte, die für Lateinamerikas Modernisierung erforderlichen Reformen des Wirtschafts-, Bildungs- und Rechtswesens könnten nur durchgeführt werden,

> »wenn diesen eine Reform unserer Konventionen und Ideen vorangeht oder sie begleitet, eine Reform des ganzen komplexen Systems von Gewohnheiten, Erkenntnissen, Bildern und Formen, das wir als ›Kultur‹ begreifen. Die Kultur, in der wir heute in Lateinamerika leben und handeln, ist weder liberal noch überhaupt demokratisch. Wir haben demokratische Regierungen, aber unsere Institutionen, unsere Reflexe und unsere Mentalität sind bei weitem nicht demokratisch. Sie sind nach wie vor populistisch und oligarchisch oder absolutistisch, kollektivistisch oder dogmatisch, infiziert von sozialen und rassischen Vorurteilen, im höchsten Maße intolerant im Hinblick auf politische Gegner und treu ergeben dem schlimmsten aller Monopole, dem der [allein selig machenden] Wahrheit«[4].

Der vor wenigen Jahren erschienene Bestseller *Guide to the Perfect Latin American Idiot* («Leitfaden zum perfekten lateinamerikanischen Idioten«)[5], der in Lateinamerika reißenden Absatz fand, wurde von seinen Autoren – dem Kolumbianer Plinio Apuleyo Mendoza, Vargas Llosas Sohn Álvaro und dem Exilkubaner Carlos Alberto Montaner – Rangel und Revel gewidmet. Das Buch ist eine Kritik an den lateinamerikanischen Intellektuellen des 20. Jahrhunderts, die die Meinung propagierten, die gesamte Region sei ein Opfer des Imperialismus. Zu diesen Intellektuellen zählen Eduardo Galeano, der uruguayische Autor des überaus populären Werks *Die offenen Adern Lateinamerikas*[6], Fidel Castro, Che Guevara, Fernando Henrique Cardoso, amtierender Präsident von Brasilien, und Gustavo Gutiérrez, Begründer der Befreiungstheologie. Mendoza, Montaner und Vargas Llosa geben nachdrücklich zu verstehen, dass die wahren Ursachen für die Unterentwicklung Lateinamerikas in den Köpfen der Lateinamerikaner zu suchen sind.

In ihrem Folgeband [«Produzenten des Elends«][7] erforschen diese Autoren den schädlichen Einfluss der traditionellen Kultur auf das Verhalten von sechs Elitegruppen: die Politiker, das Militär, die Geschäftsleute, den Klerus, die Intellektuellen und die Revolutionäre (siehe das Kapitel von Montaner).

In einem 1997 erschienenen Buch («Wir wollen nicht auch noch das
21. Jahrhundert verlieren«)[8] hebt Montaner den Preis hervor, den
Lateinamerika dafür bezahlte, dass es in kultureller und politischer
Hinsicht die Lektionen des Erfolgs der fortgeschrittenen Demokratien
außer Acht gelassen hatte. Der renommierte argentinische Intellektuelle und Medienprominente Mariano Grondona analysiert in einem
1999 veröffentlichten Buch [»Die kulturellen Bedingungen wirtschaftlicher Entwicklung][9] entwicklungsgeneigte (z. B. die USA und Kanada)
und entwicklungsresistente (z. B. Lateinamerika) Kulturen und stellt
sie einander gegenüber.

Natürlich sind lateinamerikanische Werte und Einstellungen in
einem Wandel begriffen, wie sich aus dem Übergang zu demokratischen Staatsformen und zur Marktwirtschaft in den letzten 15 Jahren
schließen lässt. Verschiedene Kräfte, darunter die in diesem Kapitel
beschriebene neue intellektuelle Strömung, die Globalisierung von
Kommunikation und Wirtschaft sowie die Woge der Begeisterung für
den evangelikalen und den pfingstkirchlichen Protestantismus modifizieren die Kultur der Region. (Die Protestanten machen mittlerweile
über 30 Prozent der Bevölkerung Guatemalas und etwa 20 Prozent der
Einwohner Brasiliens, Chiles und Nicaraguas aus.)[10]

Die Bücher über das neue Paradigma und Montaners allwöchent-
liche Kolumne (er ist der meistgelesene Kolumnist spanischer Sprache)
machten in Lateinamerika tiefen Eindruck, fanden jedoch in den Vereinigten Staaten, in Kanada und Westeuropa kaum Beachtung. Die
Generation von Lateinamerikaexperten, die mit der Dependenztheorie aufwuchs oder mit der weniger extremen Überzeugung, die Lösung
für Lateinamerikas Probleme hinge von einer vermehrten Großmut
der Vereinigten Staaten in ihrem Umgang mit Lateinamerika ab, findet
die kulturelle Erklärung unverdaulich. In Sonderseminaren hörte ich,
wie ein prominenter Lateinamerikaexperte aus den USA Kultur als
»eine Zerstreuung« bezeichnete, wie ein anderer behauptete, Kultur
sei für Lateinamerikas Entwicklung belanglos, und wie ein Dritter
erklärte, Kultur habe in der turbulenten politischen Vergangenheit
Venezuelas keine Rolle gespielt. Bolívar hätte ihnen kaum zuge-
stimmt.

Ich bin mir der richtungweisenden Bedeutung von Rangels Buch
besonders bewusst, denn hätte ich es nicht gelesen, bezweifle ich, ob ich
mein 1985 veröffentlichtes erstes Buch, *Underdevelopment Is a State of
Mind – The Latin American Case* («Unterentwicklung ist ein Geistes-
zustand – Der Fall Lateinamerika«)[11], jemals geschrieben hätte. Mein
jüngstes Buch, *The Pan-American Dream* («Der panamerikanische

Traum«)[12], dessen spanische Ausgabe 1999 erschien, ist ebenfalls Rangel gewidmet.

### Wie Kultur den Fortschritt beeinflusst

In *The Pan-American Dream* werden zehn Wertvorstellungen, Einstellungen oder Geisteshaltungen aufgezeigt, durch die sich progressive von statischen Kulturen unterscheiden. Ihre Formulierung ist sehr wichtig für die Typologie in Mariano Grondonas Kapitel.

1. Zeitorientierung: Progressive Kulturen betonen die Zukunft, statische die Gegenwart oder Vergangenheit. Zukunftsorientierung ergibt sich aus einer fortschrittlichen Weltsicht – Einfluss auf das eigene Schicksal, Belohnungen im Diesseits für Tugend, Plussummen-Ökonomien.

2. In progressiven Kulturen ist Arbeit von zentraler Bedeutung für das Wohlergehen, in statischen Kulturen ist Arbeit eine Last. In den ersteren strukturiert Arbeit das Alltagsleben; Fleiß, Kreativität und Leistung werden nicht nur finanziell belohnt, sondern geben dem Menschen auch Befriedigung und Selbstachtung.

3. Genügsamkeit ist die Mutter der Investition – und der finanziellen Sicherheit – in progressiven Kulturen, aber eine Bedrohung für den »egalitären« Status quo in statischen Kulturen, die oft eine Nullsummen-Weltsicht haben.

4. Erziehung ist der Schlüssel zum Fortschritt in progressiven Kulturen, aber von nebensächlicher Bedeutung – außer für die Eliten – in statischen Kulturen.

5. Verdienste sind von zentralem Belang für das Fortkommen in progressiven Kulturen, Beziehungen und Familienbande zählen in statischen Kulturen.

6. Gemeinschaft: In progressiven Kulturen erstreckt sich der Identifikations- und Vertrauensradius über die Familie hinaus auf die ganze Gesellschaft. In statischen Kulturen ist die Gemeinschaft auf die Familie beschränkt. Gesellschaften mit einem engen Identifikations- und Vertrauensradius sind anfälliger für Korruption, Steuerhinterziehung und Nepotismus und neigen weniger zu philanthropischem Engagement.

7. In progressiven Kulturen ist ein eher strenger ethischer Kodex die Regel. Alle fortgeschrittenen Demokratien (mit Ausnahme von Belgien, Taiwan, Italien und Südkorea) sind in dem von Transparency International erstellten Corruption Perceptions Index (Kor-

ruptionswahrnehmungsindex, CPI) unter den 25 am wenigsten korrupten Ländern aufgeführt. Chile und Botswana sind die einzigen Dritte-Welt-Länder, die sich unter den ersten 25 befinden.

8. Gerechtigkeit und Fairness gegenüber jedem, ohne Ansehen der Person, werden in progressiven Kulturen von der Allgemeinheit vorausgesetzt. In statischen Kulturen hängen Gerechtigkeit und persönliches Fortkommen häufig davon ab, wen man kennt oder wie viel man bezahlen kann.

9. Autorität ist in progressiven Kulturen vorwiegend horizontal verteilt, in statischen Kulturen vertikal angeordnet. Das veranschaulicht Robert Putnams Analyse der Unterschiede zwischen Nord- und Süditalien in seinem Werk *Making Democracy Work*.[13]

10. Säkularisierung: Der Einfluss religiöser Institutionen auf das Zivilleben ist gering in progressiven Kulturen, in statischen Kulturen hingegen oft beträchtlich. In den ersteren werden Heterodoxie und Dissens befürwortet, in den letzteren Orthodoxie und Konformismus.

Diese zehn Anhaltspunkte sind natürlich generalisiert und idealisiert dargestellt, denn in der Realität sind kulturelle Varianten nicht schwarz oder weiß, sondern entsprechen einem Spektrum, dessen Schattierungen ineinander übergehen. Nur wenige Länder würden allen diesen zehn Kriterien gerecht werden und damit die Note 10 erhalten, ebenso wenig wie sie lediglich eines erfüllen und daher nur mit 1 benotet werden würden. Nichtsdestoweniger würden praktisch alle fortgeschrittenen Demokratien (ebenso wie leistungsstarke ethnische/religiöse Gruppen wie die Mormonen, die Juden, Sikhs, Basken und die ostasiatischen Einwanderer in den Vereinigten Staaten und andernorts) wesentlich höhere Bewertungen erhalten als praktisch alle Dritte-Welt-Länder.

Diese Folgerung lässt den Rückschluss zu, dass es in Wirklichkeit um Entwicklung, nicht um Kultur geht. Die gleiche Beweisführung ließe sich für den Korruptionsindex von Transparency International antreten. Es findet tatsächlich ein komplexes Wechselspiel von Ursache und Wirkung zwischen Kultur und Fortschritt statt, aber die Macht der Kultur ist nachweisbar. Sie lässt sich beobachten in den Ländern, in denen die wirtschaftliche Leistung ethnischer Minderheiten bei weitem die der Mehrheit übersteigt, wie das auf die Chinesen in Thailand, Indonesien, Malaysia und auf den Philippinen zutrifft. Sie lässt sich auch in Costa Rica beobachten, wo sich demokratische Institutionen in einer Dritte-Welt-Ökonomie durchsetzten. Putnam kommt zu dem Schluss,

Italiens Entwicklung über viele Jahrhunderte hinweg beweise, dass kulturelle Werte größeren Einfluss hatten als wirtschaftliches Gedeihen. Grondona zieht in *Las Condiciones Culturales del Desarrollo Económico* («Die kulturellen Bedingungen für wirtschaftliche Entwicklung») den Schluss, dass Kultur mächtiger ist als Wirtschaft oder Politik.

Die zehn von mir aufgestellten Kriterien sind nicht definitiv. Grondonas Typologie entwicklungsgeneigter und entwicklungsresistenter Kulturen enthält Faktoren, von denen sich etliche mit meinen zehn Kriterien überschneiden. Aber diese zehn lassen zumindest vermuten, welche Spezifika innerhalb des umfassenden Bereichs »Kultur« die Art und Weise beeinflussen dürften, in der sich Gesellschaften entwickeln. Darüber hinaus schreiben die mit dem neuen Paradigma befassten Autoren in Lateinamerika (und wenigstens einer in Afrika) die schleppende Modernisierung ihrer Länder in hohem Maße eben jenen traditionellen Werten und Einstellungen zu. Ihre Ansichten gemahnen an Gunnar Myrdals Analyse von Südasien und Bernard Lewis' Analyse der islamischen Welt, ganz abgesehen von den Meinungen so richtungweisender Kulturexperten wie Alexis de Tocqueville, Max Weber und Edward Banfield. *Über die Demokratie in Amerika* ist besonders denen ans Herz zu legen, die geografische oder institutionelle Erklärungen für eine demokratische Entwicklung heranzuziehen pflegen.

> »Man überschätzt also in Europa den Einfluss der geografischen Lage des Landes auf das Bestehen der demokratischen Einrichtungen. Man schreibt den Gesetzen zu viel, den Sitten zu wenig Bedeutung zu. [...] Sollte es mir nicht gelungen sein, im Laufe dieser Arbeit die Bedeutung fühlen zu lassen, die ich der praktischen Erfahrung der Amerikaner, ihren Gewohnheiten, ihren Meinungen, mit einem Wort ihren Sitten für die Erhaltung ihrer Gesetze zuschreibe, so habe ich das Hauptziel verfehlt, das ich mir bei ihrer Abfassung vornahm.«[14]

## Kulturelle Interpretationen in anderen Regionen

Nachdem Gunnar Myrdal zehn Jahre lang Südasien studiert hatte, veröffentlichte er 1968 sein Buch *Asian Drama – An Inquiry into the Poverty of Nations*[15]. Er kam zu dem Schluss, dass kulturelle Faktoren, stark beeinflusst von Religion, die Haupthindernisse für eine Modernisierung sind. Sie hemmen nicht nur die unternehmerische Aktivität, sondern sie durchdringen, verhärten und beherrschen das politische, wirtschaftliche und soziale Verhalten. Myrdal konstatiert, dass das

Kastensystem dazu tendiert, bestehende Ungleichheiten besonders starr und widerstandsfähig werden zu lassen, und die vorherrschende Verachtung körperlicher Arbeit und die Abneigung gegen sie verstärkt.[16] Er ist überzeugt, der begrenzte Identifikations- und Vertrauensradius erzeuge Korruption und Nepotismus.

Myrdal wirft Anthropologen und Soziologen vor, nicht ein umfassender fundiertes System von Theorien und Konzepten bereitzustellen, das für eine wissenschaftliche Untersuchung des Entwicklungsproblems erforderlich ist, räumt aber ein, dass Einstellungen, Institutionen, Lebensweisen und Existenzniveaus sowie Kultur ganz allgemein viel schwieriger in einer systematischen Analyse zu erfassen seien als die so genannten wirtschaftlichen Faktoren.[17] Er schließt mit der Forderung nach kulturellem Wandel, wobei die Regierung die Initiative ergreifen und die Veränderung insbesondere mit Hilfe des Erziehungswesens herbeiführen soll.

Die Modernisierung ging in den meisten islamischen Ländern nur in gemächlichem Tempo vor sich. Vielerorts ist der Prozentsatz der Analphabeten, besonders der weiblichen, noch immer sehr hoch, ebenso wie der der Kindersterblichkeit und des Bevölkerungswachstums. Die Türkei ist, ungeachtet ihres Drucks auf Kurden und Fundamentalisten, das einzige – übrigens säkulare – islamische Land mit einer annähernd pluralistischen Regierungsform nach modernen Begriffen. Malaysia ist relativ wohlhabend, aber seine wirtschaftlichen Gewinne spiegeln unverhältnismäßig stark die wirtschaftliche Kreativität seiner großen chinesischen Minderheit (32 Prozent der Gesamtbevölkerung) wider. Die ölproduzierenden Staaten wie Saudi-Arabien, die Vereinigten Arabischen Emirate und Kuwait sind reich, aber in mancherlei Hinsicht noch immer sehr traditionsgebunden, wie die Tatsache belegt, dass über die Hälfte der saudischen Frauen Analphabetinnen sind.[18]

Das langsame Tempo des Fortschritts in der islamischen Welt der letzten Jahrhunderte steht in krassem Gegensatz zu der fortschrittlichen Kraft, die der Islam nach seiner Gründung durch Mohammed Anfang des 7. Jahrhunderts mehrere Jahrhunderte hindurch einmal war, und zu der beherrschenden Macht des Osmanischen Reichs im 15. und 16. Jahrhundert. Prominent unter denen, die den Niedergang des Islams auf kulturelle Faktoren zurückführen, ist Bernard Lewis, der die Konsequenzen hervorhebt, die das Verbot der selbständigen Analyse durch islamische Gelehrte zwischen dem 9. und dem 11. Jahrhundert für die Modernisierung der islamischen Orthodoxie hatte. Die Folgen waren, nach Lewis' Überzeugung, die Unterdrückung von

Unternehmungsgeist, Experimentierfreudigkeit und Originalität und die Intensivierung einer fatalistischen Weltsicht.[19] Daniel Etounga-Manguelle schreibt in seiner Analyse der afrikanischen Kultur (vgl. sein Kapitel in diesem Buch) Afrikas Armut, Autoritarismus und soziale Ungerechtigkeit hauptsächlich traditionellen kulturellen Werten und Einstellungen zu, so

- den stark zentralisierten, vertikalen Autoritätstraditionen
- der Konzentration auf Vergangenheit und Gegenwart, nicht auf Zukunft
- der Ablehnung der »Tyrannei der Zeit«
- der Abneigung gegen Arbeit (»der Afrikaner arbeitet, um zu leben, er lebt nicht, um zu arbeiten«)[20]
- der Unterdrückung persönlicher Initiative, Leistung und Sparsamkeit (mit dem Ergebnis: Neid auf den Erfolg des anderen)
- dem Glauben an Hexerei, der Irrationalismus und Fatalismus nährt.

Denjenigen, die, besonders innerhalb der internationalen Entwicklungshelfergemeinschaft, im »Einrichten von Institutionen« den Weg zur Lösung der Probleme der Dritten Welt erblicken, vermittelt Etounga-Manguelle eine Einsicht, die an de Tocqueville gemahnt: Kultur ist die Mutter, Institutionen sind die Kinder.

Vor zehn Jahren leitete Salvatore Teresi, einer der Gründer des European Institute for Business Administration (mit dem französischen Akronym INSEAD) eine Erhebung des privaten und des öffentlichen Sektors Siziliens ein, in erster Linie mit dem Ziel, die für die Unterentwicklung der Insel verantwortlichen Faktoren besser zu verstehen. Die Ergebnisse der Erhebung ähnelten überraschend jenen, zu denen Edward Banfield 1958 in seiner Untersuchung eines süditalienischen Dorfes, *The Moral Basis of a Backward Society* (»Die moralische Basis einer rückständigen Gesellschaft«), gekommen war: Die sizilianische Kultur wurde beherrscht von einem Individualismus, einem Misstrauen und einem Argwohn, »die einen zur Verzweiflung treiben«[21]. Wie Etounga-Manguelle in seiner Analyse der afrikanischen Kultur festgestellt hatte, unterdrückte auch das in Sizilien herrschende Wertesystem die Kooperation, ermutigte aber nicht den Wettbewerb, der als »Aggression« galt. Mauschelei, insbesondere zwischen dem öffentlichen und dem privaten Sektor, hatte Kooperation und Wettbewerb ersetzt, ganz ähnlich wie in dem Fall des von Hernando de Soto in *El Otro Sendero* beschriebenen lateinamerikanischen »Merkantilismus«[22].

Die Erhebung förderte weitere, vertraut anmutende kulturelle Faktoren zutage: Konzentration auf die Gegenwart, Schwierigkeiten bei der strategischen Planung, mangelnde Unternehmerinitiative und autoritäre Beziehungen zwischen Dienstherr und Abhängigen. Die Resultate der Erhebung, die die sizilianische Elite erschütterten, führten zu einem fortlaufenden Programm, das auf die Veränderung der Werte und Einstellungen sowie auf die Stärkung von Management, Planung, Koordination und Unternehmertum abzielt.

## Veränderung der traditionellen Kultur

Einerseits dank des Einflusses der über das neue Paradigma schreibenden Autoren, in manchen Fällen aber auch aufgrund von Lebenserfahrungen, die zu den gleichen Erkenntnissen führten, hat eine wachsende Zahl von Lateinamerikanern und anderen Bürgern Aktivitäten eingeleitet, die progressive Werte und Einstellungen propagieren.

Octavio Mavila, ein Selfmademan in seinem siebenten Lebensjahrzehnt, war 30 Jahre lang Generalvertreter für Honda in Peru. In dieser Zeit ist Mavila unzählige Male in Japan gewesen. Vor etwa zehn Jahren gelangte er zu dem Schluss, dass der einzige wirklich bedeutende Unterschied zwischen Japan und Peru darin bestand, dass den japanischen Kindern fortschrittliche Werte beigebracht wurden und den peruanischen nicht. Im Jahre 1990 gründete er in Lima das »Institut für die Entwicklung des Menschen« (mit dem spanischen Akronym INDEHU), um seine »Zehn Gebote der Entwicklung« zu verbreiten: Ordnung, Reinlichkeit, Pünktlichkeit, Verantwortung, Leistung, Ehrlichkeit, Achtung vor den Rechten anderer, Achtung vor dem Gesetz, Arbeitsethos und Genügsamkeit. In den vergangenen zwei Jahrzehnten haben über zwei Millionen peruanischer Schüler Kurse besucht, die von INDEHU gesponsert wurden, das übrigens praktisch alle seine Ressourcen innerhalb Perus auftrieb.

Die »Zehn Gebote der Entwicklung« werden auch außerhalb Perus gepredigt. Humberto Belli, Nicaraguas Erziehungsminister in zwei Kabinetten, räumte ihnen einen zentralen Platz in seinem Programm zur Reform des Bildungswesens ein, und Ramón de la Peña, Direktor des Hauptsitzes von Mexikos renommiertem »Institut für Technologie und Höhere Studien Monterrey« (mit dem spanischen Akronym ITESM), veranlasste ihre Verbreitung und Verwendung im ganzen weitverzweigten ITESM-System.

Die Wirksamkeit dieses quasi missionarischen Ansatzes zur Förderung von kulturellem Wandel hängt von gewissen Bedingungen ab. Wie Luis Ugalde, Jesuit und Rektor der Katholischen Universität von

Caracas, bemerkte, dürften fortschrittliche ethische Grundsätze nur von geringer Wirkung sein, wenn man sie Kindern in der Schule beibringt und diese sie für ihr Leben außerhalb der Schule als nutzlos empfinden. Daher fordert Ugalde, überzeugt, dass Werte und Einstellungen zählen, Kampagnen gegen Korruption und für das Verdienstprinzip in Regierung, Handel und Gewerbe und den freien Berufen.

Korruption ist zum großen Teil ein kulturelles Phänomen, das, wie ich meine, mit Faktoren wie einem begrenzten Identifikations- und Vertrauensradius zusammenhängt, der sich in einem beschränkten Gemeinsinn und einem elastischen Sittenkodex äußert. Diese Schlussfolgerung wird von den Befunden Seymour Martin Lipsets und Gabriel Salman Lenz' (siehe ihr Kapitel in diesem Buch) nachdrücklich bestätigt. Korruption ist in Lateinamerika ein brisantes Problem geworden. Am 3. März 1998 nahm die Organisation Amerikanischer Staaten (OAS) das »Interamerikanische Abkommen gegen Korruption« an, ein 14 Seiten umfassendes Dokument, das am Ende des gleichen Jahres bereits von 13 Ländern ratifiziert worden war. Es ist kaum zu erwarten, dass das Abkommen als solches und gewissermaßen von selbst die Korruptionshäufigkeit drastisch reduzieren wird. Unter denen, die das Dokument ratifizierten, befinden sich vier der fünf lateinamerikanischen Länder, die laut Transparency International zu den zehn korruptesten Ländern überhaupt zählen: Paraguay, Honduras, Venezuela und Ecuador (das fünfte ist Kolumbien, das noch nicht ratifiziert hat). Nichtsdestoweniger wird der Korruption heute offenkundig weit mehr Aufmerksamkeit geschenkt, als das einst der Fall war, wofür auch die zunehmende Wachsamkeit spricht, die ihr von der Weltbank und anderen Entwicklungshilfe-Institutionen zuteil wird.

Die Gender-Frage, die Herausforderung der traditionellen Kultur des Machismo, ist ebenfalls in den Vordergrund getreten, wie Mala Htun in ihrem Kapitel deutlich macht. Die lateinamerikanischen Frauen werden sich immer mehr der Gleichstellung der Geschlechter bewusst, die in den letzten Jahrzehnten vor allem in Ländern der Ersten Welt stattgefunden hat; sie organisieren sich und ergreifen zunehmend Initiativen, um dem Sexismus entgegenzusteuern, der ihnen traditionell den Status von Menschen zweiter Klasse zugewiesen hat. In manchen Ländern wurden die Gesetze, die Eltern- und Eigentumsrechte sowie die Ehescheidung betreffen, zugunsten der Frauen liberalisiert, und neun Staaten haben für weibliche Kandidaten bei Wahlen obligatorische Frauenquoten festgesetzt. Wenn diese Wahlgesetze auch nicht einheitlich greifen, sind sie doch ein Zeichen dafür, dass die Geschlechterrevolution und alles, was sie hinsichtlich der Transformation traditioneller Werte in sich birgt, Lateinamerika erreicht hat.

Andere Organisationen, die progressiven kulturellen Wandel zu mindestens einem ihrer Ziele gemacht haben, sind während der letzten Jahre in Lateinamerika spontan entstanden, so zum Beispiel die folgenden:

• ENLACE (das spanische Akronym für »Begegnung in der Gemeinschaft«), eine Frauenorganisation in Mexiko mit zahlreicher Mitgliedschaft, aber geringen finanziellen Mitteln, die sich mit Lehrplanänderungen im öffentlichen Bildungswesen befasst. ENLACE fördert Eltern-, Lehrer- und Schülermitarbeit an Lehrplänen, deren Schwerpunkt auf Wertvorstellungen und Charakterbildung, Familienstabilität, Aufstiegschancen und der Bedeutung von Erziehung liegt.

• Die »Regionale Zentralkooperative« in Barquisimeto, Venezuela, deren Leiter davon überzeugt sind, dass wahrer Fortschritt im ländlichen Venezuela ohne eine Veränderung der traditionellen bäuerlichen Werte und Einstellungen unmöglich ist.

• Organisationen in Kolumbien, Costa Rica und Mexiko, die sich für die Verbreitung von Theorie und Praxis der Philantropie einsetzen. In Lateinamerika herrschte ein spürbarer Mangel an philanthropischer Aktivität – Ausdruck des für die traditionelle Kultur charakteristischen begrenzten Identifikations- und Vertrauensradius.

• Citizen Power, eine Gruppe argentinischer Freiberufler, vorwiegend Anwälte, die sich hauptsächlich die Propagierung ziviler Verantwortung und zivilen Engagements sowie die Unterdrückung von Korruption zur Aufgabe gemacht haben.

Auch andere Freiberufler widmen sich dem kulturellen Wandel. Der Psychiater Luis Diego Herrera aus Costa Rica konzentriert sich auf Persönlichkeitsformung im Kindesalter und Vermittlung von Kultur an Jugendliche. Ein dem World Values Survey angegliedertes Netz von Politologen und Soziologen geht den Veränderungen in Werten und Einstellungen nach, so etwa der Mexikaner Miguel Basáñez, Präsident der Marketing and Opinion Research International (MORI), USA, und Marita Carballo, Leiterin des Gallup-Büros in Argentinien.

Viele dieser Praktiker und einige Theoretiker, darunter Montaner, Grondona und Ugalde, lernten einander auf zwei Symposien kennen, die die Rolle kultureller Werte und Einstellungen in der Entwicklung Lateinamerikas zum Thema hatten; das erste fand 1996 im Central American Business Institute in Costa Rica und das zweite 1998 in der Weltbank in Washington D. C. statt. Etliche Diskussionsredner des Symposiums in Harvard, das diesem Buch zugrunde liegt, hatten bereits an einem oder beiden der vorangegangenen Symposien teilgenommen: Montaner, Grondona, Daniel Etounga-Manguelle, Michael Fairbanks, Ronald Inglehart, Stace Lindsay und ich.

Im Jahr 1983 richtete Michael Porter in Cambridge, Massachusetts, die Monitor Company ein, eine beratende Organisation, die rasch gedieh und sich zu einer einflussreichen Zentrale für Ratschläge zugunsten der Wettbewerbsfähigkeit, vor allem in der Dritten Welt, entwickelte. Die Monitor angeschlossene Country Competitiveness Practice («Praxis der Wettbewerbsfähigkeit auf dem Lande«) wurde von Michael Fairbanks und Stace Lindsay gegründet, den Verfassern des 1997 erschienenen Buches *Plowing the Sea*[23], dessen Titel dem 1830 von Bolívar niedergelegten letzten Willen und Testament entnommen ist: »Wer einer Revolution [nach den Richtlinien der amerikanischen Revolution, aber in Lateinamerika] dient, pflügt auf dem Meer.«

Sowohl Fairbanks als auch Lindsay hatten praktische Erfahrungen in der Dritten Welt gesammelt, Fairbanks in Afrika, Lindsay in Mittelamerika und in der Karibik. Im Zuge ihrer beratenden Tätigkeit erkannten sie bald, dass traditionelle Ansätze zur Wettbewerbsfähigkeit, deren Schwerpunkt auf Bereichen wie Marktanalyse, Nischensuche, Produktivität und Management liegt, nicht ausreichten, um sicherzustellen, dass Dritte-Welt-Firmen erfolgreich konkurrieren könnten. Sie kamen zu dem Schluss, dass in kulturellen Werten und Einstellungen verwurzelte »unsichtbare« Faktoren die Haupthindernisse waren, und entwickelten eine beratende, auf »mentale Modelle« ausgerichtete Methode. Ihr Ziel ist die Veränderung jener traditionellen mentalen Modelle, die die für Wettbewerbsfähigkeit und wirtschaftliches Wachstum entscheidenden Erfordernisse Kreativität und Effizienz verhindern.

Die Veränderung mentaler Modelle hat sich auch Lionel Sosa zur Aufgabe gemacht. Seine Zielgruppe sind in die Vereinigten Staaten eingewanderte Lateinamerikaner. In seinem 1998 erschienenen Buch *The American Dream*[24] listet Sosa, Amerikaner mexikanischer Herkunft, eine Reihe von – vertraut anmutenden – Werten und Einstellungen auf, die den Lateinamerikanern den Zugang zu der für die Masse der Amerikaner selbstverständlichen sozialen Aufwärtsmobilität versperren:

- Resignation der Armen: »Arm sein heißt sich das Himmelreich verdienen. Reich sein heißt die Hölle verdienen. Leiden im Diesseits ist gottgefällig und wird im Jenseits mit ewigem Lohn vergolten.«[25]

- Geringe Priorität der Bildung: »Die Mädchen brauchen sie eigentlich nicht, sie werden ja doch heiraten. Und die Jungen? Sie sollen lieber arbeiten gehen, um die Familie zu unterstützen.«[26] Hier möchte ich auf den hohen Anteil der Schulabbrecher unter den Hispanics in den Vereinigten Staaten verweisen, der bei 30 Prozent liegt und damit höher ist als der der weißen und schwarzen Amerikaner.

- Fatalismus: »Persönliche Initiative, Leistung, Selbstvertrauen, Ehrgeiz, Unternehmungsgeist – das alles ist sinnlos angesichts der Einstellung ›Wir dürfen den Willen Gottes nicht in Frage stellen‹ ... Diese für einen unternehmerischen Erfolg in den Vereinigten Staaten so wesentlichen Tugenden sind in den Augen der Latino-Kirche Sünden.«[27] Das erinnert an die unterdurchschnittliche Zahl der Selbständigen unter den Hispanics.

- Misstrauen gegenüber Außenstehenden, nicht zur Familie Gehörenden trägt zu dem generell reduzierten Umfang der im Besitz von Hispanics befindlichen Unternehmen bei.

Des Weiteren stellt Sosa ein Programm für Erfolg vor, dem er »die zwölf Merkmale erfolgreicher Latinos«[28] zugrunde legt, die sinngemäß den zehn Geboten der Entwicklung von Octavio Mavila entsprechen.

## Zusammenfassung

Eine wichtige und vielversprechende, auf Kultur und kulturellen Wandel konzentrierte intellektuelle Strömung, die sowohl arme Länder als auch arme Minderheiten in reichen Ländern betrifft, macht sich in der ganzen Welt bemerkbar. Sie ist nicht wirklich neu. Ihr Ursprung lässt sich von Banfield über Max Weber und de Tocqueville mindestens bis zu Montesquieu zurückverfolgen. Sie vermittelt eine wichtige Einsicht in die Gründe, weshalb einige Länder und einige ethnische/religiöse Gruppen erfolgreicher waren als andere, nicht nur wirtschaftlich, sondern auch hinsichtlich der Konsolidierung demokratischer Institutionen und sozialer Gerechtigkeit. Die hier erörterten, durch Erfahrung gewonnenen Lehren, die in zunehmendem Maße praktische Anwendung finden, mögen der großen Mehrheit der Weltbevölkerung, für die

Prosperität, Demokratie und soziale Gerechtigkeit bislang außer Reichweite lagen, den Weg zum Fortschritt weisen.

## Anmerkungen

1 Carlos Rangel, *The Latin Americans – Their Love-Hate Relationship with the United States*, New York 1977. Die französische Ausgabe erschien 1976 bei Editions Laffont S. A., Paris.

2 Octavio Paz, *Der menschenfreundliche Menschenfresser,* Frankfurt am Main 1981, S. 44 f. (»Der indiskrete Spiegel«, 1976).

3 Claudio Véliz, *The New World of the Gothic Fox – Culture and Economy in English and Spanish America,* University of California Press, Berkeley 1994.

4 Ebd. S. 190–191.

5 Plinio Apuleyo Mendoza, Carlos Alberto Montaner und Álvaro Vargas Llosa, *Manual del Perfecto Idiota Latinoamericano,* Barcelona 1996.

6 Eduardo Galeano, *Die offenen Adern Lateinamerikas: Die Geschichte eines Kontinents von der Entdeckung bis zur Gegenwart,* Wuppertal 1973.

7 Plinio Apuleyo Mendoza, Carlos Alberto Montaner und Álvaro Vargas Llosa, *Manual del Perfecto Idiota Latinoamericano,* Barcelona 1996; Plinio Apuleyo Mendoza, Carlos Alberto Montaner und Álvaro Vargas Llosa, *Fabricantes de Miseria,* Barcelona 1998.

8 Plinio Apuleyo Mendoza, Carlos Alberto Montaner und Álvaro Vargas Llosa, *Manual del Perfecto Idiota Latinoamericano,* Barcelona 1996; Plinio Apuleyo Mendoza, Carlos Alberto Montaner und Álvaro Vargas Llosa, *Fabricantes de Miseria,* Barcelona 1998; Carlos Alberto Montaner, *No Perdamos También el Siglo Veintiuno,* Barcelona 1997.

9 Mariano Grondona, *Las Condiciones Culturales del Desarrollo Económico,* Buenos Aires 1999.

10 Für eine Analyse des Phänomens der Protestantisierung s. David Martin, *Tongues of Fire,* London 1990.

11 Lawrence E. Harrison, *Underdevelopment Is a State of Mind – The Latin American Case,* Cambridge (Mass.), Center for International Affairs, Harvard University; Lanham (Maryland), University Press of America 1985.

12 Lawrence E. Harrison, *The Pan-American Dream,* New York 1997.

13 Robert D. Putnam, *Making Democracy Work – Civic Traditions in Modern Italy,* Princeton 1993.

14 Alexis de Tocqueville, *Über die Demokratie in Amerika,* beide Teile in einem Band, München 1976, S. 356 f.

15 Gunnar Myrdal, *Asiatisches Drama: Eine Untersuchung über die Armut der Nationen,* Frankfurt am Main 1973.

16 Ebd., S. 146.

17 Ebd., S. 26 f.

18 World Bank, *World Development Report 1998/99: Knowledge for Development*, New York 1999.

19 Siehe z. B. Bernard Lewis, »The West and the Middle East«, *Foreign Affairs* 76 (Jan.–Feb. 1997).

20 Ebd., S. 45.

21 Edward C. Banfield, *The Moral Basis of a Backward Society*, Glencoe (Ill.) 1958.

22 Hernando de Soto, *Marktwirtschaft von unten: Die unsichtbare Revolution in Entwicklungsländern*, Zürich 1992.

23 Michael Fairbanks und Stace Lindsay, *Plowing the Sea – Nurturing the Hidden Sources of Growth in the Developing World*, Cambridge (Mass.) 1997.

24 Lionel Sosa, *The American Dream – How Latinos Can Achieve Success in Business and Life*, New York 1998.

25 Ebd., S. 2.

26 Ebd.

27 Ebd., S. 7.

28 Ebd., Titel von Kap. 4, S. 47–68.

# Über die Autoren

**Barbara Crossette** ist Chefin des UN-Büros für die *New York Times*. Zuvor war sie Südostasien- und Südasienkorrespondentin. Sie ist Verfasserin von *India Facing the Twenty-First Century*, Bloomington 1993, *So Close to Heaven: The Vanishing Buddhist Kingdoms of the Himalayas*, New York 1995, und *The Great Hill Stations of Asia*, Boulder, 1998.

**Robert Edgerton** ist Professor für Anthropologie am Fachbereich für Anthropologie und Psychiatrie und am Institut für Verhaltenswissenschaften an der Universität von Kalifornien in Los Angeles. Der thematische Bogen seiner Schriften ist weit gespannt und reicht von geistiger Retardierung über Gesellschaftsordnung und deviantes Verhalten bis zu Kriegführung. Zentrales Thema aller seiner Arbeiten ist jedoch die soziale Anpassung unter besonderer Berücksichtigung der Rolle der Kultur. Auf Deutsch liegt von ihm vor: *Trügerische Paradiese: Der Mythos von den glücklichen Naturvölkern*, Hamburg 1994.

**Daniel Etounga-Manguelle**, aus Kamerun, ist Gründer und Präsident der »Société Africaine d'Étude, d'Exploitation et de Gestion« (SADEG), die gegenwärtig an über 50 Entwicklungshilfeprojekten in West-, Zentral- und Südafrika beteiligt ist. Er war Mitglied des Stabs afrikanischer Berater bei der Weltbank und ist Autor von *L'Afrique – A-t-elle besoin d'un programme d'ajustement culturel?*, *Cent ans d'aliénation*, Paris 1985, und *Maïgida ou le chasseur d'illusions*, Paris 1999.

**Nathan Glazer** ist emeritierter Professor für Pädagogik und Soziologie an der Universität Harvard und Mitherausgeber der Zeitschrift *The Public Interest.* Zu seinen zahlreichen Veröffentlichungen gehören: *Beyond the Melting Pot* (mit Daniel P. Moynihan), Cambridge, Mass., 1970, *Affirmative Discrimination,* New York 1975, *Ethnic Dilemmas,* Cambridge, Mass., 1983, *The Limits of Social Policy,* Cambridge, Mass., 1988, und *We Are All Multiculturalists Now,* Cambridge, Mass., 1997.

**Mariano Grondona** ist Gastgeber des argentinischen politischen TV-Magazins »Hora Clave«. Er schreibt eine Kolumne für die in Buenos Aires erscheinende Zeitung *La Nación* und ist Professor für Staatsrecht an der Juristischen Fakultät der Nationaluniversität Buenos Aires. Er ist Autor von zwölf Büchern, darunter zuletzt *Las Condiciones Culturales del Desarrollo Económico,* Buenos Aires 1999.

**Lawrence E. Harrison** leitete zwischen 1965 und 1981 mehrere USAID-Missionen in fünf lateinamerikanischen Ländern. Er ist Verfasser von *Underdevelopment Is a State of Mind,* Cambridge, Mass., 1985, *Who Prospers?,* New York 1992, und *The Pan-American Dream,* New York 1997. Gegenwärtig ist er Senior Fellow an der Academy for International and Area Studies der Universität Harvard.

**Mala N. Htun** ist Assistenzprofessorin für Politische Wissenschaften an der New School University, New York. Sie hat Forschungsprojekte zum staatlichen Verhalten gegenüber Geschlechterfragen, Frauenrechten und politischer Teilhabe in Brasilien, Mexiko, Peru und Mittelamerika geleitet.

**Samuel P. Huntington** ist Albert-J.-Weatherhead-III-Professor sowie Leiter des John-M.-Olin-Instituts für strategische Studien und Präsident der Academy for International and Area Studies der Universität Harvard, dessen Center for International Affairs er elf Jahre lang leitete. Er ist Verfasser zahlreicher Bücher; auf Deutsch liegt von ihm vor: *Kampf der Kulturen: Die Neugestaltung der Weltpolitik im 21. Jahrhundert,* München 1996. 1977/78 war er unter Präsident Carter Koordinator der Sicherheitsplanung für den Nationalen Sicherheitsrat.

**Ronald Inglehart** ist Professor für Politische Wissenschaften und Programmdirektor am Institut für Sozialforschung der Universität von Michigan. Er war Mitbegründer des »Euro-Barometers« und ist Vorsitzender des Steuerungsausschusses des World Values Survey. Auf Deutsch liegt von ihm vor: *Modernisierung und Postmodernisierung: Kultureller, wirtschaftlicher und politischer Wandel in 43 Gesellschaften*, Frankfurt am Main 1998. Er ist mit Miguel Basáñez und Alejandro Moreno Herausgeber von *Human Values and Beliefs: A Cross-Cultural Sourcebook*, Ann Arbor 1997.

**Gabriel Salman Lenz** hat am Reed College Politische Wissenschaften studiert und führt gegenwärtig Recherchen für Seymour Martin Lipset an der George Mason University und am Woodrow Wilson International Center for Scholars durch.

**Seymour Martin Lipset** ist Hazel-Professor für Staatsrecht an der George Mason University. Zuvor fungierte er als Caroline-Munro-Professor für Politische Wissenschaften und Soziologie in Stanford und als George-Markham-Professor für Regierungssoziologie in Harvard. Auf Deutsch liegt von ihm vor: *Soziologie der Demokratie*, Neuwied 1962. Jüngere Veröffentlichungen sind *Continental Divide*, New York 1990, *Jews and the New* (SIC) *American Scene*, Cambridge, Mass., 1995, *American Exceptionalism*, New York 1996, und *It Didn't Happen Here: The Failure of Socialism in the United States*, New York 2000. Lipset war Präsident der »American Political Science Association« und der »American Sociological Association«.

**Carlos Alberto Montaner** ist der meistgelesene Kolumnist spanischer Sprache. Zu seinen jüngeren Veröffentlichungen gehören der Bestseller *Manual del Perfecto Idiota Latinoamericano*, Barcelona 1996, *Fabricantes de Miseria*, Barcelona 1998 (beide zusammen mit Plinio Apuleyo Mendoza und Álvaro Vargas Llosa), und *No Perdamos También el Siglo Veintiuno*, Barcelona 1997.

**Orlando Patterson** ist John-Cowles-Professor für Soziologie an der Universität Harvard und Autor von acht Büchern, darunter *Freedom in the Making of Western Culture*, New York 1990 (für das ihm 1991 der »National Book Award« verliehen wurde), *The Ordeal of Integration: Progress and Resentment in America's »Racial« Crisis*, Washington 1997, und *Rituals of Blood: Consequences of Slavery in Two American Centuries*, Washington 1998. In den 1970er Jahren fungierte Patterson als Sonderberater des jamaikanischen Ministerpräsidenten Michael Manley.

**Michael Porter** ist C.-Roland-Christensen-Professor für Unternehmensführung an der Universität Harvard. Er fungiert als strategischer Berater für die Regierungen vieler Länder (auch der USA) und für große Unternehmen. Er rief die Competition and Strategy Group an der Harvard Business School ins Leben und ist Verfasser beziehungsweise Herausgeber zahlreicher Bücher. Auf Deutsch liegen von ihm vor: *Wettbewerbsstrategie: Methoden zur Analyse von Branchen und Konkurrenten*, Frankfurt am Main 1983, *Wettbewerbsvorteile: Spitzenleistungen erreichen und behaupten*, Frankfurt am Main 1986, und *Globaler Wettbewerb: Strategien der neuen Internationalisierung*, Wiesbaden 1986.

**Jeffrey Sachs** ist Galen-L.-Stone-Professor für Internationalen Handel an der Universität Harvard und Direktor des Center for International Development. Er fungiert als Wirtschaftsberater für Regierungen in Lateinamerika, Osteuropa, der früheren Sowjetunion, Afrika und Asien und hat dort maßgeblich zur Einführung einer offenen Wirtschaftspolitik beigetragen. Seine Beiträge erscheinen in einigen der meistgelesenen Zeitungen und Zeitschriften. Auf Deutsch liegt von ihm vor: *Makroökonomik in globaler Sicht*, München 1995. (Am 1. Juli 2002 übernimmt Sachs die Leitung des Earth Institute der Columbia University, New York. Kürzlich wurde er zum Sonderberater des UNO-Generalsekretärs Kofi Annan ernannt. – A. d. Ü.)

**Richard A. Shweder** ist Kulturanthropologe und Professor für die Entwicklung des Menschen an der Universität Chicago. Er ist Verfasser beziehungsweise Herausgeber mehrerer Bücher, darunter *Culture Theory: Essays on Mind, Self and Emotion* (mit Robert A. LeVine), Cambridge 1984, *Thinking Through Cultures: Expeditions in Cultural Psychology*, Cambridge, Mass., 1991, und *Welcome to Middle Age! (and Other Cultural Fictions)*, Chicago 1998. Er war Präsident der »Society for Psychological Anthropology« und ist gegenwärtig einer der Leiter einer Arbeitsgruppe über ethnische Bräuche, Assimilation und amerikanisches Recht des Social Science Research Council / Russell Sage Foundation.

**Thomas Weisner** ist Professor für Anthropologie an der Universität von Kalifornien in Los Angeles. Schwerpunkte seiner Arbeit sind Kultur und menschliche Entwicklung; er hat Feldforschungen in Kenia und auf Hawaii durchgeführt und mit Familien der kalifornischen Gegenkultur und Familien mit entwicklungsgestörten Kindern gearbeitet. Zu seinen neuesten Veröffentlichungen gehören *African Families and the Crisis of Social Change*, Westport, Conn., 1997, sowie Beiträge zu Richard Jessor (Hrsg.), *Ethnography and Human Development*, Chicago 1996, und zu Richard A. Shweder, *Welcome to Middle Age! (and Other Cultural Fictions)*, Chicago 1998.

# Namensregister

# Danksagung

Sponsor dieses Buches ist die Academy for International and Arena Studies der Universität Harvard, die das ihm zugrunde liegende Symposion veranstaltet hat. Das Projekt wurde auch vom Weatherhead Center for International Affairs der Universität Harvard und seinem Direktor Jorge Domínguez unterstützt.

Wir möchten der Monitor Company, der Carthage Foundation, der John Templeton Foundation, der Sidney A. Swensrud Foundation, John Tanton von der U. S., Inc., Foundation, Richard Wittrup und Max Thelen unsere Dankbarkeit für die finanzielle Unterstützung ausdrücken, durch die das Projekt ermöglicht wurde.

Besonders zu Dank verpflichtet sind wir Michael Fairbanks von der »Country Competitiveness Practice« der Monitor Company, mit dem wir von Anfang an gemeinsam das Symposion geplant haben, das zu diesem Buch geführt hat. Dass das Symposion so glatt über die Bühne ging, verdanken wir zu einem großen Teil Beth Hasties Engagement, Tatkraft und Effizienz. Dankbar sind wir auch Patrick McVay für seine Hilfe bei der Abwicklung der finanziellen Aspekte des Symposions sowie Carol Edwards und Thomas Murphy für ihren organisatorischen Beistand.

Danken möchten wir auch den Moderatoren der acht Podiumsdiskussionen: Jorge Domínguez, Christopher DeMuth, Harritt Babbitt, Howard Gardner, Roderick MacFarquhar, Phyliss Pomerantz, Richard Lamm und Robert Klitgaard; sie haben nicht nur das Symposion bereichert, sondern auch für die Einhaltung des Zeitplans gesorgt. Danken möchten wir auch Stephen Thernstrom für seine Bereitschaft, äußerst kurzfristig einzuspringen.

Ganz besonderen Dank schulden wir unserem Lektor bei Basic Books, Tim Bartlett, für sein nie erlahmendes Interesse und seine Unterstützung sowie für seine klugen Ratschläge. Profitiert hat das Buch von der geschickten und sicheren Hand der Lektoren Donald Halstead und Chrisona Schmidt.

Lawrence E. Harrison möchte auch noch für die Ermutigung und Hilfe danken, die ihm William Ratcliff von der Hoover Institution zu einem sehr frühen Zeitpunkt zuteil werden ließ.

Lawrence E. Harrison
Samuel P. Huntington